III\ 见识城邦

更新知识地图　拓展认知边界

CHINABOUND

A Fifty Year Memoir

John King Fairbank

［美］费正清 ———— 著
阎亚婷　熊文霞 ———— 译

费正清中国回忆录

中信出版集团 · CHINACITICPRESS · 北京

图书在版编目（CIP）数据

费正清中国回忆录 /（美）费正清著；阎亚婷，熊文霞译. -- 2 版. -- 北京：中信出版社，2017.2（2025.1 重印）

书名原文：Chinabound: A Fifty Year Memoir

ISBN 978-7-5086-6378-4

I. ①费… II. ①费… ②阎… ③熊… III. ①费正清，J. K（1907–1991）– 回忆录 IV. ①K837.125.4

中国版本图书馆 CIP 数据核字（2016）第 144005 号

费正清中国回忆录

著　　者：[美] 费正清

译　　者：阎亚婷　熊文霞

出版发行：中信出版集团股份有限公司

（北京市朝阳区东三环北路 27 号嘉铭中心　邮编　100020）

承 印 者：河北鹏润印刷有限公司

开　　本：880mm × 1230mm　1/32　　插　　页：16

印　　张：17　　字　　数：450 千字

版　　次：2017 年 2 月第 2 版　　印　　次：2025 年 1 月第 12 次印刷

京权图字：01–2010–8086

书　　号：ISBN 978-7-5086-6378-4

定　　价：78.00 元

服务热线：400-600-8099

投稿邮箱：author@citicpub.com

目 录

序 言

拿起桌子上的电话，我能够与世界上其他国家成千上万的人进行通话，尽管我们彼此语言并不相通。幸运的是，他们不会真的给我打电话，而我也同样不会作此尝试，但是，这在未来并非不可能发生。媒体、弹道导弹的发展，让我们的世界变成了一个“地球村”，正是这种距离的缩减，让我们觉得有必要去了解其他的国家。在过去的50年中，我一直尝试去了解中国。然而，随着我关于中国的知识面不断扩大，关于它的知识盲点也在不断增加。问题总是不断涌现，而要找到与之匹配的答案却需假以更多时日。为求更好地了解中国，人们在更大的广度上作出努力，而这种努力同时也要求我们更好地了解自己。如果一个人对中美关系不感兴趣，不对其感到诧异、恼怒，或是惊恐，那么他对中国的研究就不会长久。事实上，研究中国的人会发现自己对于中国的研究在一定程度上对中美关系产生了影响和作用。就像任何一位历史学家所认为的，他不可避免地会为他所写的历史作出大量的贡献。这样的想法让我觉得，为自己撰写自传是合情合理的，而我自己也有此意。

然而，当一位历史学家开始写自传时，他首先会发现这样一个事实——他仍然在写历史。他需要对“事实”进行仔细甄别，还要分阶段地进行组织，作出例证，阐明主题。写自传就像编写一本教科书一样不易。你必须总结大量的情节，但是不能让读者读之不知所云。

接下来我将迅速地概述一下我要讲的故事：我出生在南达科他州，那时候，它依然是一个文化较为落后的地区，所以我前往美国东部求学。我曾辗转于5个地方求学，这样的经历让我学会了到一个新的环境时，如何依据它的标准来确立自己事业的方向。在偶然的情况下，我开始对中国研究产生兴趣，并为此在中国待了4年的时间（1932—1935）。在此期间，我对中国人的思维方式和行为准则有了一定的了解。之后，我去哈佛教授历史学（1936—1941），并且开始对中国现代变革的进程有了大致的了解。后来，在战争时期，我又两次前往中国（1942—1943，1945—1946），那时候，我了解了中国革命的精神，以及它的感染力和它的革命方式。于是我确信，这将不仅仅是一场伟大的革命，并且它最终必将取得胜利。回到哈佛大学后（1946—1952），我觉得有必要在全美范围内展开对中国的研究和教育，以帮助美国公众了解中国人真实的生活现状。我安然度过了麦卡锡时代[1]，并没遭受太多迫害，然而，我依然为中美关系中所存在的问题的严重程度感到惊骇。因此，我参与了哈佛大学在中国问题领域所进行的培训、研究以及出版等方面的工作。1972年中美恢复邦交之后，我们又不得不再次面对那些重新抬头的老问题。

我希望这本个人的记录可以提供一些有用的观点。我们需要我们能够获得的一切。

说明一下，书中以缩进方式排版的文字是我从不同时期的信件、发表的文章或备忘录中摘取的内容。

[1] 麦卡锡主义是1950年至1954年间肇因于美国参议员麦卡锡的美国国内反共、反民主的典型代表，它恶意诽谤、肆意迫害共产党和民主进步人士乃至有不同意见的人。从1950年初麦卡锡主义开始泛滥，到1954年底彻底破产的前后5年里，它的影响波及美国政治、外交和社会生活的方方面面。麦卡锡主义作为一个专有名词，也成为政治迫害的同义词。——译者注（以下如不特殊注明，皆为译者注）

| 第一部分 |

负笈求学：在五个地方接受教育

（1907—1931）

第 1 章

为何我将目光投向东方

我出生于南达科他州的平原，由于习惯了平坦的地貌，我有时会不自觉地想要伐尽新罕布什尔州的森林，夷平这里的山丘，显然这并不现实。与我的故乡截然不同，在新罕布什尔州，靠近富兰克林市北部的卡迪根山（Mount Cardigan）的佩米奇瓦塞特（Pemigewasset）山谷，放眼望去，层峦叠嶂，这是南达科他州永远不会具备的魅力。然而，也许正是故乡广阔开放与苍茫无际的环境，为我投身于中国问题研究提供了帮助。

1907 年，我出生于休伦镇（Huron），休伯特·汉弗莱（Hubert Humphrey）在同一时期也出生在附近的地区。站在镇上玉米地的一侧，你可以看到另一侧的玉米摇曳生姿。站在苍穹之下广阔平原的最高点极目远眺，可以看到远处那一片片的农田与农场，以及居住在那里的人们，他们比世界上其他任何地方的人更懂得如何掌控自然。后来，当我准备谋求一份职业时，在我看来，研究中国就像一块处女地，等待着被探索和耕种，能够为我提供无限的机会。1929 年我在哈佛大学的毕业论文主题是关于苏联革命的爆发。在我的想象中，研究中国似乎是只需要在此基础上再深入一步，从这就可以看出当时的我对中国的了解是多么的不足。

立志研究中国，回想起来似乎是和我的家族渊源分不开的。尽管在当时，我认为我正在挣脱家庭带给我的影响。我的祖父约翰·班纳德·费尔班克（John Barnard Fairbank）来自费尔班克家族源远流长的班纳德·费尔班克世系，家族成员大多是公理会的牧师。1633 年，这个家族迁移到马萨诸塞州。1636 年家族祖先在戴德汉姆（Dedham）镇建造的住所至今依然存在。我的祖父 1857 年毕业于杰克逊维尔（Jacksonville）的伊利诺伊学院，随后又于 1860 年毕业于纽约的协和神学院（Union Theological Seminary）。定居于伊利诺伊州的韦弗利（Waverly）之后，他主要在伊利诺伊州、密歇根州、印第安纳州以及明尼苏达州的一些大小城镇担任公理会教堂的牧师。这一时期他的身份不仅仅是牧师，同时还是农民和木工，他靠自己的菜园维系生活，住在自己盖的房屋内，但是他每到一处生活几年，当他在当地教众中的传教深入人心时，就会搬走。沃尔特·蒙代尔（Walter Mondale）告诉我他的父亲是卫理公会的一名牧师，主要居住于明尼苏达州靠近艾奥瓦铁道线的埃尔默（Elmore）地区，但是他每隔几年也会搬到另一个不同的镇上，宣讲一整套相同的教理。

我祖父的笔记本上列出了他布道的地方和日期，诸如韦弗利、威诺娜（Winona）、法名顿（Farmington）、斯普林瓦利（Spring Valley）、胡桃林（Walnut Grove），他在 1860 年至 1906 年间在这些地区传播过福音。有关《罗马书》第 1 章第 16 节的内容（“我不以福音为耻。这福音本是神的大能，要救一切相信的，先是犹太人，后是希腊人”），他在 1870 年至 1906 年间在韦恩堡（Fort Wayne）、埃尔克哈特（Elkhart）、密歇根城、威诺娜、皮奥瑞亚（Peoria）、斯利皮艾（Sleepy Eye）、奥顿维尔（Ortonville）、乔伊普列利（Joy Prairie）布道了 26 次，那时已经是铁路时代了。而有关《哥林多前书》第 3 章第 9 节的内容（“因为我们是与神同工的”），在

1862 年至 1890 年间在很多地方一共布道了 43 次。总结起来，他说："我们确信，如果我们现在真的可以自觉而真心诚意地与神同工，我们也许可以由衷地庆祝未来世间劳动的丰收。"

一个世纪后，当我在皮奥瑞亚、明尼阿波里斯（Minneapolis）、布鲁金斯（Brookings）、诺思菲尔德（Northfield）、格林内尔（Grinnell）或是威奇塔（Wichita）进行有关中国的演讲时，我感觉我是沿着祖父的足迹。我的研究方向是通过对中国的研究来救赎美国，尽管这个方向可能更加狭窄和专业化。我的演讲会解释我们由于对中国现实的不了解导致了我们在中国、朝鲜以及越南的大量灾难，并且这种情况可能会再一次发生。我的祖父或许曾经向我现在的一些听众的祖父演讲过，但他并不如我这般世俗。他的论述要更加形而上，很少局限在具体的事物上。他也不会承担着中国问题研究专家那样的风险：听众席上突然站起一位新近的观察员，他说："24 小时前，我刚从天国国际机场起飞，当时的情况根本不像你所说的那样。"

我第一次在苏福尔斯市（Sioux Falls）扶轮社（Rotary Club）[1] 作有关中国的演讲，还是在 1936 年早期，当时我还没有在哈佛大学任教。我猜想那时我演讲的听众已经与受祖父传教的人数量相当，其中包括大约 40 个哈佛分社。由于当时已经是喷气式飞机时代，听众已经散布在各个地区，例如北京、新加坡、台北、汉城、圣地亚哥、密尔沃基（Milwaukee）、奥兰多、纽约以及巴黎。

乍一看你可能认为我从事的工作和我的祖父约翰·班纳德·费尔班克

[1] 扶轮社是依循国际扶轮的规章所成立的地区性社会团体，以增进职业交流及提供社会服务为宗旨；其特色是每个扶轮社的成员需来自不同的行业，并且每周在固定的时间及地点进行一次例行聚会。每个扶轮社都是独立运作的社团，但皆需向国际扶轮申请通过后才可成立，通常会以所在城市或地区的名称作为社名。

截然不同，因为我还在襁褓中时他就已经去世了，我对他一无所知，但是考虑到我们各自的时代背景，我不能确定这是事实。就像第二次世界大战之后，区域研究在学术上得到快速发展一样，在美国南北战争结束后，人们去教堂做礼拜成为席卷全美的风潮，我祖父所从事的传教业也因此成为一个快速发展的行业。当时新教布道团已经发展到国外。我祖父的兄弟就离开杰克逊维尔到印度的艾迈德纳格（Ahmadnagar）建立了一个布道团。传教士激情高涨表明了教堂的蓬勃发展。在电视媒体出现前的一段时期，宗教是小镇日常生活的一部分。

显然，在我的成长背景中有传教者的痕迹，但是它们的影响是潜移默化的，与中国没有任何的关联。我接受的教育几乎是完全与宗教绝缘的。如今我后天习得的信仰就是哈佛大学，以及它在世俗中所代表的一种精神。也就是说，我将我的信仰寄托在我们试图发展的、致力于培育心灵自由活动的研究机构上。非理性的信仰只会使我充满恐惧。

对我设想的这种自由，主要应该归功于我的父亲亚瑟·博伊斯·费尔班克（Arthur Boyce Fairbank，1873—1936）。作为一名牧师的儿子，他悄悄地脱离了有组织的宗教。我的父亲断言，他年复一年地阅读《圣经》，获得基督的启示，并且接收到了足够的精神指引，这些足以支撑他度过人生。

我的父亲出生于印第安纳州的韦恩堡，于 1896 年毕业于杰克逊维尔的伊利诺伊学院。由于立志要成为一名律师，他于 1901 年在圣路易斯的华盛顿大学获得学位。因为他主要在伊利诺伊州和明尼苏达州长大，当他开始律师执业生涯时，自然而然地选择了一个人口不甚稠密的地方——南达科他州偏西部的地区。1911 年，我们从休伦镇搬到了苏福尔斯市之后，他成为镇上非宗教类社会活动的领袖人物。他帮助建立了扶轮社和明尼哈哈乡村俱乐部（Minnehaha Country Club）。众所周知，他深受社区中追随者的爱戴，他也深爱着这些人。和祖父一样，他同时还是花匠和木匠。直到后来他终于成为一名有经验的出庭律师和公众演讲者。每当6月来临，他会去明尼苏达州北部钓鲈鱼和小梭鱼。秋天到来时，他会去小镇西部的田野捕猎野鸡，到了11月，则去密苏里河附近的大沼泽地里捕猎野鸭。当我的母亲为女性争取投票权时，他会开着1911款凯迪拉克载着母亲四处奔波，但是他不会对此发表任何言论，因为他对于女性获得选举权就会为她们的生活带来很大转变的看法持怀疑态度。我的父亲很热爱生活、家庭以及身边的人。他在63岁时死于白血病，整个社区的人都因他的过世而难过。

罗蕾娜·金·费尔班克（Lorena King Fairbank，1874—1979）对我的影响非常深远，我是她的独子。我之所以笃定地坚持进行关于中国的研究，正是源于她传递给我的两个信念：第一个是面对挑战要有自信；另一个就是，哪怕在地平线上消失也要保有安全感。的确，从1923年我16岁时离家到埃克塞特（Exeter）时起，我只是在探亲和假期时才回家。还有一次，我有4年半的时间在外奔波（1931年9月—1936年2月），其中绝大部分时间待在北京。我离开的这段时间里，心中充满了欠疚，因此我写了很多信，但同时我仍然继续我的课题研究，并常常坚定地认为自己是独特而出众的，这种自我赞赏的心态源自母亲的鼓舞。

我的母亲于1874年7月4日出生在艾奥瓦州的汉普顿市（Hampton）。她是约翰·赫里福德（John Hereford）与帕米丽娅·安德鲁·金（Permelia Andrews King）所生的四个女儿之一。她的父母都是贵格会教徒，他们的家族都是从弗吉尼亚州迁到西部地区的。约翰是一位充满爱心的父亲。之所以这样说，是因为在他美丽的妻子为病魔所困、最终因轻微的癫痫发作而丧失记忆的情况下，他依然无比乐观坚强。他跟随一位法官学习法律，并获准成为辩护律师，后来当选为艾奥瓦州立法机关最年轻的成员。1881年，即南北达科他成为美国的州之前，他和几个朋友向西迁移，在达科他领地一带、密苏里河附近建立了张伯伦城（Chamberlain）。在张伯伦，除了当律师外，他还担任邮政局局长，编辑报纸［《达科他纪事报》（*The Dakota Register*）］，而后进入房地产、保险领域。密尔沃基铁路需要花很长时间才能通到张伯伦代替密苏里河上的汽轮。在 1893 年的经济大萧条中很多人破了产，我的外祖父也像别人一样没能幸免，他不得不一切重新开始。

我的母亲有一个双胞胎妹妹叫利昂娜（Leona），她很漂亮，并且性格有点像男孩子，我的母亲罗蕾娜则不太一样。此外，在我母亲 5 岁的时候，一场发烧引发的脊髓灰质炎使得她的一只脚比另一只短一英寸，因此她需要穿两只不同尺码的鞋子，并且需要进行特别的护理，虽然这并没有阻止她玩耍，她甚至还能去跳舞，但却是一个终身累赘。她学习勤奋刻苦，但是 1893 年后的经济大萧条耽误了她的学业。尽管如此，她曾有一段时间教学，在一间教室里给 6 个年级的孩子上课。她下决心改变边疆地区的落后，成为一个受到良好教育的人。然而直到 21 岁那年，罗蕾娜才在扬克顿（Yankton）完成高中学业。那一年她在日记的卷首插图上简单地记录道："罗蕾娜 · 金，于 1895 年。一切要靠自己，每个人都必须实现自我救赎。"

1899 年，也就是她 25 岁那年，我的母亲进入了新成立的芝加哥大学。大学重塑了她的生活。她有了志同道合的朋友，一些年轻聪明的新时代女性。在大学她主修文学与演讲。这是一种新的表达自己理念的学科，在电子时代到来之前，这个学科对于公众生活以及绝大多数娱乐活动都具有重要意义。那时候，一个没有经验的政治家可能一夜之间突然失声，这是比失去思想还要可怕的事情。所以她把发音训练和大声朗读作为一种表演艺术来研究。

她在严格自律和掌握一门技术方面成了一名专家。虽然如此，她在逆境中的成长经历，使她的自我意识也同样得到了磨炼。她学会了如何去爱别人而又不依赖他们，学会了如何与他们分享她对文学与艺术的热忱以及严格的鉴赏力，并将此作为一种自我奖励的生活方式。没有什么经历是必不可少的。她到处都能找到志趣相投的人，特别是在年轻人中间。她这一生与很多的人分享她的兴趣爱好，一直持续到她 105 岁去世时，那时我 72 岁。我的母亲对原始的美国中部从欧洲获取先进的文化那种浓厚的兴趣，指引着我走出去，走向东方。

在 1911 年，我的父亲和他在苏福尔斯市的堂兄弟杰西·博伊斯（Jesse Boyce）一家合住一处。两家夫妇合买下一座大宅院共同生活，我是那里唯一的小孩子。埃塔·埃斯蒂·博伊斯（Etta Estey Boyce）毕业于新英格兰音乐学院，是美国新英格兰人。她教唱歌，除此之外她还会热情洋溢地把福朗查雷四重奏（Flonzaley Quartet）和其他艺术家的音乐会带到我们的饭桌上。要不是这样，我永远不知道一家欧洲人是如何咕嘟咕嘟地喝汤的。

从 1911 年的冬天直到 1912 年，埃塔婶婶和我的母亲带着我在巴黎帕西（Passy）的莫扎特十六大道待了整个冬天，那里靠近布洛涅森林（Boisde Boulogne），那时我才 5 岁。当然这样的旅行在当时是一件了不得的事情，拉着足有一个男孩身高的大衣箱走进丘纳德（Cunard）航线的轮船船舱，当时为了照顾我，特别请了一位叫埃里卡（Erica）的年长的保姆从瑞典来到巴黎。当时美国的旅游业还很不成熟，我们算得上是先驱者。我在巴黎电车的上层一边吃着烤栗子，一边注视着法国骑兵闪亮的盾牌和红色的装饰羽毛。我还学会了在林园滚铁环，但在其他方面并没有留下太多的高卢痕迹。

上小学时，我回到了苏福尔斯，我的个人形象显得与众不同。事实上，某些男孩子会从学校将我一直追到家，他们认为我是老师的宠儿，觉得我娘娘腔。我穿着及膝的袜子，更加证实了他们的看法。我唯一的解决办法就是跑得更快。尽管如此，我决不接受一个娘娘腔的自我形象。高中时，我开始努力地打橄榄球，这使母亲和教练感到吃惊。初春季节的团队大概有 75 个男生，我在第七小组。但是严寒冰雪的冬季人数降到了 30 来人，我便进入第三小组。我还记得一次和第一小组的州代表队后卫争球，他叫雷德 · 斯特尔兹米勒（Red Steltzmiller），是一名警察的儿子，他的速度很快。有一次，我的注意力被他手上一直戴着的皮制护具所吸引，突然球直奔我而来。转瞬间我就倒在了草地上，当时我以为鼻子被撞坏了，但实际上并没事儿。

后来，在哈佛大学读完低年级之后，我又一次觉得我需要一个有些血性的体力工作来让我从艰苦的学业中换口气，所以我在暑假时加入了由边疆学院（Frontier College）安排的加拿大国家铁路公司编外工作队。编外工作队里都是乌克兰人，主要的工作是在将小麦运往萨斯喀彻温（Saskatchewan）之前维修铁轨。我白天和他们一起铲土、平土，晚饭后教他们学习英语。我的工作伙伴名叫迈克 · 特莱霍克（Mike Tryhuk），是个有着圆脑袋的斯拉夫人，来自一个叫作卡波拉沃基（Kobolowoki）的小村庄，他教会了我将节奏放慢到和全日工作的工人一样平稳的程度。但是我的脑海里唯一想着的事情就是下一顿饭。在一个阴天，按照我肚子的饥饿程度判断，可能已经到了午饭时间，然而，事实上时间刚到上午 8 点。有一个周日，我们在河里洗澡，突然一个工友就消失在水中。他的朋友没有一个敢救他，因为他们都不会游泳。我潜了几次水，但就像是一名不成功的雄鹰童子军，最终也没有救到他。那里的人们都认为溺水是天灾。

尽管我并没有讲过几节课，但迈克最终仍在英语方面取得了进步。萨斯喀彻温省的太阳在晚上 11 点才落山，超负荷的工作削弱了工人们学习英语的兴趣和可能性。后来我带着工作中锻炼出来的肌肉返回学校，但是已经是筋疲力尽。

在苏福尔斯市经过了高中三年的学习之后，我作好了学习另外一种文化的准备（尽管我在那个时候并不确定），这种动力让我通过了 4 所两年制预科中学[1]的考核。它们是分别位于美国东西部、学科设置完全不同的 4 所中学——埃克塞特、威斯康星、哈佛以及牛津。

我离开了苏福尔斯市，因为这里的高中课程不能给我提供更多的挑战。有些老师很优秀，但是他们不能为我开设更高级的课程。我的母亲和我都很迷茫，看着预科学校的目录，向邻居寻求意见。我在苏福尔斯市的玩伴是隔壁邻居家的肯尼斯·品达（Kenneth Pendar），他的父亲来自马萨诸塞州的塞勒姆（Salem）学院，是他建立了南达科他州的塞勒姆学院。品达一家是背井离乡的美国新英格兰人。先是奥利弗后是肯尼斯，离开家去了位于新罕布什尔州的康科德（Concord）地区的圣保罗学校。奥利弗成为赛艇俱乐部 8 号船上奋力拼搏的选手，而肯（肯尼斯的昵称）乘费城主干线去看望他的朋友。他们的经历让我们咋舌，让我们对于美国东部文化和教育产生兴趣。听从品达一家的建议，我选择了位于新罕布什尔州埃克塞特的菲利普斯·埃克塞特学校。这是多么偶然而又明智的选择啊！我进入了学校的高中三年级，留一年级给我在竞争中带来了优势。我很推荐这种方式。

一般来说，高中的学习可以满足人们的多种目标。可以通过家政课训练女孩子成为家庭主妇或者至少学会做饭；可以通过复式记账法培训帮助人们进入商业领域；也可以给未来的企业家、接待人员及组织者发挥才智的空间。与其他高中不同，埃克塞特学校以学问为中心。所有学生都具有超强的能力，竞争非常激烈。女子中学并不被重视。在这里，我们下午运动，晚饭前上课，8 点回到宿舍，10 点熄灯，这些为学生提供了最佳的学习氛围。

---

[1] Prep school，私立而且收费高的、专为使学生能进入著名大学而办的特种中学。

在埃克塞特，我心无旁骛，全身心投入学习，掌握了更好的学习方法。我的意思是，在学习、掌握课程时，不仅要知其然，还要知其所以然。学习如何更好地记笔记、作总结、划重点，这些都是必要的。记忆训练也是一项不错的消遣。尽管记忆的思维可以通过图片或是声音来达成，但是最终必须归结为文字，因此熟练掌握词汇以及语法都是很有必要的。最好的训练是钻研西塞罗的作品，其内容包括时态的一致性、语法的应用，以及拉丁语法中连锁的微小的细节。埃克塞特给我的奖励就是确保我在高层次的竞赛中能够百战百胜。节约时间，聚焦目标，则是竞赛中的一部分。时间面前，人人平等，每个人的一天都只有 24 小时。在可自由支配的时间内我能做什么呢？我吃饭比较慢，而且还有饭后小憩的习惯。但是我用快走取代了更多正式的运动，而且我觉得走捷径很有效。我学会了穿马甲只扣三个纽扣，虽然回过头来看，穿有纽扣的马甲仅会让我每天失去区区几秒钟的时间。委婉地说，那时我其实已经认清了自己的事业前景。

为了提高效率，获取成功，以及赢得赞同，我和许多埃克塞特的同学一样，热切希望以权力机构（商业或专门职业）作为将来的就业目标。由于是家里唯一的孩子，我变得过于自负。在我的团队中，成员只有我一个，观众也只有我自己。我喜欢和人们友好相处，但是前提是他们不会干涉我的计划。这使得我自己产生了独立的倾向。我行事追求卓越，但是我的事业必须是自己创造的。我不想像学校里的前辈一样，成为一个班级的领导或是俱乐部的主席。我想要与众不同。这是一种自我保护的方式，它让我摆脱了社交压力。

我在 4 所学校各待了两年时间，我归纳出了学术取得成功的公理，首先是要确立自己作为一位顶尖学者的身份。那意味着第一年要摒弃一些交游及社会活动，因为与人打交道会耗费大量时间，甚至让你陷入与他们的闲扯。在第二年，则应该走出去并认识每一个人。

我曾为库西华（Cushwa）教授写过东西，他把其中几篇在课堂上朗读，作为对我的鼓励。我的另外一位英语老师麦伦·威廉姆斯（Myron Williams）——多年之后事实证明他像其他很多老师一样，比我想象的年轻得多——曾经说我的文风别具一格。所有这一切都对我有所帮助。在蓝登俱乐部[1]，一个叫罗伯特·弗罗斯特（Robert Frost）的毛发粗浓杂乱的男人，给我们朗诵诗歌；我们也听过埃克塞特自己的“门肯”（Mencken），即 1924 届校友德怀特·麦克唐纳（Dwight MacDonald）的诗。

毕业时，我被选为致告别辞的学生代表。虽然我的朋友埃德蒙·卡立斯·伯克利（Edmund Callis Berkeley）成绩比我更好，但那时，我是校内知名的辩论手，大家理所当然地认为我更能胜任。我对全体学生以及家长的告别辞原本是无懈可击、妙语连珠，最后以“愿埃克塞特以我们为荣！”结尾。遗憾的是，我在说出这句话之前为了效果停顿了一下，而我们的班长就站在我身后拿着我的发言稿。他以为我忘词了，善意地想提醒我一下，结果我们同时说出了这句话。我猜想，这个二重奏效果不错，但是此后我再也没有作类似的尝试。

1925 年，四年级时，我在新英格兰预科学校举办的征文比赛中获奖，那篇文章的主题是关于英美合作的。一位来自纽约的善良女士觉得这是一个能够帮助改善现状并能表彰先驱者的项目。我发表的文章总结了这样一个观点：英美合作创造了现代世界，自然也就能够拯救这个世界。征文比赛的奖励由一位面色红润的主办者范肖（Fanshaw）提供，是当年毕业季的英格兰夏日游。他同时还赠与我 100 英镑和一封给首相斯坦利·鲍德温（Stanley Balduin）的信件。当我站在主席台下接受颁奖时，校长刘易

[1] Lantern Club，诗社名。

斯·佩里（Lewis Perry）向我眨了眨眼。之后我带着母亲一同享受了这次意外的获奖旅行，并且在保留期限里，拿着驻华盛顿的英国大使的信来到了唐宁街 10 号，准备见首相。但是一位剑桥大学毕业的和善的年轻人向我们解释并安慰我们说，鲍德温先生忙得不可开交，但是他建议我们参观一下剑桥大学，顺便看看巴克斯（Backs）校园。我们遵从了他的建议。

1925 年的夏天，我在苏格兰、伦敦以及巴黎待了几个星期，进一步加强了世界存在多个中心的看法。苏福尔斯对于我来说就像是家乡。《纽约时报》登载了我的一幅照片，看上去像其他 18 岁的尚未成熟的年轻人一样。我确信自己会有所成就，当然，我的许多同学也是如此，但是那是他们的事，和我无关。

在埃克塞特，我有个十分投缘的室友，叫艾伦·R. 斯威齐（Alan R. Sweezy）。他是《埃克塞特学报》（*Exonian*）的编辑。后来去了哈佛大学，他又成为哈佛校报《深红》（*Crimson*）[1] 的编辑。他是学生中的风云人物。但是我没有按照艾伦一类同学的步调走，没有进入哈佛大学，而是选择了威斯康星大学。部分原因是男女同校制吸引了我。我知道如何学习。除此之外，还有什么别的事可做吗？

我选择麦迪逊市的威斯康星大学也有家庭的原因。因为这里是拉·福莱特（La Follette）的故乡。我的大姨妈嫁给了吉尔伯特·E. 罗伊（Gilbert E. Roe），他是参议院鲍勃·拉·福莱特（Bob La Follette）早期的律师合伙人。姨妈的儿子杰克是我最亲的表兄弟。1925 年，威斯康星的进步党派呼声高涨，他们试图限制特权阶级并改革社会弊端。参议员老拉·福莱特去世后，小鲍勃接替了他的位置，开始了他在美国参议院 20 年称职而忠诚的公职生涯。而他的弟弟菲尔·拉·福莱特（Phil La

[1]　Crimson 是哈佛大学校徽的背景颜色（一种特定的红色）。

Follette）在 32 岁的时候也成为威斯康星州的州长。他们的家族传统影响了我，让我确立了最初的政治理念——投身于帮助普通大众对抗少数特权阶级的事业中去。因为小鲍勃和菲尔都是贝塔（Beta）兄弟会的成员，杰克也宣誓加入了贝塔·西塔·派（Beta Theta Pi）兄弟会，后来我也加入了。

在辉煌的 20 年代中期（1925—1927），十大联盟[1]的兄弟会生活异常丰富多彩。赫兹（Hertz）创建了汽车租赁服务机构，其他人设计了公路旅馆，发明了各种试验性饮料以对抗禁酒法案[2]，而且兄弟会还建议和女生联谊会的女孩子们约会。麦迪逊的兄弟联谊会和姐妹联谊会实际上就是一个大的社交工厂。赫兹出租的新福特 A 型车将客厅沙发、秋千搬到了每个人选择的乡间小道旁的地方。教育改革的步伐也在不断前进。[一位女院长试图阻挡潮流，力劝男女同校的女生在喝水的时候不要撅起嘴，因为这种行为颇具挑逗意味。幸好这位顽固拒绝变革的“克努特女王”（Queen Canute）没有活到看见麦迪逊后来出现的女性裸跑者。]

因为我取得了 90 分以上的优异成绩，我和阿尔法·派（Alpha Pi）分会最出类拔萃的罗利·巴纳姆（Rollie Barnum）一起，被分配到了贝塔兄

[1] 十大联盟（Big Ten Conference），创立于 1896 年，是一个大学间的体育联合会，其宗旨是更好地加强校际体育交流的管理。从 20 世纪初开始被称为十大联盟，是因为该联合会由 10 所大学组成。参与创立十大联盟的 7 所学校包括芝加哥大学、伊利诺伊大学、密歇根大学、明尼苏达大学、西北大学、普渡大学以及威斯康星大学。后来陆续加入了印第安纳大学（1899）、艾奥瓦大学（1899）、俄亥俄州立大学（1912）、密歇根州立大学（1949）、宾夕法尼亚州立大学（1990）。由于 1946 年芝加哥大学退出了十大联盟，故所谓的十大联盟现在是由 11 所大学组成的。

[2] 从 1920 年 1 月 17 日零时，美国宪法第 18 条修正案——禁酒法案（又称“伏尔斯泰得法案”）正式生效。根据这项法律规定，凡是制造、售卖乃至运输酒精含量超过 0. 5%以上的饮料皆属违法。自己在家里喝酒不算犯法，但与朋友共饮或举行酒宴则属违法，最高可被罚款 1000 美元及监禁半年。21 岁以上的人才能买到酒，并需要出示年龄证明，而且只能到限定的地方购买。

弟会的房间。巴纳姆是一个多面手，为了保持自己的良好形象，他不断地在各个球队之间转换角色，整个秋天在橄榄球队当后卫，到了冬天他又成为篮球后卫，在棒球赛季则又成了接球手。他是一个天生的运动员，成熟、稳定、镇定。有几个偶然的机会，我们在他训练和出行之间遇见他，我很喜欢他亲切的态度。

然而，我在麦迪逊最好的朋友是阿尔法·戴尔特（Alpha Delt）分会的克莱德·克拉克洪（Clyde Kluckhohn）和洛林斯顿·夏普（Lauriston Sharp）。洛林的父亲是一位哲学教授。他曾邀请我去他家吃晚饭，那是我第一次进入一个学术家庭。当时，我按照苏福尔斯式的吃法，只吃羊排的中间部分，把其余部分丢在一边。洛林的母亲发现后，非常和蔼地对我说："约翰，在一个教授的家里，我们要吃掉全部的羊排。等你也成为教授的时候，就会知道为什么了。"

克莱德是一个具有超凡魅力的领导者和浪漫主义者。为了健康，他住在纳瓦霍人[1]的聚居地，还写了一本关于当地的旅游书籍。他创建了一个秘密社团，新入会的人称其为贝乔提斯（Begeotis）。他们穿着男士的无尾晚礼服，借助烛光，在当地一个家庭啤酒厂的又深又冷的地窖里聚会，讨论一些高深的话题。毫无疑问，在它使这些 20 世纪初期的质朴小镇青年变得复杂世故之前，这更像是 19 世纪 30 年代美国大学中以希腊字母命名的兄弟会。我随后建立了哈佛大学、牛津大学以及巴黎大学的贝乔提斯分会，但是它们无一例外，很快便销声匿迹了。

克莱德无疑是我在大学见到的最具吸引力的风云人物。他比我早一年到麦迪逊，去牛津大学也比我早一年。之后我们成为哈佛大学以及战时新

[1] 纳瓦霍人，Navajo，亦作Navaho。美国印第安居民集团中人数最多的一支，20 世纪晚期约有 17 万人。散居于新墨西哥州西北部、亚利桑那州东北部及犹他州东南部。

闻局的同事。他在哈佛大学创建了苏联研究中心，而当时我也开始了自己的硕士学位项目——区域性中国研究。他于56岁、正当事业蓬勃发展时溘然辞世，人们给予他的赞颂是不多见的以成就而非以年龄评论人生价值的肯定之词。

我发觉大学生活中的社交活动在一定程度上是容易掌控的。你可以有很多熟人，比如那些在某个会议上曾与你交谈的人，但是这也会让你没时间顾及真正的友谊。兄弟会的生活和活动，可以训练你像在鸡尾酒会上一样结识及问候他人的技能。但是在那些日子，我们至少学会了比较有意思的介绍方式，而不是像“约翰，这是玛丽”那种在20世纪70年代很流行的令人印象模糊的介绍方式。

在威斯康星读大学二年级的时候，我参加了学生会的竞选。我找到一个小型兄弟会的负责人，他会安排我午饭之后去兄弟会会所的具体时间，届时我会出现在会所里，阐述为什么我就是威斯康星联盟需要的那个人，也是那个能确保大家受益于团体的人。到了选举日，我意识到我并没有走访非兄弟会的barbaroi（野蛮人），也正是因为这一点，我在巴斯科姆厅（Bascom Hall）前的希尔山上度过了忙乱而兴奋的一个早上。我对着我并不认识的人们高声呼喊：“为费尔班克投票吧，他知道为你们做什么。”我成功获选，并成为俱乐部理事会的秘书，事实上，这次选举确保我将成为明年的主席候选人，这几乎就是十拿九稳的事情。

我面临着即将成为校园中的大人物的前景，这似乎是抛弃一心求学而改走另一条可选之路，我决定转学去哈佛。我在这次转学之前已经有过先例了。在苏福尔斯读高中三年级时，我曾在楼梯、走廊和同学们打招呼，依次喊着他们的名字，为此我也成为高年级学生会主席的有力候选人。但是我必须离开那里去埃克塞特上学。现在我离东方似乎又更近了一步。那时候，哈佛还没有凭借哈佛俱乐部以及奖学金的吸引力，招揽到美国的精英人才，所以那里自然到处都是埃克塞特的学生。转学到哈佛就像是度过了男女同校的一个假期，现在又重新回到我在埃克塞特的班级。

哈佛大学还是有着一批好出风头的头面人物，他们参加俱乐部，甚至可能成功地在波士顿的上流社会崭露头角。但是绝大多数的大学本科生仅仅是为他们走向世界而努力学习。大量的研究生零星分布各处，担任宿舍管理或课题组负责人，这有助于营造一种严肃的氛围，这样的氛围要比像威斯康星大学一类的综合州立大学紧张得多。麦迪逊大学那时的校长是圆滑的格伦·佛兰克（Glenn Frank），他是早期的公共关系教育家之一，他说他渴望“将教育机构转变为学习之家”，等等。相比之下，哈佛的校长 A. 劳伦斯·洛厄尔（A. Lawrence Lowell）则希望哈佛是一艘由他掌舵行驶的船，绝不向立法机构献媚。

在哈佛（1927—1929），我与我的埃克塞特的朋友埃德蒙·伯克利同住一个宿舍。他研究符号逻辑，而且他的生活就像时钟一样精确，从来没遇到过麻烦。艾伦·斯威奇（Alan Sweezy）住在我们的隔壁。在他的影响下，1928 年我被推选进入了高年级委员会。第一学年，我通过努力，在 3 门主课中取得了 A 的成绩：历史 1、政治 1、经济学 A，这几门课程都自成体系。我的希腊语也获得了 A，这门课程在麦迪逊我就开始学习了。到了春天，我开始扩展我的活动范围，帮助复兴了哈佛辩论委员会。

在高中的时候，我已经学习了威廉·特拉芬特·佛斯特（William Trufant Foster）的《论证与辩论》（*Argumentation and Debating*），书中介绍了一些基础俗套的辩论方法，让辩论几乎成为法律的一门分科。辩论均由正方开始和结束进程。假如三个正方辩手和三个反方辩手每人各有 12 分钟陈述时间和 8 分钟反驳时间，那么经过 2 个小时，评判者要是还神志清醒的话，才能选出最终的获胜者。对于没有电暖的时代，在寒冷冬天的夜晚，读此书强于无所消遣。此书对我们陈述主张、引证论据还是有一定益处的，只要有一本《文学摘要》（*Literary Digest*），就可以“论证”某一事例，同时准备反驳的论据。举个例子，关于菲律宾独立的问题，在此问题上民主党沉重地打击了共和党，我们需要做一个卡片文档来记录一些引语及证据。当你尊敬的对手陈述完他的论述时，你只需要挑选出卡片来反驳他的证据并指出他的错误。我母亲曾给我上过一课，是关于嘴唇、舌头以及呼吸的应用，这些会让大家明显清晰地听到你的发言。这些很令人兴奋，我发觉站立后双膝颤抖，我大声地表达观点，这能让对方相形见绌。尽管没有多少人参加比赛，但是，出于对学校的忠诚，我们还是获得了一些听众。

在埃克塞特，我找到了一些志趣相投的伙伴，我们一起恢复了金枝社（Golden Branch）和G. L.社（G. L. Soule）这两个社团。在冬天的晚上我们会讨论关于“解析：笔杆比刀剑要有效”这一类的论题。在镇上的埃奥卡（Ioka）剧院每周五晚上为埃克塞特的学生安排了周末电影之后，它们就被荒废了。我们想成立一个单独的社团，这个社团能和其他学校的社团进行辩论。于是我制定了一个制度以解决此问题，今后G. L.社应该接纳金枝社推选出的高级会员，只有这样，社团才能够代表学院与安多弗（Andover）学校、圣保罗（St. Paul’s）学校以及布朗（Brown）学校的新生或是其他冷门选手进行辩论。在麦迪逊的时候，我也发现了类似的问题，辩论社团的状况每况愈下，但是我让杰克·罗伊和其他一些人加入，最终使得社团再次崛起。我们还去了密歇根大学，加入他们新成立的辩论社团，并且在辩论赛中获得了胜利，虽然当时辩论的主题已经没有记录了。

然而在哈佛，我们这些威廉·特拉芬特·佛斯特的少数中西部追随者也开始改换门庭。拉姆塞（Ramsay）的儿子，马尔科姆·麦克唐纳（Malcolm MacDonald）曾是牛津辩论社的一员，他曾在整个美国东海岸进行过辩论，因此在这些地方培养出了英国议会式辩论的推崇者。哈佛有一个头脑聪慧、留着鬈发的年轻人叫佛瑞德·劳伦森（Fred Lorenzen），他在辩论中从不表述实例，而是通过一连串的奇闻异事和文字图片表达自己的论点。更糟糕的是，他会让我们的小观众群笑个不停，即便在没有有利的证据，甚至没有逻辑的情况下，他最终仍然会获胜。如果你想用那些严肃认真的道义来战胜他，那便是孤注一掷，很难奏效，因为他会和你讨论一些婆婆妈妈的事情。

然而科技的发展改变了辩论的性质。麦克风不久使我们摒弃了传统慷慨激昂的辩论方式，它让我们离观众越来越近。接着是精确计时无线电式辩论，使我们的辩论不再是详尽地包括命题、实例、证据、论证这样几个标准步骤了。在短短几秒钟的时间里，你必须用如此多的言语直截了当地表达你的观点。

显然，我为在公开场合演说作了很多准备，与此同时，我也习惯了学习多种语言。在苏福尔斯，我就已经开始学习拉丁语和法语，到了埃克塞特又学了一遍，在大学时期则增加了德语和希腊语。在任何适当的场合下，我都会努力地背记单词，刻苦地学习阅读。但是，当时的语言老师并没有教我们以下的学习方法：阅读之前先要完全理解，全神贯注地融入文章，之后能用自己掌握的词汇讲出来。而现在这些原则使得语言学习变得更有效率。由于学习缺少效率，我总是停留在初学者阶段。我的法语、德语、拉丁语和希腊语充其量也只是初级水平。

1929 年，我要面对又一次的转变：我获得了罗德（Rhodes）奖学金，这是前途远大的证明，也是一次机会，实现了母亲一直隐藏在心中对我的期望。在 20 世纪 20 年代，国际性的奖学金还很少，而罗德奖学金享有一定声望，它解决了我毕业之后的生活去向问题，这样我可以不必为赚钱糊口而奔波，而是继续学术生涯。

1928年，我参加了哈佛大学校报的舞会，艾伦让我照顾舞会的“监护人”，事实上，他是一个非常友善的眉毛浓密的绅士。他问我有关教育的一些问题，似乎对我有关自己曾经学习过的4所学校之间的比较很感兴趣。之后，我才知道他就是洛厄尔校长。在苏福尔斯，当罗德评议会面试我时，其中一人问我：“洛厄尔校长是你的亲戚吗？”他一边说着，一边把校长写给委员会的信拿给我看。在信的末尾写着一句话：“这是一位与众不同、极其优秀的候选人。”如此赞美之词从此一直铭刻在我的脑海中。

但是大学校园内的成功也只能伴随我一时。问题终于来了，那就是，你真正想要做的是什么？通过一件也许只能在主要学术中心发生的具体事情，我找到了答案。我结识了查尔斯·金斯利·韦伯斯特（Charles Kingsley Webster），他是一名外交历史学家，他对政策制定，特别是针对欧洲四国同盟的政策制定有着浓厚的兴趣。1919年，在凡尔赛宫，他向英国代表团提出了在1815年维也纳会议的一些教训。举个例子，教训之一是，你要把你的废纸篓上锁，以免塔列朗（Talleyrand）从你的垃圾中获取秘密。查尔斯自己大量的工作就是进行各种档案的研究学习，这源于卡斯尔雷（Castlereagh）的外交学，在欧洲各国颇为流行。他每年有一半时间在阿伯里斯特威斯（Aberystwyth）的威尔士大学（University of Wales）教授国际历史，另外半年则去其他地方。1928年秋天，他在哈佛讲学的时候，经常在印章协会（Signet Society）吃午饭。在洛厄尔校长推出住宿制之前，因印章协会从教职工和本科生中挑选会员，使之成为了教员和学生聚会的少数几个地方之一。

查尔斯·韦伯斯特最迷人的个性之一就是他的热情。对于他自己的工作，对于世界组织，对于为年轻人提供机会，他就是情感的源泉。最重要的是，他很有智慧地参与竞争和挑战，甚至有些好斗——总而言之，他总是令人备受鼓舞。1936年，当我们陪同韦伯斯特一家来到他们在威尔士的隐居处之后，我曾试图描述他极具魅力的个性：

> 我们度过了一段非常愉快的时光。查尔斯曾对一些人作了很多轻率的评论，据他说诸如此类的评论阻碍了他的事业发展，但还是有很多人喜欢他。当他认为某个人是一个老态龙钟的老派人士时，他会直言不讳地表达出来。他的外表也一样迷人。他个子很高，身躯健硕；厚厚的眼镜片下，一双机灵的小眼睛闪烁着智慧的光芒；我尝试过具体地描述他的下巴，上方的嘴总是做出奇怪的形状，不停地移动，让人弄不清楚具体形状。他对英国充满了真挚的情感，关心他所感兴趣的每一件事，这其实是一种伟大的品格。他的妻子诺拉也是一位让人觉得愉快的女士。她十分娇小柔弱，但从她为韦伯斯特创造条件的方式来说，又富有坚强与优雅，我觉得她具有中国式妻子的特点，默默地待在幕后，但事实上撑起了半边天。

1928年，我对自己未来从事与国际法相关工作的计划还有些模糊。这个时候，韦伯斯特教授告诉我一个最新消息：一些中国的机密外交文献正在北京准备出版。这将打开外交史上一个全新的研究领域。

那个时候，随着有关世界战争起源的研究论文越来越多地出现，对于学者来说，外交史就像一块巨大的磁铁，吸引着人们去研究清楚：发生在什么时间，因为什么原因，谁对谁说了哪些话。再过7年，威廉·L. 兰格（William L. Langer）的《帝国主义外交》（*Diplomacy of Imperialism*）一书设定了更广泛的形式，强调国家利益以及公众舆论自由。[在24年后，他的两卷本《世界危机和美国外交》（*The World Crisis and American Diplomacy*）也很好地证明了查尔斯·韦伯斯特时代，那种令我们沉迷的、完全深入地探索记录里的所有细节已经不可能了。]

查尔斯·韦伯斯特建议我进行中国问题研究，这对于22岁的我来说，很有新鲜感，当然似乎也没别的人做过这方面的工作。我将成为一位先驱者，将继续成为学术上的独一无二的人。而研究中国也是一个令人兴奋的巨大挑战。更重要的是，我习惯于不断挑战，扫除障碍，因此每隔两年就会进入一个全新的领域。我不懂中文，但很多在中国的外国人学会了中文，所以学会中文是完全可能的。同时，我认为哈佛以及美国都需要了解中国。显然我所要做的事情，是一种出于信仰的行为，就像我的叔祖父，他认为耶稣应该被印度以及所有其他的地方了解。

实际上，我得到了来自詹姆斯·菲尼·巴克斯特三世（James Phinney Baxter III）坚定的鼓励。他是哈佛考核委员会主席，让我以优异成绩获得了文学学士学位。他要求我与他保持联络。为了将来能够返回哈佛，我决定要这样做。

对于中国这个国家，我几乎一无所知，所以我的决定并没有受到这一情况的影响。1929年，中华民国由蒋介石领导的南京政府统治，至少表面上是这样。随后1931年，日本以占领满洲（当时我们称之为“满洲”，现在是中国的东北）为开端发动了对中国的侵略。日本的侵略公然违抗了国际联盟的宗旨，导致这个类似于维护和平的国际组织解散了。与此同时，法西斯独裁者墨索里尼和希特勒也最终与日本结成了罗马–柏林–东京联盟。到了20世纪30年代末，这一切演变成为残酷的第二次世界大战，美国在1941年至1945年也深陷其中。

动荡的20世纪30年代，是我作为研究员和教师的见习期。我专注于我的研究领域，寻找我的研究方向。但是我无法断言，到底是对哪件重大事件的预见导致我将研究中国的方向聚焦在革命变迁方面。像许多大学生雄心勃勃地想要获得最优秀的成绩一样，我更关心的是我自己的表现，而不是当前世界现状和国际关系。研究中国首先需要的是主动性，其次还需要机智、想象力、探索性、创新精神。一旦开始了研究，我就深深地陶醉其中。我不知道在学术界及现实世界中它会带领我去向何方，但是它就是我的事业。这是多么令人兴奋的事业啊！

第 2 章

了解中国

1929 年秋天，我来到牛津大学贝利奥尔学院（Balliol College）。比起以往在美国马萨诸塞州坎布里奇的时候，我并没有觉得更接近中国。事实上，牛津大学并不是开始中国研究的好地方，它不开设中文以及中国历史方面的课程。我在接下来的两年时间里，采用迂回的方式探索中国问题，之后又花费了多年时间从事研究，最终我从一名研究生转变成为一位中国问题专家。

我现在认为，在牛津的那段时间所经历的困难并非坏事，我善于将不利转化为有利，这使得我在中国问题研究的道路上摆脱了常规方法——像 19 世纪西方人做的那样，主要从英国人的视角探讨现代中国。生活在英国，并且学会了模仿大英帝国的观点，这是我在中国问题研究道路上的初步经验。

1929 年的牛津大学要比哈佛大学更加具有世界性。（或许今天依然如此。）大多数历史的以及世界性的东西似乎都在此有所体现。在牛津大学，你会觉得这里积累了太多的文化财富，即使只是吸取其中很小一部分，也会让你觉得筋疲力尽。相对于牛津大学大量的学业以及传统，单个学者似乎显得很渺小，同时配给个人的图书馆资源不足以支持他们进行研究。哈佛的威德纳（Widener）图书馆在哈佛拥有很高的地位，而牛津的博德利（Bodleian）图书馆却成了观光胜地，只有在冬天有限的白天时段，学生才能够使用它。威德纳图书馆即使晚上也会灯火通明，像灯塔一样，照亮整个哈佛校园。但是在牛津大学要想找一本书就像是寻找宝藏一样困难。我的一位导师告诉我："我想你可以在布雷齐诺思学院（Brasenose College）找到一本曼德维尔（Mandeville）的书，如果没有的话，可以试着到万灵学院（All Souls College）去找。"总之，学术研究的设施配置，诸如联合目录和馆际互借，仍然很不发达。我没有感觉到有什么激励创新的因素。

或许这反映了牛津大学的主要功能就是培养统治精英。尽管贝利奥尔学院被新式学院紧紧追赶，但是它依然是牛津大学中最负盛名的学院。我感到自己离大英帝国的核心越来越近了。贝利奥尔学院创始于 1263 年，和哈佛大学一样，它们都具有悠久的历史。在乔伊特（Jowett）任院长期间（1870—1893），贝利奥尔学院培养了大批帝国行政人员——不仅有殖民地总督，如寇松（Curzon）、米尔纳（Milner）、额尔金（Elgin），还有至少六分之一的印度行政官员。在乔伊特之后第四任院长 A. D. 林赛（A. D. Lindsay）的管理下，勤奋工作和关注社会的传统发展到一个新的高度。在 1928 年的牛津大学统考中，42% 的贝利奥尔学院考生获得了优异成绩。

威廉·杨德尔·艾略特（William Yandell Elliott）曾为我向牛津大学写过推荐信。他是哈佛政治系的教授，也是林赛的学生。而在我的自荐信中，我就像罗兹家族的监护人对一位朋友讲的那样，把自己变得像"赫拉克勒斯[1]与耶稣基督的结合体"。但是这样的自信并不能解决我所面临的

[1]　希腊神话中的大力神。

实际问题——如何在一个并不存在的中国问题研究机构中破天荒地开始中国问题研究。

查尔斯·韦伯斯特推荐我从马士（H. B. Morse）的《中华帝国对外关系史》（*International Relations of the Chinese Empire*）入手，于是我从英国订购了全套厚厚的三大卷，并在横渡大西洋的途中研读它们。我睡在“新阿姆斯特丹号”正对着螺旋桨上方一个减价的次等舱里，旅途中大部分时间都躺在床上阅读有关鸦片战争的章节，这个主题让我很有些不舒服。马士博士对英国官方记录的总结表明英国对于清王朝的压迫一直持续到1860年，他们攫取种种条约特权，并且从此加强了对这个王朝的影响和控制。

在牛津，我首先报名攻读哲学、政治学和经济学专业的文学学士学位，这和我之前在哈佛攻读的历史学、政治学和经济学比较相似。之后，我决定攻读英国对华政策和英中关系方面的学术研究学位。当然，这促使我开始研究大英帝国在19世纪的中国所建立的正如一些人所说的“非正式帝国”，这是中西对抗的主要方面。

显而易见，我必须学习汉语。我首先必须完成文学学士学位，这要花费一年的时间。然后再攻读哲学博士学位。这里的学位体制与美国的体制不同，攻读牛津大学的学位不要求准备田野调查，也不作语言或是相关的课程方面的要求，只是需要一份论文，简直是一笔交易。这里开始研究工作也没有什么研讨会，事实上，根本没有历史学或相关的研究机构。我必须完全靠自己摸索。

我注意到，1874年哈佛大学毕业生马士在成为研究中国对外关系方面的史学家之前，曾经在中华帝国海关总署工作了35年。在他的《中华帝国对外关系史》一书的序言中，马士说他一直计划用总税务司罗伯特·赫德爵士（Sir Robert Hart）的日记来写海关历史，但是赫德的后人拒绝了。对于一个初学者来讲，我不得不通过伦敦的英国外交部的信件来接近中国，并且我决定将这种特殊的中英机构——中国海关作为我研究中国的出发点。

我的文学士论文导师由一位退休的传教士、中文高级讲师苏慧廉（Willian E. Soothill）博士担任。苏慧廉是一位极其友善的老人，他向我解释他正在校对他的中国佛教术语词典，所以他很高兴在下午茶的任何时间与我会面。不过，至少他同意帮我给已经退休不在伦敦的马士写信。

作为赫德早期委员会成员之一的杜德威（E. B. Drew）则是 1864 年哈佛毕业生，曾为海关招募了包括马士在内的 4 位 1874 年哈佛毕业生。1924 年，马士参加了哈佛毕业 50 周年校友会，被授予荣誉文学博士称号。他没有子女，而他的妻子则是反华人士。（“他们会毒死你。”她告诉我。）对于大多数委员来说，中国海关总署是充满使命感、需要奉献终生的机构，而作为一个年轻的哈佛毕业生能够对此抱有兴趣，自然而然会对住在伦敦郊外坎伯利（Camberley）的退隐生活增添乐趣，因此马士邀请我去他那里做客。

我看到马士是一位衣冠整洁而又机警的老绅士。他刚刚完成了第五卷《东印度公司对华贸易历史纪要》（*Chronicles of the East India Company Trading to China*），这是一套巧妙地浓缩了东印度公司档案册的书籍，他获准将档案带回家，每次一册，在家完成写作。即使对于寒冷的英国来讲，马士的房间仍然属于很冷的，因为这对他的哮喘有利。两位隔壁的女士为我提供食宿并带我四处看看坎伯利的景色，马士博士则带我去他的俱乐部。俱乐部被藤条覆盖，一些退休的上校以及前印度行政官员正在这里打保龄球。

我觉得我找到了一位精神上的父亲，甚至可以说是精神上的祖父。马士告诉我许多有关海关以及海关所为之服务的中国的情况，超过了我的吸收能力。他曾任职的地方包括上海、北京、天津、海南附近的北海、1894年台湾民主国时期的台湾淡水、安南边界的龙川县、汉口以及广州。19世纪70年代末，他接受特别任务，协助整顿招商局，并于1899年协助湖南省的岳州开埠。

这是一个远在半个地球之外的自成体系的完整世界。如果马士博士没有成为一名历史学家，那么毫无疑问他也会像罗伯特·赫德爵士那样慢慢衰老直至死去。1907年，罗伯特·赫德爵士离开他工作55年的中国返回英国，回到了伦敦的家里，在妻子的絮叨中，他发现自己是一个没有什么用处的老人。而他的妻子早在1882年就溜回英国了。显然，海关工作尽管一切令人满意，但给太太们带来的只有发烧、厌倦、痢疾，这确实令人非常烦恼；此外，还有中毒，马士夫人至今仍然清楚地将中毒一类无聊的事情记在脑海里。

从这样一个非常珍贵的指引中，我却得出了错误的结论，我认为最好先从1854年在上海建立的外籍海关税务司入手研究海关的起源。我忽略了“回溯律”（Iron Law of Retrogression），这是我之后经常会告诫学生的规律。历史要往回追溯来寻找事件发生的原因：如果你想知道1980年的事情，就得从1980年开始入手，但你很快就会回溯到70年代。如果你从1970年开始按照预定的设想向1980年前进，你会发现自己不得不涉及60年代的事件，更大幅度地向后回溯。

我如果能在1883年从海关入手开始进行研究可能会更好，当时正是赫德正式接受英国驻华公使任命之后经过深思熟虑又放弃的时候，事实上，研究1854年会让我回溯到1850年，后来我的哲学博士论文是从研究1842年开始的。我没有突破1858年的界限，虽然这是我曾经想要作为开始研究的年份。在事业上是多么容易走上歧途啊！

苏慧廉博士给了我一本翟理思（H. A. Giles）在1923年修订的中

文版第三版T. L. 布洛克（T. L. Bullock）的《汉语书面语进阶练习》（*Progressive Exercises in the Chinese Written Language*），自此我开始自学汉语。这是一本内容充实的自学手册，使初学者通晓简单的古文语句，附加逐词逐字的英文译文，书中之所以加入译文，在于实用易学。例如，将传统的所有格表达“之”字翻译为“arrive”。因此，“人之初”，用英语来说就是man’s beginning，翻译就变成了“man arrive-at beginning”。古文句子的表达相当地有中国味且意蕴悠远。“一之谓甚”变成了“one arrive is very”，而实际的意思却是“once in the limit”（一次就是极限）。我觉得与其说“中国人真聪明”，不如说“英国人怎么这么聪明”。书中也没有说声调的问题，只介绍了部首，还列出了 214 个部首。我开始了一项新的体验：仅仅根据它们的形状和结构，记忆部首和汉字。这些汉字优美的外形开始向我施展它们的魅力。

对于一位最初是学习印欧语系的专家来讲，学习汉语需要我改变方法，就像是从走路转为游泳一样。当然，我很快发现，很多的汉字是由简单的汉字组合而成。通常，左半部分是同一类的部首，比如表示口、手、水、土的相关事物等，而右半部分会提示这个组合如何发音。事实上，苏慧廉博士编了一本有用的关于发音的袖珍字典。人们用这种方法在汉字迷宫中学会发音，而且能在字典中查到这些汉字。将这些汉字组合在一起到底是表示什么意思，这是个问题，也确实是一个问题，因为随着时间的推移，尽管字形保持原状，同一个汉字会因为组词的不同而表达不一样的意思。

人们只能作出这样的总结：学习汉语最好的方法就是从 5 岁开始就生活在中国。但是我这里则是一个典型的外国人的学习模式。23 岁的我在伦敦的地铁和公交车上，只能急匆匆地翻阅着记录这些汉字的卡片。幸运的是，我从来没有问一位智者我这样的学习方式是否可行，他可能会证明这是行不通的。

后来，我听到一些传闻，说朋友们感觉我之所以进行中国研究，是由于神经衰弱。显然事实并不是这样。但是，在牛津我确实体验到了从未有过的感受，每天凌晨 2 点到 3 点之后我就再也难以入睡，我得了神经衰弱症。接下来的几年，我的生活一直被失眠困扰着。医生告诫我需要休息，但是休息时你能做什么呢？在牛津大学寒冷而朦胧的冬天，全身裹在厚厚的毛衣里，执行严格的作息时间表，每天午饭前、午饭后以及下午茶时间都要小憩一会儿，晚上 9 点准时上床睡觉，指望食物、运动、良好的休息能让我保持健康，不管睡得着睡不着。幸运的是，牛津大学的医生并不知道大学生的脑袋里在想什么。他们让我从两方面用药：上午服兴奋药，晚上服镇定药。自此以后，我一直处于轻度的抑郁状态，这却使我获得了检验身体健康程度的风向标。症状会根据我奋斗的目标是否明确而忽轻忽重。当时我是一位青春期阶段的研究生，正努力获得学者身份。

要完成学士论文，就需要学习写作，学习如何正确使用词语来表达想法。我发觉通过学习思考，事情变得更复杂了，这需要挖掘固定词语的真实意思。像许多刚毕业的学生一样，我的散文趋向于通过一个又一个的动名词连接来完成。例如："虽然革命热情的发展之初常常伴随着若干促其加速发展的因素，归根结底，这种现象的可能原因将会在下类事实中被发现……"诸如此类的表达，言之无物。我发现一个补救的方法，就是以关键词开头，只使用一个主动语态的动词，如"革命始于……"。

在那段情绪低落的日子，我也结识了一些朋友，吉尔伯特·海特（Gilbert Highet）是其中一位。他是颇具嘲讽才能的苏格兰人，最终他成为哥伦比亚大学拉丁语言和文学专业的安东讲席教授（Anthon Professor），同时又是"每月一书"的主办者。他将他的一些经典作品，诸如《风景里的诗歌》（*Poets in a Landscape*，1957 年出版）当中的内容介绍给了美国的读者，美国读者很欣赏他的品位和智慧。在贝利奥尔学院，吉尔伯特在塔楼中生活得很愉快。塔楼高出了前门，里面还有螺旋式的楼梯。作为一名古典学者、钢琴家以及批评家，他充满了活力，我认为，这与他出身于格拉斯哥的中产阶级家庭有关。像我一样，他也是一位英国观察家。此外，我还遇到我一生的挚友安东尼·兰伯特（Anthony Lambert）。他身材高大、心地善良，是一名英国哈罗公学的学生，像许多地区的英国大使一样充满了干劲。吉尔伯特和托尼（安东尼的昵称）阅读《纽约客》（*New Yorker*），引用达蒙·鲁尼恩（Damon Runyon）的话，对美国人抱友好态度。我很享受他们的陪伴，从他们那里也学到了很多关于英国的知识。

例如，你不必讲话。和朋友在一起，你可以毫无顾忌地长时间沉默……

作介绍并不是必要的。如果A和B正沿谢尔河（Cher River）散步，遇到了C，而C只认识A，那么B只要静静站在一边就行。介绍是一件很严肃、绝不能随便的事情，因为这可能会引起意料之外的不良后果。

通常来说，沉默是令人钦佩的行为。和偶遇的人高谈阔论可能会让人生厌，这可能在早期的美国有助于开拓，但在这里，这仅仅表明你在吹嘘或是骗取别人的隐私。向朋友公开太多隐私其实也会对他人的隐私产生威胁，让人感觉就像突然被脱光了衣服一样不适。一个人从朋友那里获得的最好的东西，简单来说，就是让他有自己的空间。

此外，我还学到一点，“bloody”是一个太有威慑力的俚语，不能在女士面前使用，它的效力和在那时的苏福尔斯时候使用“fuck”一词具有同等效力。

我还发现贝利奥尔学院还有一位来自中国上海的学生郑肯（Ken Cheang，译音），他是一位体格健硕但有时候又让人费解的年轻人。他邀请他的朋友，来自彭布罗克（Pembroke）（和香港）的哈罗德·李（Harold Lee）和我们打网球。与对方相比，托尼·兰伯特和我发现我们有 10 英尺高。我们来势汹汹地把球打过球网，但是每次哈罗德和郑肯都只是把球挑高打回来，最终我们由于拼命扣球导致体力透支而被对方击败。后来郑肯和哈罗德的姐姐结了婚，但是随后他每况愈下。而哈罗德·李则一直是我的好朋友，我们的友谊持续了50年。他的父亲在他小时候就将他送到英国读书，因此他接受的是双重文化的教育，既有英国背景又有中国背景。他最终成了香港的风云人物。后来我们在香港还见过很多次。

同导师们打交道不是一件容易的事情。在贝利奥尔学院的第二年，韦伯斯特的朋友B. 汉弗莱·萨姆纳（B. Humphrey Sumner）就住在我的隔壁。他是一位令人敬畏而博学的导师，外表看起来消瘦优雅，但是实际生活很刻板。他懂得很多，但是过着极其简朴、安静的大学教师的生活，终身未婚，作品也寥寥无几。

从我的房间穿过一个小院子就是厄克特（Urquhart）院长的房间，他在1896年至1934年间担任院长，培养了一代又一代的学生，人很和蔼。早上我们会站在窗前面对面地刮胡子。我用的剃须刀是父亲留给我的，后来厄克特评价我的直角剃须刀就像一把致命凶器。我承认的确如此，尤其是在卧铺车的洗漱间，火车来回摇晃的时候，其他乘客都会下意识地与我保持距离。这把剃须刀显然是我独一无二的标志，幸运的是，我从来没有被它“斩首”过。

贝利奥尔学院的生活大都穿插一些美的享受。我们听音乐，辩论莫扎特和贝多芬音乐的优劣。我们远足穿过一片片终年阴冷的雾霭，看到远方每一处的田园景色都披上了越来越朦胧的色彩。我还会写信到马萨诸塞州的坎布里奇。因为我爱上了一个女孩，我们在1929年情人节的舞会上初次见面。

威尔玛·迪尼奥·坎农（Wilma Denio Cannon）是拉德克里夫（Radcliffe）大学美术系大学三年级的学生。一家人住在神学院（Divinity）

大道 2 号，如今是哈佛燕京图书馆所在地。在家中，她是四姐妹中最年长的一位。那次晚会上，她身着一袭自己制作的修身合体、火焰般色彩的连衣裙，婀娜多姿，映衬得她格外美丽。她能言善辩，妙语连珠，具有活跃场面气氛的能力。事实上，她并不像我一样有着明确的目标，或许她只是享受此时此刻的生活。而这一切让我突然意识到，我在惦念着一些我其实很需要的东西。威尔玛在自然地处事、思考、行动等方面的创造能力让她后来成为艺术家、探险家、外交家、研究员和作家，当然她还是一位妻子、母亲、姐姐、女儿，最近快要当姨妈了。我想，她所有的才能都得益于她整个家庭，她的家人同样都具有自然而然的品质。这一切都与母亲科尼莉亚 · 詹姆斯 · 坎农（Cornelia James Cannon）有关，威尔玛的妹妹玛丽安 · 施莱辛格（Marian Schlesinger）在《残存的记忆：坎布里奇回忆录》（*Snatched from Oblivion: A Cambridge Memoir*）中曾对她有过描述。

坎农太太就像核反应堆一样永远向外辐射能量，而她的 4 个女儿都通过培养和遗传同样充满活力。以她们的母亲为榜样，她们懂得，丈夫的事业是神圣的，必须要给予他完成的机会。但是同时，女性事实上也能够做男性能做的每一件事，甚至很多他们不能做到的事。作为她的女婿，我认为，坎农太太的教导将保证和激励完美地结合在一起。

回顾我研究中国的准备工作，尽管做得不过尔尔，不过我应该说一半的原因是为了找到威尔玛。1929 年圣诞节，我在巴黎再次与她重逢。她的父亲，沃尔特 · B. 坎农（Walter B. Cannon）是哈佛医学院的一名伟大的生理学家，在学术界极负盛名，当时正在巴黎讲学，因此威尔玛游览欧洲拉丁国家途中也暂时住在巴黎学习艺术。之后到了 1930 年春天，我在塞维利亚和格拉纳达再次见到她。同年夏天在哈佛又见面了，当时她还没有返回拉德克里夫完成学业。1931 年，她以极其优异的成绩毕业，毕业论文的题目是“绘画的本质：记录、记忆、传承与忽略”。

与此同时，我也在为我的文学学士论文而努力。从牛津到帕丁顿，然后乘坐贝克鲁（Bakerloo）地铁前往档案馆。英国公共档案馆是一个圆形的大厅，一缕暗淡的自然光透过窗户照在围坐一圈、身穿毛衣、鼻子冻得通红的女管理员身上，也照在各类拿着字迹擦不干净的铅笔（钢笔不允许使用）在一大堆合订本的文档中查阅资料悄无声息的研究人员身上。F. O. 17 是来自香港商务督查署和公使馆的资料，这些经过编号的电文中附有复写件，这些复写件又是从已经编过号的每一个中国通商口岸中挑选出来的。你可以想象这些领事助理花了多长时间来完成抄写。"阁下，上个月 27 日的 17 号电文是关于……我很荣幸向您报告……"不停地用笔在耐用的优质纸上十分枯燥乏味地记录着信息，为王室的事业效命。就是这些构建了整个帝国，记录着维护和发展现行制度的种种实践，甚至最终证明为了贸易，需要发动战争。档案馆几乎没人发出声音，但是那些对文件执迷的人还是会偶尔走出去，在"里昂餐厅"喝杯茶，吃些鸡杂派或是木莓馅饼。

牛津大学的假期包括冬天一个月和春天一个月，在漫长的假期里，有时候我会待在大英博物馆后面的托林顿广场（Torrington Square）的公寓里，如今是伦敦大学亚非学院所在地。公寓提供住宿和次日的早餐，女房东每晚只收取 5 先令。浴室一般在地下室，里面有一个烧水锅炉。房间里可能还会充斥着卷心菜与来沙尔混合的怪味。这是一种令人感到孤独阴郁的生活方式。

在 1929 年至 1930 年的圣诞假期，我在巴黎练习了几日法语，之后我与我在威斯康星大学的朋友劳里·夏普（Lauri Sharp）结伴，他正在维也纳学习德语，这也是他所研究的人类学领域需要训练的一部分。我们度过了愉快的时光，去了歌剧院、美泉宫等地方。但是，良辰美景被我自己破坏了，因为我一直为完成我的论文而绞尽脑汁。我是这样一个有明确目标的人，为写出有价值的论文付出了艰苦的努力。而德语似乎对我帮助不大。

回到伦敦之后，我拜访了韦伯斯特夫妇的一位挚友，艾琳·鲍尔（Eileen Power）教授，她长得很漂亮，眼光也很犀利，正像关于她的传说那样。伦敦经济学院（London School of Economics）的人们已经敏锐地意识到中国研究是学术界的一块处女地。作为一名中世纪史学研究者，艾琳致力于研究前往震旦的古代欧洲旅行者。她参加了 1929 年的太平洋国际学会京都会议。她的同事 R. H. 托尼（R. H. Tawney）刚刚去中国游学，他的著作《中国的土地与劳工》(*Land and Labour in China*）于 1932 年出版。

艾琳·鲍尔很支持我，尽管当时我只是一个身处困境的研究生，自称是中国研究的专家，却没有任何作品来证明自己。20 年之后，在哈佛大学，我很高兴看到我的研究生们能够写出很优秀的关于中国问题的论文，这些论文水平很高，足可以收录在每年一辑的《中国论文集》(*Papers on China*）中，论文被编入此书足以证明作者在此领域的造诣。专家的培养就如同养育子女一样，有其自身的需求。我们坚持出版《中国论文集》长达 24 年之久。

1925 年，我成为英语语言协会（English-Speaking Union）的注册会员，后来人们称之为英美友谊联谊会，在那里我获得了智能方面的支持。不久，协会就给我打电话说切尔西有位扬太太邀请我共进晚餐。扬太太是位热忱而干练的女士，她有一个 15 岁的儿子叫科特尼（Courtenay)，正在伦敦大学跟着舒庆春（C. C. Shu）学习中文。那时候，我还不知道这位来自北京的满族人就是舒舍予（Shu She-yu)，也就是后来著名的小说家老舍。科特尼是一个非常聪明乖巧的小学生，扬太太觉得他和我在研究中国问题方面有着共同的兴趣。

由此开始了一段有趣的横跨英美文化差异的友谊。因为扬先生的父亲是一位男爵，93 岁时去世，扬夫人很快成为男爵夫人。我常常应邀到他们家中共度周末，因而对英国贵族有了一些粗略的了解，他们具有显赫的社会地位，但财富上相对匮乏。扬家有两个女儿，琼和弗吉尼亚。琼的肤色较为暗沉，弗吉尼亚则较为白皙，她们二人都颇具女性魅力，还有一个聪明的长子格里（乔治的昵称），正朝着外交领域发展。这个古老的家族住所被原男爵命名为福摩沙渔场（Formosa Fishery），他曾是远东的一名海军军官。花园一直倾斜延伸到距离梅登黑德镇（Maidenhead）不远的泰晤士河。从此以后，这样的家庭交流一直持续下去，而且我也很渴望从单调乏味的公共档案馆检索研究工作中解脱出来。同时，也体会到了漂泊他乡的外国人是多么希望被接纳到当地家庭的生活当中。

在社交上获得成功，很大程度上像是一场游戏，结果取决于你前人的拼搏。一封给埃文斯·康韦夫人（Mrs. Evans Conway）的介绍信，曾把我带到这位宴会女主人面前，我对她作了如下的描述：

> 这位女士身材高挑，肤色偏暗，年轻的时候一定是位美人；她有自己的思想，始终保持着优雅的举止。她与我谈话的内容总能引向我“认识这个社交圈子里的哪些人”这个问题。我本来可以在两分钟之内回答所有问题，但是那样的话我们就只能悄无声息地喝汤了。于是我只好硬着头皮应付她，与她作类似这样的交谈：先聊聊万德维尔·德·弗禄普夫人（我认识她吗？）和她本人在纳拉干塞（我去过哪里吗？）的经历。接着说道，在纳拉干塞，奥吉丝碧·奥布洛伊德夫人（我难道又认识她吗？）曾请卡玛利·卡库听了女高音演唱（很优美吧？谁知道！），那美妙的歌声宛如《绿厦》（*Green Mansions*）一样让人想起布福斯（我去过哪里吗？）附近的凯茨奇尔瀑布……我真期盼她会见面直接对我说：“好吧，你到底认识谁呀？”

我对这样的经历总结如下：

> 出示推荐信是一种很好的被人接纳的常规方式：尽量保持平静，在确认他们真正希望了解你之后再逐一列举你的优点，你必须坚持住，要让他们觉得你被他们接纳是一件理所当然的事。但事情可能永远不会按你想象的那样发展。
>
> “南达科他州……”我常以这种方式开头，这总会令人感到意外，而我喜欢他们惊愕的样子，这让他们陷入为难的境地，不知如何作答。相反，如果用“哈佛”开始和结束，人们的反应通常是：“噢，天哪，哈佛！”然后是表示敬意，送上赞美。而且这种反应可能会持续一个星期。你觉得这很傻吗？设身处地地替他们想一想吧，在社会的压力之下，由于恐惧，他们没有更好的判断方法。另一方面，一个善良的人可能会让你投入某项课题研究中，观察你的表现，或者直接让你拿出一份个人简介。

在我父亲的便携旅行箱中，我总是装着两套衣服，一套无尾礼服配黑领结，一套燕尾服配白领结。我记得，1930 年在伦敦出席晚宴的时候，如果有女士在场，按当时的规矩应该戴着白色的领结。有一次，返回苏福尔斯后，我穿着燕尾服，后退时撞到了蜡烛，衣服上烧出一个洞，为此我的堂兄弟们一直取笑我。他们甚至用谚语这样揶揄我：同哈佛人说话时，你只需点到为止。在牛津大学，人们通过参加午茶会进行交流。他们知道南达科他州的牙科医生和房屋建筑比东部的任何地方都好。不过那时旅行和电视在英语国家还没有普及。

哈佛大学和贝利奥尔学院的文凭让我大略地体验了英国生活，没有什么机会接触社会底层，虽然他们无处不在。贝利奥尔学院的校工威瑞（Veary）和塔奇（Tuckey）曾先后为我服务，他们操着地道的伦敦腔，天一亮就来到我的研究室，为我打来热水，给冰冷的炉子生火。吉尔伯特·海特和他美丽的未婚妻海伦·麦金尼斯（Helen MacInnes）交谈时，会不时地说起他们故乡的方言。看到这两个在封建制度下分化出的截然不同的阶级是多么奇怪啊，一类是高个子的兰伯特（Lambertian）的贵族，另一类则是中等身材的工人。

后来我和威尔玛去过山西，和我们一道的还有一位中国内地会（China Inland Mission）的传教士特里基（Trickey）先生，他就像是塔奇和威瑞的堂兄弟。那时候我才意识到，英国的教会对因阶级而陷入困境的灵魂富有吸引力，而不是像美国那样，只对农场苦工有吸引力。美国人在中国复制了和美国国内一样的教会学校和学院。但是英国在中国几乎没有开办教会大学，甚至就连在英国本土也没有。

到了1931年春天，对于中国问题专家这个身份我越来越充满自信。我说服苏慧廉博士给我安排一次布洛克（Bullock）式古汉语书面测试，并对我的真诚的努力出具一份书面证明。罗德奖学金评议会对奖学金获得者需要在伦敦或巴黎的研究时间作出回答，准许第三年的奖学金可以在牛津以外的地方使用。我要求去北京，北京离巴黎大约有地球两极那么远，肯定不在委员会的考虑之内。尽管如此，我指出以下事实：为了我的文学博士研究，我需要英国领事馆的档案，而这些资料仍然散落在中国各个通商口岸。我已经获准在当地查阅这些资料，而且我也开始学习汉语，而要学好汉语，最好能在北京学。毫无疑问，我已经开始使用推销的技巧，这对于为个人、为计划及他的学生寻求学术支持来说很重要。你必须能够有说服力地表达一种具有学术价值、符合公众需求以及实际可行的观点，并暗示这是无法回避的（因此，为什么不是现在呢？），而且正如所有好的推销术，命题是可靠有效的，因为它不会让人觉得虚假。之后罗德评议会同意了我的申请，我备受鼓舞。因为我是所有奖学金获得者中的一个先例，一些年后还有另外一个罗德奖学金获得者詹姆斯·伯特伦（James

Bertram）这样做［他曾出版《中国西安第一幕》（*First Act in Sian*）］。

在 1931 年春天的假期里，我的母亲来到了英国。我带着她参观了牛津大学，还拜访了马士、扬夫人和兰伯特三家人。后来我们再次去了巴黎，首次游览了意大利。夏天，我去坎布里奇和新罕布什尔州的富兰克林看望了威尔玛，而她也来苏福尔斯游玩了一次。在这一系列社交活动结束之后，我也顺利结束了在牛津大学的学业，获得了哲学博士学位。1931 年圣诞节，我和科特尼 · 扬一同从热那亚（Genoa）出发前往中国上海。拖着行李，我们登上了北德意志劳埃德航运公司（Nord Deutscher Lloyd）的货船"阿德勒号"（Adler，"鹰号"）。

乘船旅行要比如今乘坐飞机旅行拥有更多的时间来结识身边的乘客。我们一共花了 6 周的时间通过了苏伊士运河，途经很多著名的港口——锡兰的科伦坡、马来半岛的槟榔屿、苏门答腊岛的棉兰、新加坡以及中国的香港。当"阿德勒号"处理货物的时候，我们一共 6 位乘客就在每个港口欣赏异国风光。

就这样，1932 年初，作为一名学术研究事业的开拓者，我带着模糊的设想来到了中国，而这些想法可能在某个时候会以某种形式又被带回到哈佛。在某种程度上说，我在这里是成功的，因此我要回去了。我充满了斗志，然而，对于中国的历史、美国对华政策，或是远东革命与民族主义，我一无所知。也没有人教过我这方面的内容。我的论文主题涉及的范围也极为狭窄。简言之，我正拥有一种很有利的条件来学习这些东西。

| 第二部分 |

我们首次发现中国

（1932—1935）

第 3 章

来到北京

沿着海路来到中国，途中参差不齐的绿色岛屿与绵延壮观的海岸线之间，穿梭着大量的捕鱼帆船（或许是等待时机的海盗船？），这些过往者通常准备着进行贸易、走私、旅行、战争或是自卫。这次沿海路来中国与古代的商队或现代人乘坐火车通过欧洲大陆进入中国是不一样的，使人渐渐感到走进了一个谁也无法接管的地大物博的国家，而只是打算从中寻求食宿便利，并接受他们。西方的侵略一直是经由这条海路入侵这片大好河山的。

尽管被寒冬的雾遮掩着，但是从太平山顶（Peak）仍然可以俯瞰香港海港。我们在此仅仅停留了几个小时，并没有上岸，但还是对这里壮丽的景色以及繁忙的海港留下了深刻的印象。舢板（单桨小船）、挂着四方帆的帆船、班轮、货船、炮舰以及轮渡混杂在一起，就像是《大英百科全书》（*Britannica*）中罗列出各式各样的船只的那一页。

通过了雾岚笼罩的台湾海峡，两天后轮船慢慢靠近海岸，来到了一片棕色水域，看到了长江入海口低矮的海岸线。突然，一支由 4 艘驱逐舰组成的日本海军舰队经过我们这里。这是一支快速舰队，每艘船的船尾都有一面印着白底红日的日本国旗。迄今为止，日本国旗对我来说是最有潜力的国家的标志。它看起来就像绷带上的一抹血迹，似乎在说：“看，太阳现在已经升起了，更重要的是我们会为之洒尽热血。”日本对上海不宣而战（1932 年 1 月 28 日—1932 年 3 月 4 日），此时战争正在进行中。当我们随着这几艘日本船向北前行时，日本的驱逐舰围成一圈，正在轮番炮轰吴淞炮台。吴淞炮台位于黄浦江的入海口，上海港下游 12 英里处，目前仍在中国守军掌握中。

日本的现代海军始于 1894 年，那时，他们以纵列队形包围了中国新建的舰队，并将其驱逐出鸭绿江。中国海军指挥官是一位年老的骑兵指挥，他安排自己的舰队以横向排列，这样他们就只能使用军舰前部的炮塔来进攻。如今日本舰队又一次包围了吴淞炮台，对其进行猛烈的炮轰。

因为“阿德勒号”曾经为日本运输过军需品，所以它谨慎地停在战区外面。我们乘着一艘白人乘客专用的邮轮继续驶向上海。交战的日本和中国军队并没有向我们的船只开火，因为它代表着虽然看不见但无法忽视的条约国一方。在炮火连天的时候来到上海，对于一个研究中国外交关系的现代历史学家来说，真是恰逢其时。上海在炮火中成长起来，事实上，它依然在不断发展。

不平等条约对上海的控制力是显而易见的。我们从上海的外国公共租界（Bund of the International Settlement）——外滩登陆，距离日本巡洋舰“赤云号”（Idzumo）以及其他舰船只有几百码。他们当时正在炮轰闸北，这是上海的一个区，位于苏州河的北面。来自广东的第十九路军在被炮火炸成废墟的建筑下挖掘战壕，到晚上通过上百码宽的苏州河运送补给，因而日本海军也无法进行有效阻拦。此刻的日本刚刚将满洲吞并，尚未作好与英美对抗的准备，因而上海的中心、苏州河以南的上海公共租界依然是一个中立的避难所，就像之前军阀混战时一样。

科特尼·扬和我在柏林顿酒店（Burlington Hotel）安顿下来，这家酒店是一座极具维多利亚风格的建筑，完全仿伦敦的布鲁姆斯伯里（Bloomsbury），坐落在南京路向西伸长的静安寺路。随后我与圣约翰大学的教授宓亨利（Harley F. MacNair，后来去了芝加哥大学）取得了联系。他刚刚删改完马士博士的《中华帝国对外关系史》一书，并添加了新的内容，使其成为一本新的著作——马士与宓亨利合著的《远东国际关系》（*Far Eastern International Relations*）。他现在正忙于收容难民。晚上他带我们来到难民救济委员会，这是一座位于市中心的没有完工的建筑，里面容纳着成百上千来自闸北的中国难民，蜷缩在寒冷潮湿的草堆里，每个家庭只有用稻草捆绑着的很少的行李，那是他们全部的家当。在屋顶上，我们可以看到战火始终笼罩着苏州河北部。日本的侵略就像是一场自然灾害，无法阻止。西方扮演的角色只能为中国人减轻一点苦难，如同饥荒中发放救济粮一样。

在伦敦档案馆，我曾了解到公共租界的发展历史：1853 年，太平军占领南京，导致大量难民流入公共租界。由于与当时中国政府签订了条约拥有永久租借权，外国土地承租者可以把刚刚从中国地方当局获得的租借地转租给难民。到了 1932 年他们的条约特权依然有效。

马士博士给我介绍了他的继任者，中国海关总税务司稽核科税务司魏尔特（Stanley F. Wright），事实上他正在完成一本鲜为人知的海关档案概要《赫德与中国海关》（*Hart and the Chinese Customs*）。魏尔特先生带我来到上海俱乐部以及它的“世界上最长的酒吧”吃午餐，同行的还有其他的高级税务司。作为一名新人我感到兴奋，又有一些不安，有满肚子的问题想要发问，但又担心问题太过枯燥幼稚，我对于他们的谈话只是一知半解。魏尔特先生为人精明，唯恐我研究海关历史而与他的著作出现竞争。当听说我要去北京学习汉语时，我明显地感到他整个人放松下来。他可以同我不停地转换话题，将我引到其他话题上去。有些人一旦进入汉语文研究的领域，人们就再也没有听说过他们了。

几天后，我们乘坐怡和轮船公司（Indo-China Steam Navigation Co.）渣甸航线（Jardine's line）的货船前往天津，途中没有遇到日本海军。天津是中国又一个较为古老的沿海城市，如今依然充满活力。我们的船挂着英国国旗通过中国内陆以及沿海水域，搭乘的货船是一艘铁甲舰，锡克守卫在船内的射击孔旁守卫着，随时准备着使用霰弹枪战斗。中国统舱乘客在甲板下面，看起来很淳朴无知，事实上他们既要忍受寒冷，但对海盗打劫还记忆犹新。锡克人成了勤杂人员。我发觉中国从表面看上去虽然充满现代感，但是骨子里的中世纪观念并没有发生明显的改变。

在拂晓时，我们绕过大沽口沙洲，在天津塘沽登岸。在要去英国使馆的同船乘客帮助下，我们很快乘火车前往北京。（确切地说，那时候应该叫北平，现在是北京，但是西方的文字记录中依然称呼它为北京。）

在中国北方平坦的农村，最令人惊讶的就是无处不在的坟堆。当然这是一种孝顺的表现，但它占用了本来就不足的土地资源。尽管只有几英尺高，但这些坟堆像是在房屋稀缺的城市中为死者设置的纪念堂。我自问：这种情况能继续多久？然而我根本无暇寻找答案。

1932 年冬天，我乘火车穿过褐色的平原来到北京，自建成至今有着 500 年历史的城墙仍然有着震撼人心的冲击力。到了 20 世纪 60 年代，北京成为世界上人口最稠密，并且被城墙包围的城市。尽管南京有更高大的城墙，但是它的四周缺少平原，所以无法体现它的雄伟。北京正面城墙高 40 英尺，上面有一排排整齐的雉堞[1]，每隔两箭射程有突出于城墙之

---

[1] 雉堞是古代城墙上掩护守城人用的矮墙，由女墙（也称宇墙）、垛墙和垛墙之间形成的垛口组成。

外的两个垛台。城墙的视觉效果非常壮观：北面的内城（元大都）是一面长约 4 英里的正方形，四个角上有角楼，设有 9 座高大的城门；南面的外城（明京城）长 5 英里，宽 2. 5 英里，设有 7 座城门。所有这些雄伟的、四四方方的人造工程高高地矗立在平原之上，仿佛这里只有这一座建筑，直至今日也没有被周围影响而显得杂乱无章。世界上再也没有比这更伟大的奇迹了。

如建筑者所预期的一样，第一眼我就被北京城深深地折服了。北京是华北地区最后一座拥有四方城墙的大都市。西安将这种风格保留下来作为景点。然而在 20 世纪 60 年代末的“文化大革命”期间，北京的城墙和城门都被拆毁，造反派试图通过盲目破坏来证明革命的正确性和有效性。如今我们无法想象有哪一位城市设计师会使用城墙、城门来作为交通的一部分，为了通行而让车辆穿过城墙城门或绕道环行。打个比方，如果这些城墙都留存至今，每一座雄伟的双门塔楼都是环行交叉路口的中心和新建的宽广街道的焦点，那么巴黎、罗马、伦敦、华盛顿以及莫斯科只能对此充满嫉妒而别无他法。遗憾的是，如今只有前门被完整地保留了下来。

华语学校（College of Chinese Studies）是一片棕色砖瓦建筑群，楼宇之间环绕着草坪，整体感觉就像是用直升机从加利福尼亚空运到北京一样。像这里的其他学校、学院、酒店以及医院一样，这所学校也体现了这座古老首都现代化的一面。三层的综合楼气势威严地坐落于中间，周围环绕着一片灰砖房屋。还有一个网球场，使用时不需要像在通商口岸帮助外国球员捡球的球童。在球场我们结识了一位名叫韦慕庭（Clarence Martin Wilbur）的帅气的年轻人以及他甚为迷人的妻子凯（Kay）。（他后来成为哥伦比亚大学的中国历史教授，现在退休了。）

学校的校长是裴德士（W. B. Pettus），他硕大的光头让他看起来更像是一位颇具智慧的圣人。作为独享大权的管理者，他努力调整制度以适应不断变化的时代。最近，他把华北协和华语学校（North China Union Language School）改造成一所讲授高雅学问的学校（中文名华文学校，英文为School of Chinese Culture）。之后通过与美国本土学校加利福尼亚大学联合，成为其在中国的附属机构，获得授予硕士学位的资格。裴德士博士希望它的学术发展潜力可以对衰退的传教事业起到支持作用，因为教会学校培养出来的人才越来越少。

华文学校就像一个气阀、一个中转站，在这里你可以完全沉浸于华人的海洋当中。为了减少文化差异所造成的不适，招待所为我们提供了弹簧床和淋浴室，饭菜也是各式各样、中西合璧。第一次看到白色豆芽时，开头几个月我唯一想到的就是蠕虫。在这里，我们很担心患上消化不良和因寒冷造成的感冒，为了帮助我们过美国人的生活，短期给我们提供了暖气。

第一个黎明到来的时候，我们就受到了来自中国的冲击，远处的尖叫声和号角声在干燥寒冷的空气中不时传来，尖叫声来自屠宰场的猪，而号角声则是当地驻军在宣告黎明的到来。它们之间没有任何关联。

来到这里一周后的一个寂静的早上，我们看到了巨大的积云在高空翻滚。它们呈现出黄色的光彩，把尘土从距离长城很遥远的戈壁滩沙漠一直吹到西北地区。很快黄沙像雪花般安静地落下，覆盖了一切。蒙古刮来的冬季的狂风向我们展示了黄土是如何经过地质时代堆积起来的。在西北的有些地方，大风带来的黄土有 250 英尺厚。而黄土将它堆积于华北平原上。黄土渗透到每一个地方，甚至我们的课本上都落了一层。

我们开始上口语课之后，发现用的并不是布洛克先生的汉语学习方式。在这里我们使用直接教学法，从北京方言也就是以前说的"官话"的四个声调开始，再加上连着数字的威妥玛式拼音法。我们像小学生上课一样，一起发音：*mā*，*má*，*mǎ*，*mà*。同学里有三位英国公使馆的培训生。班主任，我们称之为"最亲爱的"（Dearest），是一位很有才华的演员，通过几个星期的直接教学法，我们这些学生学得十分顺利。

尽管如此，当我们开始接触抽象词语时，困难开始出现了。为了表达“有精神”的具体内涵，“最亲爱的”就会模仿马刨土，抖动鬃毛一样的头发。而我们只会徒劳地发*mǎ*的音。显然学习语言需要字典，但是裴德士博士力劝我们遵循以往汉语学习的方式：先学发音，再学含义。

然而，究竟如何学习汉语，在学生中始终存在分歧。有些人不相信汉语拼音书写体系是一种最恰当的学习方法，甚至怀疑是一个阴谋。（事实上，它过去确实是公开地限制人们进入上流社会的阴谋。）其他人，更是想入非非，创造他们自己的汉字罗马字母拼音法。无论如何，都很难避免这种深入的情绪影响。洛根·罗茨（Logan Roots）是汉口圣公会主教（Episcopal bishop of Hankow）的儿子，也是一位严谨的牛津团契（Oxford Grouper）成员。某天早上，在他静思的时候，他受到了神灵明确的指引，要他告诉裴德士博士直接教学法的缺点。早饭后他真的这样做了，显然博士很不高兴，随后在午餐前洛根就被驱逐出了学校。

大多数住校的学生都是传教士，或是来自传教士家庭。我遇到的第一位是盖伊·西林（Guy Thelin），他来自苏福尔斯城郊的一个农场，现在为福州公理会工作，教授中国男孩子农学知识。我的父亲认识他的兄弟阿特·西林（Art Thelin）。比起中国的体力劳作方式，他在苏福尔斯北部的机械化农场收益相当可观。几乎所有的传教士作出的贡献都远远超过了全神贯注的布道的先辈。他们积极帮助中国选民的实用精神深深触动了我。例如，我有一个朋友叫安德鲁·托德·罗伊（Andrew Tod Roy），他非常活跃，也是一个很有魅力的人，创办了南京基督教青年会（YMCA），在那里可以读到一些关于反抗家庭暴力的中国当代小说。

简言之，教会学校里的教员是一群与中国青少年保持联系的外国人。我开始明白，一个人可以通过已经熟悉中国的外国人来轻松熟悉中国的情况。以此类推，学习语言也是如此。例如，强壮、身材高大、有着宽阔胸膛的牧师约翰 · D. 海耶斯（John D. Hayes），他也是罗德奖学金获得者，从孩提时代起就说着一口字正腔圆的北京话，当我听到他使用的短语，我就会将其掌握，变成自己的语言。另外，他还是威尔玛和我在 6 月举办的婚礼的证婚人。

我第一次冒险离开华文学校，是到劳伦斯 · C. S. 西克曼（Laurence C. S. Sickman）家吃晚餐。那天晚上下着雨，我乘坐一辆人力车，听从前辈的教导，我没有向后躺着而是舒适地坐在弹性坐垫上，免得沾到虱子传染斑疹伤寒。人力车夫脚上穿着胶底布鞋，在泥泞的道路上奔走。他的草帽遮挡了雨水，让他不致被淋湿，车子前上方帆布做的车篷又让我避免淋雨。人力车其实就是以人力代替马拉的车辆，坐在人力车上，乘客似乎也在参与这种拉车训练。人力车夫都急于载人，虽然由于竞争和缺乏组织保护而获得的车费很少，但他们需要这些微薄的收入以养家糊口。总之，对于我们这些处于上层阶级的外国人来说，中国过剩的劳动力就属于公共服务，与美国的出租车类似，区别仅仅在于，出租车车费有更高级的合同约定在先，而人力车的价格只需口头商定。

拉里 · 西克曼（Larry Sickman）曾与兰登 · 沃纳尔（Langdon Warner）在哈佛福格博物馆（Fogg Museum）从事研究工作，如今他为堪萨斯市的纳尔逊美术馆（Nelson Gallery）购买中国艺术品。在经济大萧条时期，其他的博物馆都不得不退出市场，而他们运用基金得到了巨大的机会。就像中国人对他的评价，他很“有眼力”，因为他早已对各种作品的款式、出处、真实性了如指掌。每天午饭之后，商人们会带来大量的绘画、玉器、拓印以及漆器等供他鉴赏。刚从堪萨斯市美术馆主任位置上退休的他会仔细鉴赏每一件艺术品，从中挑选出好的艺术品，堪萨斯市所收藏的艺术珍品就足以证明其卓越的鉴别才能。

我在雨中来到他的门前台阶时，我的第一印象是，他仿佛经受了一次轮回——从传教士纯洁的真挚的道德追求转向了以美为标准的美学境界。中式的房屋、发亮的家具、挂着的对联以及中国的国画作品，无一不体现着一位鉴赏家的品位。穿着长袍的佣人很有专业水准。显然，如果可以的话，世界各地的艺术家和美学家都会想退休后定居北京，渴望享用中国上层社会完美打造的精致生活。这次见面，拉里还敦促我在威尔玛来中国之前要先找好房子。

作为一个大都市，北京的中外社交生活是丰富多彩的。每个人都带着自己的名片。公使馆的外交官彼此会互留名片，这是一种宣告上任或是离职的礼貌行为。名片上印有“Ppc”，即pour prendre congé（向您辞行），意思是此人在驻外事务处，将要派驻外地。将一个人的名片正上角弯折也有特殊的意义，但是具体意义我记不清了。名片上用汉字写成的中国名字特别有用，有助于记忆。

随着活动领域和社交方式的改变，我们常常需要使用介绍信。于是问题出现了，那就是你如何通过其他渠道见到接收者以递交介绍信。当你说“我有一封介绍信要给您”时，似乎暗示着另一层含义：“似乎不值得这么麻烦把介绍信交给您。”

通过艾琳·鲍尔的介绍信，我找到了翟孟生（R. D. Jameson）在中国的家，位于西总布胡同21号，正好是总理衙门西巷的中心处。总理衙门曾于1861年至1901年间在此处理清政府外交事务。而且这里离青砖绿瓦的北京协和医学院也不远。在我的印象中，吉姆（翟孟生的昵称）“留着滑稽的山羊胡，戴一副眼镜，喜欢露齿而笑，而且很有礼貌”。他的笑很有感染力，此外他对基础英语、民俗学以及英国文学都有着极大的热情和浓厚的兴趣，此时，他在清华大学就教授这些课程。

位于这条胡同的院子，首先映入眼帘的是两扇红漆大门和闪光的黄铜门环。进入里面你还可以看到一个供仆人居住的宿舍区。通往中院的门前有一堵砖砌的避邪迎福的照壁，这是一块抵挡邪魔的屏障，因为妖魔只能直线进入（也包括遮挡外人好奇的视线）。院子里花坛每天都会有所更新，只需要更换花盆即可，不需要等着花开花落，花坛上总是鲜花盛开。转过客厅之后映入眼帘的也是一个花园，两边是书房、卧房、浴室和储存室。灰色瓦顶下的每个椽子之间分隔得很清楚。由于翟孟生一家在 1932 年至 1933 年间会离开这里度假，所以在这段时间我将租住他们的房子。全套的家具设施都有，还有比这更好的地方吗？

我的汉语口语水平已经达到了一定的水准，完全可以和服务员、店主、客人进行日常的对话了。但是目前还无法理解一些专业术语和学者著作中引用的一些典故隐喻和各种旧式的修辞手法。

一天中午，我骑车经过哈德门街，这条街道从哈德门北门穿过东单牌楼，通往东四牌楼和华文学校。（不过如今这些地标性的建筑物都不复存在了，只有名字留存下来。）我小心翼翼地蹬着车，避开偶尔出现的拉着隔夜粪便前往郊外田地的粪车、人力车、其他自行车、卡车以及路边敏捷地一勺勺向外洒水的洒水车。

这时我突然被有轨电车的轨道弄得措手不及。我的车轮陷入了轨道里，并撞倒了一位无辜的路人。他看了我一眼，紧抱着肋部痛苦不堪。虽然冲击力似乎并不是很大，但我还是摔倒在地上，坐在污泥中痛苦地抱着膝盖。瞬间围观的人越来越多了，围观的人并没有幸灾乐祸，而是很好奇地想要看看这位富有的外国人将如何赔偿。

就在此刻，一辆双座人力车从人群外闯了进来，我的救星从车上走了下来，他就是罗伯特 · 盖利博士（Dr. Robert Gailey）。盖利身强力壮，从基督教青年会退休后一直住在华文学校。他以前在普林斯顿大学正逢“铁肘时代”（the hard-knuckle），那时“传球时代”还未来到，大家都叫他

“中场无敌”（Center Rush）。在中国，盖利能说一口流利的北京话。四周的人们还在他身边看着热闹。被我撞倒的人和我经过协商，在盖利博士的引领下，和我一瘸一拐地来到了当地警察局。到了警察局之后，约翰·海耶斯听到消息也很快赶来了。随后我们各自讲述着事情的经过，我为自己无心的过失而道歉，同时也为我受美国领事给予的治外法权的庇护道歉。渐渐地，我们造成的伤害被减弱了，我们谁都没有露出血迹（一般这样做的人就能成为赢家），我强行塞给被我撞到的行人一份价值一美元的礼物，随后我们都很满意地离开了，最终这场风波就这样平息了。

我眼见耳闻了两位讲着北京话（白话）的美国人所起的作用，这比听他们两人演讲还要过瘾。他们首先证明了他们自己公正的观察者的身份，然后说了一大套无可辩驳的大道理，接着将其运用到这场事件中，分析各方利益和损害，同时还表达了对警察繁重工作的同情和理解。他们的帮助最终为我节省了不少时间和差不多 10 美元。

总之，生活中的戏剧性事件总会发生在街上，通常都是人与人之间的纠纷。所有与这些纠纷有关联的人都有责任遵循正确的行为准则，以此来修复彼此之间被破坏的人际关系。而恳求别人则是为了说服别人以避免更大的伤害，这同样也是一种常识。例如，就拿我引起的这场纠纷来说，我理应作出赔偿，这听起来似乎很有道理。但是根据个人所得税的渐进性原则，如果我没有假装受伤，本来是应该赔偿更多的。然而公正地说，无论是不是我对受伤者造成的伤害，本着互惠互利的社会原则，我可能受到的损害已经补偿了可能对他造成的伤害。

对我来说，在北京令人眼花缭乱的外国社交圈子当中，最有趣的人要属欧文·拉铁摩尔（Owen Lattimore）了。他的父亲曾在天津的一所国立大学教书，欧文被送到英国的公学（如私立学校）去读书，但他最终没有去读大学，而是选择去一家羊毛公司工作，作为公司的代理被派往内蒙古包头市的铁路终点站。在那里有来自中亚地区的骆驼商队，他决定去那边闯荡一番，看看外围地带究竟是什么样的。

在一位可靠的随行人员的陪同下，欧文骑着骆驼向西前往几年来鲜有外国人到过的地方。欧文在那里撰写了《通往突厥斯坦的沙漠之路》(*The Desert Road to Turkestan*，1929 年出版），这是一本富有浪漫主义色彩的旅行历险指南，同时更多的是一位极具才华的观察家的记录，而作者从孩提时代就会讲汉语，之后又开始学习蒙古语。后来欧文获得一项基金，在哈佛大学进行为期一年的社会人类学研究。1932 年，当时日本公然制造伪满洲国事件达到了白热化，欧文出版了《满洲，冲突的摇篮》(*Manchuria, Cradle of Conflict*)。该地区的现代国际史的布局，把它同中国早期历史联系起来，并且出色地勾勒出中国北部和西北边疆一带的非汉族部落政权兴衰的轮廓。这使得作者成为一名潜在的"地缘政治"思想家。关于地缘政治，这是一个术语，是由当时豪斯霍弗尔（Haushofer）以及其他关注"中心地带"和边缘区域的学者在欧洲普及开的。

之前欧洲人记录的内容一成不变，都是关于条约特权和利益的，一切都归于欧洲的海上入侵，在这样的环境下，此书就像一阵清风给人带来清新的气息。当时，很多权威专家出版了大量关于外国人在中国的特权和利益等方面的书，关于满洲的也有三卷，包括了许多法律的细枝末节，但并未涉及当地民众以及他们早期的斗争。在我看来，欧文的主见一经阐发是不证自明的。他 1940 年出版的巨著《中国的亚洲内陆边疆》(*Inner Asian Frontiers of China*）给予我很多我至今仍在探索的概念。和往常一样，当你追根溯源这些思想时，毫无疑问它们还是悬而未决，如果突然从其他地方寻找到了灵感，你如何能确信这就是正确的呢？欧文通过他的想象力，结合他的实地观察，建立了一个历史理论的城堡。也许那些对知识并没有多少建树的汉学家只会对其报以嘲笑，但是他超越了那些学者研究的领域，已是一名蒙古问题专家了，并且还使用了俄文史料。

当我拜访拉铁摩尔一家时，我发现欧文为人友善并且神情专注。他戴着单片眼镜，拇指上戴着大扳指。在他的花园里还养着一只会用角顶撞人的山羊。因为我对欧文一直有一个主观的想象，所以当我见到他时，我就意识到他比我想象中的还要厉害。欧文的日常生活都由他的妻子埃莉诺·霍尔盖特·拉铁摩尔（Eleanor Holgate Lattimore）打理。埃莉诺是西北大学校长的女儿，非常热情、可爱，具有很强的社交能力，朋友遍天下。

不久，我就拜见了学术界的领袖人物。我未来的岳父坎农博士，他写信把我介绍给他认识的北京协和医学院的生理学家。这时候我已经意识到自从1915年出版了《疼痛、饥饿、恐惧、愤怒下的身体变化》（*Bodily Changes in Pain, Hunger, Fear and Rage*）一书后，W. B. 坎农已经成为一位在医学界广受敬重、享誉全球的专家学者了。1932年5月10日，坎农的有威望的朋友有了回应，我被邀请至东兴楼饭庄会见一些我应该认识的大人物。

这家著名的饭庄，靠近通往紫禁城东华门的那条大街。它围绕着中间的方池起造楼房，每边的楼层都分隔成一些独立的包间。当服务生大声喊出离去的客人名字时，下面的服务员也会跟着呼应。在这里，小费是一种对服务员鼓励的形式，数目的多少也会决定他们声音的高低。

我发现在等候我的人中，半数是中国问题研究领域的杰出人物——胡适（1891—1962），北京大学文学院院长；陶孟和（1887—1960），北平社会调查所所长；丁文江（1887—1936），中国地质调查所创办者。他们看上去都非常年轻，事实上也都仅有40来岁，都能说一口极其流利的英语。胡适曾在康奈尔大学和哥伦比亚大学学习，陶孟和毕业于伦敦大学，丁文江毕业于格拉斯哥大学。但他们都是从中国古代经典教育开始学习的，都是全能的角色，不仅是学者、管理者，也是当前政策问题的研究者以及中国传统的“学而优则仕”观点的传承者。

至今回忆起来，那次会面中留有不少憾事。作为一个懵懂的新人，那时的我还远远不能认识到这些人的价值所在。以丁文江为例，那次见面之后我再也没有见过他。他曾在英国留学 7 年，之后回国帮助创建了中国地质调查所，测绘了中国的地质资源图（1916—1921），后来他负责经营煤矿公司，积极投身于多个领域，经常出版著作，因此他很有影响力。1926 年，丁文江出任淞沪商埠督办公署总办，管理整个大上海，试图将其建立成一个与上海公共租界针锋相对的华界市政府。20 年来，他始终是主张科学为中国进步之本的先锋。1936 年，丁文江因煤气中毒逝世，之后胡适为其撰写了传记。1970 年，哈佛大学出版社出版了费侠莉（Charlotte Furth）写的《丁文江：科学与中国新文化》（*Ting Wen-chiang: Science and China's New Culture*）。

我在一封家书中曾写道：

> 我很惊讶地发现，胡适就是现代的伏尔泰。他坐在我的旁边，帮我递来竹笋和鸭肝，其他的每个人也都很友好。我不能完全明白为什么会是如此，但是毋庸置疑，喝着中国白酒，我们可以畅所欲言。……真不知要怎样才能回报这份荣耀。

这次与中国学术界领袖的意想不到的接触让我受宠若惊，他们对我抱有很大的希望。我若不能被看作有前途的学者，这种希望便受之有愧。事实上，从那时起，我就自信地认为自己前途广阔，虽然目前一切都还没有实现。他们对我这个美国留学生如此客气，是由于他们认为无论中外，整个学术界是自由的，思想也是有一致性的。两个星期之后，《独立评论》创刊号出版了。它是由胡适主编、类似《新共和》周刊的一本杂志，主要刊登一些政治评论文章。从此我将其作为教科书来进行研究。胡适在芝加哥大学举办了“中国新文化运动”讲座，为他在美国获得了空前的声望，然而这次讲座的内容直到两年后才结集出版。

1932 年，我才听说 1919 年 5 月 4 日发生的青年学生爱国游行事件，在此之前从没有看到任何关于五四运动的思想和文化的文章。当胡适博士寄给我他的中文回忆录《四十自述》时，我极其惊讶，几乎没有人会这么早写自传。我很难理解约翰 · 杜威（John Dewey）早在 10 年前就来到中国，两年多的讲学期间（1919—1921），由胡适担任他的翻译的重要意义。现在我明白了，杜威访问期间可能正是美国自由主义思想在中国的鼎盛时期。到了 1932 年，一党专政成为中国的新政体。北京的自由主义者事实上已经失去了政治的话语权。然而他们的讨论对中国最终的进步还是不可或缺的。

同年 6 月份，我来到天津拜访海关副税务司艾弗里特 · 格罗夫–史密斯（Everitt Groff-Smith）。他的岳父是墨贤理（Henry Ferdinand Merrill），他是哈佛大学 1874 届的学生，我曾在坎布里奇见过他，当时他随着马士来到中国。

19 世纪 80 年代，墨贤理在赫德的帮助下，担任朝鲜海关总税务司。那时候李鸿章的下一步政策是想要让朝鲜像中国一样获得发展。墨贤理在退休之前，曾任上海海关总税务司，他唯一的女儿海伦嫁给了当时刚崭露头角的海关帮办艾弗里特。如今艾弗里特和海伦夫妇热情地欢迎我来到他们位于天津的雇用了 9 名仆人的宽敞住所，并带我参观了他的办公室。

艾弗里特过着英国式的生活，上班时间努力工作，下班时间进行体育运动。他一个星期会打三次马球，骑着他的三匹矮种马中的一匹。因为他还参加了天津俱乐部的许多活动，所以他没有时间追求任何带有中国色彩的事物。由于受到文化的局限，换句话说，他和他的绝大多数朋友受通商口岸文化影响，他完全按照条约规定，为将中国对外贸易管理变得更加完善和有效率而努力。

艾弗里特认为道德败坏正在侵蚀海关总署。他谴责现在的海关总税务司梅乐和爵士（Sir Frederick Maze）目前使用的松懈安抚政策。而他的几位前任总税务司则积极保护中国对外国债券持有人的信用（例如坚持如期付款）。如今梅乐和不得不屈从于新成立的国民政府的要求，实施关税自主，停止招募外籍人士，而一些中国人也首次作为税务司理事进入了海关上层。

在 19 世纪，西方帝国主义的旧体系在衰退，但是非常缓慢。然而 1931 年之后，日本的侵略使这些制度得以保留，以此对抗新的敌人。海关的外籍人士，就像学校和医院里的外国传教士那样，在中国人民眼中，在整个 20 世纪 30 年代，日本对华侵略期间仍可起钳制的作用。

我从我的一位密友蒲爱德（Ida Pruitt）身上学到了很多的东西。当时她是北京协和医院社会服务部的领导。说起协和医院，它还有另外一个不常被用到的名字——洛克菲勒医院，因为医院是由洛克菲勒基金在 1915 年至 1947 年之间投资大约 3400 万美元建立的。蒲爱德出生于山东蓬莱附近的一个小镇。在她的回忆录《在中国的童年》（*A China Childhood*）中写到，她的成长历程是与众不同的，她从小由中国的保姆照看，从小就会说汉语。她发觉她的传教士父母过的是带有异域色彩的非中国式的生活。而就文化素养而论，她是半个中国人。就像同时期的赛珍珠（Pearl Buck），后者在《我的几个世界：一本个人的记录》（*My Several Worlds, A Personal Record*）中描述了她如何在两个不同的世界中成长：一个是属于长老会的美国白人家庭，那是一个狭小而清洁的世界；另一个则是中国的愉快生活，那是一个广阔但是不太讲究卫生的世界。这两个世界之间没有任何沟通。

蒲爱德去佐治亚州上学，之后在哥伦比亚的师范学院（Teachers

College）学习，随后在费城参加工作，最终到了波士顿的马萨诸塞州总医院（Massachusetts General Hospital）工作。在那里，与她一同工作的还有威尔玛的姑妈艾达 · M. 坎农（Ida M. Cannon），她也是这个新领域的领军人物。蒲爱德在北京协和医院的 15 年社会工作经验，赋予她其他外国人不具备的洞察力。对于中国普通百姓，她更是全心全意，因为她深刻了解现实世界带给他们的痛苦。

6 月底，我搬到了翟孟生的房子里，这时候蒲爱德正准备休假离开北京。她给我介绍了跟随她 7 年的厨师——杨师傅。他有多年服务外国人的经历，并且答应她会尽力保证我们生活幸福。我邀请艾达在离开前住在我们前院的一间房子里，与科特尼对门，在此等待威尔玛到来。

1932 年 5 月底，威尔玛乘坐火车途经苏福尔斯和落基山脉前来中国。她用了一天时间乘坐敞篷观光车游览落基山脉的景色。之后，她搭乘加拿大太平洋轮船公司的“日本皇后号”（Empress of Japan）来华。这次旅行绕行了大半个地球，威尔玛沿途探访了在温哥华、檀香山、横滨、东京以及神户的亲戚朋友。这是一次与陆地、海洋以及当地人接触的旅行经历，就像读一部长篇小说。相反，如今乘坐飞机旅行就像不停地更换电视画面，走马观花，支离破碎。如今离家是很难的。人们的注意力只能在某一处略作停留。

由于威尔玛预定 6 月 27 日乘“长女丸号”（Chojo Maru）抵达塘沽，我提前一天赶到天津，住在格罗夫－斯密斯（Groff-Smith）家中，第二天天未亮，我便乘早上 4 点半的火车，到塘沽时是上午 9 点。

> “长女丸号”游轮穿过广阔的水域，准时到达。我和威尔玛隔着码头遥遥相望。在船靠近陆地只剩几英尺的时候，我站到码头边直接问道：“喂，带雨衣了吗？”“当然。”威尔玛喃喃地说道。

我们赶上下午 4 点钟的火车回到北京，7 点半抵达北京站，科特尼正拿着扇子在月台上迎接我们，然后在离开车站的水门（Water Gate）外，一位姓金的穿着干净的人力车夫在等着我们。在回家的路上我带着威尔玛途经紫禁城，我们坐车穿过城门，行程四分之一英里，沿途欣赏了一下本地风光，黄昏时到达我们居住的胡同。我扶着威尔玛踏过红色的木门槛，带着她摸索着走路，穿过仆人的院子进到了前院的门口，庭院里鲜花盛开，透过中国式的窗户和大门可以看到客厅透出的朦胧的灯光。

不久之后，我们在这个院子里结婚了。主持婚礼的是牧师约翰·海耶斯。

他预先带来了花，布置好了婚礼的场景。约翰·海耶斯对主持婚礼极为重视，就如同视察饥荒救济工作一样严肃认真。

美国领事穿着他参加马球比赛时的服装，在前往比赛途中到场，充当我们婚礼的见证人。

自此以后，我们开始了在中国为期三年半的异乎寻常的经历，可以说算是用最小的风险去探寻最大的机遇。北京协和医院就在附近的一条街上，而那里的美国医生都很亲切友善。在这个拥有特权确保安全的国家里，我们如同哈佛派往这里的一个前哨基地。我们很少离开家，而现在我们却面临挑战：我们究竟可否迈出家门？

第4章

开始观察这片土地和这里的人们

我曾提到过我的四段不同的学习经历，包括在艾克塞特、威斯康星、哈佛以及牛津的各两年期限。这样的经历使我即使身处异国他乡的北京，也能够保持自己对学术方向的判断力。专业化使我在任何情况下都能保持自己的身份。我坚定于既定的目标而心无旁骛，避免分散精力。1932年，我还不能住在北京，我对中国说："不要呼唤我，我会呼唤你。"中国的环境对我产生了一定的影响。威尔玛来到北京不久后就说我似乎很了解中国的状况。

在通商口岸的墓地长眠的都是非常了解中国而一生留在此地的外国人。这种"理解"部分是气质所致，部分也许来源于共享的儒家思想：每个人都是扮演多个社会角色的道德动物。在牛津，我已经学会欣赏具有绅士风度的为人处世的方式，中国也有着类似值得人欣赏的地方——学者理性、公正，对周围事物能够客观理解的能力。（事实上，我不确定该如何表达这种能力。文化是难以给出明确定义的，因为它总在不停地变化中，不能用多音节的词来下定义。）

作为一名画家，威尔玛更倾向于运用感觉印象。北京的景观、声音、味道等都令她无比激动。她逐渐融入当地的风土人情，使我随着她也沉浸于幸福快乐之中。在北京的第一年，我们靠积蓄生活，并学习语言，我们尽情享受着异国生活的快乐。我们只是后来才慢慢意识到日本侵略和社会革命即将在这片土地上猝不及防地爆发。

1932 年夏天的几个月中，在我们北京的院子里，有厨师、男仆、女仆以及人力车夫为我们服务。威尔玛很快就能运用新学的汉语来与仆人一起料理家务。当然，她本来可以使用手势比划或是咕噜几句，因为仆人们比她清楚如何做这些活计。不过这样增强了她讲汉语的自信。

有时候高空积雨云会带来阵雨，不过常常又会在日落前云开雨住，太阳重新露出来。成群的鸽子从我们的头顶上直冲云霄，伴随着像酒吧的风琴音乐一般的哨声。街上的摊贩带着特产，沿着胡同来回走动，到处都是叫卖声，在围墙那边发出回声，像是推销员的广告。卖花的人每天更新品种，就像厨师每日提供着不同的菜肴。我们学会了不去点昨天的主菜，它很可能在另一个外国人的餐桌上出现过，因为厨师都是合作的。你也许会遇到朋友举办聚会时使用了你家的餐具，不过不用担心，他们会在你回家之前就归还给你家了。

事实上，我们是古时形成的要为外宾提供更好服务的传统习俗的受益者。中国的北京在它的大部分历史时期内是由非汉族人所占领和统治的。公元 947 年，北京被契丹人作为首都，那一时期被称为辽代；之后到了公元 1122 年至 1234 年间，由女真族统治，称为金朝；公元 1234 年至 1368 年由蒙古人统治，称为元朝；后来公元 1644 年至 1912 年是满族统治的清朝。1860 年后，不会讲汉语的西方公使们进入中国，这是最近进驻中国的外国权贵，公家给他们提供住处。几个世纪以来，所有外国家庭管理的经验技能，特别是休闲娱乐和定购物品，包办筵席，宴会和野餐等很自然地在服务阶层和商人中发展起来。所以如今我们才能生活得如此舒适。

在这个夏天里，我们在这座古都四处考察，它的古迹我们都可以看。景山是一座人造的用以防护宫殿北门的高地，在这里你可以俯瞰整个城市，进行野餐。你也可以在南海乘坐舢板吃中饭。南海位于故宫的西边，年轻的光绪皇帝曾在此度过他生命的最后时光（1898—1908），在那时这里是禁止普通民众进入的。之后在20世纪50—60年代，刘少奇和毛泽东等政要也曾在此居住，这里也再次对民众关闭。我们最简单的一次探险就是在我们胡同尽头的东城墙上进行野外晚餐。中国人从来不会爬那城墙的斜坡，爱冒险的外国人正好可以在此自由活动。

正如威尔玛所写的：

> 轻轻一踏就碎的碎石路面被缝隙中长出的杂草覆盖，一个门楼接着一个门楼的城墙延伸到远处，这里就像是专门为我们打造的漫步回廊，美丽而幽静。除此之外，还有一轮圆月挂在东方的夜空中，在远处雷雨掠过平原，向北移去，伴随着强烈的闪电，西边的群山在城市以外延伸，成为一条黑暗的、引人注目的地平线。
>
> 从城墙上看，北平的夜晚也很令人振奋。黑暗的街道和城墙不时被暗淡的光点照亮，仿佛呈现出的欢庆场面，让人觉得神秘而浪漫。然而在北京温暖的夏夜里，每个院子都有一位长笛演奏者或是一群听众默默地听着一位歌手演唱。在欢乐之中，人们并没意识到自己正在参与艺术活动。

到了秋天，地域变得更为开阔，一位英国公使馆的朋友，也是我在语言学校的同学，送给威尔玛一匹黑马。威尔玛给它取名叫“夜里”（Night-time），尽管这匹马因为在打马球时受伤变跛，但是日常骑行还是很不错的。因此威尔玛会时不时地骑着“夜里”到天坛公园或是城门外的乡下。

马棚的维修费加上马夫的工资，一个月是 8 美元。再加几美元我还可以再租一匹马。在冬天所有阳光明媚的日子里，马夫都会牵着马来和我们会合。地点或在北门安定门，或在东面的两座城门东直门、齐化门（今朝阳门）。一旦出了城门来到郊外，我们可以跟随马车的痕迹，或是一条横穿平原的小路散步。亦或当路面结冰时，骑着马在田野中奔向远处的皇陵或是出现在地平线上的一位公主的陵墓。在北京的北边远离黄庙（Yellow Temple）的地方，依然保留着大量的土墩，这些都是元代忽必烈可汗建造的元大都城墙遗留下的残骸。（大都在突厥语中也称为汗八里。）威尔玛还作画绘出了元大都的全貌。

到了冬天，到处是一片光秃秃的景象，平原裸露在风中。不像如今到处都是令参观者印象深刻的树木、灌溉的水渠和丰收的庄稼。当时中国北方农民命运多舛，而我们则享受着特权的庇护。但传统的礼仪依然留存。如果你以恰当的方式礼貌地对待农民，把自己当成他的客人，那么作为主人，他或许会给你倒一杯热水。

农夫的妻子则很少见陌生人，她们可能会在打谷场做一些农活。在 20 世纪 30 年代，仍然可以看到年过三十的农村女性保留着缠足的习俗。缠足是不合理的风俗，但是极为普遍。如今的爱国者们不愿再提起那段历史。然而在今天你会发现中国人的女性祖辈无一不是这个习俗的受害者。

据说，缠足始于 10 世纪的宫廷中，之后上层社会纷纷仿效。令人吃惊的是，到了明清时代（1368—1912）这一习俗已经在民间广泛流传开来。缠足的过程极具独创性：缠足的女孩年龄大概在 5 到 7 岁。缠足布大概有 10 英尺长，2 英尺宽。具体方式是下压小脚趾，将大脚趾后压朝向脚后跟，这样就可以将脚变窄缩短了。在缠足的过程中，脚弓被破坏，脚后跟与大脚趾之间的脚背出现裂隙。蒲爱德曾在《汉族女儿》（*Daughter of Han*）中这样记载一位农村妇女的自述：

> 他们在我7岁时才给我缠足，因为我热爱奔跑玩耍。缠足之后我病得很严重，他们不得不将绑带拿掉……当我9岁的时候，他们又一次给我缠足，这次他们必须比平常裹得更紧。我的脚疼痛难忍，有两年的时间，我都是用手和膝盖爬行。有时候晚上太疼了，以至于我无法入睡。我就把脚伸向母亲，于是她将它们压在身下以减轻我的疼痛，使我入眠。到了11岁我的脚不再疼痛，到了13岁的时候，我的脚已经完全变形了。我看到大脚趾向下弯曲，只能在脚的内侧和下方才能看到，且聚集在一起。在脚的前部和脚后跟之间的裂缝，可以伸入两个手指，当然我的脚确实变得很小了。
>
> 一个女孩的美丽与吸引力更多地取决于她脚的尺寸而不是她美丽的面庞。别人也不会问："她长得好看吗？"而是问："她的脚有多小？"一张平凡的面庞是上天给的，但是没有裹好的小脚则是懒惰的证明。

只有满族人、其他一些游牧民族的人、底层社会的船家女，以及从北部迁往中国南部的客家人，还有其他一些人，逃脱了缠足的噩梦。直到19世纪90年代，随着中国的变革者以及传教士的促使，缠足的习俗才慢慢终止。但是，从事实来看，在20世纪70年代依然清晰可见缠足的痕迹，由此可见，这一习俗一直保留到了20世纪。

缠足赤裸裸地证明了男尊女卑思想教化的胜利。我们该如何理解它呢？女性听从母亲的教导把自己束缚起来，形成这样的意识：她们的地位弱于男性，不能逃跑，只能足不出户。

这种做法的动机是什么？为了保持良好的形态供应于婚姻市场。因为婚姻主要是一个家族的事情，而不是女性自己的选择。新婚之夜，面对着素未谋面的新郎，新娘理所应当地以流血来证明自己的贞洁。在现在，强奸可能是一种更容易体会到的经验。

中国古代的诗歌散文中将裹着的小脚称为三寸金莲。这其实是一种变态性欲的恋物的表现。多么伟大的成就啊！缠足的女性拥有了两个额外“私处”供男性玩弄。平日里它们被迷人精致的绣花鞋包裹，只有在卧室里被丈夫看到和把玩，从而在神经末梢产生官能上的愉悦。作为一种伴随终身的色情符号，三寸金莲让西方形形色色的虐待狂、性变态显得相形见绌。然而，如今的男性并不对淫荡地用嘴亲吻那变形的小脚感兴趣，它只在那个年代起作用，被视为强化男性统治地位的一种性恋物确保它长存。在 20 世纪 30 年代里，我们将其当作一种异国风情，一种古怪的风俗习惯。这证明了我们想象力的匮乏，我一直想要弄清其中更深层的原因，这件事足足困扰了我 40 年。

我们继续在北京周边进行着探险活动。我们曾在西山的寺庙中过夜或住上几天。之后前往卧佛寺盖利博士的四合院，我们在那里度了蜜月。（1979 年，卧佛寺依然存在，只是没有外国人会在那里度蜜月了。）如果我们坐车或骑车去，厨师杨师傅和他的儿子也会骑驴一同前往。我们还与拉里·西克曼乘一夜火车前往洛阳城外的龙门石窟，又去了大同附近的云冈石窟。

在这样的长途旅行中，我们会带着帐篷、水壶、手电筒、相机、毛巾和足够的应急食品，但是我们从不在外露营。我们会去旅店，或者在寺庙投宿。但是我们一直没有熟练地掌握，把床的四个腿放在装有煤油的浅碟上来避免虫子爬上床叮咬我们。

最重要的是，我们需要有一个仆人跟随着，无论他有多大，帮我们寻找食物、住宿，或是交通，也需要他作为中间人帮我们解释我们来自哪里，要做什么，诸如此类的事情，而这些我们也一时说不清楚。也许对于人们来说，有着黄色腿毛和红脸的外国人是值得一看的罕见的怪人，我们已习惯于与小官员和城镇居民接触而并不显得奇特。事实上，我们在路边小店站着吃面，就像普通人一样还互相攀谈，谈话会使我们暂时成为朋友。

当参观诸如龙门石窟、云冈石窟一类的历史遗迹的时候，我们确实是需要适当的引荐，还需要来自一些公认的权威人物的信件为我们担保，目的是如果出现问题我们可以有所依靠。来自北京的美国社团创始人福开森（John C. Ferguson）博士的信就起到了这样的作用。

福开森博士是一个了不起的大人物，有着令人印象深刻的白头发和大胡子。在清朝统治的时代，他对于中国的发展起到了一定的推动作用。起初他只是一位基督教教育工作者，之后大约在 1898 年，两江总督成立了新式学堂，他被邀请担任该学堂的校长。此外他还曾在上海创立了一份报纸并取得了成功，曾在北京担任一些军阀政府的顾问。如今他监管故宫，确保里面的文物珍品的安全，防止文物流失。

福开森博士有一所豪华的中国住宅，里面有很多的仆人，好几个院子，还有一个配有管理员的藏书室。他出版了艺术方面的书籍，了解当地的政治，并且对在北京的 6 名美国留学生伸出过援助之手。每到感恩节，他就会组织大家聚在一起。他是生活在两种文化中的了不起的人物。他的女儿玛丽是北京协和医院的一位尽职尽责的秘书，她还写了有关协和医院发展的历史书籍，那是一本有趣的书。

由于福开森博士的担保信，我们每到一处，就会有来自北京上级给当地馆长的信件说明。我们很礼貌地与洛阳或者大同的警察局取得了联系，通知他们我们来到此处，没有给他们留下任何阻拦的借口。他们的职责不是控制我们。他们需要仔细权衡两者的利弊，一方面是我们会招惹麻烦的风险，另一方面是如果他们阻止我们将会引来的投诉，这是他们必须衡量清楚的。在洛阳，他们给我们安排了几个士兵做护卫，警示那些图谋不轨的人："注意，这是外国人，不要自找麻烦。"我们的交通工具驴子或人力车在比较安全的招待所中提前安排好。带着我们的美国护照，我们一路畅通无阻。我们是比较高级的不可接触者，不像印度那种低级的不可接触者。我们也不像如今中国昂贵的旅行社中那种隔离式地坐在茧状大巴里来往于酒店、旅游景点、友谊商店之间的观光旅游，并被严密地监控起来，而是可以随心所欲，自由出行。沿途我们还是会适当地接触一些本地人，在诸如食物、住宿的选择上花费大量的时间。只有食物和住宿问题，才是真正需要担心的首要问题。

在北平至汉口的火车上，我们可以在靠一侧安装的座椅之间的桌子的上面和下面躺着睡觉。1933 年 3 月，在铁路中转站郑州，拉里 · 西克曼、威尔玛和我三人只找到唯一的一个旅馆剩下的最后一间客房，里面只有一张木板床，没有床上用品。那晚，我们铺着自带的铺盖和衣而睡。在途经大同的北平至绥远的火车上，我们发现最好的休息地是躺在高处结实的行李架上。当然，列车员不同意我们这样做，但并没有说什么，因为我们给了他一些好处。

后来我们到了龙门石窟，拉里曾经来过这里。拉里惊讶地发现这些古代信徒捐献的可爱的刻有捐赠人和仕女的石刻竟然被切割下来用车搬出石窟出售，就像是军阀时期发生的事情，当地官员会出售任何东西。之后，拉里开始收集分散于北京和其他城市的中国交易商手中的各种石刻作品。1939 年，在堪萨斯城的纳尔逊美术馆，拉里开始重新组装这些略带裂缝的石刻。

同样是在 1933 年的那次旅行中，当我们到达 11 世纪宋朝的都城开封时，我们遇到了河南圣公会主教怀履光（William G. White）博士。他既信仰上帝，又热爱艺术。他忙得分不开身，他不单单是在圣三一大教堂（Trinity Cathedral）从事宗教事务，而且还收藏一些艺术品。他从他的后门拿出了青铜器、墓俑以及其他一些被胆大的中国盗墓贼挖掘的东西。

当1935年怀履光主教退休后，他成为多伦多安大略皇家博物馆中国馆藏区的主管。而河南圣公会主教的继任者是中国的圣公会主教之一郑和甫（Lindel Tsen）。上帝没有失去什么。

40年后，当中国人来到欧洲和美国展出"'文化大革命'期间出土文物"（Cultural Treasures Unearthed During the Cultural Revolution）的时候，对美术史家来讲，最大的功劳就是所有的青铜器、玉器、陶器和墓俑都标有出处以及出土日期。在帝国主义时期，外国收藏家试图保存或盗取中国艺术品而为国外博物馆收购时，他们很少知道他们的合作者、中国文物艺术品的破坏者和盗墓贼究竟从哪里弄来的。1973年，波士顿美术馆的简·方丹（Jan Fontein）举行了一场别开生面的展览。展览中，将在西方收藏的不知出处又极其著名的艺术品与在中国展览中极其相似但标有明确出处的艺术品进行配对展出。

在20世纪30年代的一场失去控制的古董争夺中，怀履光主教比其他人作出的贡献要多很多。在我们拜访之后的一年乃至更长时间里，主教一直都忙于抢救那些之前通过特殊交易从中国人手中获得的文物珍宝。

怀履光有着多重身份，"曾是河南主教，也是多伦多大学的中国考古学的副教授，同时还是皇家安大略博物馆中国收藏区的主管者"。他在1934年出版了《古代洛阳古墓：公元前550年河南新郑一组五室陵墓的结构与内容纪实》（*Tombs of Old Loyang: A Record of the Construction and Contents of a Group of Royal Tombs at Chin-ts'un, Honan, Probably Dating 550 BC*）[上海别发印书局（Kelly and Walsh）]，书中配有187幅插图，由福开森作序，威尔玛绘制封面。这本书详细地记录了无名人士挖掘出的文物，而主教依然与这些不知名的中国挖掘者保持联络，从而得以到现场参观考察。他们在从事一组8座古墓的挖掘工作，里面有古战车、马饰、马的骨骼、墓葬家具、武器、礼器、翡翠宝石、玻璃制品以及钟和石编钟。

有一些上面还有刻有具体日期的碑文。但 8 座古墓中只有一座被完整地发掘出来，因为“需要耗费极大的人力来进行挖掘，其他的则是通过垂直竖坑挖到入口处才进入墓内。……这意味着许多大体积的古墓物件，比如巨大的三足铜鼎是不可能很轻易地从古墓移出的，而且有时候为了将文物移出，免不了要无情地将它砸碎”（第 20 页）。

显然，这不是闹飞贼或是鬼鬼祟祟的盗窃事件，而是一项长期的有计划的发掘工作，必须要有本地有财力的人的支持。当时南京政府在河南还没有实质的权力。中央研究院（Academia Sinica）刚刚恢复在安阳的挖掘工作，进展顺利，首批发掘中的一处是由经过培训的考古学家完成的。即使在安阳，挖掘出的古墓经过彻底研究后，被重新填埋了。（1972 年想去那里看看，我们看到的是一片麦田。）用于耕种的土地实在是太宝贵了，因此新郑古墓被填上了。

怀履光主教简洁地记录道：“等到这些古物被编号登记之后，大概有 80 件青铜制品公之于世。然而当墓穴第一次打开时，挖到它们的人将这批青铜器藏在自己家里。”（第 59 页）

福开森的序言写道：“怀履光主教十分幸运”，他“通过可靠的担保人，跟进挖掘的每个的操作，并从墓内随葬品中获得很多样品……一个对当地情况并不是十分了解的人，可能会使工作受到阻碍……但是在这种情况下，最适合这类工作的人当时就出现在了那里”。

简言之，现代的考古学借助于前来研究考古学的外国人，逐渐在中国生根成长。现代中国人在这方面也逐渐成为专家。国外的艺术藏品的形成过程也是这样发展起来。先经历一个暂时的外国人主导的阶段，例如外国人对上海实施了近百年的统治。不过在新郑古墓挖掘中，主教尽其所能。这有点像中世纪的外科手术，医生不得不凭感觉战战兢兢地为床单覆盖下的女士动手术。

开封和洛阳都有极具影响力的教会机构，这些地方比古代寺庙和宫殿更为壮观，也比当地的政府机构更加有用。其中洛阳奥古斯塔纳信义会（Augustana Synod Mission）建于1911年，在那里我们见到了来自明尼苏达州的林德贝克（Lindbeck）一家。他们10岁的儿子叫约翰·马守贞·亨利·林德贝克（John Matthew Henry Lindbeck），他看起来勤奋好学而又有些腼腆。然而27年之后，他成为耶鲁大学政治学博士，同时也成为我所在的哈佛大学东亚研究中心副主任，之后又成为哥伦比亚大学东亚研究中心主任。

我们最壮观的旅行也是最简单的。1932年10月在前往上海的路上，我们在有着灰色方形城墙的泰安府走下满是尘土的火车，来到了一所卫理公会布道团，并递上了介绍信，拿到了他们提供的行军床、毛毯和食物，准备沿着7000级台阶登上山东的圣山——泰山之巅。这座山峰海拔4600英尺，走上去大概有10英里的路程。为我们抬滑竿的师傅和行李搬运工简明地表达为：上山45里，下山15里。“里”（一里大概有三分之一英里）是一个计量路程的单位，再加上耗费的时间和困难程度，据此我们可以安排我们的计划，也能知道大约需要支付多少费用。

> 坐在颤悠悠的竹椅上走过了大概半英里的路程，我们准备放弃滑竿，步行走完全程……沿路都是郁郁葱葱的柏树，弯弯曲曲的松树也盖满了悬崖峭壁，直上顶峰附近。……路途时不时会碰到一座庙宇和神龛……夕阳西沉，景色也随之发生变化，最终我们穿过大红门来到了最陡山的顶端，看到了寒冷黄昏中的最后一抹夕阳。
>
> 泰山顶上荒芜狭窄，绵延不断的小山向北方延伸，南边是一望无际的平原，一块一块拼起的褐色田野向无边无际的天边伸展。……石阶高升直达上苍，还有尽收眼底的旷野无限延伸，泰山自古就屹立于此。

我们在山顶处的玉皇庙野营休息。灯光映出我们的倒影，似乎要与坐在宝座上的玉皇大帝及其两侧四个凶猛的金刚进行抗争。住在山顶的两位道士给我们提供了热茶。度过了寒冷的夜晚，我们在寒冷的半明半暗中起床，迎接黎明，观赏泰山顶上的日出。在我们不远处是在公元前 3 世纪末秦始皇竖立的石碑。

> 下面是孔庙，孔子曾留下“登泰山而小天下”的赞叹。在一处峭壁写着“爱生崖”，但它代表的实际意义却与字面上截然相反：让朝圣者充满激情地跳下去。

我们用了一整天待在此地写生，一直到第二天晚上。

我们在 20 世纪 30 年代，像乔叟小说中提及的朝圣者那样开拓着我们自己的探险之路。在如今恐怕很多旅客并不会这么做。中国带给我们的感觉，并不仅仅是中国式的奢华和公使馆的娱乐活动，其内涵要更加深邃。总之，我们完全融入了中国的生活。到目前为止，没有一位爱国者会完全坚持这样做。我们会在露天市场听人说书，或是在北京前门外的天桥观看杂耍。我们也会去老北京剧院观看精彩的表演，演员们会扮演成英雄、恶棍、将军、美女、滑稽人物等各式各样的角色。这些戏剧都在光秃秃的舞台上表演，各种动作如跨过门槛、上马、下马、船行驶在碧波当中、穿山越岭等，都需要靠演员的表演凭空表现出来，而观看表演的人大都是有着专业鉴赏水准的普通大众。

我们去商店买家具、艺术品、日用品也会与卖家讨价还价。因为商店的价格一般都不是固定的，看到富有的外国人可能就会将价格抬高一些。于是我们需要全面考虑，最终达成双方都满意的价格。如果我们之前来过这家商店，那么我们再来就是“老主顾”了。假如老板要价 10 美元，我们就会还价到 5 美元。我们还会解释其实并不是特别需要这个东西，而老板就会提醒我们它的稀缺性，然后降到 9 美元。我们会表示遗憾只能出 6 美元，一边说一边准备离开。紧接着他会说“最低价”了，看在我们友谊的分上赔本只卖 8 美元。看在真诚的分上，我们又会提价到 7 美元。最终价格自然以 7.5 美元成交，皆大欢喜。

在 1932 年度过一个好学的而又无忧无虑的夏天后，9 月份我们递出了所有的介绍信。在两周时间里，我们每天拜访 6 个人，有时候会一个下午出席 3 个茶会。这是我留下的一些外国人讨论中国当前局势的部分记录：

> 中国人从来不会进行自我管理；很快就会爆发一场反对目前迅猛发展的西方化的运动；但实际上，西方化并没有迅速蔓延，一切都只是一些表面现象，而共产主义最终倒是可能会取得胜利，既吞噬这片土地，也吞噬我们，但中国人永不会受共产主义思想的影响；基督教有很大的机会赋予这些人一种理想，但一直没有取得值得一提的进展……国民党和他们的上帝，即要取代孔子的孙中山，最终也注定是徒劳。最后一点已经很明确了。
>
> 盖利博士 1908 年就来到了中国，他认为在未来的几十年内中国大片土地会被日本，也可能被俄罗斯吞并，不可避免地会分裂为多个小区域。然而并不需要为此沮丧，他认为，这才意味着中国得救，把它缩小到可以协商的规模，联合交战的各方，反抗共同的敌人……日本可能会占据河北、山东来保护其沿海地区。目前正着手于吞并热河……我猜想，这样就任凭苏联得到蒙古。

这位久居中国的侨民的常规见解得到了许多外国人的认可。几乎没有人预见到在 1937 年日本侵略之后，民众会被唤醒。然而我们的朋友露西·诺克斯（Lucy Knox）更准确地预见了未来。她作为国际联盟李顿调查团（Lytton Commission of the League of Nations）的速记员从日本回来，记录了日本国民和军部领导 1931 年掠夺满洲的证据。在她的记录中日本军事统治者处在“一种狂热的躁动不安的状态，想要通过征服将日本文化传播到世界上的其他国家。他们总结说，他们已经吸收西方文化 60 年并且已经青出于蓝，现在须让世界其他未开化的落后地区获得共荣。当然这是握有实权的军队的态度，也是受军国主义影响的农民的看法。较为保守的知识分子现在保持沉默”。

在我们为期一年的调查研究中，有 6 周时间集中在上海以及其周边的杭州、苏州、南京等地区。以我谨慎的作风，我带着威尔玛来到了我和科特尼 2 月份曾来过的伯灵顿酒店入住，以此来适应上海的生活。酒店有白色的长廊，餐厅内有两排女佣面对面坐在她们的位置上，而这一切在威尔玛看来完全没必要如此大费周章。按照她爱冒险的天性，第二天早上，她查看了 15 个见于广告的出租房屋，在 24 小时内带我们来到了法租界大街的一个出租房里。房主是前海军军官金纳德（Kinnard）和他的中俄混血妻子。他的岳父是一位喜欢佩戴勋章的前沙皇时代的军官。床面是早期的锁子甲造型，差点将我们弄到地上，我们直接就将它推到了床底下。

在我们递交介绍信时，我们发现上海的外国人和北京的外国人互相交换感受，他们喜欢去参观对方所在的城市，但是并不打算长期住在那里。

我们发现上海上层社会的住所就像伦敦一样都是隐藏在墙后的。海关总税务司梅乐和爵士的院子后还有一块小小的场地，大概有“两个足球场大，上面绿草如茵”。他邀请我们共进晚餐，观看电影，我们有三个周日和海关人员一起去那里朝拜。最后一次见面，梅乐和与我在他的书房促膝长谈。他相信历史能够理解他的行为：他已降下了外国人享有特权的旗子，但确信他叔叔创建的伟大机构能够在新的时代继续存在。我们还谈论了“赫德多么伟大，而如今的总税务司与其多么相似”。

梅乐和有着明显的政治目的，虽然我一无所知，但还是对其有隐约的怀疑，也许我的怀疑并不正确。毕竟在20世纪中期的国民革命期间，海关是一个主要的争论焦点。1923年安格联（Francis A. Aglen）任总税务司，他拒绝让孙中山的革命政权获得广东的税收盈余。为此北京的外交公使以珠江上的15艘炮舰来为他撑腰。

作为一位没有太多主观意见的初来乍到者，我依然能强烈地感受到中国的旧伤新窘。国外坚定的不平等条约支持者们相信外国人可以很好地治理上海，就像中国国民党的顽固分子30年后仍旧高呼台湾的“中华民国”是中国唯一的合法政府一样。两者至少在为他们服务的制度方面都有明确的利益。上海的想法与之后的“中华民国”的想法有一些相同的地方。例如，在台湾国民党专政以及军管政府相当于早期帝国主义的治外法权——对于有些人来说，废弃这些既得利益的支柱则意味着从天堂跌入地狱。1932年在上海的巴里·戈德华特舰队一直准备“用炮舰围攻”，就像我们之前看到的日本在吴淞的行动一样。

魏尔特两次邀请我们一起聚餐，他还是一如既往地友善。他并没有强调早期海关记录正在从各个港口送到上海海关组建海关图书馆的事。就我们的关系来说，幸运的是我不会与他竞争。我的论文主题将按照时间回溯的方式进行，这使得我不会关心1858年之后的细节，因此不会侵入魏尔特的研究领域。

在上海我还遇到了我在贝利奥尔学院的朋友郑肯。他现在和自己的兄弟姐妹住在像城堡一样极其奢华的石筑豪宅中。住所有一个游泳池、几个网球场、一辆戴姆勒牌轿车、两辆艾索塔-法西尼牌轿车，还有一些其他牌子的小轿车。他的祖父和叔祖来自澳门附近的一个地方，也就是孙中山出生的地方。他们早先去了海外当劳工，其中一些人客死他乡，而有的则在加利福尼亚、菲律宾或是秘鲁发财后回国了。到郑肯的父亲这一代开始在上海投资。郑肯的兄长们曾在剑桥大学读书，如今成了南洋兄弟烟草公司的高管。这家公司成为杜克（Duke）家族经营的英美烟草公司的主要竞争对手。作为新近的暴发实业家，他们之前进入了房地产行业，如今拥有了两家电影院。郑肯不再是那个曾在湿寒的牛津大学里孤独而腼腆的学生了，而是成为享用着他们的财富的熙熙攘攘的人群中的一员。

我再一次去上海是在 1934 年 11 月，郑肯开着他的艾索塔-法西尼带我们来到了市政中心，在吴淞以东 6 英里处。大上海的市政厅宏伟壮观，有着中国人“改建的神殿式的行政大楼和会议室”作为吸引新的城市发展的诱饵。正如我提到的，“其意图在于，不仅土地的主要所有者市政府，而且预先买进那里的土地的银行家们，都会借助土地升值而大捞一把”。然而靠土地发财的想法并没有实现。

通过一个在全国经济委员会工作的朋友，我们参观了南洋兄弟烟草公司的工厂。我们看到了 3000 名女工，39 个卫生间，现代化机械，每天工作 10 小时，而空气质量却很糟糕，但并无大害。与此对比的是基督教青年会成员带我们去的缫丝厂。

> 在缫丝厂的童工，年龄一般是 9 岁到 12 岁，每天站着工作 14 个小时，中间有半个小时的午餐时间。他们不停地在混杂着水蒸气的茧盆里抽茧丝，以至于手上的皮肤脱落，这样辛苦的劳作换来的工钱是每天 1 角钱。

在一家最大的纺织厂：

> 眼窝深陷的女工，大概 16 岁，每天站着或跑着工作 12 个小时，照看着纱锭和隆隆作响的纺织机，轰鸣的机器声能将人补牙的填料震松。这让我想起了我在铁路一天工作 12 小时的日子。我无法想象整日对着那么多的纺织机，甚至休息的时候也只能躺在橡皮垫上。

多么强烈的对比啊！一排排闪光的机械，代表着效率的最高点。在机器之间是“那些穿着破旧、满是污垢的女工，就像是流浪猫一样”。她们没有一个人值一个纱锭。报酬？每天工作 12 小时才挣 4 角钱，而且工钱还要被承包人、领班、副领班等层层瓜分，最后只能带回去 2 角钱。

概括来说，我们在这里看到了早期工业化的罪恶的一面，汉口、天津和其他城市的情况大同小异。在上海我们也看到了新兴的中国资本家的后代，以及他们背后掌管着的海关和租界通商口岸的国外势力。这是存在革命可能性的社会环境，与我们在北京充满美感的上层社会的生活大不相同，更加昏暗而更有生气。我们通过特别的个人视角洞察到中国更多的信息。

第 5 章

艾格尼丝·史沫特莱眼中的中国

在上海的时候，我的主要工作就是阅读 1850 年至 1854 年的《北华捷报》（*North China Herald*），但是我的论文对中国人的生活的理解还是流于表面。上海租界工部局的环卫车每天早上会从街道上捡走女婴的尸体，对于许多穷人来说，杀死女婴似乎有其不可避免的必然性，在城市他们只能依靠工部局的收殓服务了。与此同时，人力车夫吸着汽车排出的尾气奔波劳碌，经营着没有保障的生意。在中国，人民的贫穷是最大的现实，尽管那时的人数还不到现在的一半。这些问题让人觉得麻木而绝望——除非有人组织大家团结起来。这就是我们首次从艾格尼丝·史沫特莱（Agnes Smedley）那里获得的有关共产主义的信息。

史沫特莱在自传体小说《大地的女儿》（*Daughter of Earth*）中提到了一个叫“莱昂先生”（Mr. Lion）的人。这个人曾在第一次世界大战期间在纽约将其从汤姆斯（Tombs）监狱中营救出来，当时她被指控帮助印度叛乱分子对抗英国而入狱。事实上莱昂先生就是我的叔叔吉尔伯特·罗伊，她给他取了个好听的名字。当我的婶婶写信给艾格尼丝·史沫特莱告诉她我要来中国时，她的回复大概意思是：一位从哈佛、牛津来的有钱人应是上海最不需要的一类人。但是如果有时间，她会与我见面。之后在上海《大美晚报》（*Evening Post and Mercury*）编辑兰德尔·古尔德（Randall Gould）的帮助下我见到了她。为了试探我，她在谈话中夹杂一些骂人的脏话（针对最近发生的一起事件）。但是事实证明我确实是一个稚嫩的自由主义者——好心但对革命一无所知。不过我们很欣赏彼此的幽默感。

艾格尼丝·史沫特莱是伟大的为社会正义而战的美国勇士之一。她身材矮胖，有着方正的下巴，1932 年的时候看起来要比她生病患胃溃疡的时候强壮很多。她在科罗拉多矿区小镇的社会底层长大，那里是美国人的梦想变成噩梦的地方。她的父亲因酗酒而死，母亲因工作过劳而死，而她的婶婶则成了一名妓女。艾格尼丝·史沫特莱靠着自己的智慧和个性而生存下来，她终身未婚，没有子女。她努力学习，终于成为一名记者。印度争取自由独立和她的印度情人教会了她许多东西。在德国她曾一度精神崩溃，并撰写自传（现在成为经典）。最终她以享有盛誉的《法兰克福日报》（*Frankfurter Zeitung*）的通讯记者的身份来到中国。

她到中国时是 1927 年之后，当时第一次国共合作破裂，中国共产党在国民党的白色恐怖中勉强幸存下来，并转移到毛泽东领导的江西根据地，这里被看成共产党最后的希望。她对共产党的报道使得她自己进入了国民党的黑名单，在上海经常有人跟踪想要逮捕她。我们对艾格尼丝最主要的第一印象就是她胸怀宽广温和，有着天生的幽默感，敢于公然反抗政治暴行，她的生活也总是处于危险而充满阴谋的世界中。

当然，她的治外法权是不可侵犯的，这对于当时的政治斗争中处于劣势的中国共产党是有用的，像我们一样的外国朋友同样对她是有用。外国人经常会卷入中国的政治活动中，尤其是当蒙古可汗背后有着游牧部落支持时。然而，现在贴在西方人身上的治外法权标签就像是他们的肤色一样，始终存在于身，使得他们在中国国内斗争中成为潜在的保护伞。例如，由于她不会被捕与被搜查，艾格尼丝是中国共产党一位理想的秘密联络员。

麦克阿瑟的副官维罗比将军（General Willoughby）在他关于苏联间谍网佐尔格（Sorge）的《上海的阴谋》（*Shanghai Conspiracy*）一书中提到艾格尼丝·史沫特莱是佐尔格在上海的联络人。当我们 1932 年末见到她时，她不停地说着鲁迅。如今鲁迅已经是受人尊崇的最伟大的革命作家。但是鲁迅只是倾向于左派，并没有成为一名中国共产党员。艾格尼丝鄙视美国的共产党，而对中国共产党充满了热情。至于说她是一位共产国际在编间谍或共产党地下党之类的别的角色，我始终有些怀疑。关于她，最主要的事实就是，她做事主动，专注于中国各个方面看得见的不公正行为，自愿准备好帮助中国的共产主义事业，并且毫无疑问愿意不加批判地接受指导。

她的谈话内容总是离不开当时中国国内的斗争以及恐怖气氛。例如，国民党在 1931 年曾逮捕了 5 名青年作家并将其活埋于龙华塔（这是事实），而且国民党在这方面也诡计多端，他们将煤油和粪便的混合物灌进人的鼻子里。虽然你不会因窒息而死，但是在被迫吞食很多这样的混合物之后，你的身体很长时间内都会伴有臭味。在被邀请去人民广场观看赛马的时候，我们观看了刚扩建的新上海，对上海的印象才有所提升。邀请人是美国总领事坎宁安（Cunningham）先生，记得当时坎宁安太太穿着紫色裘皮大衣。

在 1932 年到 1933 年的冬天，我想我们和艾格尼丝之间的友谊是一个典型的例子，局限于自由主义与共产主义团结一致、共同前进的策略。当我们 11 月初返回北京的住所 6 个星期后，我们收到来自艾格尼丝的紧急信件，问是否可以和我们住在一起。于是我们将其安置在前院的客房，科特尼房间的对面。威尔玛在12月30日写道：

> 如今艾格尼丝住在这里，她隐姓埋名从上海逃到这里，要住几个星期。我们在饭桌的谈话都是关于共产主义的。她对于资本主义、帝国主义以及反革命的一切报以轻蔑和嘲笑，而此时我们用科特尼的以“这不是完美的方式”的态度表示不赞同。

威尔玛在1月6日记录道：

> 艾格尼丝·史沫特莱是家里最激进的一位。我们之间长时间的对话和争论都是有关共产主义和传教活动（她对于传教活动并不看好，认为其缺乏社会纲领，只是花费大量的金钱和精力来保持人们心中的美好愿望以及其他一些抽象的道德准则，并不能解决当前中国人民面临的困境），还有在德国的状况、美国的罢工事件、苏联，以及很多我们不知道的事情。如今我们通过共产主义支持者的视角了解了很多东西。为此我们同样开始同情共产党员、社会主义者、公使馆中的顽固派、传教士以及每一个人。约翰（指费正清）对这样的谈话感到满意，他认为这是真正的历史学家在以一个宽广而公正的视角研究目前的中国。但我的看法不一样，任何时候都会容易突然冒出激烈的党派偏见。

艾格尼丝和科特尼相处得很好，她还称其为“贵族的儿子”。1月13日，我们四人来到前门准备吃一顿中国大餐。那时候气温已经降到了零下，夜空中高挂着一轮满月。

> 伴着皎洁的月光，我们从哈德门沿着离家最近的东城墙返回……因为我们都喝了酒，回到家艾格尼丝就打开了留声机并将仆人锁在门

外，我们非常狂野而又肆无忌惮地跳起了舞。之后大家都累了，到午夜 12 点都去休息了。

艾格尼丝·史沫特莱在北京的工作就是把人们都号召起来，建立“中国民权保障同盟”的北京分部。她让胡适和曾在哈佛读书的人类学家李济来领导分会，之后我们以及很多中国的学界朋友都加入其中。

当她回到上海之后，我们还能接连收到民权保障同盟密谋活动的消息。她在离别信中要求我们保留一位拜访过她的中国朋友的任何东西。

“我想知道你是怎么看待中国民权保障同盟的。如果你愿意为之效力，请递交申请书给胡适博士或是李济博士。如果你加入，我希望你同时可以通过我的朝鲜朋友与我在学界的朋友们取得联系，并与其在同盟开展共同的活动。如果不开展这些活动，同盟也就毫无用处了。我希望你能够加入，但是我不知道你对此到底有何看法。”

2 月 1 日，她给我寄来一封信，要我转交给她的朋友金（Kim）先生。（“请给我回信，表明你对我们同盟的态度。如果你不愿意牵扯进来，我就会停止这样做。”）“他们中只能有一个人单独拥有我给你的这个秘密地址……把信给金先生，告诉他这封信只有他们都到达那里，并且决定好谁与我联系之后再打开……只能有唯一一人拥有它，以免被泄露……金先生保管这封信并和他的朋友进行内部讨论，来决定谁是这个人选。”

她一直希望我参与这个秘密组织的工作，之后这个期望被表达得更加明确：“我看到报纸报道 4 个美国人已经加入中国民权保障同盟。我……还猜测，如果其中的两个是你们夫妻俩，我会很高兴。对于我上次在信中提到的你与他们开展共同活动的问题，你们可以保持以小组会议的方式来决定行动的路线，在全体大会通过后谨慎地执行，并且对外一定不能暴露你们已经作出统一的决定。我们也是采用这样的方式来工作的。”

之后收到2月1日的来信："亲爱的约翰，今天我给你写了一封长信，随信附有交给一位朋友的一些东西。我之前让你将我的地址告诉别人，但是现在你不能再这么做了。通知他们最好也不要这么做，因为我们的通信出现了问题。如果你写信给我，请直接寄到我的家里，但是不要写你的地址。一定要记得。寄信人名字只写首字母我就会明白。而且不要手写，用打字机……忠诚而爱你们的，艾格尼丝。"

自1933年的半个世纪以来，不计其数的书中都描写过秘密活动。艾伦·杜勒斯（Allen Dulles）、007、海伦·麦金尼斯、约翰·勒卡雷（John le Carre）以及克格勃、中央情报局的叛逃者，甚至索尔仁尼琴都已经告诉我们如何隐瞒自己的身份，发送无迹可寻的情报以及保持秘密的联络。这些情报的传播知识都是由斯大林、希特勒、第二次世界大战、冷战以及20世纪30年代以来的复杂环境所强行灌输给我们的。然而对于任何一位间谍故事的阅读者来说，艾格尼丝以上信件的表现只能证明她是一个外行，甚至可以说毫无天分。

特别是为了不为人知的原因，甚至在没有将一个人招募为联合战线组织成员之前，就让此人参与党派类型的秘密工作，有些异想天开。因为在战略目标并不清晰时，就开始制定战术，完全是浮于形式而缺乏实质。信中使用命令式的"必须"并不见得就比咒语会让人更加服从。事实上，与艾格尼丝一起工作，很可能不需要敌人破坏就能够自我毁灭。

还有一段小插曲，充分说明了自由主义者作用有限。民权保障同盟的秘书长胡适与杨铨要求了解北京政治监狱的情况。我们曾在上海通过艾格尼丝见过杨铨。如今"他带着他的小儿子—— 一位积极而热情的人与我们见面"。

然而当时的背景是，华北人民生存情况一般来说并不乐观。我们听说，一位来自"防止虐待动物协会"（Society for the Prevention of Cruelty to Animals）的代表认为目前驴子的生存处境困难，但是他只关注动物，毫不关心周围牵驴子的人。北京协和医院的麦金托什（Macintosh）博士告诉我们他应邀参观了颐和园军营的医务室，少帅张学良的军队驻扎在此。他发现：

> 两间非常小的屋子里，两边摆满了大通铺和架子床。床上挤着200名生病的士兵。其中大约三分之一的病人是由于营养不良而患上眼球软化症。由于资金短缺，他们只能依靠小米为生，麦金托什博士声称，只有每周吃一个鸡蛋才能挽救他们的视力。而其他大部分都患有致命的疾病，如斑疹、伤寒症和其他的虱传播疾病……根本没作灭虱的打算……这里不管谁患上什么样的疾病，其他的人都有可能被传染……这里没有医生和护士，这里只是那些无法继续军旅生活的士兵的聚集地。他们在这里躺着，生死全部听天由命。

对于人力车夫和兵营的伤兵，你如何来定义和确保他们的民权呢？中国民权保障同盟只是代表由知识分子或学生组成的政治犯的利益。隐含的意思就是老派的传统学者，曾经的统治阶级应该比罪犯、苦力和士兵有着更好的待遇。按中国的传统道德观念，这足够合理。

胡、杨两位博士从未当过监狱观察员。他们看到的情况并不是太坏，因此也就如实报告。而我对此结果唯一的记录来自威尔玛 1933 年 2 月 14 日的家书：

> 我们只开过一次大概 30 人参加的全体会议。约翰生病了，但是我参加了，一直听着胡适和杨铨用中文讲的冗长的发言。因为他们说的汉语太快而使我不得不让身边的人帮我翻译大部分的内容。接下来的一天，胡适和杨铨去几个监狱看望了政治犯并调查了他们居住的条

件。之后的一天对他们的调查进行了简单的总结……允许囚犯读书和学习，但是饮食并不好，而且他们厌恶套在脚上的脚镣，希望将其去掉。监狱当局解释，他们使用脚镣也是为了避免囚犯逃跑，可以节省警卫，否则增加的费用是监狱无力承担的。一到两天后，胡适收到了一封从监狱偷偷带出来的信。写信者是他之前曾交谈过的对象，信的内容实质还是重复这些抱怨。所有的调查都有了证据，民权保障同盟会通过它的影响和宣传来继续施压。然而没过几天就迎来了一场不幸。

艾格尼丝和上海小组向全国媒体发了一封未署名的信件副本。这封信很可能是从北京的一个军事监狱被偷偷带出来的，信中详细地描写了囚犯被折磨拷打、挨饿的悲惨的狱中生活。信件发布的早上我们去拜访了胡适。他对整个事情很愤怒。信件偷带出的监狱据说是他曾去过的其中一个。而且他必须通过四处搜寻，跟囚犯谈话，以及之前由囚犯的妻子转交给他的那封从监狱偷带出的信来证明真实情况，指出报道的内容并不属实。但是自从轰动的消息被同盟的上海分会（自命为全国总部）授权批准发布后，随之而来的是强烈的呼声，要求无条件释放全国的所有政治犯。同时胡适也被置于水深火热之中。胡适认为这封信是由艾格尼丝的几个共产党朋友所写，以此作为激发民众反国民党情绪的手段。因为他的朋友很了解她会将她所听到的任何关于社会不公的暴行都公之于众的。换句话说，其实在不经意间，艾格尼丝成为共产党的工具。约翰和我也倾向于相信这是事实。当时艾格尼丝和我们在一起，她收到一位朋友的来信并异常兴奋地将信拿给约翰要求为她翻译。由于信上的字体是行书，约翰无法识别。之后她在上海将其翻译完成，并且不等有点保守的杨铨从北方带着反映真实情况的照片回去，就匆忙发布了信息。

同以往一样，作为北京头号自由主义者的胡适被迫后退。2 月份，我给艾格尼丝写信抱怨她忽略北京分会，并以不可告人的目的利用了我们。之后她给我回信道："根据杨铨反映，监狱当局在调查委员会进入前，对监狱进行过彻底打扫，并给囚犯准备干净的衣服。他们被要求在没有军官陪同时，不准跟囚犯说话。"总之，这就是整个事情的过程，都是在演戏。

中国民权保障同盟中，人们以自由主义者的个人身份来对抗在南京日益强大的国民党力量的尝试是值得研究的。当局试图通过镇压不同意见以及阻止自由言论的方式来消灭他们的反对派。这场徒劳的以保护个人权利为目的的运动，其领导者为已故孙中山的支持者中几位自由主义者，创始人为孙中山遗孀宋庆龄以及国民党队伍中最杰出的教育家蔡元培。

艾格尼丝·史沫特莱写信给我说 1933 年 2 月 14 日的事："萧伯纳（George Bernard Shaw）星期五来到这里。因为没有什么更好的事情做，于是同盟的执行委员会将与他在孙夫人家里进行一小时的会谈。我对他没有什么期待，除了能听到一些不好笑的笑话。"东方摄影展有一张照片，上面是 1933 年在上海的 5 个人：艾格尼丝·史沫特莱、萧伯纳、宋庆龄、蔡元培和鲁迅。第一位是为德国媒体工作的美国左翼通讯记者；第二位是费边社会主义者；第三位是孙中山的夫人，曾在佐治亚州的梅肯市（Mocon）读书；第四位是中央研究院院长，曾学习中国古典文学和德国哲学，也是北京五四运动的领导者；最后一位是伟大的讽刺作家，曾在日本学医。当我几年前第一次看到这张照片时，我就发出了"天哪！""多么棒的组合！"的感慨。两个拥有治外法权的外国人，三个因声望受到保护的中国人。[1]

中国民权保障同盟的带头人杨铨（杨杏佛，1893—1933）博士，1908年在上海很短暂的一段时间里曾做过胡适的学生。他加入了同盟会，并参加了1911年的辛亥革命，是孙中山任临时大总统时的秘书。1913年获得政府奖学金后他去康奈尔大学学习，之后于1918年获得了哈佛大学工商管理硕士学位。1919年至1922年间在中国，他是新成立的中国科学社干事，并在东南大学任教。随后赴广东任孙中山秘书，孙中山在1925年3月去世后，他负责主持葬礼。之后他为上海国民党服务，1927年成为蔡元培的助理。1928年作为中国核心研究机构的中央研究院成立，隶属于国民政府，由蔡元培任首届院长，杨铨任总干事。

1932年，在日本抢夺满洲工业基地的冲击下，仅仅依靠几个偏向欧美的国民党成员无法阻止两个准列宁式政党（国民党和共产党）之间你死我活的斗争。这场斗争是由20世纪20年代的国民革命引起的。当时，人们拥有共同的观点，即所有的中国人都应该团结起来反抗军阀和列强。在1932年1月到3月之间历时5个星期的不宣而战的淞沪战役期间（那时候我刚到中国），杨铨已经与宋庆龄共同为伤员创办了一所医院。1932年10月，杨铨、蔡元培、林语堂以及其他人联名抗议逮捕陈独秀。在1921年至1927年成为共产党早期的领导人之前，陈独秀就已经是北大文科学长，他被开除党籍之后，又成为一名托洛茨基主义分子。

---

[1] 自我写以上内容以来，我发现这张照片绝对作过修改，杨铨在孙夫人家拍摄的原始照片表明，女主人左右有两位参加午餐的客人，即伊罗生和作家林语堂。他们都是同盟的执行委员。他们出现在悬挂于上海鲁迅博物馆的原始照片中，但是被修改的照片知名度更大一些。参见费正清、赖肖尔、克雷格：《东亚：传统和转变》（*East Asia: Tradition and Transformation*），第794页。刚出版的《人民画报》第11期（1980），第40页。伊罗生正在撰文写他为什么会消失的自述。——原注

在 20 世纪 30 年代早期的危机中，许多中国人都希望政治联合，但是国共两党关系已经破裂。自由主义者被夹在中间。艾格尼丝·史沫特莱在 1933 年 2 月初从上海写信给我：

“我很高兴你能见我的朋友杨铨。他是一位非常和蔼可亲又积极的中国人，同时他也是一个非常狡猾的人。自从我来到中国，他就是我的朋友了，但是我不能再与一只狐狸保持真正的友谊了。这是因为有一次我离开我的房间之后再次返回，发现他正在搜查我的桌子。当他发现我回来，马上装作若无其事的样子，跟我继续愉快地交谈。无论去哪里他都试图打探我认识的每一个人的情况，刨根问底。总之，我要和他保持距离。见面互相微笑，仅此而已。”

2 月中旬她来信说：“密探已经离开我家了，他们开始密切监视蔡博士和杨铨！我嘲笑自己之前对他们有错误的看法。现在时刻都有密探盯着蔡博士。”

5 月份，才华横溢的作家丁玲被国民党绑架。她在狱中也被用煤油加粪便的方式对待，庆幸的是她活了下来，并且将此揭露出来。后来在“文化大革命”中她再次受到迫害。杨铨想要营救她，但是没有成功。他甚至收到匿名信，警告他不要妨碍反共活动。

1933 年 6 月 18 日，星期天，早上 8 点 45 分左右，在上海中央研究院办公室前，杨铨和他的长子坐进他们的汽车。四五个持枪者对着他们开火，杨铨当场死亡。报道称：“警察在现场将其中一名刺客击倒，刺客名叫郭德宗，随后自杀死亡。”[1] 让我突然想起了李·哈维·奥斯瓦尔德（Lee Harvey Oswald，刺杀肯尼迪的主凶）在刺杀行动之后自杀这件事。

---

[1] 引自 H. L. 布尔曼、R. C. 霍华德：《民国名人传记词典》（*Biographical Dictionary of Republican China*）第四卷，第 6 页。——原注

显然，警察也参与其中。民权保障同盟谴责刺杀杨铨的凶手是政府所指使，但是已无法证实。

回顾这些历史事件大部分我已经忘记了，包括艾格尼丝·史沫特莱一些信件的内容。回顾这些情节，中国政治的深不可测令我震惊，在当时完全超出了我的理解范围，甚至超出了我能注意到的范围。但是在中国现代历史中有一个显著的主题：将存有潜在麻烦的反对派领袖抓起来，以此来作为一种警示作用，或称之为杀一儆百。当年轻的宋教仁将国民党整合起来并通过了 1913 年的国会选举时，总统袁世凯将其暗杀。而前国民党政治家，《自由中国》的主编雷震在 1960 年试图在台湾成立一个反对党时，他被以莫须有的罪名急匆匆地宣判入狱 10 年。由此得出一个公式，即引诱一个公认的领导者出现——随后将其击倒——这也适用于杨铨遭暗杀的行动。随后他的良师益友蔡元培很快从政治生活中引退。这个事件代表了蒋介石的态度，就像突然决定解雇美国国会图书馆或是史密森（Smithsonian，美国博物馆）的馆长，需要华盛顿的总统作出决定一样。

在北京对杨铨遭暗杀流传一种解释，说与一位女性有关系。这引出了古老的模式：道德取代了法律；法律不应该保护不道德；不道德行为应该受到惩罚；因此（无风不起浪原则）惩罚表明先前存在不道德行为。在 1960 年雷震因莫须有的罪名入狱之后，一位受人尊重的中国学者对我说："但是你知道吗，他不是一个好人。他和图书管理员的妻子有染。"显然，美国的政治家和美国图书管理员的妻子是多么的幸运，因为他们生活在法治国家，而不是道德至上的国家！

1934 年 3 月 20 日，艾格尼丝·史沫特莱从列宁格勒写信给威尔玛：

"你说中国是否需要一种像这个国家（指苏联）一样开明的专政。这是一个强硬的共产党专政的国家。我认为唯一可以给中国带来这些的就是共产党。除去共产党，其他一切统治者都是法西斯，只会为其本身而战，从而延长了人民的痛苦。中国现在需要的不是和平，正如你所说，那是对于大众来说意味着死亡的和平。中国需要战争，用战争来完美地收场，直到最后的奴役也被消灭。如今的和平并不会给人民带来和平，享受和平的只有高高在上的少数剥削者和外国人。

“在这个世界上有很多的错误和不受人欢迎的事情，而其中最不受欢迎的就是统治世界大部分地区的制度体系。同样，所有接受这些体系的作家都在保护它，容忍它，为它而战。”

她一如既往地献身于如火如荼的反叛事业，同时确信一个制度的邪恶可以从其他制度获得解决办法。她还给了我们一本布哈林（Bukharin）的《历史唯物主义：社会学体系》（*Historical Materialism: A System of Sociology*，译自俄语第三版，国际出版社，1925 年出版）：“希望这本书将帮助你提高你的认识。” 4 年后，布哈林作为一位走上邪路的老布尔什维克被斯大林处死了。

1934 年 11 月在上海，艾格尼丝从莫斯科回来看望我们。她看上去很疲倦，而且一直处于焦虑状态。她的第二本书《中国红军在前进》（*China's Red Army Marches*，1934 年出版）试图向西方公众展示中国共产党在中国农村的革命事业。就像埃德加 · 斯诺的《西行漫记》（*Red Star over China*，1938 年出版）一样，之后深受大众喜欢。但是艾格尼丝与其说是记者，不如说是宣传者，而在我看来，埃德加 · 斯诺则恰恰相反。

我再次见到艾格尼丝 · 史沫特莱是在 20 世纪 40 年代末了，她于 1950 年在英国逝世。然而她的几本有关中国革命的著作依然是有价值的。

第 6 章

哈罗德・伊罗生与恐怖行动

如果说我们从艾格尼丝・史沫特莱那儿了解到外来者的奉献精神的话，那么哈罗德・伊罗生（Harold Isaacs）完全是另一面的表现。艾格尼丝情愿成为她所认同的公众正义事业的工具，而哈罗德作为一名记者则设法真实报道国民党制造的反对共产党的恐怖事件。

哈罗德・伊罗生仍在世并一直生活在马萨诸塞州的牛顿市（Newton），和从前一样健谈，他是麻省理工学院的退休教授，关于他的一切容我细细道来。威尔玛和我了解到的很多中国革命的内容都是来自他的二手资料，而他则是直接从上海获得的众多一手资料。

哈罗德在中国的经历始于他 20 岁时，当时他离开了在纽约的中产阶级家庭，开始闯荡外面的世界。在上海他先后成为美国人开办的《大美晚报》（*Evening Post*）和中国人开办的《大陆报》（*The China Press*）的记者和编辑。在初次接触上海的现实情况后，他和一位朋友，一位南非的马克思主义者弗兰克・格拉斯（Frank Glass），结伴而行，乘船沿着长江逆流而上一直到达四川。

1931 年这一年长江洪水泛滥。堤防被洪水冲毁，洪水淹没了大部分的农田，积水有几英寸深，造成了粮食短缺，引起饥荒。国际救援组织来到中国，查尔斯（Charles）和安娜 · 莫罗 · 林白（Anne Morrow Lindbergh）也飞来中国进行调查。美国报刊报道了这一消息，以致对于广大美国读者来说，那些受灾场面更加具体，如在眼前。

我一直坚信，哈罗德 · 伊罗生尽管出身于中产阶级家庭，而实际上是来自历史悠久的先知家族。1931 年的经历给他带来了启示，也让他了解到了中国的困境以及可能的拯救方法。同时在上海的三年经历也使他与中国共产党有了更多的接触。这与我在 12 年后的发现很相似，那就是除非一个人对这些革命者的信仰有一定的了解，否则他永远不会懂得当前的革命形势，正如哈罗德 1974 年所说："公布这些消息，引起了全社会的震惊，那一年的所见所闻，以及随后不久我在上海遇到的共产党朋友以及共产党人的盟友们，都希望我能够创办一份报纸。我欣然接受了这样的建议，结果便是《中国论坛报》（*China Forum*）的创刊。"[1]

1932 年 11 月，在上海，艾格尼丝介绍我们认识了哈罗德，我们还见到了他漂亮的太太维奥拉（Viola），人们称呼她为罗宾逊小姐。后来我们得知，他们并非未婚同居，而是一对大学时的恋人，她一到上海两人就正式结婚了。

《中国论坛报》报道的是历史中黑暗的一面，是哈罗德个人的成就。虽然《中国论坛报》也像《密勒氏评论报》（*China Weekly Review*）以及上海的其他媒体一样刊登着每天的普通新闻，但它有专门的版面刊登一些左翼作家的短篇译文，报道一些由上海国民党、青帮等组织造成的失踪、引

---

[1] 引自哈罗德 · R. 伊罗生等：《草鞋集：1918—1933 年中国短篇小说集》（*Straw Sandals: Chinese Short Stories 1918-1933*）引言，第 28 页。——原注

渡、监禁以及死刑之类的事件，受害者都是一些残存下来的共产党人。在蒋介石将中国共产党工会组织摧毁后，中国共产党的领导人主要是知识分子，他们之中最优秀的就是力图创造革命文学的年轻作家们。

在近两年的时间里，在一个只有他才能准确描述的环境里，哈罗德一共出版了 39 期《中国论坛报》。消息的来源有很多：有些是小道消息，作为一名记者，他会在出版之前尽力核实细节。《中国论坛报》的读者中，上海以外的读者只能偷偷地带出去，或者通过中国邮局以普通包裹寄出或以其他一些方式带出。在外国人控制的上海公共租界以及法租界里，哈罗德是受美国的治外法权保护的，尽管总领事将其看作一个危险的赤色分子。上海公共租界工部局因为利益而站在国民党一边，他们在两年内引渡了超过 300 名被指控为共产党的中国人，将其交到国民党刽子手手中。后来帮忙出版印刷《中国论坛报》的承印商也被吓跑了。哈罗德与不知身份的中国共产党帮手一起工作。他被孤立并受到监视，但是他实现了自己的目的，为被压迫者伸张了正义，直到最后不可避免的时刻到来：因为拒绝登载歪曲事实的报道被迫停刊。

1934 年 4 月，哈罗德和维奥拉搬到了北京，和我们做了一年多的近邻。他们的房子是威尔玛帮忙找到的，在大羊宜宾胡同 1 号（我们住在 10 号）。他们还随身带着翻译助理以及 1000 多页的珍贵文献资料。随后根据这些资料写出了一本经典之作《中国革命的悲剧》（*The Tragedy of the Chinese Revolution*）。此书由列夫 · 托洛茨基（Leon Trotsky）作序，1938 年在伦敦出版。这是一本当代历史的杰作，阐述了 20 世纪 20 年代国民党和共产党之间的合作及斗争的过程。书中对于 1927 年中共的灾难作出了解释，事实上是斯大林为了自己的政治需要与托洛茨基斗争而准备牺牲中国革命。这只是“可能的事实真相”，事实也可能并不是这样。年轻的中国革命家按照自己的期望来解释革命失败的原因，然而如今历史学家都倾向于将其看成是难以避免的事实：20 世纪 20 年代的中国共产党和中国彼此还并不适应。无论早期的中国共产党采取什么样的策略，为了打败那些以城市为根据地的国民党几个条件——农村根据地、军队、组织——都应该是必要的。如此看来，“可能的事实真相”依然存在争议。

由这些档案产生的最终希望的破灭可能在于：1931 年 5 位颇具献身精神的年轻作家英勇就义，同时还有另外 19 位共产党领导人一同献身，他们是其中的一小部分。新任的领导阶层刚刚从莫斯科归来，很显然，他们出卖与其抗衡的人给国民党，借敌手除掉他们，一边又利用烈士来煽动情绪，一举两得。

哈罗德是托洛茨基的狂热崇拜者，他曾去挪威拜访托洛茨基。但是你不能称他为托洛茨基分子。伊罗生始终是伊罗生，对于我远离现实的历史学术研究报以善意的嘲笑。他以崭新的眼光看待一个个事物时，同人类的弱点对抗也在不断扩大。在第二次世界大战期间，他作为《新闻周刊》（*Newsweek*）的战地记者又回到了中国。后来他写的《心影录——美国人心目中的中国和印度的形象》（*Scratches on Our Minds: American Images of China and India*）是一部内容丰富并且具有独创性国际视角的研究著作。作为麻省理工学院国际研究中心的研究人员，他还写了其他的一些专题著作，关于美国黑人的作品《美国黑人的新世界》（*The New World of Negro Americans*）、关于少数民族的作品《部落的偶像崇拜》（*Idols of the Tribe*）等。他不可避免地成为麻省理工学院没有博士头衔的教授，他依然傲慢地反对学院派的研究方式，但给学生很多启示。

1934 年 6 月，我和威尔玛还有伊罗生夫妇都穿着齐膝短裤从北京去热河的省会承德市旅行，那里在几个月之前刚刚被日本军队占领。威尔玛和日本公使馆进行协商，对方说只认可来自“满洲国”政府的签证。但是最终她拿到了一封日本陆军武官的信才得以放行。装载着毛毯、照相机和不易变质的食物，我们早上6点搭乘着日本人的敞篷道奇大卡车出发了。顶着烈日，坐着我们的行李度过了白天，到了晚上我们就像水母一般毫无顾忌地躺在一起，精疲力竭。到了古北口，即北京长城北偏东一些的位置，我们跑进了日本军事区。威尔玛去进行交涉，而我们其余的人假装除了英语之外对其他语言一无所知。威尔玛在日记中写道："我因此受到了优待"，"因为我擅长装傻充愣而又有些坚决"。边防军官说，我们必须在这里过夜。"最终将我带到上级官员那里，他们驻扎在镇子对面的一条长长的布满尘土的上坡路的尽头，沿途都是防卫战壕以及武装守卫。"最终，我们都爬到了镇子的另一边，从另一个将军那里得到了我们的通行证。

从那里开始，事实证明，热河由参差不齐的山峦包围，一座连着一座，"像波涛汹涌的海浪"，除了一些高高的平坦的山谷，被山峰紧紧包围在中间，如同一个天然形成的瓷盘。承德的街道两边都是商店，路灯会在晚上9点全部点亮。这是一个军事驻地，在大卡车中偶尔会有官员的豪华轿车穿过。日本女孩也被引进当地的妓院供军官们享乐。

来到了天主教会，皮尔·卡纳德（Père Canard）热情地接待了我们，尽管他之前并不知道我们的到来。他接受了我们送给他的礼物白兰地，并拿出了自己的葡萄酒、面包和奶酪招待我们。他灰白的胡子一直垂在他穿的中国式长袍上。他很健谈，可以用英语、法语以及汉语交替进行。然而在他布道的前30年内，他说他还只是会用荷兰语与上级说话，但是如今他可以将各种语言混合起来。多么诙谐而又文雅的人啊！他对人和事有着极其宽泛的理解，我们从未在新教的传教士中见过。

短期成为伦敦《每日快报》（*Daily Express*）的通讯记者后，哈罗德对于日本占领区有了深刻的理解。他们修公路，建铁路，建立公共设施和医院，给许多人提供了工作的机会，同时他们的警察管理着社会治安，这是一种喧闹的进步。但是同时，他们继续保持着旧的军阀政策。由于农田税收负担过重，农民不得不种植罂粟来满足税收的要求。我们看到了一大片的白色罂粟，并与种植者讨论了种植的技术，具体到将罂粟的蒴果轻轻划破，过几天后便可收集每天会出现的很少量的白色汁液。鸦片帮助日本麻醉了华北地区。日本想得到的不仅仅是税收，就像英属印度到 1917 年前一直将鸦片卖到中国，或是蒋介石在四川种植的鸦片通过长江运往上海一样。我们认为日本也有着政治目的。

我们在当地观光 3 天之后，威尔玛找到一个牙齿洁白、满面微笑的姓郝的船夫，他将带着我们沿着滦河而下。我们在这只 7 英尺宽、20 英尺长的船上的 5 天旅程，是一次冒险旅程。

船夫包括郝、他的堂兄弟和一个十几岁的、满身污秽的杂工。这个杂工还没结婚，郝解释说："他没有钱，所以没有人愿意嫁给他。"他们在船头工作，有时遇到激流也会跑到船尾，但很少使用帆。而我们四人聚集在平坦的船底，欣赏着掠过眼前的山峦的壮丽景色。滦河有时候穿过峡谷也会激流翻滚，看起来像一条小长江。每天我们都会看到沿途拉着船的纤夫拖着沉重而缓慢的脚步沿着河岸前行。船员们用铁锅在炭火盆上每天煮两顿小米饭。我们也用同样的炊具做我们自己的饭，包括米饭、鸡蛋、培根以及葡萄干，就着茶水和热可可一起吃。

我们每天都要寻找清澈的支流，威尔玛和维奥拉设法避开别人的视线洗澡。晚上我们简单地将船系在岸边，在沙滩上弄一个适合臀部坐卧的坑，在上面睡觉。有时候我们醒来会发现一群农民在不远处默默地站着或坐着，保持着安全的距离，好奇地看着我们。作为"毛子"（"浑身是毛的人"，外国人），哈罗德和我已经开始出现毛发脱落的现象，也就是说我们即将谢顶。当然文明的中国人也有头发，但是胸部、腿和胳膊上几乎没有毛。我们也不像狗、马、牛或者山羊那样多毛，但是也似乎朝着那个方向发展。我曾在苏福尔斯狂欢节上看过名叫乔乔的狗脸怪人，而此时在这些本地人看来，我们比那只狗还要引人注目。如果不刮脸，我们的脸会让胡须全部覆盖。

另一方面，威尔玛和维奥拉显然看起来像中国的奶妈，但否认生过孩子。她们的头发不是黑色并且自然卷曲，天生的大脚，举止像男人一样毫无顾忌。看起来为照顾孩子作好了充分准备。多么奇特的性格组合啊！

郝总是有很多问题问我们："在你们国家你们有几个老婆？只有一个？但是她一个人怎么料理所有的家务？""那你们的官员有几个太太呢？""你们结婚要花多少钱？"一天晚上，我们想要收集一些民间传说，我们问他对天空明亮闪烁的星星了解多少。"是的。"他回答说，"我一直都看得到它们。"他对我们刷牙很感兴趣。为什么他不刷牙呢？"我没有太多空闲时间。"他说。

有一次我们停在他的村庄。这里的每户人家都姓郝。妻子们都来自其他的村庄。他的房子一尘不染，4 个房间里住 17 口人，睡在可以生火取暖的砖炕上。"怪不得，"我注意到，"他们想早点让年纪轻轻的小孩子们结婚搬出去住。"

在滦州我们离开了郝先生的船，乘火车前往外国人的海滨避暑胜地北戴河。我们在东崖（East Clif）遇到了赫约翰太太（Mrs. John D. Hayes）。她给了我们两块长面包和草莓酱来缓解我们的营养不良。在我们从长城到华北平原的旅途中，日本哨兵搜查了我们的行李。不过，考虑到最近中日的战争，由于我们的老朋友和保护者——治外法权——我们的旅行又是一次胜利。不平等条约下的外国人获得的权利之一就是旅行的权利。

1935 年 3 月，与哈罗德曾合作过一年的同事刘先生和他的妻子带着两个小孩乘火车前往南方。但是当他们到达北京火车站的时候，他们随身携带的一件行李中被搜出了中国共产党的宣传资料，于是他们被铺了。刘先生一直太过自信。当时哈罗德心烦意乱。几天之后，通过北京协和医院管理者蒲爱德的中方代表成功斡旋，刘先生的太太和孩子得以释放。但是刘先生的命运还是一个未知数，他没有治外法权。后来在 1937 年开始的抗日战争时期，他才从监狱中获释。不得不说我们外国人的特权身份是多么有用，正是这样的特权才使得我们可以近距离地观察中国的苦难历程，而中国人就没有这么好的运气了。

第 7 章

蒋廷黻和现代化

在查尔斯·韦伯斯特的介绍下我见到了蒋廷黻，但是我对于他当时的事业以及他在中国历史研究中的倡导者地位并不了解。我一直在专心阅读的中国外交文献都是由他主持出版的。由于他的影响，我才知道自己以前过于自我专注，开拓性也极其有限，这些研究如何才能融入他的更加宽广的局面里。

我在哈德门街上的基督教青年会乘公交车准备去拜访蒋廷黻。穿过西单牌楼和西四牌楼到达西直门，从那里出发，经过大概 5 英里的平坦的路程到颐和园。我们先路过燕京大学，再往东 1 英里处就是清华大学，远处是依稀可见的西山。我们还路过了圆明园的遗址，这里原是夏宫，1860 年英法侵略中被毁掉。

清华建于 1908 年以后，比燕京大学要早大概 15 年，校址所在地曾经是皇家园林。它的建筑是中西合璧的产物，但仍然不能与燕京大学相提并论。燕京大学的现代混凝土和传统琉璃瓦屋顶结合的设计来自耶鲁的设计师亨利·齐拉姆·墨菲（Henry Killam Murphy），有着极强的新式对称型宫殿风格。他甚至将燕京大学的自来水塔也修建在钢筋水泥的宝塔里面！

（旧燕京大学校园规模大概是今日著名的北京大学的四分之一。）

燕京大学在校长司徒雷登的带领下成为其他 12 所基督教大学的排头兵。而清华大学则是一所国立大学。在北京这座城市里堪与北大匹敌。在 1908 年美国退还回来一部分“庚子赔款”后，1909 年清华开始派遣学生前往美国留学。大概 1000 名留学归来的学生分散到中华民国的大学和政府机构中任职。但是几乎没有美国学生被反方向派到中国留学。

当查尔斯·韦伯斯特引荐我认识蒋廷黻（1895—1965）时，他显然非常高兴。但是对我来说出现了一个问题，因为我虽然是一个成年留学生，但是我的中文只能达到中国小孩子的水平。就像一条已经成年但未被驯服的圣伯纳犬一样，本来应该会充满乐趣，但无法与人沟通。你该怎么办呢？我能做的就是不停地点头称是，我准备买一套故宫博物馆的影印文献资料《筹办夷务始末》。20 年后，当我指导研究生的时候，我仍在研究这些东西，并指导研究生如何使用。

我见到蒋廷黻的时候，他只有 36 岁，但已经是中国近代历史研究的领军人物了。他中等身材，有着中国人典型的圆脸，由于反应非常敏捷而显得很潇洒。他的妻子曾在瓦萨（Vassar）学院和布林莫尔（Bryn Mawr）学院学习。他告诉我他求学始于当初在湖南的一位美国长老会的女老师，因为这位老师在 1906 年至 1911 年帮助十几岁的他学习英语，使他最终得以去美国接受高等教育。他曾经在哥伦比亚大学口述历史项目（Columbia Oral History Project）中留下过回忆录，所以我现在要比 1932 年时更能够理解蒋廷黻。

作为一个从小就表现得很有天分的孩子，理所当然在成长的过程中他会承受着巨大的家庭压力，家里希望他成为一名学者，出人头地。他尽职地试着这样做，但在这个过程中美国化了。他的老师［珍·林格尔女士（Jean Lingle）］几乎像他的养母一样，在她的影响下，他也成为一名虔诚的基督教徒，强烈向往西方。17 岁的时候，他独自一人来到旧金山，在林格尔女士的安排下进入了密苏里州帕克威尔（Parkville）的一所小型自费学校——派克学院（Park College）。在那里，他不仅完成了大学预科的课程，还要像美国学生一样在农场割草、洗衣之类的勤工俭学，支付学费。之后他在1914年到1918年进入奥柏林（Oberlin）学院继续学习。1919年他作为基督教青年会的干事随中国劳工队前往法国，为期一年。

回到美国之后，他进入了哥伦比亚大学研究生院，成为一名活跃的学生领袖。他编辑《中国基督教》（*Christian China*），撰写社评，并研究如何将整个"社会基督教""中国化"以符合自己国家的需求。这里是两种不同方式的重叠——既代表了中国学者的大声疾呼，又代表了美国自由主义者的大声疾呼。当凡尔赛和约签订者默认日本占领山东省时，蒋廷黻的巡回演讲也在美国如火如荼地进行着，等同于北京的五四运动。他也投入民族主义的浪潮中了。

1922年4月，面对反帝国主义运动，在华新教传教团出版了一本无比愚蠢的书，书名不是《基督护佑中国》（*Christian Help to China*），而是《中华归主》（*Christian Occupation of China*）。书里附有大量的挑衅性插图和统计资料，完全表明了西方对中国的真实态度。这让许多中国基督教徒感到他们早有预谋。自此，蒋廷黻像其他人一样，不再关注中国的基督教，而是更多地关注国家主权。

他开始在哥伦比亚大学攻读政治学博士学位，但是政治学理论的抽象性使得他最终改变了研究方向。他转投卡尔顿·J. H. 海耶斯（Carlton J. H. Hayes）教授，跟随他研究现代欧洲历史。他渴望一种"实际参与的政治学知识"[1]。

---

[1] 引自蒋廷黻:《回忆录》第九章，第7页，转引自查尔斯·利雷（Charles Lilley）:《两个世界间的蒋廷黻，1895—1935》（*Tsiang Tingfu Between Two Worlds, 1895-1935*），马里兰大学1979年博士论文，第130页，同时出现在第251页。——原注

经历了在国外 11 年的成长过程后，蒋廷黻于 1923 年回国，在南开大学任教。这所著名的学府最初由张伯苓在天津创办。新近有信息显示，他受聘南开大学是受到了成志会（Ch’eng-chih hui，一个实现个人抱负的组织）的支持。这是中国学生在外国组织建立的最有效的秘密兄弟会，其中包括张伯苓和其他几个南开教授。在国外求学期间，每到暑假大家就会聚集起来给予彼此精神上与物质上的支持。在这方面，很值得美国的自由主义者向其学习：20 世纪 20 年代，海外归来的年轻人回到中国，想要重建这个被军阀割据的国家是需要相互帮助的。一旦付诸实施，他们就发现，教授自己在西方学到的东西没有问题，但是对于中国的情况了解太少，没有任何可利用的资源，也没有中文参考资料，更没有太多机会进行研究。

怀揣着他往常现实主义的态度，蒋廷黻很快就发现了美国教育与中国问题之间的巨大隔阂。归国的学生接受美国的教育，不仅思想上成为有着进步思想的美国式的改革者，同时也是杜威实用主义信徒。但是，蒋廷黻认为，“我们并不了解那些每天影响着我们日常生活的事情，我们也不知道这些事情产生的原因和当时的实际情况”。当地政府里的中国学者“了解纽约和巴黎的政府，但是他们对于北京、汉口以及成都的政府几乎是一无所知”。

1929 年，蒋廷黻来到清华大学，担任历史系主任。在国民政府的领导下，对清华大学进行了改组和扩建。其中一个巨大的优势是可以确保每年有来自庚子赔款退款中的 40 万美元的收入。蒋廷黻开设了研究亚洲主要地区的课程，包括举办研讨会培训班。像查尔斯 · 韦伯斯特一样，他认为历史研究有助于国家之间的外交与和平。因此他渴望建立中国在这方面的记录体系，以此超越仅仅以英国历史资料为依据的马士博士的“历史蓝皮书”。同时蒋廷黻惊讶地发现，清王朝在 1842 年根本不知道英国是一个什么样的国家，也不知道英国想要干什么。清政府几乎不知道他们自己应该怎么做。之后蒋廷黻对几个年轻人进行了培训，并将其安排去研究中国不同时期的外交关系。他给英国和美国的学术期刊投稿，以此证明如今的中国文献能够提供什么素材。

由于1931年9月日本侵占满洲，像那个年代许多取得进步的领域一样，中国问题研究领域的迅速发展也遭到威胁。从此以后，问题不再是如何取得进步，而是如何生存下去。1931年，研究英国中世纪的史学家R. H. 托尼［R. H. Tawney，著有《宗教与资本主义的兴起》（*Religion and the Rise of Capitalism*）］来中国访问，写下他的经典巨著《中国的土地与劳工》时，他提倡用一种现代化的规划来促使中国成为一个政权稳固并有自我保护能力的国家。托尼比约翰·杜威晚10年来到中国，他给予像蒋廷黻这样从美国返回的学者许多支持，这些海外归来的人信奉稳步的改革而不是激烈的革命。托尼提议从长江下游的中心地区开始逐步建立一个现代化的国家。这意味着以国民党的南京政府为中心，因为国民党始于广东地区而在华北一带并没有多少势力，南京—上海地区起到的作用就像普鲁士对于德国、皮埃蒙特（Piedmont）对于意大利的作用一样，这也暗示了以蒋介石作为国家的领导核心。托尼还是作为国际联盟的教育顾问来到中国，他的报告指出了中国一系列的不足并提出了补救措施。在他的两篇关于经济和教育的文章中，他提出了从当前准备开始的现代化的全部事项。而托尼1931年的“处方”和50年后中国提出的“四个现代化”非常接近。

受到这些鼓舞，蒋廷黻提出的方案是从真正的土地改革开始做起，并最终改造国人的国民意识。对他来说，问题不在于做什么，而是如何才能做到。他公开推崇强硬的甚至带有独裁意味的领导，认为只有蒋介石才能担此重任。1934年蒋介石派正在欧洲度假的蒋廷黻改道去莫斯科，目的是要试探苏联政府是否能够帮助共同抵抗日本。于是在 1934 年至 1935 年休假期间，蒋廷黻有一部分时间在莫斯科，一部分时间在伦敦。当时查尔斯·韦伯斯特写信给我（1935 年 11 月 2 日）："我们很高兴他的来访，他给我们留下了深刻的印象。他让我们了解到更多以往所不知道的中国政治的内幕。我们希望可以将他精彩的演讲刊印在《政治周刊》（*Politica*）上，随后你也有机会读到他在查塔姆研究所（Chatham House, 皇家国际事务研究所）的演讲。"

在他的演讲中[1]，蒋廷黻简要描述了 20 世纪初以来中国意识形态的崩溃。"从君主制分离出的儒家思想就像一个缺少大教堂墙壁支撑的飞拱，无法独自发挥作用。"他看到，中国受过现代教育的学者如何成为古今中外的政治思想混合体，但无法将它们兼容并包。当西方自由主义的思想在西方失去它至高无上的地位时，却被很多像蒋廷黻这样的知识分子所接受。马克思主义、法西斯主义以及古代中国的思想造成了意识形态的极度混乱，此外归国学生的思想也很少从中国的实际情况出发。"我们与大众脱节是很大的过失……我们阅读外国的书籍，将注意力放在人民并不感兴趣的事情上……［我们能够］在课堂上，在上海、北京的报纸上，甚至来到查塔姆研究所侃侃而谈，然而，我们无法让中国农村的群众理解我们，更不可能被拥戴为农民的领袖。"即使如此，蒋廷黻总结道："历史让知识分子阶层成为中国人民的领袖，我们不会放弃这种职责。"

日本人的侵略使得蒋廷黻越来越迫切想要将这种信念实现。1931 年日本占领满洲，1932 年建立伪满洲国，1933 年占领热河省，1934 年入侵天津、北京地区，1935 年试图占领整个华北，日本以上种种对中国的侵

［1］ 标题为"中国当前的形势"，见《国际事务》（*International Affairs*），1935 年 7 月 14 日。——原注

略行径迫切要求中国人开始行动。

1935 年 12 月，蒋介石邀请蒋廷黻加入国民政府。从此他就再也没有回到学术领域。1935 年 12 月 21 日，他从南京行政院政务处写信给我："你可能会对我的工作变动感到惊讶。当我离开北京来南京的时候，我也没想到会有这种转变。但是当我得知提供给我的是一个非常重要的职务，而且我利用这个职务可以做很多事情的时候，我接受了。这个职务就好比法国内阁会议中内阁大臣的首席顾问，在内阁会议上有席位。工作内容涉及各个方面，有日常事务，也有一些重要事务。我和地质学家翁文灏博士，即行政院秘书长成为行政院院长手下的两名政治监察员。

"就生活而论，我更喜欢当一名教授。每当我回想起那时候的悠闲、读过的书和教学相关的著作，不禁会潸然泪下。在这里每天的生活都忙忙碌碌。许多蠢笨的人话不对题，浪费了我很多的时间。跑来求职的人更是让我头疼。一天早上，7 点钟就有一个家伙冲进了我的办公室喊道：'你在这里啊，好多年没有见了。'后来才认出他是我的小学同学。本省同乡，中国与美国的同学，南开、清华以及北大的学生，所有人都认为我可以为他们谋一份工作。但是我的办公室已经是人满为患了。如果可以裁掉一半人，我的工作可以更有效率。然而，我的上司反对任意辞退公职人员。他希望给所有的工作表现良好的公职人员一个稳定的保障。在这方面，他甚至比美国的领导更加现代。

"在你们离开这里回到美国之前，我恐怕无法再见到你和费太太了。但是不要因为地域、专业的差异而中断我们之间的联系。无论出现什么变故，我始终希望我们永远是亲密的朋友。"

1933 年，威尔玛和我在北京住了整整一年，我们的积蓄也即将用光，而此时蒋廷黻帮我找了一份在清华大学教学的工作，我第一次走上了讲坛。1972 年，在周恩来的邀请下我重返北京，当时我应邀作一次演讲，现场有 90 多位听众，我相信其中绝大多数人都是外交部的官员。我开场就讲道，在我是一名学生的时候，曾受到老师蒋廷黻的帮助。在最近 20 年他担任台湾当局驻联合国安理会的“代表”与中华人民共和国进行对抗之前，他曾经是清华大学历史系的教授，不承认这种恩德，我不可能继续讲下去。这是我在 1972 年于北京饭店顶层完成的很无礼的开场白。但是我认为，我把我的听众首先看作中国人，其次才是共产党员，所以我认为我这样做是对的。

让中国通过现代化强盛起来以反抗日本侵略，这是蒋廷黻和其他人士支持南京国民政府的主要原因。这个原因，就如它想要实现的目的，无可避免地要改造这片土地上农民的生活。1934 年末，在前往上海的途中，威尔玛和我看到了南京周围的农村的现代化进程正在进行。之前，11 月初，我们与安迪和玛格丽特·罗伊（Amdy & Margaret Roy）曾在当地的美国长老会教团住过一阵。

安迪一如既往地充满热情，他骑着自行车带我们去看毕范宇的农村规划，即将长老会神学院的学生派往 50 个村庄。我注意到他们急切的目标是：

> 逐渐和农民结交，改进他们的农业技术，争取将农民培养成基督徒以作为对他们帮助的回报。诸如此类的事情开始必须要循序渐进，不能操之过急：后院的巴克夏（Berkshire）种公猪体型如此巨大，如果农民不是基督的信徒，那他们对我们就不会有足够的信任，是不会让他们的小母猪与之配种的。

在我们找到毕范宇之前，突然看到他所面临的困难的象征——两尊梁朝时期（502—557）的石狮子——

> 它们蹲在稻田里，栩栩如生。我们走上前去仔细地观察它们的身形，球状的眼睛，张开的大嘴以及像袋鼠一样的尾巴。总之，这真是令人敬佩的动物，而你可能会问，它存在的时间有多久？不管怎么说都远远超过了法国和德国的历史。

他们认为，在这50个村庄，那里未经过农业技术培训的神学院学生们表现得很积极，村庄背后彼此有一些串联。

我们对南京政府实行现代化管理的努力成效也略有些了解。戴德华（George Taylor）靠联邦奖学金而从英国来到哈佛大学，之后在哈佛燕京学社资助下来到燕京大学。如今他在蒋介石创建的中央政治学校培训行政人员。他带我们参观了斯巴达式的一尘不染的兵营，每个房间住8个人，双层床铺，每天生活中充满了纪律训练。一所类似的学校在训练陆军军官。还有军人道德励志会（The Officers' Moral Endeavor Association）对军官进行激励。蒋介石的新生活运动试图将包括纪律和忠诚的儒家思想与法西斯主义的混合物传播到广大城市民众中去。与此同时，从共产党手中夺回的江西省也需要传教士的帮助，然而，他们发现那里的农村极为贫困，德育教化很难扎根。

我和毕范宇在贝尔·费恩（Bill Fenn，当时为金陵大学英语系主任）家里吃晚饭的时候，安迪·罗伊说：

> 我曾问过她一个问题，通过合作化、优栽优种、改善灌溉以及普及教育这些方式来帮助南京政府，会对现代化进程起到多大作用呢？事实上，南京政府代表的是上海的银行家、大地主以及不断壮大的中产阶级，他们只想分享国家更多的财富而永远不会放弃自己的利益。
>
> 在南京政府统治下，毕范宇还是坚持做着力所能及的事情。在他

看来，毕竟这个唯一的政府依然强大且信守承诺，以权力来控制地方强权势力并建立政府机构，此外修建铁路以及大力发展教育也是一定程度的进步。

然而，我们并不知道在我们谈论这些的时候，拥有 10 万军队和追随者的中国共产党杀出重围，离开江西省，被迫踏上前往西北的长征之路，他们要用自己的方式来实现中国的现代化。

第 8 章

成为专家，任教清华

如何在一个尚不存在的领域开始工作？当然，答案可以是这样，那就是这个领域一直存在，你只需要去认识这一领域并宣称它的存在就可以了。正如我们在新罕布什尔州的邻居所言："山间总是有泉水的，你只要用心就会找到。"而我的部分工作就是挖掘中国的更多史料档案来创建一个更加全面的中国现代史观。

然而我并没有这方面的老师。尽管我与蒋廷黻私交甚好，但是我从来不是他正式的学生，没有听过他讲授课程，也没有接受过他学术上的指导。当时我的中文还不是很好，所以很难听懂他的湖南口音。我只是偶尔去拜访他一下，在他家吃饭，同时也得到他很多方面的帮助，但都与学术无关，只是日常性质的拜访。这些是较大的学习方式中的一部分。

如果之前我受过适当的培训，那么我决不会采用目前所采用的多条主线组合的方法来研究中国了。语言培训占用了我全部的时间。准备好的论文研究也会花费我全部的精力。因此我没有时间通过随意的旅行来获得第一手的"领域"经验。可能也仅仅是因为我需要完全依靠自己摸索，而没有沿着其他人的研究方向，才会有我目前采用的综合方法。

牛津大学的博士学位对语言没有要求，因为任何年轻人都会自己掌握他所需要的语言。华文学校两年的课程主要是口语，而不是语言研究，因此科特尼·扬和我提前大约一年时间就完成了课程。之后我们通过公使馆的朋友介绍寻找到教学经验丰富的老师在家里授课。授课时间为早上两位老师每人一小时，下午则由另一位老师授课。我们没有浪费任何时间，并且还使用字典。

1931 年，中国内地会（China Inland Mission）出版了马守贞的《华英字典》（*Chinese-English Dictionary*），这本字典目前仍然被广泛使用，它修正了其他同名词典的内容，甚至囊括了翟理思 1912 年第二版的《汉英字典》。我发现翟理思的字典对于查阅 19 世纪清代文献更为有用，因为作为领事官员的他在其字典中收录了很多清代文献的专业术语。因此我在有多年交情的一位公使馆朋友海顿·柏德诺（Haydon Boatner，后来成为少将，在缅甸和韩国家喻户晓）那里买了一本。翟理思的字典大小和家用《圣经》差不多，自此，它像一本《圣经》一样为我服务。

清政府官员所据以处理公务的奏折和公文要远远比西方外交文件更有效率。我们西方人编的电话簿和图书文献目录，通常以姓名为序，姓名顺序确实重要。标准的中国姓名顺序正是姓氏在先，名字在后。不需要把“约瑟夫·E. 辛普顿”改为“辛普顿，约瑟夫·E.”。一份历史文献开头便是记录者的名字，不需要翻到末页去看谁是“你顺从的仆人”。而他顺从的程度通过名字后面的身份可以得知，通过这些细枝末节你可以了解到这些文档的类型，是来自下级、平级还是上级。中国的文献都是官方性质的，即使它有时并没有实际用处。每个汉字都很重要。因此，日期、引证以及递交方式都有着明确细致的规定，如果有人想含糊其辞，完全可以做到。

我摸到了新的历史研究领域的门槛，然而那时我几乎还没有意识到这些。后来，我为我的学生列出了已出版的 43 部清代文献目录［《清季史料入门》（*Ch'ing Documents: An Introductory Syllabus*）第三版，1970 年出版］，其中 39 部在 1930 年或晚些时候出版的。影印使得摹本复制成为可能，而我恰好赶上了这个大量文献资料印刷品出现的时代。如今摹本复制仍在台北、北京急速发展。

没有老师的另一个含义就是我永远不会真正毕业。大量文献的出版导致值得关注的课题在持续不断地增多。这是一个层出不穷的新世界。

在北京的第三年，我聘请郭毓秀先生做我的老师。他是一位瘦弱的、文质彬彬的传统老派学者，曾在北京政府的很多机构工作过。而如今在生活艰难的时候，为了取得一定报酬，愿意教授一位外国学生。于是 1934 年的夏天，我们带着郭先生一起来到传教士常去的滹沱河，并住进河谷里使水车轮子转动的河流附近的一个磨坊里。这条河挨着位于北部平原的山西太原的汾河。磨坊的主人恒慕义（A. W. Hummel）博士是美国国会图书馆东方文物部的主任，他很乐意将磨坊借给我们。每天天一亮，郭先生就会起床和我一起阅读文献，并且为了让我牢记翟理思所辑录的维多利亚时期的措辞还专门制作了词汇卡。他发现山西当地农民的方言让人很难听懂。每次他重复他所听到的话时，眼镜后面的眼睛会睁得很大，并像小鸟一样叽喳嘟囔个不停。实际上，他还是极会讲故事的。晚饭喝过酒后，他就会开始滔滔不绝地讲起慈禧太后，讲她的奢侈和恶毒的行为。但是讲到埃德蒙·巴恪思爵士（Sir Edmund Backhouse）预言的末世论之时，他会有短暂的停顿。末世论是由传奇的隐居于西城的才华横溢的骗子埃德蒙·巴恪思爵士在其所著《太后和我》中提到的具体情节［休·特雷弗-罗伯（Hugh Trevor-Roper）在其所著《北京隐士》（*Hermit of Peking*）中对巴恪思的欺世盗名行为进行揭露］。除去来自埃德蒙的宫廷传言，郭先生给我们讲了很多故事。以后他若讲到关于我们的故事肯定也会很精彩。

这些文献是研究中国近代史最基本的素材，很容易阅读，因为它的记载都是程序化的模式，通常与一些事件和行动有关。这些 19 世纪中期的记载也描述了中国人眼中的英国侵略者，他们的红头发，蓝眼睛，鹰钩鼻，行事野蛮。然而，如果我之前就经历过传统的教育，恐怕我还要花费数年才能来到这块富饶之地。

1932 年，罗德奖学金对我的资助即将结束，我开始对美国学术界有关中国的研究进行区别比较。我发现哈佛大学和其他的美国大学有明显分歧，这既是力量之源，也是产生问题的根本所在。1928 年哈佛燕京学社由两位伟大的学术研究事业家按照协商的意向在坎布里奇成立。其中一位是北京燕京大学的校长司徒雷登，另一位则是哈佛商业管理学院的院长华莱士·唐汉姆（Wallace B. Donham）。事实上，廉价制铝法的发明者，也就是美国铝业公司创始人查尔斯·霍尔（Charles Hall）留下了一笔 800 万美元的基金（这在 20 世纪 20 年代是一笔巨款），用以发展促进"亚洲基督教高等教育"。于是天才的唐汉姆和司徒雷登萌生了一个具体的想法，即哈佛大学（即使是不信神的）在中国问题研究上提供学术指导，实际上是在汉学研究的现代发展上帮助燕京大学。毋庸置疑，哈佛在亚洲始终起着作用。哈佛燕京学社代表的是三方的利益：基督教各差会理事会、哈佛大学以及一般公众。这是一种极具政治色彩的理念，只需要哈佛大学的一个系外加一个图书馆就能不断提升燕京大学以及其他中国的教会大学的汉学研究水平。

成功的关键在于建立哈佛大学最高质量的学术水平。因此哈佛燕京学社希望由法兰西学院教授伯希和（Paul Pelliot）来担任社长。他是欧洲公认的一位研究中国问题的领袖人物，对于中国历史和文化的起源与事实有着多方面的深刻理解。这么做的目的在于复兴中国文明，如同 19 世纪欧洲学者为了希腊和罗马文明所做的一切。与此同时，大家认识到借鉴日本对中国的研究也将是一个必要的方法。

伯希和没有接受哈佛的邀请，但是他推荐了一位年轻的同事叶理绥（Serge Elisseeff）。叶理绥出身于莫斯科的食品批发商世家，早先在东京帝国大学学习，并十分精通日语和其他语言，十月革命后加入了法国国籍。他主要的工作在于日本文献方面的研究。事实上，伯希和认为没有法国人会舍得巴黎的诱惑而去如同乡下一般的哈佛，而来自俄罗斯的叶理绥也许是合适的人选。事实也正是如此，叶理绥接受了邀请。不过在哈佛的30年里，他依然保持着他的法国国籍和学术地位。他退休后又回到了巴黎。他的博学、对语言的精通以及批判性的学术标准都表明他能够带领哈佛在学术上走向成功，而且他也确实做到了。他不仅是一位充满活力的教师，也是一位逐渐学习如何与中国人和美国人打交道的管理者，并取得了成功，虽然他可能与日本人和法国人相处更加融洽。

哈佛燕京学社的部分成功离不开洪业（洪煨莲，William Hung）教授以及其他教授的工作，例如，他们成立了编撰处，为大量中国古代经典和人物传记提供原文重要词语的索引（引得）。除此之外，哈佛大学图书馆馆员裘开明通过长时间的努力，取得了另一个成功：由于哈佛大学是美国第一所拥有足够资金的大学，他于1928年就开始收集大量丰富的研究文献。

1932年，当我那抱负不凡的学术研究开始进行时，我向哈佛燕京学社递交了请求资助的申请。我的申请中并没有信誓旦旦地保证我会成为一名汉学家。而只是说我在进行着中英外交关系方面的研究，并在一个教会的培训中心学会了一些汉语口语。我也没有打算在洪煨莲教授那样的学者的指导下，或是在巴黎或莱顿等主要汉学研究中心学习中国古代的经典文本。然而，欧洲的汉学家墨守成规地认为，研究中国的西方学者必须能够独立熟练地阅读中文，能够使用大量的中国参考著作。这就贬低了中国沿海地区的传教士和领事们所作的汉学研究，认为他们在艰苦的情况下，只会求助于密室的“虔诚的老师”，同时认为我也是这样做的。我的申请没有通过，应该说，这理由完全正确。

但是这并没有影响到威尔玛和我的婚期，并且我们继续进行着中国研究。我的姨妈埃塔·博伊斯（Etta Boyce）留给我 1500 美元的遗产。在 1932 年，汇率大概是 5∶1。于是兑得 7500 元中国货币，成为我们 1932 年至 1933 年生活和旅行的费用。

到了 1933 年底，我再次向哈佛燕京学社提出资助申请。情况并没有多大变化，除了我意识到我不仅需要学习汉语，还需要学习日语。我计划继续在北京完成我的牛津大学博士论文，但是需要去最早开放的 5 个通商口岸（上海、宁波、福州、厦门以及广州）查看当地领事馆的原始档案。这几乎与哈佛燕京学社关注的方面完全无关，所以我的申请再次遭到拒绝。

1933 年，我得到了位于华盛顿的美国学术团体委员会（American Council of Learned Societies）常务干事莫蒂默·格雷夫斯（Mortimer Graves）的鼓励。美国学术团体委员会成立于 1919 年，由国际联盟学校（International Union of Academies）主持运作。它代表了 12 个学术协会，例如美国历史协会、美国人类学协会、现代语言协会以及美国政治经济学协会等。到了 20 世纪 30 年代，学会数量增至 20 个，如今共有 43 个。当时沃尔多·G. 利兰（Waldo G. Leland）负责外事关系，格雷夫斯提倡发展新的研究领域，例如中国问题研究。于是我写信给格雷夫斯并收到了他的热情的回信。

我发现在美国对中国的学术研究分为两大阵营：哈佛燕京学社拥有基金且紧紧跟随欧洲的研究模式，另一个是更加本土化的美国阵营，分散在各地且未设基金。而这本土的美国学派大部分由有教会背景的人领导。美国国会图书馆的恒慕义博士就是一位教会学校的教师。他一直从事编写一部记录大量名人传记的词典的工作，特别是中国历史文献上的传记，这显然是个不错的计划。

两大阵营风格不尽相同。从中国退休回来的恒慕义已经获得了莱顿大学的博士学位。他所在的美国国会图书馆东方文物部中的中国书籍要比裘开明博士所在的哈佛燕京学社图书馆藏书多。此外，不同之处还在于，美国人进行中国问题研究的时候，以委员会的形式将所有人集合在一起。（这是唯一一个由新教传教士组成的委员会，且委员会的人数比一所美国大学的全体教员还要多。）

在莫蒂默·格雷夫斯促使恒慕义编撰的人名词典编写项目在国会图书馆进行时，他的想法是将其作为一个美国人学习语言技能的培训中心。1936 年 3 月，他们发出联合通知，邀请更多的人加入进来，内有世界各地的学者、初学者以及业余爱好者，一共 180 人。事实上，我们 50 名外来者以及得到洛克菲勒基金的受训研究员所作的贡献远远不能与恒慕义的两个高级编辑助理房兆楹和杜联芝夫妇相比。培训与编辑工作完全是两码事，房兆楹夫妇却在两方面均取得成功，最终按照恒慕义的要求编撰完成了这部独一无二的重要的外文著作——《清代名人传略（1644—1912）》（*Eminent Chinese of the CH'ing Period, 1644-1912*。由美国政府印刷局 1943—1944 年出版，共 2 卷）。这是中外合作的一部作品，也是美国研究汉学的一次胜利。更重要的是它显示了中外合作的可行性。

相反，欧洲汉学家并不是以委员会与小团体的形式进行研究，他们研究的各个领域会委托给知名的教授，就像在日本一样，各个领域相互独立，这些教授会有较少的随从人员协助工作，而他们的身份、地位、名誉也是属于个人的，就像一个封建的城堡。对于叶理绥教授来说，他来到巴黎，只对他的委托董事会负责。因此他培训的成员要符合他的标准并完成他的课题。在他看来，一个学者是否能发现中国和日本著作中的真正含义才是最重要的。所以尽管很多人被召集，却只有极个别的合适人选。美国批评家不是第一次由于嫉妒哈佛的基金而产生排外情绪。

在一次夏季研讨会之后，美国学术团体委员会决定发展远东研究领域，并最终在 1948 年成立了远东协会。包括叶理绥教授在内的 12 个候选人名单被提出来，并当选为该协会第一届理事会。有人提出，名单中应包括代表加拿大的明义士（James Menzies）博士，他是研究中国考古学的先驱。当时一共有 12 个委员名额，13 人竞选。最终果然叶理绥教授落选了，因为他没有美国选民支持。换句话说，他必须在未来多培养出一批学术领袖，只有这样才会有更多的美国支持者。

1933 年在我第二次向哈佛燕京学社提出奖学金申请遭到拒绝之后，蒋廷黻帮我解围并提供给我一份在清华大学教学的工作。同时，北京税务学校（Customs College in Peking）也邀请我教授海关历史课程。在我已经准备在清华大学和税务学校全职授课的时候，我收到哈佛研究生院的 800 美元拨款，以及随后美国学术团体理事会的 600 美元资助，条件是我要花费全部时间来进行我的课题研究。这是多么幸运的及时雨啊！我从准备阶段猛然被推出去开始实际行动。现在我要作为一名老师而不是助理，讲授自己设计安排的课程。对我来讲，这也是一个真正的挑战。像每一位研究生一样，我达到了这样的顶点，即我需要听到我自己向被迷住的听众阐明我的研究已揭示的伟大真理。讲课的时候，我可以更加清晰地听到自己的想法。

也许更重要的是，没有了坐享其成的补贴后，威尔玛和我需要在北京开始谋生。正因为如此，我们可以更多地接触到中国人的生活，而这是语言老师所无法提供的。我们用我们的智慧来缓解贫穷的煎熬。1933 年

2月，威尔玛开设了一个绘画班，到4月她又在北平美术学院（Peiping Institute of Fine Arts）展出了她个人的21幅水彩画（售出一部分）。她还撰写报道并发表于波士顿《先驱报》，报道内容是关于在当地陆军医院疗伤的中国伤病员的一些状况，他们在与热河的日军作战时受伤。4月份她还开始了一项新的工作，即“修补”中国的拓片，具体就是给石碑破损的地方上墨填补，以恢复原貌。9月份她再次展出了自己的作品，卖掉一些，又拿到了更多的订单。与此同时，她还为北京协和医院出版的医学研究论文的英文稿进行校对，主要是关于寄生虫如绦虫以及肝吸虫方面的论文。北京协和医院的走廊远离病人的地方放满了玻璃罐，里面装有从患者身上取出的异常的东西，让人看了恐怕会做噩梦。除此之外，威尔玛还为菲特地毯公司（Fetté Rug Company）设计地毯花纹。这是一家在华北的厂商，老板露丝·菲特（Ruth Fetté）是一位精明而有公德心的美国女士。同时，我也为年轻的拉塞尔·菲特（Russell Fetté）辅导通过英国大学入学委员会的入学考试。他是我的第一个学生，最终他成为1937级的大学生。当我再次见到他的时候，他已经是参加第二次世界大战的一名海军军官了。

通过使用中国和英国的文献资料，我完成了我的第一篇学术论文《1858年条约签订之前鸦片贸易的合法化》，并且在中国社会与政治学会（Chinese Social and Political Science Association）进行了演讲。这篇论文发表在1934年7月那期的《独立评论》上，该刊物由蒋廷黻负责。这篇文章涉及的相关中文文献资料，我并没有按照注音、汉字以及英译这样的顺序进行排序，而只是插入了中文注脚。这让韦伯斯特·巴克斯特（Webster Baxter）教授以及其他被赠阅者感到有些难以理解。文章主要提到1858年间由于条约的效力，允许鸦片进口，开拓了鸦片的销售渠道，并采取非正式税收，因为进口鸦片已经无法阻止。

我还曾向由毕安祺（Carl Whiting Bishop，来自华盛顿弗利尔艺术馆的考古学家）主持的中外商业俱乐部、清华大学的经济学会、扶轮社基督教青年会以及税务学校的所有师生发表过演说。

我发现税务学校并不由外国人控制的海关总税务司管理，而是由中国政府海关事务部门创办。同时海关事务部于 1906 年开始监管海关总税务司（之前隶属于外交部）。在中国人的办学思想下，这所学校成为官僚的培训学校。在这里任职的外籍教师告诉我，他们赞成公开的考核方式，以此来挑选出中国优秀的人才派往国外并引进高水平的人才。然而实际上目前这里只能培养低级官吏。该校的学生中，很少有天赋较高、富有朝气的人，因此这些外籍教员也很少和他们产生交集。

清华大学的情况则大不一样，这里汇聚了中国五湖四海的精英学生和优秀的教职员工。学校的氛围安静而又严肃。当时，乔冠华也是清华的一名学生，虽然我们见面是在 10 年之后，后来他成为中华人民共和国的外交部长。

1933 年 9 月，新的学期开始了，我也开始了一周三次的“冒险”之行。每次我会在黎明前出门，乘坐银蓝相间的公交车前往清华大学。不久我就发现中国存在一个巨大的问题——人浮于事，机构冗杂。

> 公交车乘务员可以配得上胡克船长的称号了。有时候他们的数目比乘客还要多。有圆脸满是胡茬儿的司机，小个子负责管账和出票，大个子负责收费和发票，旁边还有人，显然不是公交车实习司机就是领导的侄子。
>
> 我们一窝蜂地在哈德门街下车……在东单牌楼向西转。然后来到故宫前面的宽阔壮观的大道上，汽车在拼命地向呈之字形的人力车队和对其置若罔闻的行人鸣笛，喇叭声此起彼伏。随后穿过一道道城门，就像乘坐特快列车穿过隧道一样。

> 通往清华大学的路是华北的一条主干道路，它从北京一直通到颐和园，且靠近西山。西山在晨光的映衬下绚丽多姿，有时候覆盖着白雪的山峰就像遥远的喜马拉雅山，有时候又似乎就在你眼前。经过大概一英里的距离，看到远处颐和园驻扎的军营。清晨，在这片平地上，训练中的士兵看起来如同一幅滑铁卢战役的全景图……黑压压的矩形方队在远处不停地前后行进。

我在大学上课的时间是9点、10点和11点。我教授的课程是经济史，在清华大学的图书馆我发现很多相关方面的书籍，包括罗斯托夫采夫（Rostovtseff）有关罗马的著作，皮雷纳（Pirenene）有关中世纪欧洲的著作，赫克歇（J. H. Heckscher）关于重商主义的著作，孟陀氏（Mantoux）有关欧洲工业革命的著作以及托尼（Tawney）有关中国的著作。我给学生布置了很多绘制地图的工作和阅读清单，不过印刷的教学大纲概括了课程内容，与课程相关的特殊名字以及专业术语也印在上面。我讲课节奏很慢，发音清楚，强调重点，每句话都会重复两遍。学生们成群地来听我讲课，其实在1933到1934年间，我讲授的课程实际上已不是课程原来的意义。我的许多学生认为上我的课是一个很好的学习英语口语的机会。我同样还会绘声绘色地概述莎士比亚的作品或者《晨报》上的新闻。这时我正在学习历史，所以我们双方都很满意。

关于文艺复兴与宗教改革运动，我很幸运地找到一本史密斯（Preserved Smith）的著作，从他的这本概论中学到的东西远远超出了我的预期。我的第三门课程是中国海关总税务司历史，这也是我的课题内容，同时我在城内税务学校也每周讲授两小时此课程。

当我在办公时间遇到学生们，男生们就会一跃而起纷纷来找我谈天说地，但是没有太多女生来看我。第一个女生来找我，当我关上门的时候，她立刻显得极为焦虑。有人悄悄告诉我，一个男人和一个女人单独待在一个房间的时候，门总是要半开着的。否则在这种情况下，关着门是一种最坏的暗示。对于这个不幸的女性来说未必是比死亡还要严重的、无法承担的恶名，会带来一种将伴随她的余生、认为她做过什么见不得人的事情的猜想，甚至包括上厕所也要受到非议。

最终在蒋廷黻的帮助下，经过一番努力，我成为一名老师，并发表了一篇学术论文。从此我开始了自己的学术生涯。

第 9 章

我们的中国朋友

在中国我们最好的朋友是梁思成和他的夫人林徽因。他们能够将中国与盎格鲁–撒克逊文化传统很好地结合在一起。客观地描述很亲密的朋友并不是件容易的事情，但是在我们的中国之行中，梁思成夫妇带给我们很大影响。如果把我和威尔玛作为文化沟通的中介的身份加以报道，那么报道内容中不可避免地会提及他们以及他们的好友和邻居金岳霖教授。

用几件事情可以展现他们的生活，同时也可见证我们的友谊是如何形成的。首先，他们在北京的住所位于北总布胡同，这条胡同靠近东城墙，我们所在街道的尽头，所以我们算是邻居。他们的家庭成员包括梁夫人的母亲，一个名为“宝宝”的小女儿和一个小男孩。而且梁思成的房子穿过花园可以直通到金教授家，他们就像居住在同一个宅院。

对于梁思成夫妇来说，他们的家庭对其有着深远的影响。梁思成是家中的长子，他的父亲是著名的作家、改革家、学者以及政治领袖梁启超。20 世纪初，梁启超在中国的地位与当时美国的伊莱修 · 鲁特（Elihu Root）、海明威（Hemingway）、约翰 · 杜威（John Dewey）以及沃尔

特 · 李普曼（Walter Lippmann）加在一起的作用相当。来自广东的他，少年得志，师从康有为，师生二人密切合作，鼓动年轻的皇帝于 1898 年发动了戊戌变法。当变法失败之后，梁启超逃到了日本。直到 1911 年辛亥革命前，他用其妙笔生花的文字撰写了很多有关西方思想的著作，给年轻一代带来了启示，这只有博学的中国古典学者才能做得到。1911 年辛亥革命之后，梁启超成立了进步党并服务于北京不同时期的多个政府。作为他的儿子就像是成为小罗斯福或是小肯尼迪一样，区别在于，在中国子女会更加孝顺。

林徽因的父亲林长民来自福建，是梁启超一位亲密的政治伙伴，二人同在北京政府共事，同时是 1919 年巴黎和会的观察员。作为两位受人尊敬的社会名流的子女，梁思成与林徽因之间的婚姻部分原因是为了取悦他们的父辈，他们都身材瘦小，像南方人，也称得上是青梅竹马。他们同时在宾夕法尼亚大学学习建筑学，担负起通过现代科学的实地考察方法重新焕发中国历史建筑的风采的艰巨的爱国任务。

有着中英两种文化教育背景的林徽因还有一个教名：菲利斯，但是她觉得基督教除了难看的十字架和普世的道义之外，并没有什么特别意义。她还是一位极富创造性的作家、诗人，有着很强的审美能力和广泛的兴趣爱好。她擅长交际，而且极富魅力，无论在家还是在其他任何社交场合，她永远都是目光的焦点。

金岳霖是一位哲学家，他曾在哥伦比亚大学、哈佛大学、伦敦大学以及其他地方求学，也是中国主要的逻辑学家。12 年的国外生活让他的英语水平炉火纯青，他的得意弟子王浩，专攻符号逻辑，如今在美国获得了辉煌的成就。此外，大家还喜欢亲切地称其为“老金”，这是一种随意的、非正式的昵称。有一次我从上海写信给他，提到了获得中国女子网球冠军的王家姐妹，他回复说“each was more beautiful than the other”（她们中每一个都要比另一个漂亮），他很喜欢这句看似合乎逻辑却并不符合逻辑的话。

结交这样的朋友本身就是一种乐趣，而且，我们可以互相为对方打开眼界。我们喜欢吃他们的“便饭”，我们也会闲聊北京大学、清华大学、燕京大学里熟人的性格等。如此集中地接触中国社会的各种信息，他们当然知道每一个人的底细。他们会以规定的方式背诵中国诗歌，并将其与济慈（Keats）、丁尼生（Tennyson）或是林赛（Vachel Lindsay）的诗歌作比较。他们了解宋朝的画家、书法家，当然也通晓北京当地的典故。

通过他们的视角，我们开始看到中国文化整合的问题，问题的关键在于取其精华，去其糟粕，知道哪些应该保留下来，哪些应该借鉴国外。然而，两种文化的融合问题从未有人深入地理解与展开过。这是一种尚未开辟的双重文化领域，没有多少人曾如此深入、自发地去钻研，需要智慧、毅力和勇气。1949 年新中国成立之后，经过证实，这种融合的难度对于上了年纪的毛泽东及他周围的那些新的当权者来说变得更大。20 世纪 60 年代，极具讽刺意味的“文化大革命”就是一个很好的证明，那些纯粹的仇外者破坏了梁思成这代人逐渐取得的大量的成就。破坏比建设要容易得多，而这一切仅仅是为了满足武斗与造反的需要。

和梁思成夫妇在一起时，我们当然向他们提出恢复与西方的接触，会随意地谈论哈佛广场、纽约的艺术家和展览、弗兰克·劳埃德·赖特（Frank Lloyd Wright）、剑桥大学的巴格斯园、柏拉图和托马斯·阿奎那、新体诗等。此外，威尔玛由于她那富有创造性的漫不经心，竟然转向了梁思成的研究领域。事情发生得如此自然，其中还有一段令人兴奋的插曲。

当时威尔玛的业余爱好就是修复拓片，她在原来碑石被损坏的地方，用墨水修补，为其恢复原貌。她尤其被石刻上所描画的健硕的汉马、带顶的战车、战争和宴会的场面所深深吸引。这些石刻或画像砖的年代为公元

2 世纪早期，来自山东一个偏远的地方武梁祠。于是在 1934 年 4 月到 5 月期间，威尔玛和她的朋友玛丽 · 皮克（Marie Peake）从天津乘火车坐三等车厢沿津浦线前往山东考察。[塞瑞斯 · 皮克（Cyrus Peake）来自北达科他州的法戈，在哥伦比亚大学教授中国近代史，当时在北京学习中国法律，为期一年。]

在济南，她们见到了明义士博士，他是加拿大传教士，也是考古学先驱。他 20 世纪 20 年代出版的《殷墟甲骨》（*Orade Bones from the Waste of Yin*）提醒那些西方学者关注商代遗迹。在福开森博士的介绍下，两位女考古学家看到了其在济南的收藏品。她们甚至坐着上山的滑竿去探寻隋朝的洞穴遗迹。后来南行去了济宁，她们找到了令人尊敬的传教士埃姆斯先生（Mr Eames）。他来自伊利诺伊州的杰克逊维尔，在大学时就认识亚瑟 · 费尔班克。

随后她们乘车到了嘉祥县，并找到了这些著名的石刻。她们发现墙上的石刻被水泥涂上了，成为一间频繁使用的教室的墙壁，没有受到任何保护，然而印有石刻的拓片已经流传了近百年。这些拓片也是三角形的，与石刻形状相符。威尔玛冒出了一个前所未有的想法，她想要修复这座祠堂建筑。

两年之后回到哈佛，她开始重新整理拍摄的一组武梁祠拓片的照片，并按照它们最初在祠堂内墙上的顺序重新排列。人物图像很有帮助，按照图片指引，她认为西王母石刻所在墙面可能位于西边。她还认为祠堂的北墙应该有一个壁龛，后来在新近发掘的遗址中证实了她的推断。

1938 年威尔玛有关武梁祠石刻的文章发表在《哈佛亚洲研究学刊》（*Harvard Journal of Asiatic*）上。它表明，在传统上著名的手工制品中一个新的问题被提出，会引起多大反响。之后，威尔玛很快成为梁思成中国建筑研究协会的外籍荣誉会员，并继续以其他的方式进行着考古学方面的修复工作。后来哈佛燕京学社的副主任格伦·巴克斯特（Glen Baxter）于1972年收集并出版了《文物修复历险记》（*Adventures in Retrieval*）一书。

还有更多的事发生在1934年的夏天，梁思成夫妇同我们一起来到山西的滹沱河，再一次住进了小峡谷中恒慕义博士的磨坊。我们住的房屋宽敞而凉爽，位于溪流的上游。这是一个由十几户传教士家庭组成的小社区，他们居住在这个山谷的其他磨坊。我们曾带着郭先生来过这里，从省会城市太原沿窄轨铁路在终点站下火车，乘坐公共汽车穿过炎热的平原到达汾河，然后步行进山。但是我们没有带厨师和生活用品。随后我们从邻居雷诺兹（Reynolds）家借了一套生活用品。他们是来自肯塔基州伯利亚（Berea）的非常友善的传教士。

在这里，找厨师非常困难。我们第一次试用的厨师不仅不会做饭，而且还有令人作呕的疾病。他拿着我们的钱去看病，把钱花到了其他地方，却回过头来继续吵闹着向我们要更多的钱，赖在我们这里不走，最终有着极强道德感的我不得不使用暴力。我把他从床上拖下来，拽着他的一条腿，把他拖到院子里，然后将他和他的行李都扔到了门外。由于在这起事件中我占着理，所以这个方法奏效了。他灰溜溜地离开了。社区的人都拍手叫好。

之后我们找到另一位学习能力很强的替代人选，名叫廷芳，他的名字和受人尊敬的外交家伍廷芳一样，按照当地的口音变成了“剃发”。他很机灵，相比这些，他的奉献精神更为难得，他天生乐观而又很可靠，例如，即使我们都外出，没有向负责日常采购的伙计订货，他也会帮我们准备好足够的生活必需品。

8月初，梁思成夫妇在外出实地考察之前，来到这里度假。林徽因穿着整洁的白色裤子和蓝色的衬衣，与梁思成的卡其布衣服形成对照。老金没有来，但是从北京的酷热中寄来了信，信中写道：“这里的天气根本不在乎人们的感受，它戏弄我们，激怒我们，使我陷入了可怜的境地。在这种环境中，我们的幽默感稍许高于意识水平。我已经远离了文明，我想说，与其说动物像我，不如说我更像动物。但是回想起来，似乎这么表述并不正确。”

“依照你描述的天气状况，你现在应该每个人穿着两件皮大衣。那你怎么打网球啊？王家姐妹难道也是这么打网球的？或许除了更加漂亮外，她们中的每一个还比另一个更加耐寒吧。”

梁思成夫妇的实地考察地点是沿着汾河山谷南下。像以往的行程一样，他们先在图书馆通过查阅当地县志对这个地区的各个村镇进行前期研究。如果一所庙宇修建于唐宋时期，又没有出现在元、明、清各个时期被损毁以及重修的建筑名单中，那么也许它们还在原址上屹立着。

每当到达一座寺院，梁思成就会拿出莱卡相机对建筑物进行全方位拍照，而林徽因就靠我们的帮助进行测量，绘制比例图。所有的工作大概要花一整天的时间，只有在午饭时间才能稍作休息。尽管实际上梁思成的腿脚有些毛病，但仍然能在建筑物的屋顶上和椽架上爬行。他在学生时代有一辆摩托车，然而那时候人们还不熟知现代交通规则，无可避免地他发生了车祸，摔断了腿。此后骨头被接上了，但腿因此短了一些，后来造成了颈椎弯曲，背部受损。年老后他不得不穿戴着背部护具，有点像富兰克林·德兰诺·罗斯福戴着的护腿用具。尽管如此，梁思成还是全身心地投入到他的事业当中，任何困难都不能阻挡他。

拍照和测量之后，梁思成夫妇会搜寻铭刻碑文。在石碑上面会刻有官方的文献，捐资修葺者可能会在他们的名字后面加上日期。

梁思成与林徽因最终发现一座真正的唐代建筑，也是当时所知的最古老的建筑物，位于太原东北的五台山。他们根据联结在房梁与柱子之间将屋顶重量分散的斗拱的尺寸来判断建筑物的大概年代。（这些斗拱的尺寸随着年代的推移逐渐变小，数量却逐渐变多。在东京奈良的寺庙，斗拱尺寸和五台山的大致相同。）但他们开始时没有发现建造的年代，直至后来林徽因在横梁的捐赠者的题记上找到了具体修建时间。具有讽刺意味的是，发现这栋建筑的时间是 1937 年 7 月 7 日，正是中日八年战争爆发的那一天。他们在华北的实地考察项目也因此被迫停止。

梁思成以前会搭乘客车来到华北地区寻找遗迹，与当地百姓一起挤在车里。如今我们建议也乘客车顺着汾河谷走下去。但是发现山西的“土皇帝”阎锡山派军队将道路改为了窄轨铁路。蒋介石曾催促他将其改为标准铁轨，但是自从阎锡山 1912 年统治山西以来，他一直未改，因为他不想让国民党或日本军队的火车进入他的管辖区。

我们还见识到梁思成用老派的上层社会方式与军官和地方官员打交道。例如，当我们在寺庙和军队争用露营地的时候。他虽人很瘦小，而且有些跛脚，但是他表面上看充满自信，穿着也很现代。他低调，礼貌而恭敬地将其名片递出，上面印满了各种头衔和机构团体，高雅的谈吐中时不时会提及几个名人，这时候谈话的对象也会变得越来越有礼貌并开始想方设法地帮助我们。这展现了如何利用旧中国统治阶级地位的有利条件使事情顺利开展。

如果既没有汽车又没有火车能够搭乘，那么我们带着寝具用品和口粮只能依靠马车和人力车赶路，当然主要是靠后者。在灵寿县，一位旅馆老板收了我们 4 美元后，安排 4 个人力车夫在三天内将我们送到了赵城，但是他们坚持每两小时停下来休息一小时。我们有时选择铁路线赶路，以此来避开轰炸或绕开一些沼泽湿地。我当时记录如下：

> 一路遇到了 6 辆陷入泥泞的大卡车和正在发牢骚的天津司机。等我们到了一个距离霍州还有 10 里地的旅馆时，我们得到一位天津司

机的援助，他威逼这些人力车夫继续前进，路上从头到尾靠着手电和一个手提灯的小男孩照明。这些司机都来自河北省，一个有着 3000 万人口的省份，即便他们都是亲戚，比如眼前这些卡车司机，口音也都并不相同。

大概在午夜时分，我们来到了霍州附近，我们踉踉跄跄地穿过西门，找到了一个向导。他放下手中的鸦片带我们来到了中国内地会。在这里，我们吃了陈夫人为我们准备的无比好吃的汤面，躺在床上时已经是凌晨一点钟了。这一天我们走了 30 里总路程中的将近 20 里。

中国的现状让我大开眼界，人力车夫出卖苦力也是其中一部分。同样，在美国这片自由的土地上也曾有过黑奴制的时代。但是这些罪恶早晚都会被消灭。在长途跋涉赶到霍州之后，我写道：

人类对待其他人不应该像对待动物一样。文明在社会进程中的作用正是阻止这种行为。

然而，现代中国的工业化却导致用人力来代替动物和机器；这与西方工厂中工人操作机器不一样……

拉人力车可能是最简单的工作。它需要的只是像动物般肌肉强健以及像马一样地在路上跑，以及能躲避一些坑坑洼洼的意识。车夫不需要使用脑子，甚至被认为没有脑子。这是很耻辱的。车夫工作是开始上路、加速、停止，如果这些都是在另一个人的意志下进行，这更是一种耻辱。

现在，我们雇用的人力车夫一部分已经开始意识到这些：不精明的安于现状，闷头拉车，而其中两个较为精明的则显得愤愤不平，当我们付过钱之后还继续索要小费，嘴里说着："我们已经为你们做牛做马了。"

如今在中国的人力车的作用与19世纪美国的马车类似：城里有身份的人有自己私人的人力车夫，而在远离城镇的地方，作为传递现代文明的交通运输工具，人力车是汽车、铁路的分支，当然在不发达地区也是运输的工具。车夫可以比牲口跑得更快，也可在一天内跑得更远。在平坦的路上还可以比驴子负重更多。因为相比于美国，中国人口与牲口数量的比例要高很多，车夫自然代替了本来是骡子做的事情——现代交通的补充力量对人力的需要显然多过于牲口。

奇怪的是，在古老的山西，两大主要的现代服务机构——政府和教会似乎无法出现交集—— 一个不断壮大，另一个日渐衰退。

在铁路上工作的士兵大部分是河北人，体格健壮且对人友善。除了为铁路公司工作，他们也会有扔手榴弹和其他体育锻炼的项目。在少数村庄以及所有城市的学校和军训营（例如，被征用作为兵营的寺庙）都有篮球场，有些地方还有跳高用的架子。在霍州我坐在一所寺庙学校后面的建筑物的屋顶处观看男孩子们踢球，他们就像美国孩子那样喜欢穿着很少的衣服踢球娱乐。显然现代三民主义的学生把运动变成了一种学习课程。

教会的好客以及为我们提供的住宿环境给我们留下了深刻的印象。每个镇上都会有教会服务处，他们随时准备接待你的到来，提供当地的报纸、指南以及联络方式，且只是象征性地收取一点费用。即使在20世纪30年代，教会的全盛时期早已过去，但是他们的服务就像如今很多中国的旅行社一样，至少会告诉你尽可能多的有关当地的情况。梁思成和我们一样，对他们的帮助深表感谢，对在自己的国家却要依靠外国人的帮助未免会有些遗憾。

霍州：中国内地会的特里克（E. G. Trickey）先生带我们来到客房。当我们睡醒之后，他为我们的英式早餐做祷告，声音动听清晰。他眯成一条缝的眼睛和长长的上嘴唇与他的传教士奉献精神显得十分相配。20年来他在教会任多个职务，一年前被派到霍州来复兴这个地方。但是遭到当地人无声的反对，现在作为父亲，他照看着三个孩子（另外三个在烟台教会学校），而他的妻子需要好好护理她的心脏。在物质生活上，他秉承了戴德（Hudson Taylor）先生严格自律的传统，他总是带着优雅的微笑，这是他战胜一切的法宝。特里克先生穿着中式服装，憎恶西式的房屋，把官员都看作信奉共产主义的敌人，为自己亲近的神而工作并向其祈祷：他一心一意对待生活，表达了一种平实的、无所不包的、不容置疑的信仰。他信念坚定，精神生活丰富，但不是现代的科学性的。他多年来保持着他曾供职的英国卫理公会的标准和形式，以淀粉食物和布丁为食，阅读《泰晤士报》了解当今时事，对国王充满崇敬，准备让孩子们接受英国教育，政治上是保守派，虽然工作与生活随遇而安，但一直不忘自己是一位英国人。

霍伊特（Hoyte）医生也属于同一类人，他年近50岁，头发灰白，长脸细眼，嘴不大，却有着结实的下巴。他对事物的兴趣如光芒闪烁，对他的上帝有着直白的信仰。他说我们的经济问题本质上是道德的问题，难道你不这样认为吗？我们的医院是为了让人们信仰基督教而创办的。因此护士必须有说服力，能够不失时机地寻找为病人讲解基督教的宗旨和教义的机会。

霍伊特夫人这么多年来共养育了6个孩子，但对神很虔诚，对中国一无所知，曾经努力劝诫威尔玛加入教会。霍伊特医生有一辆特洛伊汽车（Trojan car），到他手里时已经转手过三次了，没有变速器，发动机在座位下，有手动曲柄，略显怪异。我们警告他不能通行的路，他开着这辆车竟然通过了。他有一个与梁思成同款的莱卡相机，还和我一样就读伦敦大学，拥有上一代人的思想且很有能力。

中国内地传教团有1303个分部（主要是斯堪的那维亚传教团）以及8万名教友。大概每个分部有60名教友。他们只与内部成员结婚；休假和工资不固定；主要由来自上海和伦敦的何斯德（Hoste）等人管理。由于教会实行权力下放，所以所有教堂的经济大权都掌握在中国人的手中，外国人只是提供一些建议而已。女教士在家中联系女性传播教义方面起了很大作用。

如何来评价基督教传教团对中国作出的贡献，这真是一个难题，可能是一个无解的问题，因为你无法用任何令人信服的方式来回答。

这次考察回来后，梁思成夫妇带回几个庙宇的资料，兴致很高。不过其中一个寺庙的明朝壁画被盗走并卖到国外，毫无疑问，寺庙的僧侣或是其他负责人被收买了。而我们的友谊也在共患难的旅途中形成了。在空旷道路上的历险，让令人难以忍受的环境中的4个人越来越贴近。平等而没有主客之分，自此我们一直都是亲密的朋友。1942年至1946年我们在中国西部见面，1947年梁思成又来到美国与我们见了一次面。在1981年我写这本书的时候，威尔玛也正在准备整理梁思成夫妇建筑史方面的著作。这是对抗苦难取得成功的故事，而灾难已经被英勇地战胜了。

第 10 章

访问最早的通商口岸

访问了早期的通商口岸以准备我的牛津大学论文时，我发现了一个与贫瘠北方的平原山川风景截然不同的中国。这里的人更加瘦小而结实，气候也更加炎热且潮湿。20 世纪 30 年代的中国，爱国主义的一致性和为旅游者提供的现代化设施还未在全国范围内发展均衡。东南沿海的港口位于河流入海口，面向海外的世界。这也是外国侵略的入口和中国外出到东南亚及更远地方的出发点。简言之，中国沿海地区与组成了古老的中华帝国的华北平原和宽广的河流体系的中国内陆地区，形成了对照。

我开始看到中国现代历史中的一个长期活跃的因素，这足以将国民党与共产党区分开来。蒋介石政府与毛泽东领导的地区的生活方式是不同的，前者依靠贸易，而后者则依靠土地。在这些由海运贸易而开辟的港口中，英国、法国、美国以及其他海外入侵者看到的中国，与当初从北部和西部陆上侵入的蒙古和满洲人看到的中国是完全不同的。

我的博士论文资料主要立足于 5 个最早的通商口岸的英国领事馆档案。这些口岸曾是前线指挥部，与商人和中国官员进行日常联络，同时也是帝国主义插进中国的一把利刃。上海口岸的档案在 1870 年已经被烧毁，宁波方面的档案保存在上海。其他几个口岸的文件大部分保存完整。（现如今它们被保存在伦敦档案局。）在查尔斯·韦伯斯特的帮助下，英国外交部图书馆馆长写信给北京领事馆，北京领事通知口岸领事允许我查阅早前的原始档案。于是在 1934 年 12 月至 1935 年 2 月间，为了写博士论文我们来到了中国南部的沿海地带。

1934 年 4 月，运气终于来了，我收到了来自洛克菲勒支持的教育委员会提供给我们的 2050 美元的拨款外加旅行费用。副会长戴维·斯蒂文斯（David Stevens）写信给我，认为我正试图做过多的事情（学习汉语，又准备开始学习日语，旅游考察，作论文研究），小心“贪多嚼不烂”。我回复道，我坚持自己的主张，这些都是我必须要做的事情。这笔奖学金意味着当前他对我的未来很看好，尽管他认为我太过野心勃勃。

1934 年 11 月我们来到上海，在南京路 103 号一家巧克力商店附近的楼上租了一套房子。我们住的地方年久失修，商务午餐时人们随便进出，这让我们感觉这里更适合来去匆匆的暂居者，而不太适合我们。当威尔玛的妹妹玛利安（Marian）从拉德克里夫过来与我们同住时，她刚从拉德克里夫毕业，不禁对我们所居住的“破败旧楼的房间”感到惊讶。在史沫特莱看望我们时，玛利安又被她的“有着阴谋论、妄想症和革命狂热的倾向”[1]的气质完全镇住了。

白天，英国领事馆提供给我一间办公室，配有一部电话和一个帮忙的小助理，随叫随到。我开始查阅宁波口岸的档案了。威尔玛和玛利安用我们带来的打字机记录要点。我发现撰写博士论文的工作很艰难，部分原因在于我的研究涉及的领事馆电讯有时候过于冗长乏味。例如，广州领事

---

[1] 玛利安·坎农·施莱辛格:《从遗忘中抢夺的片断：剑桥回忆录》（*Snatches from Oblivion: A Cambridge Memoir*），第 189 页。——原注

花了很长时间对当地肉桂垄断组织进行斗争，肉桂是生产紫色染料的原材料。他试图削弱这种古老而有组织的官方特许行会，将其纳入完全开放的竞争市场，这样对这种垄断组织充满抱怨的英国商人就能有利地参与竞争。显然一切都是徒劳的，就如同一个世纪后毛泽东试图彻底消灭逐利动机一样。领事们如同传教士一样，想要在意识领域进行变革，都努力想要使"中国的一切"更接近于我们构想的理想形式。

要从改革家的冗长乏味中解脱出来，75 卷记载着 1843 年至 1858 年宁波口岸的情况的早期档案是一个安慰。其中充满了见不得人的勾当。

> 其中揭露了"贸易胜利"真相的堪称最伟大的史诗之一。其中充斥着掠夺、勒索、奴役、口头威胁、压榨以及为了适应犯罪而修改法律的种种罪恶。在宁波，葡萄牙人被招募来对抗当地的海盗，之后他们控制了口岸，新一轮榨取开始；为了对付葡萄牙人，又招来了广东的海盗，最终的结局是英国人坐享渔翁之利，得到了沿海贸易。

在早期，宁波有大量的传教士，但是并不虔诚的英国领事官员比平常更加深入到当地中国居民中去。在宁波至少有三位领事［密妥士（J. A. T. Meadows）、星察理（Sinclair）和赫德］似乎与中国女性来往密切。事实上有人推测赫德在中国有较高的地位是由于他早期融入了中国式的家庭制度，当然受益于其领先一步，熟悉爱尔兰家庭制度。

我下午 5 点从上海乘船前往宁波，在第二天早晨到达。卫理公会派来的一对传教士夫妇很热情地接待了我们。（威尔玛和玛利安乘火车从杭州赶来。）我们看到了记录在档案中的一些大人物的坟墓，但是并没有看到 19 世纪 50 年代出没于此地的阿帕克（Apak）和他的广州海盗们，相反，我们看到了大约 3000 名乘船游览的中国人，他们有的站着，有的坐在自己的行李上。

在吃水线以上的主甲板第一层是中国人乘坐的二等舱，就好比轮船上的火车卧铺；最顶端的一层，搭乘着包括我们 3 个人、6 名军官、6 名服务员以及浙江圣公会的主教，主教看起来对玛利安情有独钟。我们就像站在蚂蚁山上一样。最上层的甲板周围有可转动的长钉棒，这样可以很好地阻止下方的海盗接近……铁丝栏架和隔栏……当然也是一支小护卫队。

返回上海时，轮船沿着甬江行驶了 12 英里，越过了古老的要塞镇海。与广州、福州、上海、天津以及其他老港口一样，宁波作为商业贸易的中心，是在海上航线的尽头，运送货物的船只往来方便，但是外洋舰队很难进入。

我们发现福州和宁波情况类似（除了一次不幸的意外）。我们在莱茵河似的闽江上航行了 24 英里之后，停泊在了罗星港。在这里，1884 年 8 月 23 日下午，法国最后通牒期限已到，在那里一只较大的（自不用说）舰队，几分钟内将附近中国舰队的 9 艘舰船击垮。他们还毁掉了法国工程师为中国修建的马尾造船厂。我们继续前进，来到了福州，进入了这一古老的通商口岸的气氛之中。这里的情形比我在中国北方见过的还要严苛。

在城墙围绕的城市和河流的南面小岛上的外国租界，我们首先找到了完全类似毛姆剧中的场景：

一座不可思议的房子，巨大而且纵横交错，房子里主要装满了瓷器、花瓶、古董雕像、华而不实的小摆件、珍贵文物，还有一些废旧物品。房子的主人是现年 72 岁的谢利 · 布兰德（H. shelley Brand），这所房子就是他的象征，他是路透社、6 家茶叶公司、教堂司事、丧葬承办的代理人，大致上也是一位吹牛大王。他是一个身材魁梧、思想却如同他的房间一样杂乱无章的人。他热爱福州，花白的长鬈发表明他是最老居民，然而他对中国和中国人充满了敌意。

正如他向我们表明的一样，布兰德先生的职业是一位品茶专家。当茶叶从内地武夷山沿闽江运到这里，是否进行大量投资，就靠这位专业“品茶师”的品鉴。他通过啜饮和品尝对不同样品进行等级分类。除此之外他还有表演夸张的演员那样的朗诵技能。他给玛利安留下的印象就像萨默塞特·毛姆（Somerset Maugham）一样。[1]

作为闽浙两个省份自古以来的省会城市，福州早已是排外主义的温床。遵守儒家思想的士大夫曾进行长期斗争，竭尽全力阻止传教士来到福州。然而 1847 年，第一个传教士因没有得到领事邀请私自而来，不得不住在一个运送鸦片的英国船长的家里，直到那时为止，这位英国船长是唯一可以出售任何东西的英国人。[2] 随着中外双方越来越明确地意识到他们彼此厌恶对方，敌对关系也越来越根深蒂固。我发现即使到了 1934 年，英国和美国领事馆依然是中国友好的敌人，而贸易和传教也依然是占有优势地位的外国人所从事的活动。“如从前一样，现在的外国人还是轻视且不信任中国人，”我记录道，“但是采用较温和的方式。”

迄今为止，我们已经熟悉两种类型的中国人：

在内地旅行时，我们看到农民或乡民，他们不懂世故，只知道如何与土地打交道，群体很大……总体上，他们努力工作，单纯、友善。在北京我们遇到西化的归国留学生，大部分作为个体都很有

[1] 见玛利安·坎农·施莱辛格：《从遗忘中抢夺的片断：剑桥回忆录》第 193—195 页和《木麻黄树》（*The Casuarina Tree*）。——原注

[2] 见埃尔斯沃思·卡尔森（Ellsworth Carlson）：《福州领事 1847—1880》（*The Foochow Missionaries 1847-1880*）。——原注

魅力，但是由于环境所迫而不得不在两种文化中保持他们自己的那一种。如今我们处在第三种类型中……买办类型，这类人从外贸当中追逐钱财……我和扶轮社成员一起吃午餐，这里的扶轮社由美国领事戈登·伯克（Gordon Burke）创办……这场变革能否胜利尚未确定。

3个日本人、6个西方人以及24个中国人，每个人都生活在他们自己的圈子中。他们只有处理公事时才会碰面，彼此间不会有友谊和尊重。我感到，

在通商口岸的气氛中，有一种很明显的厌恶中国人的倾向……有一件事情，在这里不能对仆人像人与人之间那样对话，你也不懂他们的方言，所以你必须用洋泾浜英语（中英文混杂）对他们大吼："伙计，快去上楼瞧瞧，快吃晚饭了。"（Boy, you catchee master topside chop chop talkee dinner.）

因为通商口岸是在炮舰的威胁下开放的，

口岸从中国的土地中被分离出来，也远离了地方的风土人情和公众舆论，毫无疑问，被通商口岸所吸引来的恰恰是最坏的一类中国人——皇帝曾称之为"华夏之奸宄"。

在这种背景下，我在福州城外发现了同乡好友盖伊·西林开办的农艺学校，感到莫大的安慰。他说一些学生在实际的耕地操作时，仍慢吞吞地拖着脚步走，盖伊对他们进行了生动的示范。即使他们受到的教育会将其带入上层社会，但是最终学会了弄脏他们的手干点农活。事实上这暗示了一场社会革命，尽管我们亲身经历时只能隐约地感受到。

我们沿海岸到福州、厦门、汕头、香港和广州等地考察。但是一切与设想中的不一样。确实，我在很少使用的英国领事馆仲裁室中，查阅了足有 200 页厚的发霉的合订本，有的是已经被虫蛀的信件，除此之外身边还常常有两名打字员协助工作。但是在公众眼里，这是科尼莉亚·詹姆斯·坎农的两个女儿所取得的进步。虽然有一位男性的研究员伴随，但是她们习惯于被一群旁观者围着画画或是写生；和各国的男士们打网球、游泳、打保龄球；任何时候都妙语连珠地开玩笑和聊天。毕竟，她们早已经在坎布里奇的家中无数个星期天的下午获得充分的锻炼，让害羞的学生放松，理解一些外国教授晦涩的话语等。她们深知对男人而言，最易打击的部分是他的自尊心，为了一些现实的目的，所有的男人都可以成为兄弟。此外，因为通商口岸到处都是男性，因此像玛利安这样未婚的年轻女士成为这里每一个男士的梦中情人。尤其是，当她身边有陪护人，怎么说呢，比如有姐姐和姐夫陪伴的情况下。

口岸领事、海关税务司、银行经理以及商业代表全都住在服务设施齐全、带有花园及小养鹿场的宫殿中。他们热情好客的传统与其说是来自他们的私人宅第的传统，不如说是驻地公司的传统长期传承下来的，更何况是作为向同一阶层的旅客提供的总体服务的一部分。在厦门，外国人居住的社区位于岩石丛生、风景如画的鼓浪屿。在这里我们受到了热情的招待。我们到达时正赶上圣诞季，汇丰银行经理戴维·艾伦·厄斯金·贝尔（David Allen Erskine Bell）热情款待我和威尔玛，他的祖父曾帮助英军攻占厦门。他的父亲曾统率过阿盖尔郡（Argyll）和萨色兰（Sutherland）苏格兰高地联队士兵［坎贝尔子弟兵（The Campbells）］。他自己是马六甲、东京、天津以及上海汇丰银行的代理人。玛利安应英国领事马丁（A. J. Martin）之邀住进了他那风景秀丽的山顶住宅。马丁的妻子是一名美国人，他们的住宅十分豪华，仆人、生活娱乐设施应有尽有。我们度过了繁忙的一周，享受俱乐部的特别招待，一起参加宴会、弗吉尼亚舞会，唱圣诞歌，还有其他一些娱乐活动。在厦门大学我们还遇到一位年轻的考古学家郑德昆（后来成为剑桥大学和香港中文大学的教授），但在其他方面看不到什么现代中国的气象。之后，马丁带着我去检查签订合同去东南亚工作的一船中国人；根据19世纪60年代改良主义立法，他必须防止任何苦力贸易死灰复燃。

在香港塞西尔酒店，威尔玛带着我们二人同住在一间客房，显然我们一男两女的考察队组合显得与众不同。酒店广告声称其价格非常便宜，事实证明不止一家店是这样的。这里住着很多海员，整个酒店音乐不停。楼层服务员告诉玛利安有一位高尚的绅士想要见她，很快一位警官召见我们，并询问为什么没有按照外籍人士的身份进行登记。就在最为糟糕的时候，我们通过北京的一位朋友，诗人哈罗德·阿克顿（Harold Acton）与恺自威（W. J. Keswick）联系，同时我递给了警官我在贝利奥尔学院的名片，并告之我们正准备搬到山顶117号。一如既往地峰回路转，一瞬间赤贫转化为暴富，警官的态度从暴君转化为仆人。显然，在香港，怡和洋行（Jardine，Matheson and Co.）的地址比唐宁街10号还受人尊敬。

这次困境解救行动也使我们认识了一位来自北京的新朋友，他是恺自威在剑桥大学的同班同学，名叫杰拉尔德·约克（Gerald Yorke）。他是个高个子，深色皮肤，曾是性格阴沉的高才生，并且是一个实力雄厚的浴室设备公司的合法继承人。开始时他因为拒绝担任董事而被剥夺继承权，变得身无分文。他曾练习瑜伽，曾在威尔士海岸的洞穴里冥想修行。后来坐三等舱穿过西伯利亚来到了中国。1933年约克成为一名记者，在日本占领热河期间，他只身一人离开北京，骑着马穿着大羊皮袄，就像当代的匈奴王一样横穿边界。结果，他神出鬼没、不同寻常的行为引起了中国和日本双方的注意，都曾将其扣押过，虽然他只会讲英语，但是他很擅长编一些故事让自己得以脱身。杰拉尔德·约克决心融入中国人的生活当中，按照他们的生活方式来生活。例如，在上海剧院，他伸出手示意要一条热毛巾，服务员从 20 英尺外准确无误地将热毛巾扔给他，可是后来他却因为使用热毛巾感染了皮肤病。这位传奇人物也是一个很好的伙伴。

在香港，约克与他剑桥大学的朋友恺自威（恺自威名叫托尼，但是我们有 50 年没有见面了，我有些拿不准是不是这个名字）住在一起。当我们待在山上的怡和洋行时，约克一直在研究洋行的档案。这些档案都被搁在东港（East Point）仓库里，装在 700 个茶叶箱中。有人曾整理过这些档案，并撕走了有价值的邮票（这是一家苏格兰公司）。另外，这里还有来自鸦片船长、茶丝总公司以及杂货店的信件，所有的信件都胡乱地堆放在地上。

当我将哈罗德·阿克顿的推荐信交给托尼时，他带我去见了杰拉尔德，并让我和他住在一起，作为其顾问，研究一下如何处理那些档案。晚餐中使用的碟子和放置蜡烛的玻璃灯罩（形状类似大号白兰地高脚杯），都是怡和洋行在 19 世纪 30 年代从东印度公司的广州商馆承继过来的。

托尼大概在 31 岁时接管公司成为董事长，沿着他父亲和祖父的道路继续前行。显然，继承家族产业和坚持不懈、用心的经营，保持了公司的长盛不衰。随之而来的是，他成为当地多家公司包括汇丰银行在内的董事，同时他还是殖民地立法委员会和防卫委员会的委员。对外他显然能够泰然自若地承担这些工作重担。晚上回家则埋头于他的业余爱好。

晚饭之后，我向他阐述了从一位历史学家的眼光来看怡和洋行档案的重要性，并督促他为这些档案建立一座档案馆，就像伦敦那座档案馆一样，分门别类地存放这些档案。同时允许有资格的研究员进行查阅。第二天我将这个想法记在备忘录中，同时还草拟了一份通告，并列了一份名单，将通告发给了名单中列出的那些美国学者，希望找到愿意自费接管琼记洋行（Augustine Heard & Co. ）档案的学者。[1] 这些琼记洋行的档案当时也存放在怡和洋行的仓库里。后来把琼记洋行的档案从尖沙咀移交并保存在剑桥大学图书馆。

几年之后，我在重庆的英国大使馆里见到了恺自威的弟弟约翰·恺自威（John Keswick）。他在那里曾经当过英国的战时情报员，当然这只是他人生中的一个小插曲，在战后又重新回到已成为著名跨国公司的怡和洋行从事管理工作。我和约翰·恺自威之间特殊的交集不仅仅是对洋行和香港的兴趣，还包括他的著作《我所知道的中国》（*What I Know about China*）中我们所表露的对对方的欣赏。这本书由他私下里进行装订，并分发给众人，由于恺自威给出多个文稿，所以有多个版本。这本书与其他中国书籍的最大不同之处，就在于它不是印刷而成，整部书完全通过手写而成。

这本由恺自威撰写的书所传递的信息令人耳目一新，含义直白而清晰，我也始终非常欣赏其著作的说服力。多年后，我经常寄给约翰一些空白纸页，索要包括附录或说明性资料的一些材料。但是在所有我编辑的中国参考文献中，我总会将这本书排除在外，并且在为其他人作指导的时候也很少提到这本书。它是那种我希望借以反思自我的书，尽管就其本质而言，很难用言语来形容。

1935 年 1 月中旬，我们出发到广州时，最初待在太平路的新亚酒店

---

[1] 琼记洋行档案最后由当时在耶鲁大学任教的戴维·欧文（David Owen）教授接收，后来他转入了哈佛大学历史系，档案也随着存进哈佛大学商学院图书馆。1971 年，我们出版了斯蒂芬·洛克伍德（Stephen Lockwood）的著作《琼记洋行，1858—1862：长江开放前夕在华的美国商业》（*Augustine Heard and Company, 1858-1862: American Merchants in China on the Eve of the Opening of the Yangtze*）。——原注

（New Asia Hotel）。但是不久有人在酒店举行婚礼，以从地面燃放鞭炮直上七层楼高来庆祝，鞭炮声持续了将近一个小时，酒店的大厅看起来烟雾缭绕，充斥着火药的味道，让人感觉仿佛置身于美国南北战争的战场。随后我们拜访了当地海关税务司李度（L. K. Little），他来自美国罗得岛州（Rhode Island）的波塔基特市（Pawtucket），是此地海关中职务级别最高的美国人之一。他和他的母亲邀请玛利安同他们住在一起，而威尔玛和我则搬到了很少有人举行婚礼的维多利亚酒店。后来，我们也搬到了李度家里。

沙面岛是广东码头外的一片沙洲，大约在 1859 年在其四周筑起了围墙，填土筑基，形成一个绿树成荫、校园般的外国飞地，建有居民住宅、领事馆和洋行。这块地盘大概半英里长，最宽的地方有 300 码，通过 2 座水面上的桥梁与外界相通。当 1925 年 6 月 17 日革命游行的队伍打着旗帜，连同市内各界代表沿着沙基堤岸行进时，平时运河里熙熙攘攘的中国船舶全都撤走了，这给了躲在沙袋后面的英法海军士兵良好的观察视野。士兵被激怒了，向人群开枪，杀死了 57 个中国人，这实际上已经属于破坏条约的行为。1925 年至 1927 年的国民革命将 5000 名留华传教士吓得离开了内地，后来他们返回来，被勉强允许暂时留下，但是他们应该庆幸，日本入侵中国使得中国无暇顾及他们，这对他们来说算是一种幸运。在 1935 年，条约、传教士、海关总署仍然还在原先的位置上。

李度是达特茅斯（Dartmouth）学院的毕业生，于 1914 年加入中国海关。显然，他具有高层领导所必需的公正的判断力。他曾被派往中国的各个地方以及海关机构的不同部门担任多项职务，因此拥有深厚的任职背景，获得了丰富的经验。最初他被派到北京学习语言；1916 年至 1920 年在上海，1921 年至 1924 年在厦门主管当地海关；1924 年至 1926 年在北京管理养老金系统；1927 年至 1929 年在天津；在 1929 年至 1934 年在上海担任海关总办的私人秘书；1932 年派到日内瓦国际联盟；1934 年至 1941 担任广州理事；每 6 年回国一次休探亲假，先后总共回国 4 次。1943 年至 1950 年，他接任梅乐和的职务，成为中国最后一位外籍的总税务司。

李度先生带着我们乘坐海关邮政快船沿珠江顺流而下，到达黄埔。我们对那里的印象是，曾经是东印度公司商船的停泊地，也是英国海军多次由此出发驶向上游进犯广州的入口。

考虑到我在 6 个通商口岸的海关受到许多外国人的友好款待，并与他们长谈，我怕我无法利用这次机会研究海关如今面临的问题。在香港这个英国的自由港，走私活动非常猖獗。香港并没采取任何措施来打击走私活动。海关也只派出 300 名武装缉私队员守卫在中英边界。广州政府的炮舰定期向官办专利机构运送白糖，海关缉私部队也无能为力，交易成功后官办专利机构再销售白糖，获得的利润等于未缴纳的关税。同样，广州至九龙的铁路线上，走私活动也很猖獗，南京政府失去了很多税收。女性通过卫生巾来走私银元。边界就是一条街的中线，人们只要把东西扔过去就可以。此外，到处是带刺的铁丝网，不让农民越过他们的田地。面对当地的两种状态，即广东的独立自主政策和英国的自由贸易政策，中央政府的工作很难开展。如今 20 世纪的南京政府同样面临着 19 世纪北京的清政府早就已经发现的这个棘手的难题。

在这次访问早期的通商口岸的过程中，因为沿途会见了很多朋友，我得以证实了从档案中获得的一些想法。这些口岸确实构成了一个独立而又互相紧密连接的前沿共同体，这里外国人热情好客享有盛名，私人企业的兴旺发达。此外，在此的外国人经过几代人的努力，无论怀着什么目的，好意或恶意，还是纯粹为了经商，他们都寻找并依赖中国方面可以在一起工作的合作伙伴——买办负责中国一方的贸易，卖宗教图书的小贩和中国牧师则从事着传教、宣讲福音的工作。最近则出现了中国教育家和很多专业人士。但是这种中外合作是在具有挑衅性的外国民族主义激起中国人的爱国主义反应的背景下进行的。因此，中国沿海作为中西文明汇集之地，也是现代化的起源之地。但是就中国整体而言，这些现代化运动在其发展之初只是扮演了一个次要角色。

第 11 章

首次离开中国

作为一位区域研究的专家，就像是一名旁观者，有幸不必担心陷入其中，却可以观看到人间戏剧一个个上演，让人百感交集。1935 年是我们在北京 4 年生活的高潮时期，但也是结尾。我必须返回牛津大学完成我的博士论文，进行考试等。这样当我拥有了英国的博士学位，就能够在高等院校任职。与此同时，我们的中国朋友正面临着新的忧虑和即将到来的灾难。当我们离开北京学术舞台的时候，仿佛自己是从即将沉没的船上仓皇逃窜的老鼠。

就像我们刚到那里就感受到的那样，威胁来自日本的军事扩张。坎农博士参观过北京协和医院之后就与我们一同住在了北京，同行的还有坎农夫人和他们的小女儿海伦。6 月份，我们一起途经日本在朝鲜的殖民地来到东京和京都，在那里盘桓了几个星期的时间。初次一瞥，发现日本完全被咄咄逼人而又危险的军国主义色彩所笼罩。我们见到的向往美国的日本朋友和一些自由主义教授，明显过着惶惶不可终日的生活，认为形势会越来越危险。对于作为学生的我来说，这片强大而现代的异国之地是我未来进一步研究的道路上更大的挑战，需要我在未来面对它，研究它，更加深入地了解它。而它强大的军事力量迫使我们对其在中国造成多大危害充满忧虑。

日本夺取了中国东北（满洲），并已摆出威胁占领整个中国的架势，这将最终唤起中国人民武装起来进行反抗和革命。但是中国两大主要力量仍没有团结一致。蒋介石正在南京集结他的军队，而将农民大众调动起来却仍处于尝试阶段。在种种努力中，作为外国人的我们所熟知的是有着超凡魅力的晏阳初开展的计划。1935 年 12 月，我们乘火车向西南方向前往河北定县参观他的“重建农村平民教育运动”，这个计划是在洛克菲勒基金会的支持下进行的。在第一次世界大战期间，晏阳初在蒋廷黻的帮助下就已经在法国的华工中开展平民识字运动。在定县我们走访了各个村庄，那里的卫生所及识字班对谋求人类问题的解决只作了微不足道的努力，人类社会问题数量之多，足以穷尽一个人的想象力，哪怕是考虑一下这些问题，也是一种努力。然而在农村普及读写、卫生以及科学种田的知识不可避免地会促进农民联合起来，组成社团向政府和地主表达自己的不满。1935 年晏阳初得到定县县长的合作，但是 1937 年日本的入侵迫使其不得不转到四川时，这里的国民政府却怀疑有人在煽动农民造反。1935 年他改造农村的事业作为美国的一项专门技能在中国乡村的延伸部分仍如阳光普照。如今已经过去了 45 年，历经多次战争，这项事业仍在继续发展，但是中间的事情很复杂，作为局外人无法理解。政治与阶级结构的渗入是造成这种现象的根本原因。

1935 年，毛泽东及其领导的中国共产党历经艰苦的长征抵达延安，农村动员和军队建设将由远在延安的毛泽东和中国共产党的部署而结合在一起。而在北京我们只听说蒋介石取得胜利，并将“共匪”从一个省追赶到另一个省。在这个时候，我们遇到的两位朋友正在准备报道这方面的最新动态。

我们曾在上海遇到过埃德加·斯诺和佩格·斯诺（Edgar and Peg Snow）夫妇，1934 年他们刚刚结婚就来到了北京，并住在燕京大学附近。埃德加是一位极有天赋的记者，在密苏里新闻学院受过专门教育。1928 年上海《中国每周评论》的美国主编约翰·本杰明·鲍威尔（J. B. Powell）使得埃德加的全球旅行计划暂时搁置，他任命埃德加为助理编辑。那时，鲍威尔支持新的南京政府，对老上海人来说，仍是一位令人厌恶的赤色分子，而埃德加·斯诺奉命沿着中国铁路线旅行，撰写吸引游客的游记。他从长江下游出发，经过南京到达北京以及满洲，最终乘火车来到了西北地区。在那里他亲历了 1929 年至 1930 年间可怕的西北大饥荒。在他 1958 年的传记《复始之旅》（Journey to the Beginning）中写道，这场使生灵灭绝的可怕经历让他决定投身于中国人民的事业中。他不是一位理论家，而是一名记者，但是他与宋庆龄及其他人的友谊将其与中国紧密地联系在了一起。

埃德加与夫人佩格［即海伦·福斯特·斯诺（Helen Foster Snow），写作时所用笔名为尼姆·威尔士（Nym Wales）］有着完全不同的个性，他悠闲随和，性格外向，天性热爱人民，而佩格谨慎理性，胸怀大志。我们经常互相探望，还会去北京饭店的顶层花园跳舞，这是北京上流社会娱乐的场所。佩格与埃德加之间显而易见的同行式的竞争使得我很庆幸，因为我与威尔玛从事的是不同的行业。1936 年埃德加进入了中国共产党的根据地，并在他的著作《西行漫记》中向全世界报道了毛泽东的军事政治生涯和中国共产党的事业。之后佩格也到达了延安，并对共产党的领导作了重要报道。

1935 年年底，日本侵略的阴云笼罩着北京地区。诡计多端的日本军队实施着扰乱人心的计划。骑着高头大马的矮个子军官带领着一支小队招摇着穿过我们住的胡同。他们进行军事演习，还要占领北京南边铁路交会的丰台地区。他们通过中国傀儡政府控制北京和天津地区，想要建立“华北国”，以并入之前的“满洲国”。他们还想利用在 20 世纪初期去过日本且懂一些日语的那一批中国人，但是已经过去 25 年了，这些人要么已经成为中国的爱国人士，要么已经青春不再，无能为力。

北京的大学由更年轻的一代人所领导着，他们是受到“五四”时期强烈的爱国热情感染的英美留学归国人士。此时的他们正装运着书本和器材，准备将学院和图书馆迁向南方避开战火。放眼望去，这些大学正在被拆除，而我却束手无策，只能看着学生们（？）从清华大学图书馆拿走那些尚未登记编目的书籍。

随着日本的压迫不断升级到顶点，学生们开始秘密组织一场大规模的示威游行。斯诺夫妇帮助了运动的组织者，这些人似乎是一些彼此没有联系的非共产党员，尽管诚然后来很多学生领袖都加入了中国共产党（像燕京大学的王汝梅，他更广为人知的名字是黄华）。1935 年 12 月 9 日，大学和中学的学生组成长长的队伍上街游行，不顾警察威胁，抗议将要实行的“华北自治运动”。这个事件成为 1919 年五四运动的翻版，是中国又一次民族主义运动。梁思成的妹妹梁思懿是燕京大学的学生领袖，有一个警察用刀鞘狠狠地毒打了她。林徽因的弟弟也加入中学生游行队伍当中，但是此后有 12 小时下落不明，梁思成前往各个医院去找他。

学生们要求蒋介石采取行动，而当时蒋介石的军队正借口追剿长征中的红军而着力控制中国西南地区。蒋介石的政策是“攘外必先安内”。此时他的德国军事顾问们则调动长江下游地区的部队准备采用阵地战的方式进行最后的决战。

在这场危难中，我们的中国朋友处在腹背受敌的境地。如前文所述，蒋廷黻加入了南京政府，并在行政院任职。面对当前的时局，梁思成打算暂时放弃建筑史的研究工作，将精力转向抗战，但是缺少现代化的动员，他当然找不到发挥作用的方法。而林徽因的肺结核再一次发作。日本人查禁了中国主要的报纸天津《大公报》，林徽因曾是该报声望卓著的文学副刊的撰稿人，这时她发现自己过于慷慨地被邀请为其接替的傀儡报纸《亚洲联合先驱报》（*United Asia Herald*）撰稿。在她姑姑家她发现自己的亲戚依然是以家庭为中心，并准备生活在日本人的统治下。"你为什么这么生气？"他们问道，"打算去南方吗？即使这里出现一个自治政府又怎么样？这对我们来说并没有什么区别。我们的房子还在这里。北京依然属于中国，并不属于日本。生活还是与往常一样。"有些亲戚甚至在有日本背景的企业工作。林徽因和梁思成因亲戚背叛祖国的行为而感到异常愤怒。他们早在 1931 年就从奉天（沈阳）搬到了这里。

在中国有一部分人，他们有着英美自由主义背景以及爱国主义的新思想，得到我们的尊重和认可，但是他们在自己的祖国是没有实权和地位的少数派。尽管如此，他们坚守着自己文化上的主导地位，认为作为学者有责任培养中国未来的一代人。因此他们团结一致，互相支持鼓励。

在清华大学时，通过梁思成与老金的介绍我们结识了很多中国学术界的朋友，这些人都是那一代的领袖人物。[1] 当我们在第二次世界大战期间以及之后，即 1942 年至 1946 年返回中国时，我们发现他们都来到了中国西南地区。新中国成立后，1972 年我们再次来到北京，在那里发现一些朋友仍保持着学者和教师的身份。（周培源在战争时期部分时间在加州工学院度过，之后在 1981 年之前一直任北京大学校长。）他们都历尽艰辛地活了下来。

然而"不屈不挠"只是一个苍白无力的词语。因为历史将北京的朋友

[1] 他们包括两位政治学家钱端升（哈佛大学哲学博士）和张奚若（哥伦比亚大学、伦敦大学哲学博士）；经济学家陈岱孙（哈佛大学哲学博士）；社会学家陶孟和（伦敦大学经济学博士）和物理学家周培源（加州大学工学院理学博士）。——原注

分为了两个部分。有相当一部分人在 1949 年之后去了台湾，他们依然是逃亡者！[1]

来自两个群体的北京自由主义知识分子将继续被历史粗暴地对待，尽管如此，在内战以及革命期间，在一党专政下，他们坚定不移地为国家誓死效忠。他们都没有完全赢得自己的战争，但是他们也从没退出过。最终会有某个人给他们一纸公正、公平的评价。不管怎么样，他们都曾遭受过灾难，但绝不是一事无成的一代。

1935 年 12 月，我们不需要坚韧不拔。威尔玛和我将要回到一个更加幸福的世界里。由于外交豁免权的特殊地位，我们顺利地在中国度过了 4 年，所以应该是我们的好运气，而非良好的成绩，让我们把中国正经历的痛苦抛在脑后。对于我们不那么幸运的中国朋友，我们怀有既宽慰又内疚的复杂情感，许多美国人已把自己的情感与中国朋友联结了在一起。

而在我们身边也有一些小小的人员危机。例如，我们的佣人李先生不得不把他满怀期望的妻子从混乱的乡下带到这里。他的儿子、妹夫都搬来和我们住在一起，同时也尽力地体现他们的价值。我们也尽力确保他未来能找到工作，威尔玛还建议他的妻子有效避孕。然而她说："是的，你们外国人有办法处理这些事情，但是我们却毫无办法。"

与梁思成夫妇这样的朋友道别，让我们痛苦不舍。我们从对方身上学到很多东西，同时也给予对方我们能够给予的一切。林徽因是我们夫妻二人最最亲密的朋友。我们的道别的确让人伤心。

1932 年至 1935 年，在中国生活的 4 年里，让我们对于中国北方、长

---

[1] 他们包括领袖人物如胡适和北大校长蒋梦麟；林徽因的表兄叶公超，一位有才华的英国文学教授，后来成为著名的外交家；温源宁，另一位作家，后来成了国民党大使；"中央研究院"和"国立台湾大学"的傅斯年；李济（哈佛大学哲学博士，人类学专业），他完成了商代都城安阳的研究，这项研究是由梁思成与其弟梁思永，还有其他人创始的。——原注

江下游以及沿海地区的情况有了印象。我们也了解了外国人在华的机构，特别是外交、教育机构以及教会各级机构。最重要的是，在有着现代思想的中国学术领袖圈里，我们结交了一些朋友，结识了许多人。例如，在上海—北京的蓝色特快列车上，我们和傅斯年相遇，并有过一次长谈，他是中央研究院历史语言研究所的创始人，之后分别任北京大学和“国立台湾大学”校长。1935 年邀请坎农博士来京的北京协和医学院生理学教授林可胜博士，曾在爱丁堡大学取得医学博士学位，是位彻头彻尾的世界主义科学家。为了抵抗日本侵略，他组织了救护队为中国军队服务。后来我再见到他的时候，他已经是中国军队的卫生局局长了。在第二次世界大战期间，中国西南地区涌现了大批这样的人才。

第三部分

学会当一名教授

（1936—1940）

第 12 章

拿到牛津大学博士学位

对于任何人来说，1936 年都是一个转折点。1919 年的凡尔赛和会让位于第二次世界大战爆发的序曲：希特勒重新占领莱茵区，墨索里尼完成了对埃塞俄比亚的征服，他们（德国和意大利）共同建立了柏林—罗马轴心，国际联盟瓦解，西班牙内战爆发。而我完成了牛津大学博士学位的学术研究任务，面临生计问题，要开始下一步的计划。

离开中国之后，我们在东京稍作停留。当时我发现日本问题专家伯顿·法斯（Burton Fahs）和休·博顿（Hugh Borton）同样也想要在美国谋求一份工作，于是我们组成了“松林沙地协会”（Pine Barrens Association）。同意暂时定居于博顿在新泽西的一块没有多大价值的土地，竭力维持着我们不为现世需要的生活。

事实上，我已经在很大程度上像过去的传教士那样四处考察，尽管我没有这么称呼它。在我们往东进发直到伦敦的路途中，我计划在每个中国问题研究中心甚至是远东问题研究中心都停留一下，拜访相关学者，了解学术动态。第一站是夏威夷大学，之后我又去了很多学校，包括伯克利大学、明尼苏达大学、威斯康星大学、西北大学、芝加哥大学、密歇根大学、耶鲁大学和哥伦比亚大学等，但是我发现中国问题研究并没有取得多大的进展。而且这些学校的教职员工中几乎没有人能够使用汉语。然而，还是有少数重要人物已经有所行动，特别是在芝加哥大学。

来自上海圣约翰大学的宓亨利教授和比他年纪大得多的新娘爱诗客（Florence Ayscough）刚刚来到芝加哥大学。爱诗客是一个对中国文化中美的东西真正怀有深厚情感的人。他们的住所位于靠近中途娱乐场所的一条普普通通的街上，这是一座 19 世纪 90 年代建造的房子，如今已经被他们重新作了翻修。房子周围种着枝繁叶茂的梧桐树，还有月亮门、喷泉、灯笼、屏风以及一些艺术品，这一切营造出富有中国韵味或带有中国风格的氛围。爱诗客曾与艾米·洛威尔（Amy Lowell）共同翻译唐诗，取名《枞树花笺》（*Fir Flower Tablets*）出版。为了能够将诗歌的文字中所要表达的神韵完全解读出来，她着重表明汉字字根的意思，甚至比原文作者想要表达的还要多。而宓亨利看上去像一位稳健的商人（与他的夫人相比，就好比无韵的散文之于韵律优美的诗歌），他爱慕他那富有诗人气质的夫人，欣赏她的中国传统美学与维多利亚风格相结合的审美风格，他们相互钟爱，成了我们的榜样。之后我和母亲一起拜访过宓亨利夫妇。我们都认为他们确实是情投意合。

顾立雅（Herrlee Glessner Creel）曾和我一同在北京学习语言，如今他在芝加哥大学教授中国历史和汉语课程。他看上去特别年轻，这让他很苦恼，实际上他比我们都要年长一些（1905 年出生）。他在开始进行中国问题研究前曾是俄克拉荷马州的一名记者。他文笔很好，并且已经出版了一本著作，书名为《中国人的世界观》（*Sinism: A Study of the Evolution of the Chinese World-View*，1929 年出版），还获得了芝加哥大学哲学博士学位。然而，教授们彼此见面时，总是容易把他当成是一名学生。与他相比，我认识到我自以为独一无二的感觉还是比较柔和的。他率先开始从早期经典著作里面深奥难懂的文章入手进行研究，来重现中国历史的开端。他坚持使用《孝经》作为学生们的语言启蒙教材，这样他的学生能像中国人过去那样发蒙。1936 年他出版的新书《中国的诞生》（*The Birth of China*）第一次向西方读者全面介绍了位于安阳的商朝文物发掘所得出的结论。

在耶鲁大学我们见到了赖德烈（Kenneth Scott Latourette），他在第一次世界大战前已经在雅礼协会（Yale-in-China）任教两年，并以研究世界范围内基督教传教史为其主业。尽管如此，在耶鲁大学他是卫三畏（Samuel Wells Williams）[《中国总论》（*The Middle Kingdom*），1848 年初版，1883 年再版］及其子、中国问题专家卫斐列（Frederick Wells Williams）的继承者。赖德烈博士曾深入中国问题研究的真空地带，以攻读他的关于美中早期贸易的博士学位，同时于 1934 年完成并出版了两卷本著作《中国的历史与文化》（*The Chinese: Their History and Culture*）。这套不带偏见的书是公认的极其优秀的著作，由一位充满理性、公正并且坚持不懈地探寻事实本质的学者撰写。赖德烈亲切而友善地帮助每一位来寻求帮助的人。他涉猎堆积如山的原始资料，然后写出手稿，我相信，除了周日外，每天上午他都要投入其中。1948 年他曾在美国历史协会演讲，内容是关于基督教对历史的解释。

在哥伦比亚大学我们再次见到了毕格（Cyrus Peake）和他资格较老的同事富路德（Carrington Goodrich），在华文学校我向他寻求建议时，富路德曾认真倾听我的自我叙述。他幼年时期成长于中国北方的传教士家庭，这种背景最终使其成为一名汉学家中的佼佼者。他的博士论文《乾隆年间的文字狱》（*The Literary Inquisition of Ch' ien-lung*，1935 年出版）已经使他成为中国问题研究领域的一颗新星，在接下来的 40 年间，他的研究成果不断涌现。

在哈佛大学我遇到了查尔斯·悉尼·加德纳（Charles Sidney Gardener），他是一位孜孜不倦的学者、研究清朝的专家，他逐条逐目地思考，因此对汉学研究的参考书目很在行。他是一位无私的朋友，知识渊博，热情洋溢，但是很奇怪，他不善概括或综合，因此没有什么著作。研究生们从他那里获益良多，然而本科生却鲜有收获。另一个极端相反的人是任职于政治系的布鲁斯·霍珀（Bruce Hopper）。他极富人格魅力，我们曾在北京见过面。第一次世界大战时期他曾做过飞行员，后来作为芝加哥当代国际事物研究所的早期代表在苏联待了 3 年，这个研究所当年招贤纳士，进行当今国外发展趋势的研究，以此来警示美国的学术精英们。布鲁斯曾到过很多地方，而且总是能够将当地早上的头条新闻与时代背景结合在一起综合考量。如果加德纳能够与霍珀综合一下该多好。

我掌握的 1936 年在各所大学从事中国问题研究的人士的清单当然并不全。此外还有宾板桥（Woodbridge Bingham），从北京返回之后开始到伯克利大学任教。毕乃德（Knight Biggerstaff）最初在华盛顿大学西雅图分校从事研究，后来去了康奈尔大学。普里查德爵士（Earl Pritchard），我在牛津读书时他曾去过那里，现在在华盛顿州的普尔曼（Pullman），最后调到芝加哥。德克·卜德（Derk Bodde）与俄罗斯姑娘嘉利雅（Galia Speshneff）在北京举行了婚礼，之后到宾夕法尼亚继续研究中国哲学。相信在不久的将来还会有更多人加入这个异彩纷呈的团队。

但是，总体来说，这是一个研究中国问题的专家团队，包括成熟的、未成熟的以及半成熟的人士，莫蒂默·格雷夫斯和戴维·史蒂文斯都能把他们动员起来，让更多的美国公众了解中国。对于一个下一代即将在中国及其附近地区打三场大战的国家而言，这个团队的人数并不算多。然而在我们周围，人们的中文水平参差不齐，甚至有些人完全不懂中文。一般而言，涉及研究中国现代问题的学者，对汉语并不精通，而懂汉语的学者研究的又是一些中国古代方面的内容。除非中国人自己用英语告诉我们，否则我们根本无法了解现代中国人在想什么。与此同时，我们几乎不了解社会科学的概念（除非政治学包括在此类别当中）。另一方面，我们只有一些在中国生活的经历，更准确地讲，应该是仍然保持着本国的生活方式，只不过生活地点变成了中国。

当时我们中没有人是从我们后来建立类似工厂生产线般的学习体系中出来的，即先在美国研究生院学习两到三年阅读，然后去当地（当时在台北）学习口语并开始作论文研究，再过两到三年后返回美国完成论文，之后开始进行教学工作。经过这样七年培养的人将成为相关领域的专家。但是他们并没有太多接触中国人和具体的事物。他们只是成为谨慎的历史学家，并不能为政府公共政策出谋划策。

另一方面，在中国的 4 年时间里，我和威尔玛并没有太多地关注汉学研究，接触到的更多是当前中国所面临的民族危机。于是我一到苏福尔斯就开始进行演讲，首先是在扶轮社，接着去了基瓦尼斯（Kiwanis）俱乐部、基督教青年会以及苏福尔斯大学。在此期间，我演讲的内容涉及包括中国的住宅、仆人和食物等在内的日常琐事，当然也谈到了日本人的威胁。威尔玛也作了有关中国艺术的讲座，主题是“站得远看得清”（The farther away we get from the scene，the more we know）。我们开始扮演与传教士相反的专业领域专家的角色，向我们的同胞宣讲海外各地的情况，期盼我们能从战火中相互得救。当然一切都事与愿违。不过，战火使得中国和日本问题研究在美国站稳了脚跟。

最终，1936 年 1 月我收到了我所期望的哈佛大学历史系的录用通知，工作于 9 月正式开始。我在其他大学逗留也不是为了寻找工作，而是想了解美国大学研究中国问题的规模和人员的基本状况。我们同样都有许多不清楚的事情，也都有着很多的机会，我感到这一切都对我的研究有益。与此同时，我必须回到牛津大学准备论文。

这次从纽约到伦敦乘坐“庄严号”（Majestic）的航行让我回想起之前搭乘其他航线 6 次横渡大西洋之行，特别是 1931 年乘坐“毛里塔尼亚号”（Mauretania）的那次航行。这艘轮船装有 4 个烟囱，在当时很少见［是“露西坦尼亚号”（Lusitania）的姐妹船］。

> 她下水航行的时间大概和我出生的时间相同，之后一直在北大西洋服务了 20 多年……曾经只用 5 天半的时间准时到达目的地，让乘客及时到达剧院，没有耽误观看演出。

为了与“毛里塔尼亚号”和“露西坦尼亚号”竞争，德国汉堡—美洲航运公司在第一次世界大战前制造了“元首号”（Imperator）、“祖国号”（Vaterland）和“俾斯麦号”（Bismarck）邮轮。不过第一次世界大战结束后作为赔偿给了英美两国，分别成为美国航运公司的“海上霸王号”（Leviathan）、卡纳德公司的“贝伦加利尔号”（Berengaria）、英国白星公司的“庄严号”。1936 年排水量达到 56000 吨的“庄严号”成为当时运营中最大的邮轮［后来的“玛丽皇后号”（Queen Mary）排水量达到 73000 吨］，如今她已经报废。

我们买的是有床位的 A 等舱室。起初我们被这艘船宏伟壮观的外表所折服，当然这也是她与其他邮轮的竞争优势所在。我们把在北京时的忠诚男仆李和聪明的厨师刘同船上的这些房间服务员、女服务员、楼层服务员的服务作了比较：

> 我们的两位仆人就像是黑夜和白天，其中一位有着黑色的头发，方脸，另一个则有着浅色的头发和红润的脸庞。他们都是温顺而机敏的年轻人，着装比任何乘客都要讲究，每晚都打着白领带，穿着燕尾

服，熟知饭桌礼仪、红酒常识等，总之他们一切都很棒，除了没有上层社会身份。（我们再次来到英国！）……他们围着我们就像是围着地球转一样，黑夜递给白天蛋黄酱，白天递给黑夜多余的餐具。

这些体贴入微的服务确实让我感觉到沐浴在一个多么伟大的文明之中。抵达伦敦后，我们先找到了外交部的托尼·兰伯特（Tony Lambert），他立即发现他和威尔玛有着很多相同的兴趣爱好。他邀请我在俱乐部为他们年轻的外交官员们和有望升迁的官员作演讲，于是我讲了清帝国的衰亡，那里曾经是文明的中心，突如其来的侵略以及内部的腐败导致了它的灭亡。我的听众都直接将其与大英帝国的衰退联系在了一起。自我怀疑的氛围充斥着整个会场，尽管慕尼黑事件还要有两年半才会发生。

在伦敦的地铁站和街道上，我们看到了由林徽因设计、梁思成负责印刷的关于中国艺术在柏林顿府展出的广告宣传画。1936 年的这次展出为后来者定下基调，值得爱好者花一周的时间进行参观。中国政府投资购买了一艘英国巡洋舰来运送这些宝物，这样就不必担心海盗侵袭，不过在回国路上，在比斯开湾遇到暴风雨险些沉没。在展览中我们再次看到了了不起的翡翠龙环，但没有能摸，好在我们当年在北京拉里·西格曼的家里曾经把玩过这类文物。此外还有大量的宝物，很多都是我们以前所不曾见到的。威尔玛还结识了珀西瓦尔·颜慈（Percival Yetts）以及艺术界的其他显赫人物。

展场的有些评语没有任何价值。展品中有一只周代的青铜龙，它看起来异常地凶猛，大家的反应如出一辙——“噢，我说，圣乔治[1]曾经因为这个才历经坎坷，不是吗？”同时还有一个自大的业余爱好

［1］　圣乔治是英国传说中的屠龙者。

者不停地对着他的同伴发出一阵阵惊叫："想一想，在这个青铜器铸造的时代，我们好像还处于原始社会！"

我为了将牛津大学博士论文按照规定尺寸做成 5 个副本（其中 3 份上交），我们的旅途也变得忙碌起来。其中 5 章的内容已经独立发表过。[1] 我在坎布里奇已将其打印并装订成册，之后在"庄严号"邮轮上进行了校对，现在只需要补充参考文献和总结了。为此我们找了一所石砌的小旅馆住下来。这座旅馆建于 15 世纪，位于牛津以西的科茨沃尔德（Cotswold）丘陵，柏福德（Burford）大街，有着拱形门廊和竖框的窗户。春天越来越近了，绵延起伏的农田正在耕种，而我们按照英国的方式抵御这里寒冷刺骨的天气：每个人都穿着六层的羊毛衣物，每天都有丰盛的早餐，静静地吃完，下午外出散步。

当韦伯斯特一家过来共度周末时，恰逢希特勒声明 1925 年签订的《洛迦诺公约》（Locarno agreements）无效，并重新占领了莱茵兰地区（1936 年 3 月 7 日）。韦伯斯特对英国公众最初温和的反应感到"愤愤不平"："就是因为这种犹豫不决致使 1914 年的局势滑入了战争的旋涡……欧洲和平的唯一希望就是赋予国际法权威慑力，并通过强制力量来使它们产生效力。"

韦伯斯特还提到最后几次见到马士博士的情况［马士 1934 年 2 月去世，我为其写的讣告发表在 2 月 25 日的《北平纪事报》（*Peiping Chronicle*）上］。马士博士对我的研究工作很感兴趣。我们还看望了他的侄女，她曾在 1931 年传统的划船比赛周期间充当我在牛津大学舞会的舞伴。

---

[1] 分别发表在《中国社会政治科学评论》（*Chinese Social and Political Science Review*），北平，1935 年 1 月和 4 月刊，1936 年 1 月和 4 月刊；《南开社会与经济季刊》（*Nankai Social and Economic Quarterly*），天津，1935 年 4 月刊。——原注

我的博士论文的答辩惯例令人扫兴。历史讲座教授乔治·克拉克（George N. Clark）爵士是我名义上的导师，负责为我提交厚重的论文副本。他对我说，这些论文看起来洗练流畅，但并不合他的口味。因为答辩是公开举行的，威尔玛一直陪伴在我身边。我们发现其中一名评委是来自圣约翰学院的科斯廷（W. C. Costin），他参考英国公共档案馆的资料刚刚完成了一部扎实的综述性著作：《大不列颠与中国：1833—1860》（*Great Britain and China 1833-1860*）；另一位则是来自万灵学院的才华横溢的杰弗里·哈德森（Geoffrey Hudson），他用希腊语和拉丁语来查询资料中记录的自古以来的中欧关系。答辩过程中唯一出现的一个文化差异体现在英国人与美国人的区别上。科斯廷先生向我提了一个关于英国商人在通商口岸为小国公民充当商务领事的问题。如此看来普鲁士人可能会请宝顺洋行（Dent & Co.）的比尔（T. C. Beale）来做他们的领事，于是科斯廷先生身子向后靠，总结他的论点问道："现在，费尔班克先生，来个汉堡怎么样？"

在一种史料意识的氛围中，我的中文参考书目和文献（实际上包含了我所知道的所有资料）对论文起到了强有力的支撑作用。我已经学会了如何在一群历史学家中做一名汉学家，相反，我也知道如何在一群汉学家中成为一名历史学家。就像中国的强盗，他们从来不会被抓到，因为他们总会在两个省份的交界处，当一方追捕时就迅速逃向另一方的管辖区内。我通过了答辩。

在贝利奥尔学院，我应主人林赛（A. D. Lindsay）邀请参加他主持的周日晚宴，林赛身材魁梧，讲话慢条斯理，有着灰色眼睛，并且天资聪颖。当我们沿着环形的楼梯从高级休息室走进大厅时，学生们用勺子敲打着桌子，一直到我们坐下为止。

我已经忘了这一点。喧闹大体上也是表示对客人的欢迎。这种欢迎实质上就是表达一种含义：请到贵宾席就餐。

主人林赛坐在我的右边，泰勒先生则坐在我的左边，他虽然眼睛不太好，却是一名出色的法律助教。林赛对泰勒提议说，经济学和其他社会科学的学生的课程中应该加入一门法律公共课。学生们在学习的过程中对于一位杰出的奥地利经济学家提出的贸易周期性理论完全无法理解，在这个理论模型中所有的公司都是以一种违反英国商业法律的方式来运作的，它们当然从未这样做过。

那么，泰勒老师回答道："你说到的这种贸易周期性在我们国家也存在吗？"（这是一个事实。）林赛缓缓说道："是的，这是一种普遍现象。"

回到教师公用室，我和汉弗莱·萨姆纳（Humphrey Sumner）以及西里尔·贝利（Cyril Bailey）坐在一起。汉弗莱·萨姆纳一度任我的导师，西里尔·贝利是系主任，他谈到他如何晚上去芝加哥大学并投宿于方庭俱乐部（Quadrangle Club）。第二天早上醒来望着窗外，猜猜看到了什么？竟然看见了圣约翰墙顶上的马格德连塔（Magdalen Tower），它旁边是基督学院大厅。建造芝加哥大学的约翰·洛克菲勒的建筑师几乎一夜之间就在密歇根湖畔翻版了牛津大学。

林赛（工党政府封他为伯克勋爵）曾经在大学中国委员会工作，他所服务的委员会过去用庚子赔款建立了 4 个研究中国的学术站，但是之后发展极其缓慢，因为这是英国教育，和法国教育一样，并没有将中国纳入课程当中。

牛津大学的博士论文只是我著作的一部分，为了继续完成它，我们在布鲁姆斯伯里找了一个家具齐全的公寓，并在公共档案馆度过了 6 周。在中国的领事馆之后，威尔玛发现外交部一方的派遣员非常有趣。她从另一个研究者那里得到相关信息，发现这个好心人是R. H.托尼。查尔斯说这“真是一件幸事”。之后我们随韦伯斯特一家见到了艾琳·鲍尔，她看起来比以前更加迷人，更加睿智，并且正准备与剑桥大学研究经济史的同事迈克尔·波斯坦（Michael Postan）结婚。她的传奇故事还包括一次给拉德克里夫学院的学生作关于中世纪经济的讲座，她穿了一件非常简单但很漂亮的晚礼服，似乎是对学生们说：“看到了吧，完全可以将两种风格结合在一起！”

不过1940年，年仅51岁的艾琳·鲍尔猝然离世。后来当1970年52岁的耶鲁大学芮玛丽教授（Mary Wright）去世时，我又想起了艾琳·鲍尔。对于女性来说，掌控阴阳两极还是太短暂，压力太大了，如何能幸免？

记忆通常只会忆起纯粹的成功，而如果你能记住它们，这些将成为失败最真实的鼓励和动力。我们与吉尔伯特、海伦·海特（Helen Highet）一起参观游览了牛津的圣约翰学院。之后在1939年的“虚假战争”(phony war）时期他们从令人失望的英国移居到了哥伦比亚大学（英国参战时，吉尔伯特又回到英国抗战），当时我们邀请他们来哈佛大学进行为期5天的访问。但是我们都没想到这会是一场人际灾难。我们的洗澡时间是错开的，他们是夜猫子，而我们在晚上10点就已经精疲力竭了。他们都是极其聪明而博学的人，热衷于关注美国的一切，但对中国并没有太多的兴趣。因此我们在乘坐返回哈佛广场的地铁上经常会为了某个问题进行辩论。之后我们再也没有联系过，尽管我的母亲是吉尔伯特电台节目的忠实听众并与其保持着联系。不久之后，海伦·麦金尼斯有了自己的机构，并于1941年出版了著名小说《致命疑云》(*Above Suspicion*)。

有时候我会想到某个领域的专家身边可能会有对其研究领域并不感兴趣的可怜同伴。但是我不知道是否如此，因为我从未花太多时间和这样的人交往过。

1936 年 5 月下旬，我们离开英国回到了苏福尔斯，和我的父母住在一起。1 月份我们发现，父亲虽然精神状态很好，但是缺少白细胞，他得了非白血性白血病。当时可的松和化疗还没有被发明出来治疗此类疾病，吃的是动物肝精等药物，但是只有在定期输血之后才会恢复正常。他依然像往常一样很喜欢威尔玛，得知我最终在哈佛找到了有收入的工作，也显得放心了。他总是时不时地提醒我们，对于大多数人来说生活的主要任务就是谋生。

1936 年 6 月，我陪同父亲一起回到杰克逊维尔的伊利诺伊大学参加他的离校 40 周年聚会。这是父亲获得名誉学位的地方（奇怪的是，40 年之后 1976 年，伊利诺伊州大学也同样授予中国大使韩叙名誉学位）。7 月份我们一家人快乐地出行，穿过南达科他州的尘暴区来到了布拉克山（Black Hills）。9 月份父亲猝然辞世，我们举行了隆重的葬礼，来了他的很多朋友。对于长期不在父亲的身边，我感到十分内疚，幸亏这次及时回来，并和他一起度过了夏天。之后我的母亲又在苏福尔斯待了 7 年，直到 1941 年我们搬到华盛顿之后，她也于 1943 年定居于我们附近的乔治城，在那里买了房子。到 1977 年，当我在哈佛任教 41 年后退休时，她已是乔治城的资深居民。

第 13 章

开始在哈佛执教

即使你有着教师的天赋，还是需要做很多努力才能成为一名优秀的教师。讲课、辅导以及举行研讨会都需要向前辈学习。同样的，一个新领域的开拓者很快就会意识到不仅他本人需要具有语言技能和书本知识，而且研究所需要的辅助设备和学生需要的教科书也要具备。刚在哈佛大学安顿下来，我就发现各个方面的需求也随之而来。有一些是来自日常环境，更多的是来自个人设想中的工作。开拓一个新的领域必须先开发自身潜能，这当然也是大学开办的目的所在。我加入的历史系很快成为我职业的领航员、友谊的源泉和抱负的引领者。

当我 1936 年来到历史系成为一名讲师的时候，历史系的发展正处于鼎盛时期。哈佛大学已经培养了一代博士，而这一代博士再培养出来的博士最终会如潮水般涌向全国。但是，在图书馆的等级评定中，威德纳图书馆仍然是级别最高的图书馆，由美国历史学会的历任会长们评定，这是我们认为很好的规则，哈佛历史系的等级也高居榜首。其中弗格森（Ferguson）、麦基尔维恩（McIlwain）、莫里森（Morison）、老施莱辛格（Schlesinger，Sr.）、费伊（Fay）、兰格（Langer）、布林顿（Brinton）都在过去或后来担任过历史协会会长。他们可能都会出席在教授俱乐部楼上一号房间举行的周四午宴（屋内有一盏枝形吊灯）。莫里森例外，他觉得集会是浪费时间，不过他还是会偶尔穿着马裤来到现场。而教授当中诸如吉姆·巴克斯特（Jim Baxter）、保罗·巴克（Paul Buck）、弗雷德·默克（Fred Merk）、C. H. 哈林（C. H. Haring）、梅森·哈蒙德（Mason Hammond）、迈克尔·卡波维奇（Michael Karpovich）、戴维·欧文（David Owen）、查尔斯·泰勒（Charles Taylor）、亚瑟·达比·诺克（Arthur Darby Nock）、凯奇·乔丹（Kitch Jordan）、斯特林·陶（Sterling Dow）、唐·麦凯（Don Mckay）、艾略特·珀金斯（Elliott Perkins）等人都曾献身于历史系，作出了卓越贡献，将其当作对哈佛奉献忠诚的中心。

在此幸福的时期，我们团队的凝聚力也在浮士德球[1]运动中逐渐形成，这是一种与排球截然不同的运动项目。我们的活动地点在萨金特学院（Sargent School）女生上体育课的幽暗回旋的体育馆中，如今那里是法学院的停车场。体育馆有着环形的跑道，四周围绕着圆柱，很适合这种运动。回球时，队员可以越网触球三次（只能用一只手或一只前臂），垫球，准备回球，然后打回去。这与排球不同，我们每次发球，回球都将球拍在地面上，还会运用将球连续两次撞到柱子上的技巧。比赛节奏很快，这需要队员的合作以及对千变万化的情况进行灵活处理，当然体育道德和体育精神要高于激烈的比赛。活动的参与者包括奥斯丁·斯科特（Austin Scott）、法学院院长欧文·格里斯沃尔德（Erwin Griswold，院长总是容易在比赛中争论不休）、物理系的珀西·布里奇曼（Percy Bridgman，球还

[1] 浮士德球是一项非常古老的运动，流行于欧洲、美洲和非洲几个德裔移民的国家。Faustball是德文，其英文名称为Fastball，直译叫拳头球。浮士德球是德文直接音译，另一名称为“草地排球”，乃是它结合排球与网球技巧在草地上比赛之故。

没过网就已经半空中鱼跃扑向球了）、哲学系的拉斐尔·迪莫斯（Raphael Demos）以及经济学家西摩·哈里斯（Seymont Harrris）。但是主要参与者还是历史学家，经常由查尔斯·泰勒和迪克·利奥波德（Dick Leopold）进行组织。

历史系每周四的例行午宴会的主题通常与历史无关，更多的是讨论行政管理、制度实施以及一些不涉及个人行为的领域。主席每隔几年轮换一次，且没有委任权。机构的宗旨就是为我们大家服务。他们会花很长时间来讨论拉德克里夫学院的一位埃及女生能否用阿拉伯语代替德语完成博士论文。科学史可以被视为中世纪领域的一门课程吗？新西班牙能够替代殖民时期的美洲到什么程度？诸如此类的问题将有历史根据的材料排除在外。这种正式的行政会议是一种友好的惯例。我们都加入到关于希腊罗马的文明，中世纪与现代欧洲以及它在全球的扩张，甚至扩张到日本与中国的讨论中。

一年之后，我有了一位新同事赖肖尔。他是叶理绥教授的得意弟子，是叶教授从东京女子学院从事教育的传教士的子嗣中找到的一位杰出的学生，已经会讲日语。1931 年从奥柏林大学毕业之后，他受到了系统性的基础汉学培训，并得到资助在哈佛、巴黎、东京以及京都等地从事研究工作。1938 年秋天当赖肖尔在北京完成为一期一年的培训回来后我们见了面。他的论文翻译了 9 世纪一位日本僧人访问中国的游记，当时比马可·波罗到中国还要早 400 年，论文中多达 1550 个注脚，这是汉学研究的一部重要著作。

我记得第一次见到赖肖尔的时候，他表现得极像东方人，没有表情却若有所思的样子，似乎在想："费正清是谁，他想要干什么？"毫无疑问，我也是一副莫测高深的表情看着他，在这方面我有点经验。具有代表性的是，赖肖尔将其论文以单行本形式出版，书名为《圆仁大师大唐中国纪》

（*Ennin's Travels in T'ang China*），内容很吸引人，将整个故事展现在现代读者面前。我们很快发现彼此共同的纽带就是美国公共教育事业。如果没有赖肖尔做同事的话，那么我的生活也许会大不相同。赖肖尔随后也加入了浮士德球的队伍中，他打球很棒，并最后成为历史系里具有表决权的成员，这是一种真正的荣誉，至少对于历史系来说是一种荣耀。作为相同领域的年轻学者，我们属于一种友好竞争的关系，但我总觉得他处于有利的地位，而我却在更边缘的位置。按照某些理论，区域研究专家往往具有所研究区域当地人的特征，这或许能够解释赖肖尔为什么拥护现成国家体制了。当时的日本人民非常精明地取得了成功，而中国人民却在为国家统一而努力。

当我开始在哈佛大学讲课时，我觉得自己只做好了一半的准备工作。牛津大学的博士学位并没有设置有关历史科目的预备考试，而在美国则完全不同。如果你想要来美国大学作有关中国问题的研究，那么你首先需要在大脑里塞满有关中国古代史与文艺复兴和宗教改革的相关内容，而这些正是我的课程所欠缺的。我曾自作聪明地向许多申请者解释，他们不知道我走的是条捷径，这需要主动学习其他领域的知识来触类旁通。我曾在清华大学讲授文艺复兴和宗教改革的课程，并从这些课程中收获不少。所以，在哈佛大学，我旁听了弗格森教授有关希腊的课程。

牛津大学没有教过我的另一件事情是，如何举办研讨会。而我计划在哈佛大学组织一个有关清代文献的研讨班，先观察一下其他教授是如何举办研讨班是一个明智之举。所以在兰格教授的许可下我加入了他的现代外交史的研讨班。

我们小组一共 12 人，每周都会去一次兰格教授在坎布里奇的家里，大家爬上楼到他的书房，围坐在书架前进行讨论。而他坐在桌子旁系统有效的指挥过程让人印象深刻。其中还有一名学生坐在灯下的书桌前朗读他的论文。然后房间的每个人开始评论，包括概念和主题意义、文章的组织、资料来源、写作风格、晦涩不明以及缺陷遗漏的地方，总之我们尽力剔除论文中的缺陷，提高论文质量。随后兰格教授提出自己的意见，作出权威的总结，最后，作者进行答辩和解释。每个人在批评指正中受益。

我很喜爱这样严格而又很有分析性的讨论，与很多混乱的研讨会截然不同，例如，老师会问："还有什么问题吗？"第一个学生会说："您的某某说法是什么意思呢？"另一个又会说："我对您说的某某很感兴趣。"第三个学生说："虽然我不了解，但是我觉得这个论文很有意思。"研讨会上所有人都只是吹牛说大话浪费时间，除此之外一无所获。

我把关于 1911 年至 1912 年辛亥革命期间为什么日本没有干涉中国的论文拿给兰格先生进行指导。为了完成论文，我先收集了英国、美国、法国以及德国的文献资料，然后又看了一些中国和日本的文献资料。我的很多学生，甚至包括选修我的课的学生，都帮助我做了资料的收集工作。然而，兰格教授建议我，既然论述的中心是关于日本的，那么我最好从日本的文献资料入手。一语中的！

有一天，在一次接待会之后，威尔玛带了我家的常客菲利克斯·法兰克福特（Felix Frankfurter）和哈罗德·拉斯基（Harold Laski），还有她的其他一些女性朋友—— 一群快乐的人——来家里吃晚饭。到了晚上 7 点 50 分，我解释说："我要去兰格教授家参加研讨会。"这些人问道："他还有什么是我们没有的？"我觉得这是相当令人无法容忍的自以为是，于是我只能说："这是日程计划的一部分。"我仍试图去取得一流的资格。

在 1937 年春天我开始授课，在得到一位研究生的响应之后，我开始打算设立研讨会。为了检验自己的翻译能力，我和远东语言系的魏鲁南（James R. Ware）教授进行了非正式的合作。他曾经是一名拉丁语老师，工作方式和我有很多相似的地方。到了 1940 年，我有了相当数量的资料可以使用，一位名叫约翰·莫顿·布卢姆（John Morton Blum）的研究生作为历史系助理来帮助我复制资料。他是用印蓝纸复写的方式来复制资料的，这种方法是复印机的前身，会在复印件上留下难以去掉的紫色印记。我确信，这些有关早期中国的经历不仅给布卢姆留下了印记，而且通过神秘莫测的天意使他成为耶鲁大学一名杰出的美国问题学者，同时还是70年代哈佛理事会的成员。在繁荣发展的1952年、1959年、1965年和1970年里，我多次印刷了这部清代文献课程提要。

阅读和翻译这些文献资料，是在中国政体表面挖了一个洞，人们可以对中国的政治体制及其体制内运作的各个机构窥一斑而知全豹。例如分布很广的邮政体系、盐税体系、通过大运河向北京供应粮食的漕运体系、为了保护大运河不受洪水侵犯而修筑的黄河水利工程、绿营兵和满族八旗子弟、土地税收网络以及海关系统……所有这一切都在京城六部统御的华丽框架下运行着。这样就导致了文献中充斥着令人迷惑的各种专业术语。

新近出版的文献引发了人们无法满足的追求。我们需要知道这些文献在当时是如何产生、如何处理以及需要花费多长时间来传递它们。1935年我结识了燕京大学经验丰富的年轻目录学专家邓嗣禹。他和我同龄，但手头上有无数的中文参考著作。比我早去北京两年的毕乃德与邓嗣禹合作完成了一部当代不朽名著《中国参考书选目解题》（*An Annotated Bibliography of Selected Chinese Reference Works*，1936年出版）。当邓嗣禹来哈佛大学攻读博士学位时，我们在1939年至1941年间合作过三篇系列文章，分别论述清代公文的传递、清代公文的不同类型和用途以及清代朝贡体制规则与施行办法。［所有文章都发表于《哈佛亚洲研究学刊》，之后合订成论文集《清代行政研究》（*Studies in Ch' ing Administation*）。］

有关中国的研究题材一直在不断地发展壮大，1970年哈佛大学出版了吴香林（Silas H. L. Wu）的《清廷的通讯系统和清帝的统治》

（*Communications and Imperial Control in China*）。其他的新发现成果在台北、北京以及耶鲁大学等一些地方也陆续出版。我们一直努力想要获得一项根据，以便了解中国人是如何管理他们自己的。

我已对清代文献研究的发展状况作了概述。事实证明，在哈佛的近40年时间里我一直拥有开采这块宝地的特权，并据此发表了大约60部相关的专题著作。

与此同时，我的很多非学习外国语言的经验，同样也完美地适用于日语的学习。其中最容易而最无效的学习方式就是与一个当地人互相上课。我曾在北京向南满铁路公司的留着小平头的翻译官学习日语。起初他先讲日语然后用英语来解释，随后我们都讲英语。日语与英语的比例是1∶3，我觉得就像后来的底特律汽车制造商。

1935年炎热的夏天，在日本基督教女青年会，我开始第二次学习日语。因为我的老师是一位女士，所以我学了很多女性化的表达方式，对男性来说过于斯文。第三次学习日语的机会是，我参加了美国大使馆开办的长沼日语教学课程。亲切和蔼的长沼先生有一位美国妻子。他编写的教科书通过必要的结构而更加系统化。学校的一名老师和我们一起去了外交官避暑胜地轻井泽，在此期间我逐渐弄明白了日语有两种语音表，即假名，以及两种主要的中国读音（汉字读音）与相同汉字的多种日文发音。

回到哈佛大学之后，我迫不及待地参加了基础日语课程的学习。为了将日语作为外语来教，使用的是朝鲜小学生的教科书，书中主要内容是关于鸟、花、放风筝以及日本的节日。而我在苏福尔斯学到的英语会话开篇就是“跟我一起跑到树那儿”，“雨啊，雨啊，快走开，过几天你再来”，诸如此类的表达就相当于“Saita！Saita！Sakura ga saita！”它的意思是：“开花啦！开花啦！樱花正在盛开啦！”显然，对于初学对话的人来说，这些句子更适合3到4月份来说，而不适合在11到12月份使用。

最终叶理绥与赖肖尔合著的教材草稿完成了，书中着重列出了一些难点，如动词的语气、时态以及其他方面。于是我开始了第五次的日语学习，并收获良多。尽管如此，叶理绥教授对于让我这个同事作为他的学生感到有点尴尬，所以他尽量不向我提问，以免我万一答不上来而觉得难堪。

就这样，1952 年 1 月，我来到京都学习日语时，已经是一名比较不错的初学者了。果然，京都语言学校也使用了长沼的教科书，同时我前两年的快速成长也给老师留下了深刻的印象。后来的 18 年里，我的日语水平已经得到了很大的提升，能够很流利地提出很棒的问题，但是听不太懂对方的回答。

1960 年在我准备去日本待一段时间之前，我与一位哈佛大学留学生有马辰雄（Tatsuo Arima）交谈过。他是亚当斯宿舍楼的学生部主席，也曾是圣保罗学校有着两种文化背景的一名出色的学生（如今是一名日本高级外交官）。他问道："教授，您什么时候开始学习日语的？"我说："1933 年。"随后他惊讶道："天哪，正是我出生的那年。"

1964 年我使用英语和中式日语结合的方式为日本的观众作演讲，所谓的中式日语就是将中文的词语串联起来用日语表达出来。演讲的主题是关于现代化，当时一些美国人正兜售现代化是马克思主义的替代物。不管怎样，观众似乎可以听懂我讲的英语。

我学习日语的目的是想知道日本历史学家写了哪些关于中国的作品，所以我决定通过描述性书目来收集有关中国的研究课题。1952 年，我找到了坂野正高（Masataka Banno）教授做我的合作者，他也是研究中国外交关系的一名很有活力的专家。他的父亲是一位商人，坂野正高出生在纽约。由于他是专职教师，所以我起草每个条目并综述其内容纲要，而他负责校正并添加作者的观点以及一些解释说明，这为最终的手稿增添了价值。

我们住在品川区一家茶艺馆里，紧邻原氏家族（Hara family）的花园池塘。这个茶室里配备有煤气加热器，可供我们取暖，还有冰箱可以存储食物。每天早上，我会乘坐快速而又拥挤的城区地铁穿过半个城市来到东京大学的东方文化研究所，在这里我有一间书房，同时还可以使用图书馆。1952 年日本的战后恢复只完成了一半，暖气属于奢侈品，就像我在牛津读书时一样。通常情况我会穿着外套，戴着围巾，甚至还戴着帽子和手套。午餐是花生、黄油以及加了果酱的三明治。6 个月的时间，我们编写完成了 1000 个条目，学术上也有了一些新的发现，1955 年由哈佛燕京学社出版，书名为《日本近代中国研究书目指南》（*Japanese Studies of Modern China*）。

这本手稿的完成有几个启发角度，因为在编书过程中被迫将日本名字用英语字母来拼写，所以必须知道这些名字的准确发音。而日本字在翻译时很难确定标准含义，因为有很多种读法，无法确定选择哪个。于是坂野正高会花几个小时的时间，用电话询问作者本人以核实名字的准确表达方式。我们的朋友、研究中国近代史的专家小竹文夫（Otake Fumio）说他自己经常被称作Odake，甚至他自己有时也会这么称呼自己，但事实上应该是Otake，而不是Odake或者Kotake。日本史学家加藤繁（Kato Shigeshi）也经常被错误地称为Shigeru。还有史学家和田清（Wada Sei）也被称作Wada Kiyosh等。

起初我认为，在日本书面语中，有着各种模棱两可的发音，而且采用字形不变、紧接着该词的动词词尾有各种变化的表达方式，我原以为这种复杂的表达方式会成为障碍，让日本倒退，然而这种事并没有发生，人们只能归结于这种结构上的复杂反而为日本人超越我们预先作了精神准备。

我们的书稿中有很长的索引，包括作者名字的索引。我们很高兴可以说服国际基督教大学（International Christian University）的山本澄子教授

（Sumiko Yamamoto）为我们做这些索引，这项工作非常耗时，却是这本书的第三个支柱，所以 1967 年在第二次印刷时我们将山本澄子加入到合著者当中。

我还主编了另外 1000 个条目的补充卷，即《1953 年以来日本对近代中国的研究》（*Japanese Studies of Modern China since 1953*），作者是蒲池典子（Noriko Kamachi），增补至 1969 年，1975 年出版。我们主要使用了哈佛燕京图书馆的收藏书目，并且得到了我们的朋友兼老师市古宙三（Ichiko Chūzō）的指导，他是东京东洋文库（Toyo Bunko）近代中国问题研究中心主任。

在这个课题的研究上，我们体会到了当初毛泽东的"愚公移山"精神，整个过程唯一能做的一件事就是坚持下去。

在允许的时间内，我对自己是否获得全面的训练感到怀疑。1958 年我开始和一位亲切但有些忧郁气质的女士学习俄语，并且在 1960 年和 1972 年分别在莫斯科和列宁格勒用到实践中了。但是俄语有很多生僻的词根，并且与欧洲语系没有任何联系，这对于一个 51 岁的人来说确实很难记住。但这仍然给了我另一种能力，能用带有外国口音的俄语提出一些问题，只是仍然听不懂回答。

叙述类似学习语言这种总是充满了希望、却从未坚持到底的事业中的小枝节，意思并不是想要用失败的例子来警示年轻人。我始终认为，假如有 6 个月的集中训练，我可以精通任何语言。可惜我永远抽不出这 6 个月的时间，需要优先考虑的事情实在太多了。

在坎布里奇任教的前几年，我理所当然地认为哈佛大学是最好的选择。它就像一座体育馆，运动员为了夺得冠军在这里不停地练习杠铃和吊环。哈佛为著书立说、新思想的诞生提供了肥沃的土壤。有些专家讲得多，写得少，往往成为富有影响力的教师；而另外一些专家则讲得少，写得多，往往成为一流的教授。如果想要跨过最后一个障碍成为终身制教授，有著作面世肯定要比讲课更有分量。当然，关于著作与讲课哪个更重要仍然存有争议。对我来说这个问题很简单。写作显然持久性更强，如果有足够多的人读过你的作品，影响力也更大。当然如果你所写的内容只是不断重复课堂上的讲课内容，那么恐怕也难以出版。这对我个人很合适，因为在我的新领域中，有大量基础的资料和新的理解可兹利用。这样的著作是读者所期盼的。

尽管如此，我知道与新的学科领域相比，在发展成熟的领域内出版书籍要更加不易。当新手们的学术造诣追赶上罗斯托夫采夫（Rostovzeff）、哈斯金斯（Haskins）、布克哈特（Burckhardt）、麦基尔韦恩这些大师之后，还应该做些什么呢？每个人应该相信一个事实，即每一代人都必须回头重新审读历史，但是审读的历史往往漫无目的。许多比较大的主题可能被丢弃到垃圾箱中，无人问津，包括你自己的论题。

我的问题与此迥然不同。我早就充满了信心，如果我能实现自己既定的目标，历史系就会给我终身教职。

尽管如此，职务委任制度也并非完全可信。1936年，刚刚上任的校长柯南特（Conant）任命一位数学家为院长，这位数学家明显更适合与数字打交道，并不擅长处理人际关系。当经济学院一致推荐两名教师——雷·沃尔什（Ray Walsh）和我在埃克塞特的室友兼好友艾伦·斯威奇——续任他们为期三年的讲师合同时，校方以预算为由否决了。这主要是因为他们二人在美国劳工联合会下属的哈佛教工工会中表现得过于活跃，而且，他们还积极参与了旨在团结广大劳动者的“新政”（New Deal）[1]运动。我们很多人都认为，校方的这项决议背后恐怕有不少歧视

[1]　指罗斯福推出的新政，其中有一系列劳工保护法案，包括工会法案等。

和偏见。1937 年 5 月，141 名未取得终身岗位的哈佛教员在经过一系列充满愤怒的商议和决议后，向 9 名正教授递交了一份 15 页的备忘录，要求他们调查这一事件。柯南特有很强的判断力，他任命这个小组作为自己的评审委员会，在长达一年的时间里，每周举行例会，在收集了大量口头与书面证词后，1938 年 5 月，委员会提交了一份报告，向校方建议重新任命沃尔什和斯威奇二人，委员会的理由是他们认为校方之前并没有充分审查此二人的优秀之处——之所以用这个理由，是因为并没有证据表明在校方之前的决策过程中存在偏见。[1] 世界上很难再有比这个委员会更富有能力的群众组织了，因此，当哈佛理事会再次打回了这份 86 页的推荐报告时，它实际上是在破坏自己的形象，同时也在我心中留下了深深的不公正的印象，就像 10 年前洛厄尔校长在萨科–万泽蒂（Sacco-Vanzetti）[2] 事件中所做的一样。

这一事件还给哈佛造成了一个特殊的损失，艾伦 · 斯威奇曾是一名出色的年级领袖人物（1929 级），同时还是哈佛校报《深红》的主编和年级秘书，他的身上具备那种只有校友协会会长和理事会理事才会有的忠诚，而这种忠诚正是哈佛理事会所倚重的。成为公众争议的焦点并不是一件值得高兴的事情，就像我后来在 50 年代的感受一样。事实上，虽然在一年

[1] 此八人委员会（9 人中有一位已经去世）由以下人员构成：主席拉尔夫 · 巴顿 · 佩里（Ralph Barton Perry）、希腊史学家W. S.弗格森（W. S. Ferguson）、英文系K. B. 默多克（K. B. Murdock）、美国史学家老亚瑟 · 施莱辛格（Arthur Schlesinger，Sr）、天文学家哈洛 · 沙普利（Harlow Shapley）和三位法学院教授，E. 梅里克 · 多德（E. Merrick Dodd）、菲利克斯 · 法兰克福特（Felix Frankfurter）、埃德蒙 · M. 摩根（Edmund M. Morgan）。——原注

[2] 美国在 20 世纪 20 年代镇压工人运动中制造的一桩假案。1919 年开始的经济危机使美国国内阶级矛盾激化，罢工浪潮席卷全国。1920 年 5 月 5 日，警察指控积极参加工人运动的意大利移民、制鞋工人N. 萨科和卖鱼小贩B. 万泽蒂为波士顿地区一起抢劫杀人案的主犯而加以逮捕。虽然他们提出了足以证明自己无罪的充分证据，但仍被判处死刑，在全世界范围内引起巨大的抗议浪潮。哈佛大学校长洛厄尔当时在该案中被州长任命为顾问委员会成员，在案件中扮演了并不光彩的角色。

之后根据事实得到平反，但是不得不离开原来的岗位，这是一种令人感到痛苦并且压抑的经历。当然，艾伦·斯威奇仍然是一位能干的经济学家，他后来在威廉姆斯学院任教，还在联邦储备委员会工作过，在加州理工大学培养了大批的专家。八人委员会在哈佛大学又工作了一年，审查哈佛大学全部校务。他们提出了详细的任免推荐书，并且得到了柯南特的认可，这也为哈佛在后来保持一支优秀的教工队伍奠定了坚实的基础。我始终认为，通过这次事件发展出来的较为完善的组织体系应该被视作“以此人事任命章程纪念艾伦·斯威奇”。

1937 年 2 月我在哈佛大学开始教学当时，我属于学校里的新人，教的却是内容生动但经常被人忽略的课题。战争让中国持续成为报道的焦点，也引起全美的兴趣，人们将了解东亚局势作为不可抗拒的认可。我曾对 1929 级的学生作过报告：“美国需要的好好学习东亚历史。”我当时考虑得过于简单，认为我的工作只是需要将事实真相提出来，而答案会自己出现。

来听我这门课的研究生改变了我这种缺少思考的授课方式。听课的人中有三位加拿大人——E. H. 诺曼（E. H. Norman）、拉尔夫·科林斯（Ralph Collins）以及明明德（Arthur Menzies），他们日后均成为外交官（后两位后来成为驻北京的大使）。他们哪怕是随便提出的问题都很有深度。我很快意识到所提出的任何“真相”其实早已存在于一个假设的知识框架体系中。真相陈述者的第一项工作就是要先了解这个知识框架体系。通常来说，这些真相都是该领域传承下来的智慧结晶，已经由前辈们将它们提出来了。所以，首先，你必须从中选择究竟采用哪种思路。其次，你要努力进行更深入的研究，想想自己可以提出什么新的东西。所以每次你面对一个论题的时候，必须尽力从全新的角度来考虑讲座的标题和表达方式。

历史 83 所讲授的范围开始不断地扩大。由 A. C. 柯立芝（A. C. Coolidge）与斯坦利·亨培克（Stanley Hornbeck）开设的课程“1793 年以来的远东”，主要讲述中国和日本“开放通商”以来的历史事件。1793 年马戛尔尼勋爵（Lord Macartney）作为英国的第一位大使来到北京，意图使中国对英开放通商。具有讽刺意味的是，英国认为东亚近代史的开端是从这一年开始，而中国却将 1840 年的鸦片战争作为近代史的开端，这两者的意义截然不同。16 至 18 世纪中国与欧洲的接触往来中耶稣会士一章似乎并未受到重视。因为那只涉及宗教哲学，而与贸易和军事无关。

日本也位于远东地区，并且到 1937 年时已经是非常引人注目了。除此之外，我发现朝鲜、亚洲内陆以及东南亚各国都是人口众多、文化丰富、历史悠久，相互都产生影响。简直就是一个大杂烩！似乎没有任何人对这些国家有足够的了解。

首先必须要做的事情是，在地图上标注这些地方。在叶理绥教授的资助下，我找到了极有天赋的制图师埃尔文（Erwin Raisz），请他绘制了一系列体现地貌风格的地图。于是在埃尔文富有创造性的地图上呈现出了山脉高地、沙漠、三角洲以及其他的地势特征，美中不足的是没有标注地名。例如，你能在伊犁和喀什噶尔之间找到木扎尔特山口，它直到 1871 年才出现在历史记录中。我们一起制作了 9 张地图。埃尔文建议在他名字下加上我的名字，作为地图的编者，但是我觉得谦逊才是上策，毕竟地图是由他绘制的。

如今我把地名索引发给了每位同学；而样本地图标注了准确的地名，放置于图书馆玻璃柜中保存。因此，我们的考试当然也包括有关地图的问题。

当然教师讲课的声音高低不同。罗杰·比奇洛·梅里曼（Roger Bigelow Merriman）被称为“活蹦乱跳”（Frisky）[1]，我想是因为他看起来

［1］ Frisky 这个词通常被用来形容猫很活泼。

有些像猫科动物吧。他在历史课1就对着我们扯着嗓子喊，当然这样做是必要的。因为这个新讲堂（阿尔伯特·劳伦斯·洛厄尔校长匿名捐赠，如今命名为洛厄尔讲堂）除去座椅很硬之外，在没有扩音器的时代，这里的音响效果也非常差。因此如何让500名不安分的新生能够被讲课内容吸引住，是一个巨大的挑战。曾有一次，在讲堂上课之前，与我们在一起的查尔斯·韦伯斯特就抱怨道，这是他见过的最艰难的工作。

最佳的男低音是威廉·斯科特·弗格森。我去听他讲授的希腊史课来学希腊语。课堂上没有人出一点声音，我们都全神贯注地听他简洁优美的课程。至于我自己，虽然我对我的听力很有自信，但是我仍然不敢有丝毫大意。

有些讲课人员，比如说弗雷德里克·默克（Frederick Merk），他讲课时的语速很精确地是听写的速度。我在清华大学上课时就已经养成用释意来概述每一个要点的习惯，这种方式仿佛会让人更快地理解要点。有一种授课方式很让人称赞，主讲人并不需要讲稿，完全脱稿。詹姆斯·巴克斯特三世就是这样的人，讲课的同时还会在讲台上走来走去。而我在课上通常会发给学生一张单页，作为课程纲要的一部分，上面列有名字和术语，同时还附加一份参考书目。它替代了黑板，对我来说不必弄脏自己书写板书，对他们来说不必盯着黑板抄写下来，我给学生发一张纸，一切都准确无误。

讲课作为一门戏剧表演的艺术需要通过具体的形式表现出来，因此至少需要由语境、主题、发展、高潮等几部分组成。即使是指定的阅读也无法替代它，因为教师讲出来的内容经常会比书中内容传达更多的观点、更多的相关知识以及某些可能的推论。归根到底，听讲者应该在听课的过程中与主讲人产生“心灵的共鸣”。无论他过去是否有真正产生过共鸣的经历，思考“事物的过去究竟是怎样的”都是一种理想中能达到的最高境界，只是很少有人能够达到这种程度。

在 20 世纪 30 年代晚期，拉德克里夫学院还只是附属于哈佛大学，就像是一个傻姐妹一样，很难得到公众的认可。每次在哈佛大学为三四十名学生讲完课后，我通常会穿过草地来到拉德克里夫学院，为 6 到 12 名女学生将刚才的课堂内容重复一遍，以此来赚取一些额外的收入。我因为无法忍受机械式的简单重复，加之坐在这里的一个大桌子上，而不是讲台上，没有讲台，课堂慢慢蜕化，变得就像家庭教师的独角戏。在这里甚至连挂图都找不到，无论什么表演都被用到站立的讲课中。有些拉德克里夫的学生觉得受到了欺骗，而有些则为能够分享哈佛大学的教育资源而感到高兴。后来教务长普罗沃斯特·保罗·巴克（Provost Paul Buck）申请战时财政拨款打开了男女同校的大门，这实在是做好事。从那时起，我的至友中才开始出现女性的身影。

此外，我认为历史学应该充满心理形象，包括地图、遗址、风景和人物，而不只是一张阶梯状的年代列表。因此埃德温·赖肖尔和我在 1941 年共同开设“东亚文明的历史”课程时，我们开始采用幻灯片辅助授课，后来将这门课的讲稿编成一套系列教材。当时福格博物馆（Fogg Museum）和美术系已经有大量用玻璃制作的 4×3. 5 英寸的关于遗迹和绘画等内容的文献材料。于是我开始将我看过的书页插图制作成幻灯片，由于是在哈佛大学作私下的展示，并不对外销售，所以并没有考虑版权问题。幻灯片不仅可以生动体现故事的真实性，同时还可以使得一些论题更加形象化。例如中国西北的黄土高坡，或是清朝一代代的皇帝在世袭的过程中性格发生的转变，从 17、18 世纪开国者的正直、不屈不挠发展到 19 世纪初道光皇帝的暴躁吝啬，以及随后两位继承者的柔弱不堪，最后终于被心胸狭窄且残忍无情的慈禧太后葬送了整个江山。

1973 年，我很幸运地遇到了一位一丝不苟的美术设计师萨姆纳·格里姆彻（Sumner Glimcher），他帮助我将15套幻灯片配上我的评论解说，并且最终编辑成书《新旧中国》（*China Old and New*），由哈佛大学出版社出版。从那时起，制作精良、记录稀有题材的相册数量激增。

洛厄尔校长梦想的教育方式就是将欧洲各国最好的教育模式综合起来，融合在一起，其中包括法国细致入微的授课、德国的研究生研讨会和牛津剑桥模式的个别辅导制，辅导是其中的一部分。哈佛大学已经有了这一切，唯一的问题是需要保证其正常运作。尽管辅导并不能使你获得终身制职位，但是每个人都应技能熟练。我在柯克兰大楼我的书房进行辅导时，摸索出一套极佳的辅导方法，即辅导的学生人数保持在3到4个人，最多5个人，小组成员之间互相评论彼此的论文，而不必要求每位学生每周完成一篇论文。总之我会避免费力的一对一的辅导，这种做法曾经使得牛津大学的导师们筋疲力尽，不过白修德（Theodore H. White）似乎是一个例外。

我最欣赏的学生也是我的第一个学生，真是命运的巧合。白修德是1938级的学生，与小亚瑟·施莱辛格同班，但他并不认识很多同学，对哈佛的很多事也知之甚少，因为他总在忙于为生计奔波。他的回忆录《追寻历史》（*In Search of History*）是一部充满胆识与才智的传奇。书中很客气地提到了威尔玛和我。然而，书中唯一无法言表的是我第一次见到白修德时的激动兴奋之情。他看起来并不是很有精神，但有着丰富的想象力和一流的口才。在他成为我辅导的学生的时候，他已经是大三的学生且获得了最高奖学金。泰迪[1]从波士顿拉丁语学校来到全盛时期的哈佛大学，熟悉古典文学，常常利用晚上的时间教人学希伯来语。他有着受过训练的头脑，也深知现实世界的残酷，而唯一欠缺的是社交经验——如何端茶、递

[1] 白修德的昵称。

交介绍信、熟悉当下的电影和书籍、游览欧洲各国首都以及做好一些表面文章。但只要时机成熟，其实这些小问题都是可以在一夜之间解决的。

泰迪获奖的论文题目是《1915 年日本对华二十一条》，这是目前在中日之间爆发战争的背景，而他的最优学业成绩使他的学位答辩获得了保证，以下是答辩中的一段对话：

魏鲁南教授："BEFEO是什么？"

白修德："那一定是一个出版物——难道这不是在河内出版的《法国远东学院院刊》（*Bulletin de l'Ecole Française d'Extrème Orient*）吗？"

威尔："那么BMFEA呢？"

白修德："先生，这个我不太清楚。"

这是（需要我说吗？）瑞典首都斯德哥尔摩的《远东文物博物馆馆刊》（*Bulletin of the Museum of Far Eastern Antiquities*），不过其他的考官认为这个问题属于故意刁难人。

给泰迪讲课的感觉就像是 7 月 4 日美国独立日的烟花，你只需要点燃一个念头，他的思路就会像火箭一样一飞冲天。孔子、柏拉图、孟子和亚里士多德怎么会成为同一代人呢？分属不同体系的文明真的是一个个独立的有机体吗？就和你我一样，都要经历出生、生长、发展以及衰老这些过程？

英国历史学家吉本[1]说，罗马帝国由于"宗教和蛮族入侵"而衰亡。中国也曾受到佛教和来自北方蛮族的入侵。为什么罗马帝国灭亡了，而中国却再次统一为伟大的大唐帝国？是因为西班牙、法国以及英国以民族形式发展，而中国由于缺少半岛，根据河流走向只能成为一个统一国家吗？

或者也可以说，作为分处欧亚两端的两个岛屿帝国——日本与英国，

[1] 吉本（Edward Gibbon，1737—1794），是近代英国杰出的历史学家，影响深远的史学名著《罗马帝国衰亡史》一书的作者，18 世纪欧洲启蒙时代史学的卓越代表。

他们早期就开始发展民族主义并依靠贸易成为海上强国。同时为了适应陆地文化，他们会时不时地侵略大陆国家，依靠贸易和海军力量得以生存。英日两国之间的同盟（1902—1922）是为了将中国的不平等条约再延长20年吗？如果是这样的话，那是好事吗？

事实上，泰迪无论从事哪个行业都可以取得成功。（他的弟弟成为国家气象局的局长，该机构后来发展为重要的监测机构。）但是他下定决心成为一名记者。就像中国的政治家一样，他很善于将自身的缺陷变为优势，比如他身材矮小，但这在采访大人物时，反而会凸显出他用低姿态表现出对大人物的尊敬。与泰迪交谈时，道格拉斯·麦克阿瑟（Douglas MacArthur）也会表现得比平时更有思想。他们交谈甚欢，泰迪有自己的一套夸张手法。

聪明的学生其实也会充实老师的生活。曾给我和威尔玛留下深刻印象的另一个事情是一座黄颜色的木板房，位于文思罗普街41号（41 Winthrop Street），在猫头鹰俱乐部、洛厄尔宿舍和室内体育馆（Indoor Athletic Building）的正对面。这里确实影响了我们的生活方式。我们为此捐赠了一些中式家具和雕塑。但是与其说我们改变了它，不如说是它改变了我们的生活方式。

这栋小房子始建于19世纪初期，基座由粗石打磨后砌成。最初，进门口是一个前厅，左右是两间对称的房间，进入前厅有狭窄的环形楼梯可以到达二楼和三楼。一层和二层各有两个房间，均配有壁炉。这栋房子右边远离街道的一侧还有一栋二层楼，配备的后楼梯又陡又窄，上面两层的两个房间也都配了壁炉，总共6个壁炉。

到19世纪与20世纪之交，入口处通往二楼的楼梯被移走了，一层的两个房间也被合并为一个14米×30米的大房间。后楼梯则成为唯一通往二楼的楼梯，而从二楼通往三楼的环形楼梯依然在那里，只是缺少下面的那部分来支撑。当我们在 1936 年找到这座经过改造的房子时，里面已经没有前厅了，一楼变成了一个大厅，带有一间厨房；二楼有三个房间，三楼则有两个阁楼。浴室由缝纫室改造而成，里面有一个小小的浴盆。此外，厕所的水箱位于三楼，有人曾在天花板上凿了个洞垂下一个拉绳，可惜不见了。三楼的住户会突然听到洪流一般的水声。

总体而言，这处住宅缺少某种宏伟的气势，在大厅只适合举办鸡尾酒会，并不适合举办宴会；适合招待普通百姓，不适合宴请社会名流。我们就像是住在游艇上（我想象得到），衣柜和存储空间相当有限，东西摆放必须规划得井井有条，否则就装不下。

尽管如此，从威德纳图书馆到文思罗普街 41 号仅隔着奥本街（Mt. Auburn Street）和马萨诸塞大道，距离大概只有 200 码。早饭后，上午 8 点钟，不管什么时间，我都可以在 4 分钟内到达我的办公地点。40 多年来，我为此节省的通勤时间，按照每天工作 8 小时来算，大概有半年时间。

由于我们的住处离校园很近，所以很方便与学生接触。于是我们在每周四下午 5 点举办茶话会。除去战争时期有 5 年外出以及 2 次公休假[1]，我们的周四茶话会一直持续了整整 33 年。

周四茶话会的作用非常广泛。外国留学生来这里练习口语，男女生可以在此约会，甚至来访的社会名流也会到此一游，尽管他们有时只是很想知道这群唧唧喳喳的学生会如何款待他们。来自苏福尔斯的堂兄弟们也不会觉得被忽视。此外最主要的是，茶话会帮助我们的学生彼此形成自己的朋友圈，而其中一些人最终甚至迈入了婚姻的殿堂。芮沃寿（Arthur Wright）就在这里结识了芮玛丽（Mary Clabaugh）。我的同学比尔·扬

[1] 美国教授每七年有法定的公休假。

曼（Bill Youngman）见到了我们从前北京的室友埃尔西·珀金斯（Elsie Perkins），还有我的同事麦伦·吉尔莫（Myron Gilmore）在此结识了希拉·德恩（Sheila Dehn）。此外，1940 年白修德从中国第一次返回的那个夏天里，他几乎一直独自一人待在这里，他说他学到了很多他想知道的东西。在性解放时期，这里对于年轻的情侣来说也是绝佳的选择，当我们周末外出期间他们可以临时居住并代为照看房屋，享受着美妙的二人世界。这座房子完全可以适应这种情况。

文思罗普街 41 号也可以表明我们与哈佛的脐带关系。1936 年时，成本核算还不是美国崇尚的方式。詹姆斯·比加（James Biggar）是哈佛大学的商务经理，性格和蔼，当时在莱曼宿舍楼办公，负责哈佛大学保障和不动产部门，他带我们看了这座刚空闲下来的房屋，并且表示可以为我们翻新，还能替我们保留到秋季返校时。2 月 11 日，我们签了租房合同，租金是每个月 50 美元，从 7 月 1 日开始算起。我们同意如果接到通知，我们会在一个月内搬出，不过好在这类事情至今（1981）尚未发生。

这是一座宽 15 英尺的三层砖砌的楼房，地处霍利约克街（Holyoke）与文斯罗普街（Winthrop）拐角处一块 21 英尺宽的空地上，夹在一座大型公寓和美林馆（Merrill Hall）之间。我们打算在狭小的院子里种上苹果树和丁香花，但是当我们试图挖土时，挖出来的却是煤渣、玩具汽车和其他一些填充物。房子最初属于斯特拉斯俱乐部（Stylus Club），托马斯·沃夫（Thomas Wolfe）公司的编辑麦克斯维尔·珀金斯（Maxwell Perkins），以及范·维克·布鲁克斯［Van Wyck Brooks，《新英格兰的盛世》（*The Flowering of New England*）的作者］都曾在此居住。它的历史还不止于此。第二次世界大战之后，美林馆被拆除，变成了一小片草地。之后距西边 2 英尺远的女房东抱怨家里的地窖有飞蚁。经过调查是白蚁，一个星期内大型的铁锤破碎机将这所大公寓夷为平地，于是这里又多出了一片草地。后来我雇用了一位专业驱虫师仔细除虫，从此这里再也没有发现白蚁。

暖气是从街对面的室内体育馆地下管道接过来并输送到其他各个地方的。如果我们将地下管道的开关方向旋转错了，位于文斯罗普和邓斯特楼拐角处的人员安置与职业咨询办公室（Office of Placement and Career Counseling）就会被停止供暖。过了好些年直到成本核算流行起来后，先前在美林馆地下的蒸汽管道才再次启用，成为冬季雪天里的绿色通道。

每隔 7 年，大学里的建筑都会被重新粉刷，就像大学教授的公休假一样，当护墙板变干泛黄时，外表看起来就像木头被刷过多遍漆一样。苹果树上的松鼠们开始在屋檐内寻找过冬的地方。在冬天时每隔几周的时间，通过管道连入各个房间的暖气片就会堵塞并发出像手提钻工作时的响声。暖气片有类似早期蒸汽阀的装置，可以冷却热水，使其从释放蒸汽的阀门流出。供暖工会控制阀门打开或者关闭，但是有一些住户不需要太高温度的话，他就会稍微将阀门只打开一部分。而响声意味着暖气片里充满了水，你可以通过打开放气阀将热水排到外面的水桶里。除此之外，每年漏水都会将天花板弄潮，甚至会直接从上面滴水。因此天花板必须重新修整粉刷。到了 1977 年我退休时，房子已经破旧不堪了，房客和房子究竟谁的寿命更长呢？这还真是一个问题。不过学校会负责将其彻底维修一遍，包括安装新的护墙板、密封窗户和新的天花板，比照顾居住在这里的住户还要好。

让人高兴的是坎布里奇离新罕布什尔州很近，那是人们通过勤劳战胜自然而形成早期美国人性格的地方，后来却发现用机器来耕种中西部平原，人们会变得更加多产。新罕布什尔州本质上是一块露出地面的花岗岩石，有些部分被郁郁葱葱的树木遮盖着，冬天到处都是积雪。不过这里的夏天比西伯利亚要长，一年有 9 个月时间可以成为避开波士顿尘嚣、享受周末及度假之地。

1910 年威尔玛一家人开始在新罕布什尔州富兰克林市郊区的一个农场避暑，这里是 1842 年丹尼尔 · 韦伯斯特（Daniel Webster）迎接铁路的地方。很快福特汽车取代了火车，成了前往那里的主要交通工具，后来随着务农人数的持续减少，州际公路出现后，坎布里奇到富兰克林市的路程已经不足 2 个小时。新波士顿公路是一条 1 英里长的盘山公路，距离 93 号公路只有 2. 5 英里，但是是一条死路，仅能在市政维修下勉强维持存在。这条公路如今已经被威尔玛的弟弟和三个姐妹，以及他们数量众多的后代接管了。

大约在 1914 年，马萨诸塞州总医院的艾达 · 坎农（Ida Cannon）小姐正在开创医院公益服务。她购买了一块树木很少的牧场，一端的花岗岩是新波士顿公路沿线最美丽的风景，在这里可以看到远处 20 英里外佩米奇瓦塞特山谷（Pemigewasset Valley）上的卡迪根山脉（Mt. Cardigan）。艾达 · 坎农在这里建造了一座占地面积为 40 英尺见方的夏季别墅，后来威尔玛继承了这座别墅。这里的洗漱用水来自屋顶汇集的雨水，通过手动泵从水箱中抽取，而饮用水则由山中的泉水引来。

1929 年我第一次来到富兰克林时，山顶几乎全部被松树覆盖了。由于坎农一家人来自圣保罗，在那里树木是神圣的象征，所以他们对此毫无办法。好在上帝帮忙，1938 年的飓风让环境恢复到原来的样子。在当时，我们从环绕的森林中开辟了一条长达 5 英里的马路，还垒了水坝拦截一条小溪用来游泳。从山上到山下，沿途两边绵延数英里的石墙将未被开发的区域隔离开，然而大自然再次取得了胜利，于是我们在夏天有了新的消遣活动——砍树。砍断直径 4 英寸粗的白杨树，是一件让城市居民印象深刻的事情。关于使用斧头，有两大诀窍：其一，在斧头落下前，运用手腕发力加快斧头前端的速度；其二，要丝毫不差地砍中位置，即闪电般连续两次砍到同一位置。斧头的长柄也很有帮助。

在富兰克林时，我对我的岳父也有了一些新的了解，他和我父亲一样，也是既做花匠又会木工。他在《人体的智慧》(*The Wisdom of the Body*) 中提到人体内尚未明了的自我恢复机能让我们保持稳定状态，当时我们讨论了可能会产生的社会影响。我还曾为贝利奥尔辩论俱乐部写过一篇名为“社会：超级动物”(Society the Superbeast) 的文章，文中对古代人类和社会机制进行了类比。我饶有兴趣地领悟到坎农博士的科学思想是如何把这个题目的重要性缩小到合适的程度，还它本来面目，而另一方面则利用一切可资利用的东西。[1]

在富兰克林市度过的几个夏天，是我在哈佛大学 5 年见习期中不可或缺的经历。这几个夏天允许我扩展博士论文的主题，结合了中国与英国不同的观察角度。于是我从中国的外部边缘问题开始入手，最终写到从北京角度看外部问题，从边缘逐渐发展到核心。《中国沿海的贸易与外交》(*Trade and Diplomacy on the China Coast*) 到 1953 年才完成并出版。这完成了我为培训他人而进行的自我训练，让我恰好赶上了战后中国问题研究蓬勃发展的机遇。

---

[1] 沃尔特·B. 坎农:《生理机体与政治机体》(*The Body Physiologic and the Body Politic*)，美国科学发展协会会长致辞，1940 年出版。——原注

第 14 章

战争与政策问题

在我偶尔将注意力从清代文献和有关东亚的书籍中转移出来时，从周围传来的消息总是很不乐观。法西斯主义在不断扩张，1936 年 11 月，德国、日本和意大利签订了《反共产国际协定》，侵略者结成了合作关系。灾难接踵而至，继 1936 年 7 月的西班牙内战，1938 年 3 月希特勒军队侵占奥地利，随之而来的是 9 月份的《慕尼黑协定》以及 1939 年 3 月捷克斯洛伐克被吞并的消息。当然所有这些都为 1937 年 7 月 7 日日本对华全面侵略提供了恐怖背景。

当时美国的反应是继续保持孤立主义的态度，这种保守经常被理想化为反战态度，如今看来却很难令人信服。事实上美国的外交策略分为三种情况：向东对欧洲采取避免卷入战争的“我们不介入”的策略；向南对拉丁美洲则采取门罗主义的“你们别介入”的策略；而向西越过太平洋采取门户开放的“我们都介入”的策略。总而言之，孤立主义的软肋就是远东地区。

当然，即使意图和可行性方面有所欠缺，没有长期一贯的国策也是一种下策。门户开放政策称得是具有英国风格的传统方式，是美国理想主义与利己主义的结合。1899 年约翰 · 海（John Hay）最初提出的照会的施行条款是来自中国海关总税务司罗伯特 · 赫德手下的税务司贺壁理（A. Hippisley）的建议（马士博士曾于 1931 年在伦敦介绍我们认识）。麦金莱（Mckinley）总统在大选之年需要制定一个使美国不致在华过分扩张的政策，在这种情况下贺壁理为柔克义（Woodville Rockhill）起草的备忘录最终被国务卿约翰 · 海所采用，成为对华政策。1895 年甲午海战日本战胜中国后，欧洲列强在 1898 年获得了多项特权，美国扩张主义者也要求不能落后于欧洲，要及时采取行动。（菲律宾、关岛、夏威夷以及萨摩亚群岛是扩张的典型例子。）麦金莱和约翰 · 海的精心之作——门户开放政策中要求对各国贸易施行平等开放政策（这正是海关所代表的），英国放弃该主张并投入到帝国主义战争之后，美国重新将其捡来作为国家政策，它取代帝国主义政策而成为新的对华政策，但是我们在菲律宾采用了与英国相同的帝国主义政策。

事实上，有两种门户开放政策，一个针对我们，一个则针对中国。最初的对外开放政策意指在中国拥有平等贸易与投资的机会，换句话说，其实是在不平等条约下，要求中国对外开放。但是约翰 · 海于 1900 年第二次制定的条款中指出了中国行政和领土的“独立存在”（后来这个词改为“完整”），其目的在于避免义和团运动所引发的危机期间中国被帝国主义者瓜分。第二次的门户开放政策实际上是赞成中国有机会继续成为（或成为）一个国家。

门户开放政策不仅提出要保护我们在华的贸易特权，并且赞成中国享有独立自主权，显然这是不具有可操作性的单边声明，并不是一个双方协约。同时这也是一个难以实施且模棱两可的观点，因为它一边承认中国的独立主权，一边又利用不平等条约继续损害中国的主权。

然而，对于20世纪30年代后期奉行孤立主义的美国来说，对华政策为其退过去成为世界战争中的活跃角色提供了良好的舞台。西太平洋取代远西成为扩张的前沿。传教士和商人依靠他们治外法权的特殊身份活跃于中国。19世纪末期，他们在日本扮演了同样的角色。在这两个国家中，他们都陷入了在欧洲不曾遇到过的复杂局势。

同时，日本对华侵略引发了政策上的一个简单的道德问题，即是否应该继续帮助日本并为其提供军需品。面对两难问题，“美国不参与日本侵略委员会”出现了，有效开启了援华公众游说活动，这是一个公开且以大众为基础的组织，他们唯一的目的就是要求美国政府停止向日本的战争机器供应石油、钢铁以及军需品。当时美国军需品供应量至少占到日本进口军需品总量的一半。

这个游说团队的中坚人物叫哈利·普莱斯（Harry Price），他出生于中国，是一位南部长老会传教士教育家的儿子。他于1932年获得了耶鲁大学经济学硕士学位，曾在燕京大学执教5年。1938年5月在纽约休假期间，哈利和他的弟弟弗兰克将一些有着传教士背景的人组织起来成立了一个小组。小组取名为“美国不参与日本侵略委员会”，而这个略长的组织名称也很好地阐述了其具体而有限的目标，且充分利用了美国强烈奉行孤立主义的环境。

1938年8月，他们一共寄出了2.2万本名为《美国在日本罪恶的侵略战争中应负的责任》（*America's Share in Japan's War Guilt*）的小册子。哈利·普莱斯和他的同伴真正为委员会树立了典型。到了1938年圣诞节，他们已有一份令人印象深刻的支持名单，其中有29个人构成的全国委员会和86个赞助人，这些人均为美国各界名流。他们推选格林（Roger S. Greene）为委员会主席。顾临曾出色地就职于美国领事馆，之后在由洛克菲勒基金会支持的北京协和医学院任院长，一直干到1934年。我们早就知道他是美国社会的知名人士，他也曾在我需要的时候给予我精神支持。他的弟弟杰罗姆·格林（Jerome Greene）则是哈佛董事会秘书长。罗杰以他丰富的工作经验和敏锐的政策观察力，使得委员会得到了快速的发展。

在“不参与日本侵略委员会”运行的两年半时间里，其目的是鼓舞动员大多数支持中国的美国人，这些人在10年后支持维护中国国民党的美国政策。从那时以后这成为一种惯例。前传教士，即后来的明尼苏达州议员周以德（Walter Judd）博士在此期间曾进行了1400次支持中国的演讲，国会议员们甚至可以根据他从所经过地区发过来的大量“不参与日本侵略委员会”的邮件得知他的行程。与左翼分子合作或在别的问题上合作，他们则着力避免。总之，纽约的哈利·普莱斯和华盛顿的顾临组织了直至当时世界历史上最有效的单一目标运动之一。作为自由中国的象征人物，蒋介石是直接的受益者，因为委员会尽量避免触及国民党与共产党的矛盾，仅仅是提及“中国的”美好的经济前景和当前的形势，将其视为如英国一样的民主堡垒。

尽管委员会的积极分子中包括一些有着传教士背景的人员，却没有办法赢得各个差会的支持。这些人认为，无论对中国还是对日本，他们都有责任进行传教，因而反对偏袒任何一方而使自己牵涉到战争当中。1940年7月2日美国《国防法案》（*National Defense Act*）的颁布标志着对日实施更加强硬政策的开始。于是委员会也最终在1941年2月1日停止了相关活动。与此同时，1941年初美国联合援华会成立，但是由于国民党与共产党的矛盾而导致援华会内部成员意见不统一。

作为哈佛大学的教员，我整天忙于写作与讲课，无暇参加委员会的活动。但势态依然不可避免地将我卷入公共活动当中。由于欧洲危机加深，波及远东与欧洲的全面战争爆发了，于是1940年哈佛大学教授组织起来，旨在动员美国支持英国，维护自由，反对一般意义上的暴政。拉尔夫·巴顿·佩里（Ralph Barton Perry）以及大批的自由主义者（主要是人道主义者）预见到这是一场无法避免的与纳粹之间的战争，所以他们组建了一个与写信及评论类似的通信委员会的组织。他们称其为美国国防会哈佛分会（American Defense: Harvard Group），并希望其他地区有更多的团体能够出现。佩里担任主席，主攻罗马史的同事梅森·哈蒙德（Mason Hammond）任财务主管，菲利普·霍夫（Philip Hofer）任秘书长。领导成员还包括俄国人山姆·克罗斯（Sam Cross）、法学院的吉姆·兰蒂斯（Jim Landis）以及研究美国历史的老亚瑟·施莱辛格。在8个委员会主席当中，我的大学本科导师唐纳德·C. 麦凯（Donald Cope McKay）（从事法国当代历史研究）负责出版与写作部门。

当时我仍全身心投入到19世纪40年代的中国沿海口岸研究，但是应邀参加了美国国防部组织的一次有关中国与日本的讨论会。在这里我遇到了一位来自西北的学院派杰出学者威廉·蒙哥马利·麦戈文（William Montgomery McGovern）教授，他在哈佛大学政治学系上课。咄咄逼人、有着极强自信并且自我陶醉的威廉已经快速完成了多部作品，包括《日语口语》（*Colloquial Japanese*，1921年出版）、《大乘佛教入门》（*An Introduction to Mahayana Buddhism*，1922年出版），以及《致伪装的拉萨》（*To Lhasa in Disguise*，1924年出版）。我们私下都认为他是一个“江湖骗子”，即便如此，他也是一个聪明的吹牛者（之后就职于参谋长联席会议下属的联合情报委员会）。同时他会以毫不含糊的词语斥责日本在中国的所作所为。我试图驳斥他的简单化判断，但是对我所说的设置了很多限制，并保持谦逊，不以专家自居。事后老亚瑟·施莱辛格对我说：“约翰，不要这么谦虚。你知道的要比他多很多。如果你要说的话，就确信无疑地表达出来。”

我一直牢记他的建议。开导或说服别人时，自己首先必须熟悉你信奉的观点。一个辩论家必须保证他的论辩切实可行。当我开始接受邀请为外交政策协会和其他一些组织作演讲时，我不得不更多地思考有关政策的术语——不仅仅是国家利益、公众舆论、国际稳定等词语，而且还要有力图从极有限的个人经验激发出来的信心。这是一个漫长的过程，因为我发现我与其说是一名中国问题专家，倒不如说是谋划费正清事业的专家，信不信由你，两者确实不同。

随着美国支持中国的呼声高涨，坎布里奇发展成为一个真正的思潮中心。奥地利受人尊重的经济学家熊彼特的夫人伊丽莎白·卜德·熊彼特（Elizabeth Boody Schumpeter）博士进行过一项有关满洲经济的研究，她认为日本侵略情有可原，或至少是有其合理的一面。当她冒失地公开发表此类希望被记住的看法时，坎布里奇的一些女士却嗤之以鼻，显然她们希望这样阴险恶毒的人应该保持沉默。中国已成为一个道义上的问题，诉诸良心的审判，至于事实如何，已不重要。在希特勒教导我们世间有罪恶时，美国人用道义与其进行抗争。日本和中国越来越变成彻底的黑与白的问题，因为普雷多街的人们对中日两国具体情况知之甚少。

为了避免这种认识上的无知，有组织地开展远东研究显得尤为必要。特别是伯顿·法斯，当他在波莫纳开始教学时，就多次向莫蒂默·格雷夫提议。1937 年莫蒂默开始发布半年一次的简洁而有说服力的通报《美国远东研究评论》（*Notes on Far Eastern Studies in America*）。这是一份专业内刊，体现了美国学术团体的两个委员会对促进中国与日本研究的希望和努力。伯顿和我以及其他有志之士讨论着具体的细节，并寻找志同道合之士。

1939 年至 1940 年间，赖肖尔与我跨越学科界限建立了一门二元化的课程——中文 10，讲述 1500 年以前的远东；历史 83，讲述 1500 年之后的远东。我们各自在对方的课上讲课，并且对东亚作出全面评述的一年计划也进行了一半。我与法斯一起管理 1940 年的暑期学校——远东研究院，学院集中力量对历史与参考书目进行全面的评述，意在挑选出 12 名年轻的美国教师，让他们作好准备教授东亚课程。这是我在哈佛大学的第一个 5 年里的高峰时期。美国学术团体委员会的格雷夫与洛克菲勒基金会的史蒂文斯向我们提供了大量支持。这实际是在哈佛大学开设东亚历史概论课程的准备，可能随后会在全美范围内得到极大的普及。赖肖尔与法斯负责日本方面，卜德与我负责中国方面，弗利尔艺术馆（Freer Gallery）的阿奇博尔德·温莱（Archibald Wenley）负责艺术方面。在此过程中，我们为我们的课题划分历史时期，精简参考书目，都获益良多。最终，100 本 78 页的教学大纲发给了我们感兴趣的每个人。

为期 6 周的讲习班结束后，卜德与我在哈佛教授俱乐部主持了一次会议，参会人员包括从事各方面研究的同事、教育家以及计划促进远东领域进一步发展的慈善基金会的理事们。1941 年，在我们前往华盛顿之后，这一努力开始发挥效力。我们深入教育机构内部活动，并成立了一个隶属于美国教育理事会的机构——美国亚洲研究委员会。委员会主席为哈佛大学教育研究生院精力充沛的霍华德·E. 威尔逊（Howard E. Wilson），成员包括当时就职于太平洋国际学会的桃乐茜·伯格（Dorothy Borg）、法斯和我。委员会于 1941 年 12 月 4 日成立，72 小时后发生了偷袭珍珠港的事件，表明历史发展正如我们预期。我们发布了一份声明，阐述各个学校进行远东问题研究的必要性，并通过文章与会议陈述的形式进行积极的宣传。我们得到了洛克菲勒基金会的支持，使得霍华德·威尔逊可以全力为委员会工作。最终他在美国各地举行了 6 场大型集会，但在战争全面爆发后，我们的亚洲问题研究不得不告一段落。

这次的宣传组织使我们了解到美国教育家的规模以及错综复杂的关系网，还有他们对纯粹机构的热情。在得到他们的认同后，我们开始准备课本、地图、教学大纲、参考书目、视觉教具、宣传册、社论以及会议，专题委员会和大量研讨会，但是我们不知去哪里找到有经验做此类事情的专业人员。事实上，其他任何有意义的项目都可以进行计划和组织。早期的传教士的热情似乎也在教育家身上得到了很好的体现。

回顾 20 世纪 30 年代晚期，我一直在寻找关于中国问题的信息，这些信息我认为不仅要通过教育渠道，更需要通过国家公共策略的讨论来扩大影响。侵略这一争论问题应该作为一个国际关系型的事件而不仅限于意识形态——诸如基督信仰、共产主义或是资本主义——这种转变是一个漫长的过程。西班牙就是一个很好的例子，它表明西方民主国家因试图避免战火，反而引发了第二次世界大战。当佛朗哥反抗 1936 年 2 月选举出来的西班牙自由主义政府时，由 473 名议员组成的议会中只有 16 名共产党员。但是希特勒和墨索里尼借口佛朗哥是在同布尔什维克作战，公然以武力帮助佛朗哥，另一边英国、法国和美国以“中立”为由停止向倾向民主共和的总理胡安·内格林（Juan Negrin）领导的合法政府提供武器。这为苏联提供了良机，最终使苏联成为主要的支援西班牙的国家。

因为我的岳父坎农博士认识并很尊敬作为生理学家与民主党人的胡安·内格林博士，所以他曾在援助西班牙民主医疗局（Medical Bureau to Aid Spanish Democracy）担任局长并工作两年之久。当时医疗局进行了人道主义援助，向西班牙运送了价值超过百万美元的医疗设备和医用品。坎农博士尽量避免共产主义的影响，但是在言论自由的美国，还是有些人会称他为赤色分子。

我发现作为一名向公众提供信息的权威人士，需要考虑到公众的智慧。例如，“中国总是同化她的征服者”就是陈词滥调，这种论调或多或少可以应用于来自北方草原的小群游牧部落，但到了近代，并不能指望中国“同化”新的征服者，因为中国和日本都已经成为独立国家。我曾在

1937 年 12 月的哈佛校报《深红》上发表文章，指出日本对华侵略本可以通过支持傀儡政权来消除不断高涨的民族主义，但是在中国扶持傀儡政府花费高昂，并且还不能半途而废。文章大字标题是“费正清说：中日问题尚处襁褓阶段”。果然不出所料，解决这个“问题”需要 8 年的时间。

经过努力，我更深入地了解到如何用历史研究来影响目前的危机。1938 年当张伯伦在慕尼黑对希特勒作出让步之后，我在《哈佛校友会公告》（*Harvard Alumni Bulletin*）上发表文章谈“我们在远东的选择”。文中我问道：“如果张伯伦政府决心给日本在中国战区的发展提供财政支持，美国政府又会受到什么影响呢？”问题的答案就是，我们过去已经采取了默许大英帝国的态度，并从其签订的协议中获得大量的好处。与此同时，为了阻止张伯伦对日本作出让步，我们必须制定一个全新的、更积极的政策：减少对日本军需品的供应以及减少美日贸易数额，为中国提供资金援助，阻止英国对日本进行财政援助，不能“允许英国和日本再次联盟”。

到 1940 年 3 月，我在《哈佛卫报》（*Harvard Guardian*）上建议，美国对日本不提供军用物资的禁令只有在其他几个国家共同协作的情况下才会有效。我们对于远东和平的贡献应该包括放弃在华治外法权的身份，限制中日向美国移民的比例，并只允许部分日本产品进入美国市场。毫无疑问，这些建议看着合理，但也只局限于理论，缺乏可操作性。

在美国国防会的鼓励下，我的文章整理印刷，其中包括 1940 年 10 月 3 日写给《纽约时报》（*New York Times*）的一封信。当时新闻报道了有关新德日联盟条约以及日本对印度支那的侵占。于是我在信中催促重开滇缅公路并向新加坡派遣美国巡洋舰队，这是阻挡日本扩张、避免卷入战争的最佳方法。同时为了援助中国也应这样做。“如果我们想避免与日本发生军事冲突，我们只能支持中国的爱国者……让日本陷入侵略中国的泥潭，这完全是一种好的自卫方式。”

这封令人质疑的充斥着空想逻辑的信得到了《时代》杂志署名为哈利（Harry W. Knettel）的回复，信件标题为“不关我们的事”（Not Our Business），他认为日本与英国都属于帝国主义者，而美国只是为了纯粹的商业利益,不值得卷入战争之中。

我在第二封信中回复说，很不幸，我们正在中国享受的由英国武力保护的各种特权就是一种帝国主义特权。日本侵占新加坡，“将南太平洋与印度洋变成了日本的内湖”，这对英国和中国都将是致命一击，而我们却只能孤零零地自曝弱点，等待袭击的到来。

我可以想得到，通常报纸中的争论需要一个愚蠢而又内容宽泛的结论，毫无疑问，由此推断出的结论很可能也是宽泛而又愚蠢的。

1941 年 7 月我在《合众社》（*the United Press*）上写了一篇文章：“如果俄罗斯败给德国，远东将会发生什么？”我预言德国的货车会行驶于横穿中国新疆的公路上，而俄罗斯越过此地对中国进行的物资援助目前超过了我们对中国的援助。纳粹因此可能通过武力和诡计来确保其对自由中国的控制。他们还可能用纳粹空军加强日本的海上力量，“使中国退出战争，并鼓动日本与我们开战”。由这种狂热的推断折射出，在 1941 年的夏天这个世界正处于极度动荡不安的状态中。

对我来说，对世界危机中美国政策的关注证明了历史知识对于人类生存是必要的。这给予我高度的自我肯定。历史对于我就如同真理对于我那作为公理教会传教士的祖父，既可以谋生，还可以拯救世界。尽管如此，以上对于政策的讨论还是极其不成熟的，这表明我要想成为一名学术权威依然需要更多的努力。1941 年我对政府事务甚至国家利益都知之甚少，但突然我获得了学习这些的机会。

第四部分

华盛顿、重庆和上海

（1941—1946）

第 15 章

来到华盛顿

珍珠港事件爆发前 4 个月，我应召加入在政府领导下参与筹建把学术研究机构转变为战争目的服务的研究机构的工作。之后的 5 年，我请假离开了哈佛大学：第一年在华盛顿（1941 年 8 月—1942 年 8 月），之后被派往中国一年零三个月（1942 年 9 月—1943 年 12 月），而后返回华盛顿（1944 年 2 月—1945 年 8 月），接着再次前往中国停留了 8 个月的时间（1945 年 9 月—1946 年 7 月）。在我 34 岁到 39 岁之间，这些富有冒险精神的插曲让我卷入世界事务，毫无疑问也使我个人获得了新生。和其他人一样，在战时的拼搏中，我也彻底地明白了自己在想什么，以及如何发挥作用。因为战争从根本上提出了新思想和组织问题，这些问题都需要人们采取创造性的行动。

1941 年夏天，新成立的情报协调局（Coordinator of Information）局长比尔 · 多诺万（Bill Donovan）上校正在抓紧筹备组建一个全球范围的秘密机构，包括秘密情报处和秘密行动处。其中情报协调局研究分析分处是一个协助其他部门的独立机构。他们相信事实往往并非人们表面上所看到的那样，对事情进行理性分析后往往会带来截然不同的结果。这里的成员大部分来自各所大学，他们被要求以使其在学术领域获得成就的那种严谨态度来关注当前与未来。

当时詹姆斯·菲尼·巴克斯特三世（威廉斯学院院长）受聘担任研究分析处的主任，他邀请兰格加入，兰格推荐了麦凯（McKay），而麦凯又推荐了我。于是 1941 年 8 月 13 日，我们 4 位来自历史系的教师来到了华盛顿，8 月 13 日上午 9 时 15 分，我、巴克斯特、兰格、麦凯，以及兰格的得意门生、研究俄罗斯问题的专家菲利普·莫斯利（Philip Mosely），在宾夕法尼亚街与宪法大道交会处空置的顶点大厦（Apex Building）召开有关成立研究分析处的首次会议。为了使学识在战争中发挥效用，他们需要陆海军人员与情报协调局的研究人员进行合作。而后者需要利用美国国会图书馆的资源（幸好图书馆的新楼刚刚竣工），并将他们研究的成果提供给位于城市另一端西北 E 大街和 25 街交会处（25th and E Streets NW）的情报协调局总部，同样位于此地的还有秘密情报处和秘密行动处。

巴克斯特和兰格开始在美国各地招募学术专家。其中一位重要新聘人员是专攻远东问题、长期执掌密歇根大学政治科学系的约瑟夫·罗尔斯顿·海登（Joseph Ralston Hayden）教授。他曾在菲律宾从事教学工作，事实上 1933 年至 1935 年间他一直在菲律宾担任副总督。他的著作《菲律宾：国家的发展》（*The Philippines: A Study in National Development*）刚刚于 1941 年出版。同时，唐·麦凯承担着摘译美国国务院每天收到的大量电报的工作，以便于研究分析处了解最新的情报。显然这种工作就像是弗兰肯斯坦（Frankenstein）[1] 博士创造的毫无生命力的人物一样，一旦组装起来，需要通过电流赋予其生命活力。

---

[1]　弗兰肯斯坦是科幻小说里面的科学怪人。

显然，我的资历尚浅，是位只发表过一些文章的讲师，对这类工作毫无经验可言，但在中国问题与日本问题的研究方面，我代表的观点是使用中国和日本的原始资料。我啃的第一块“骨头”是一条海军情报，其中涉及日本的造船业，铝、铁以及飞机的生产。情报是前段时间从海军情报局获取的，多诺万上校要求我对其进行鉴定评估。经过一个下午的分析，我发现这是由乔装为渔民或朝圣者的间谍收集到的一份复杂的观测报告，其中包括没有出处来源的统计资料以及各种新建的机场和工厂的列表。（随后得知这份报告来自英国。）而这份复杂的报告意在表明日本工程师“开始为建造一条由下关通往朝鲜釜山的海底隧道而进行勘察测量，这条隧道横跨对马海峡，全长仅 122 英里”。

在我看来，这份报告并不能算作情报，因为只要仔细研读日本的一些新闻就能了解得更多。随后巴克斯特和我将这份报告提交给多诺万上校。而他给我的印象则是，“性情温和而异常地优柔寡断，并不了解自己想要做什么”。后半句完全正确，他做事总是出人意料地不知所图，这正是他努力营造出来的。但是事实证明他并非优柔寡断。

很快我开始同时进行两三项工作，其中包括协助在国会图书馆建立远东研究部，这需要收集大量的参考资料，同时也需要招收人员来处理这些工作；帮助新成立的多诺万团队向政府机构证明专业学术知识的价值，接触华盛顿所有的中国问题专家。一时每个机构都开始需要中国问题专家来协助工作，而我在中国北京等地 4 年间结识的人也都很快聚集到这座城市，就像菜肴佐料那样，并且每周都有越来越多的人前来此地。

我们找到一处住所，和我的同学比尔·扬曼及他的妻子在一起住了几个星期。在他们结婚之前，比尔的妻子埃尔西·珀金斯曾在北京寄住过我们家一段时间，他们两人就是在我们家相识的。而比尔在罗斯福新政期间曾担任联邦能源委员会（Federal Power Commission）的首席法律顾问，如今他与汤姆·柯克伦（Tom Corcoran）合伙经营一家法律事务所。随后他们与宋子文建立的中国国防物资供应公司（China Defense Supplies，Inc）建立了密切的合作关系。埃尔西的祖先就曾涉及早先的中国贸易，而她的丈夫也正在开展一项新的对华贸易，并一直持续到战争结束之后。最终宋子文指定比尔作为其遗嘱的执行者。

几天后，威尔玛找到了一所干净的寓所，包括一个大客厅、两间卧室、一个厨房和一个小花园。房子位于交通便利的乔治城西北区的 34 号大街 1306 号。于是我们立刻租下了房屋，计划在 9 月 1 日入住。

8 月 14 日，我去拜访了劳克林·柯里（Lauchlin Currie）。此前在居于麦迪逊的拉福莱特的夫人伊莎贝尔的引荐下，我曾于 1928 年在哈佛大学见过柯里及其夫人桃乐茜·培根·柯里（Dorothy Bacon Currie），当时他是一名经济系讲师，还在攻读博士学位。如今他离开了联邦储备委员会，成为富兰克林·罗斯福的 6 位行政助理之一。1941 年初他受总统委派会见蒋介石，并负责对华租借事宜。

柯里博士是白宫班子的主要人员，拥有一间宽敞的办公室和两名秘书，其办公地点位于美国国务院大楼（如今为行政办公大楼）二楼，隶属远东司。当时柯里正忙于解决滇缅公路问题，派纽约卡车公司的经理们前往该地管理交通运输。作为中国获取物资的主要供给线，这条公路却存在着形形色色的营私舞弊和腐败问题。司机们连给卡车加油都不会，却懂得如何走私货物。派去的纽约人都很严格，但是也深知当时的情况并不乐观。

我发觉柯里是克莱尔·陈纳德（Claire Chennault）上校以及美国志愿航空队在国内的后台，而后者是一支非官方组织的志愿空军，配有 100 架 P-40 战斗机，正在缅甸进行秘密训练。后来我根据柯里的资料，准备详细记录这支志愿队的由来，以此作为情报协调局对华援助研究的一部分。

由于他没有支付下属工作人员报酬的预算，最终我们到12月份才想出一个主意，即我以情报协调局委派的名义，利用部分时间为他工作。这对于他、我、情报协调局以及战争来说都有好处。于是圣诞节时我在他的隔壁224号房间开始工作，电话号码为“白宫80号”。试问，谁还会有比此更加尊贵荣耀的身份象征吗？

就这样，我更上一层进入了权力核心，但是我并没什么特别需要去做的事情，只是四处走访，访问人物，收集信息，继续从事一些较次要的项目而已。这也很有趣，到了风云变幻的1941年秋天，我很快对即将登场制定对华政策的主人公有了深刻的印象。

柯里之后下一位上场的人物为斯坦利·亨培克，他似乎与我有很多共同的地方，例如我们都来自美国中西部，都是威斯康星大学贝塔·西塔·派兄弟会的阿尔法·派分会的会员，同时也都是罗德奖学金的获得者。他曾在哈佛大学讲授过主题为“1793年以来的远东”的课程，这门课由我接任。有时候我甚至担心我们俩是不是连个性都一样。

8月15日我打电话给亨培克博士，告知我已经到达华盛顿。

> 他的声音听起来非常生硬，他想知道多诺万的目的，还想知道他要做的事，他为什么将这里所有的人都弄得沮丧。我声称自己不知道，确实如此，但我说我希望他会知道，我仅仅以熟人的身份非正式地打电话过来想征询一些建议。也许这样更加适合，毕竟我还没有被分派由谁领导。

几天后，我们去拜访他，还一起喝了酒，但是并没得到什么建议。显然，他认为自己在对华政策方面所做的一切才是必要的。柯里仅仅是执行而已。

斯坦利的书房简直就是一项杰作，其中有悬于头顶的拉绳和滑动的写字板装置，这是一套对有着自制风格的慢运动十分有效率的组合，可以说是房如其人。

如果说谁的职业生涯可以用来概括美国远东政策的不足，斯坦利·亨培克自然是首当其冲。他曾在 1911 年辛亥革命（1909—1913）前后在中国几所官办大学执教 4 年之久。这是在他获得罗德奖学金之后（1904—1907）。中国方面并未要他讲授语言课。他所从事的学术领域为政治学，当时这个学科已从历史学中分离出来，且与法律仍有密切关系。1911 年他获得了威斯康星大学博士学位，并与芮恩施（Paul Reinsch）教授一同工作，后者后来成为威尔逊总统派往中国的驻华代表。1916 年，亨培克出版了《现代远东政治》（*Contemporary Politics in the Far East*）一书。1914 年至 1917 年他执教于威斯康星大学。在一战期间他成为陆军上尉，接着开始紧张地工作，在 1919 年巴黎和会与 1921 年的华盛顿会议上为远东问题专家。之后于 1924 年至 1928 年间离开政府部门，前往哈佛大学讲授远东历史课程。1927 年出版《今日中国政治》（*China Today: Political*）一书，1928 年返回华盛顿，担任美国国务院远东司司长。他善于将合法性与道德准则结合起来，这完全符合传统美国人对于门户开放政策的浮夸作风。如今这种符合亨培克口味的迂腐软弱的外交信条使得他既能站在美国的立场维护法律，又能站在中国的立场维护正义。从这两方面来说，他是有着浓厚文化气质的典型美国人。

最令人奇怪的是，他在国务院只是一名民法专家而非驻外代表。尽管如此，1937 年后他主管远东司中国科与日本科，且一切相关事务都必须获得他的批准（政治顾问亨培克）。这种不同寻常的安排证实：与其他地区不同，远东的确神秘莫测，需要某位“懂”东方的人来把握。

这一情景有几个错误。亨培克是一个精力充沛而又十分独断精明的人。他掌控着这个所有中国问题专家曾进入过或应召去工作的行业——他们自认为有着普通人不具有的深奥知识。他曾到过中国，讲授中国近代史，但这个经历使他（及每一个“中国通”）看不到自己无知的一面，相反，这些皮毛的知识与理解却使他自信满满。他并未亲眼见证发生于中国的几次革命，不过他对此并不在意，他最显著的特点就是拥有令人惊讶的正义感。在我们早期的见面中，他向我解释说：“美国的远东政策就像一列疾驰在轨道上的火车，早已安排好了前进的方向，人人都知道将要开往哪里。日本人必定注意这一点。是战还是和，一切都取决于他们。”这样下去，火车出轨在所难免。

1941 年 8 月，早先在日本和中国的驻外事务处人员开始反对对日采取明显的绥靖政策，并对远东司武断的施行方式颇为不满。当时的远东司日本科领导为马克斯 · 汉密尔顿（Max Hamilton），他毫无个性，完全被亨培克牵着走。之后有人甚至冒着被革职的危险向副国务卿萨默纳 · 威尔士（Sumner Wells）呼吁，要求进一步讨论有关政策问题。远东司的这一矛盾一直被掩盖，直到 1944 年大量工作人员再次反对亨培克，指责其对国务卿赫尔（Hull）隐瞒重要信息。很快亨培克被派往荷兰担任大使，自此结束了他辉煌的职业生涯。

斯坦利 · 亨培克试图将弱点变成优点的方法之一，是声称政策的制定者并不需要直接接触现场，因为所有的信息都会被汇总呈报到中枢，送到他的办公桌，只有在那里才可以看到整个情况。这种有害的思想同样也被其年轻且有魅力的律师助理阿尔格 · 希斯（Alger Hiss）所效仿。在此之前我并没有见过阿尔格 · 希斯，他远非激进主义者，事实上有人认为他只是作为法律顾问担任亨培克的助理，过于忠诚，墨守成规。由于对远东问题缺乏经验，他更适合于他所擅长的起草程序和拟定协议的工作，这方面他确实有成绩。

在国务院最光彩夺目的，我认为非约翰·佩顿·戴维斯（John Paton Davies）莫属了。生于四川的他曾从北京一路旅行到沈阳，之后返回国务院。在接电话的时候，他总是喜欢用清脆的“Moshi-moshi”（日语“喂，喂”），让电话另一端的人误以为把电话打到了东京。

我在五角大楼遇到迪安·腊斯克（Dean Rusk），当时他已经是一名海军上校，暂时负责大英帝国的部分军事情报。他的前任是一位和蔼的老妇人，没有助理，主要负责文件剪报摘要。我们当时还没作好充分的准备对印度与缅甸展开军事行动。而情报协调局的贡献之一就是制作地图并由专家计算出印度的铁路运输能力。

另外，我在五角大楼还遇到了英俊潇洒的弗兰克·罗伯茨（Frank Roberts）少校，他曾在北京担任翻译官，我们还参加了同一个学习小组，如今他在针对中国的G–2 工作。除此之外，他还是 1937 年的“班乃号”（Panay）事件中的英雄，当时弗兰克·罗伯茨在长江上指挥“班乃号”炮舰，而日本人对其实施轰炸，最终炮舰沉没，这位指挥官几乎丧命。作为一名情报协调员，我向他提供了柯里博士 1941 年 2 月在重庆收集到的有关国民政府的数据档案。这些表格可能会令人印象深刻，但准确度不够，我们可以提供的只有这些。我为弗兰克所在的G–2 部门复印了这些资料并安排其与柯里共进午餐。他们通过共同的朋友这样非正式地见面要比官方渠道更方便一些。

8 月 17 日是个周日，我们在胡适大使家中共进午餐。这是一座高贵的住宅，坐落于小山丘上，四周都是草坪与树木。此时距离他领导五四运动已经过去 20 年了。为中国服务而与美国人打交道的外交灵活性使其成为高层次的公共关系人物。

8 月 18 日，我见到了海顿·伯特纳（Haydon Boatner）少校，他是我另外一位在北京时的朋友，也是学习语言时的同伴。他正在做的工作是为中国提供军事援助。而他面临着中国人的面子问题，即总是想要最新的武器，例如重量太大而无法通过桥梁的坦克，而他强调很多破坏性的武器设备都可以达到更好的效果。受过专业培训的海顿在帮助中国获得美国援助方面可谓如鱼得水。

第二天，我拜访了宋子文。在此之前多诺万早已叫上我一同会见宋子文与他的顾问鲁德维格·雷奇曼博士（Dr Ludwig Rajchman），后者曾是前国际联盟驻南京的卫生专家。

> 宋子文让我想起了威斯康星大学橄榄球队的中卫多伊尔·哈蒙(Doyle Harmon)，他带球速度极快，较之于在边缘浪费时间，更善于从后卫中突围进攻。而雷奇曼博士个头不高，目光锐利，鹰钩鼻，看起极像一位侦探。他们都以锐利的目光直视我，于是我也尽量以同样方式直视他们。
>
> 多诺万介绍说我是一名远东问题专家。之后他给我看了宋子文的信件。信中宋子文极力请求美国空军帮助中国阻止日本对重庆的轰炸……他还说当时我们加紧为俄罗斯提供援助，但对中国说的都只是一些空话而已。

当然，几个月后，美国志愿航空队也就是飞虎队将会为重庆提供防御，但是1941年夏末，宋子文还在为中国的临时首都四处拼命地寻找空防支援，而多诺万是他奔走呼吁的渠道之一。但是多诺万当时正在华盛顿这个发电厂内建造自己的涡轮机。由于早早到场，我成为他特别安排的“专家”，然而多诺万并不比我更有能力为重庆提供空军支援，而我也是毫无办法。我记录道：“我并不确定宋子文的求援信是否被其他人读过。”（显然，我错了。）[1]

时间就这样过去，我见了很多人，但并没有做什么事情。到 9 月份，我征得同意后邀请来自波莫纳学院（Pomona College）的伯顿 · 法斯负责研究分析处日本方面的工作。乔 · 海登（Joe Hayden）荣升为分析委员会的最高层。而伯顿和我还不具备研究指导者的经验，所以我们听从海登的建议，聘请密歇根大学的查尔斯 · 雷默（Charles Remer）来担任我们远东部门的领导。查尔斯曾在上海圣约翰大学教学，出版过外国在华投资的权威著作。一同前来的还有他长期合作的研究助手，就像他说的那样，我们在国会图书馆新建的大楼中开始了不断向前的工作。作为新手的伯顿和我感觉雷默行事迟缓，当然其中不乏好意。但我们的问题是要找到有能力的人与华盛顿的其他部门竞争。

当多诺万派我们紧急完成一项有关中国铀矿的备忘录时，我第一次认识到“情报即力量”。很幸运，我们有一本最新版本的《中国年鉴》。我们在索引中查到了铀，并在正文中获知它蕴藏于湖南和江西一带。随后制图师绘制了一张突显出湖南和江西、并用 × × × 作标记的地图。当时我急匆匆地将地图交给正与托马斯 · K. 芬勒特（Thomas K. Finletter）开会的多诺万。这是我为曼哈顿计划所作的贡献。

到那时，国会图书馆新楼并没有什么进展，于是在征得查尔斯 · 雷默同意后，我继续与其他机构保持联络。毕竟，情报协调局的工作就是协调他们。于是我从来自北京和散布在国务院、五角大楼以及新建立的不怎么为人所知的机构如经济战委员会（Board of Economic Warfare）中网罗中国问题专家。很快我们就将大家召集在一起，举办了非正式的周三午餐聚会。

[1] 宋子文的求援信在R. E. 舍伍德（R. E. Sherwood）的《罗斯福与霍普金斯》（*Roosevelt and Hopkins*）一书第 406—408 页出现过。——原注

在华盛顿的一件令人高兴的事，是与莫蒂默·格雷夫以及他的妻子简交情越来越深。莫蒂默一贯深谋远虑，为了应对战争突发情况而编辑了一本人名录，上面记录了精通东亚语言的美国人。同时他还雇用威尔玛编制了一本与中国有关联的美国机构目录（1941 年出版）。

美国学术团体委员会办公室禁止招收女性工作人员，此乃会长沃尔多·利兰（Waldo Leland）的命令，他的前任曾聘用了一位女秘书。这位女秘书将所有文件记在大脑中，以至于她成为不可或缺的人，但是每次她对文件迟疑的时候就像断了电的电脑，不起作用。威尔玛只能在别人看不见的密室中进行工作。

在任何情况下，莫蒂默都喜欢亲历亲为，并不太需要秘书的协助。他的想象力使其成为美国人中有着超自然的语言表达能力的先锋。他特别提倡对俄罗斯与中国的研究。凭借其韧性与独创性，他以微薄的资金取得多项成就，帮助许多大学的年轻教师出版译著丛书和专题著作丛书，开办暑期学校，并为图书馆和培训工作提供帮助。我提到过的恒慕义传记项目只是其众多成就之一。

莫蒂默曾在第一次世界大战时当过飞行员，后来成为一名历史学家和人类学家。木匠活也是其多个兴趣之一。从某种意义上说，他是一名先知，可以预知到对语言及后来在缩小的世界中被称作区域训练的东西会产生大量的需求。此外在早期他曾被邀请担任研究与分析处的领导，但是他并不愿意被政府雇用，因为在他看来，这样会限制工作的自发性与工作本身。

1941 年 12 月 8 日，星期一，美国学术团体委员会的电话一直响个不停，都是政府机关寻求有关日本与中国方面的专家名字的电话，要求最好为男性，20 到 30 岁之间，拥有实地工作经验，且当地语言流利。而如此优秀的人才早已被海军部门搜罗一空了，它曾在本年早些时候在全美范围内物色这类人才。

美国国务院文化关系司（State Department's Cultural Relations Division）最初一直主要致力于拉丁美洲的友好睦邻关系。作为全面发展的一部分，1941 年末受权成立了中国分部。威尔玛成为这里的第一位雇员。作为一名熟悉中国的官员，威利斯 · R. 佩克（Willys R. Peck）成为中国分部的主管。他开始教威尔玛如何做到官场所要求的精确无误和工作程序上的繁文缛节，这是绘图员必须加以重视的知识。自此威尔玛开始了她 5 年的政府工作生涯，并最终成为驻华大使馆的一名文化官员。

12 月 7 日，周日下午，听到电台广播日本偷袭珍珠港，我和其他人一样在危急之际急忙回到办公室。然而在空旷寂静的国会图书馆附属楼里，我发现并没有收音机，于是不得不打电话回家向威尔玛询问事件的进展。当时马歇尔将军正在石溪公园骑马，不过至少在他回到办公室后一定能收到相关通讯。

当然，战争似乎证明我们为它所作的与军事相关的准备工作是正确的。但是这并没有减少我的感觉，即我是从哈佛大学转入华盛顿政府的，从个人研究转变为集体努力，我实际正在从一项充满希望的事业转向一些琐碎而无意义的工作当中。学术的生活给予了我日复一日的成就感。例如，为某一目的读书，仿佛为大夏添砖加瓦一样地讲课，与学生交谈以帮助其成长等。与此相反，在华盛顿的官僚生活会将一个人淹没在无数的电话交流、委员会会议、阅读某人厚厚的报告、在会餐以及社交活动当中与同事会晤。此外，在这种永无休止的交流中都要使用充满竞争且低劣的政治手段。一项政策提案几乎不会靠其价值得以通过，必须要靠玩弄手段才能通过，然而，有时候赌注越大，一个人所获得的成就却未必越多。

尽管我对官场生活并不抱太多幻想，然而我认为，作为情报协调局和柯里博士之间的协调员，我想自己还算是成功。我觉得我的工作就是了解政府机构中从事与中国有关的工作的人员，同时我也协助散布重要信息。

情报协调局有过硬的制图部门和能力超群的制图员。我们出版了包括公路、铁路、河流和山脉等在内立即发挥价值的地形图。另外我们还出版了周刊《中国战况》（*The War in China*），而我进行美国对华援助的研究。最终我将柯里的大办公室用作会议场所，不定期地召集来自各大机构的中国问题专家召开临时会议，以便大家针对正在做的事情进行交流和启发。

情报协调局研究分析处奉命编写陆海军手册中有关经济社会与政治部分的内容。这是一本包括数据、地图和概述的手册，战地军官应该人手一本，G-2 与海军情报局为此做了大量的工作。这样这个新的机构赢得了名声。与此同时，我从这些专家组中选取数据信息提供给柯里，作为富兰克林·罗斯福的备忘录。我一度成为

> 他的印度运输系统方面的专家，为此我常常需要与对英关系处的丹·桑纳（Dan Thorner）电话沟通。当柯里询问我印度的卡车数量，我在 5 分钟之后给出了答案，他惊讶无比。

我的这些迎来送往的行为相当于介绍人们彼此认识。我并没有明确的政策信念，因为我对当代中国并没有直接的了解。1942 年 7 月 21 日至 8 月 7 日罗斯福总统再次派劳克林·柯里前往重庆，此次回来后他就主张全力支持蒋介石，毫无条件，因为他认为蒋介石是值得信赖的，“按照我们的意愿，采取强有力的战争政策及创建一个现代民主的强大国家”[1]。显然，柯里对中国也没有直接的了解。

与此同时，1942 年 6 月研究分析处的远东部门已经有 20 名工作人员和 7 名兼职顾问，其中 8 人从事对华工作。他们平均有 7 年在华工作的经

[1] 见迈克尔·沙勒（Michael Schaller）：《美国十字军在中国，1938—1945》（*The U. S. Crusade in China, 1938-1945*），1979 年出版，第 235 页。——原注

验。远东部门已经完成了 75 份报告或研究，但几乎不涉及政策方面的内容。因为我们编辑的内容与柯里这样执行层官员的政策理念存在巨大的分歧。

自 1942 年 1 月日本侵占新加坡之后，其军队继续朝缅甸前进。此时史迪威代表团也在前往中国的路上，华盛顿各个机构都认为需要在重庆设立前哨站。

第 16 章

战时前往中国

战局的变幻莫测为精明的企业家提供了无数获益的机会。面对史无前例的情况，每个人都必须为之付出新的努力，然而有些人成功了，有些人却没有。我给自己的定位是结合逻辑始终如一地行动。但是当时并没人给予我指导或是对工作情况进行说明，于是我只能依靠自己来整合。

工作展开的前提是，研究分析处远东部门需要派代表前往中国来获取更多研究资料。在查尔斯 · 雷默上任之前，我和法斯就已经收到第一份来自饶大卫（David Nelson Rowe）的有关中国媒体分析的提案。由于受哈罗德 · 拉斯韦尔（Harold Lasswell）以及其他政治学家的影响，饶大卫偏向于采用定量分析（计算单词使用的频率），通过这种方式使得不和谐的政治议程转化为依靠数据说话的科学。此外，他已寻找到基金会来支持他在重庆的研究项目。于是我们委任其为研究分析处代表，他于 1941 年 11 月 27 日抵达重庆。

如何让情报协调局在中国开展工作是一个很大的难题。会讲汉语的美国人在招募中国雇员的时候必须考虑到对方可能为双重间谍，他们可能同时向中国上司汇报情况。任何秘密就像吸引苍蝇的垃圾桶一样，每时每刻都在产生谣言、错误、恐惧、虚假的希望和嫉妒。54 岁的乔·海登是一位经验丰富、头脑冷静的资深政治家，我认为正是在他的推荐下，中国盐务局的艾森·麦克道尔·盖乐（Esson McDowell Gale）被招募进入情报协调局，担任其驻华代表。

盖乐在莱顿大学（Leyden）[1]获得了汉学博士学位，是美国的一位学者型官员。我曾在上海见过这位知识渊博、发展全面、留着英式胡须的汉学专家。

作为情报协调局首任驻重庆代表，他的工作进展得并不顺利。毕竟从一名中国雇员转为美国机构的负责人并不容易。此外盖乐博士印着“美国情报处”代表的名片并不能得到中国人的信任。

然而，事情的发展超乎我的预料，让饶大卫也日益陷入困境。他发现他不喜欢大使馆和在里面工作的很多中国人。人们总是用奇怪的眼神看他，他总认为有人跟踪他，要密谋陷害他，使他处于危险当中。我们担心他精神不正常，将其带回美国看医生，结果证明毫无必要。随后我被举荐接替他的工作。于是，1942 年 6 月 2 日多诺万任命我为情报协调局的驻华首席代表，全权负责处理一切事务。他的指令就是一个让我陷入了一团混乱的黑暗地狱的号令：“你将：（一）成为重庆办公室被认可的总负责人；（二）被授权作为协调员处理小组所有事务；（三）被授权对协调局重庆小组进行行政管理，并负责处理除几个分支代表的特殊任务之外其他涉及重庆小组共同利益的事务。”这意味着我只是一位挂名的负责人，对秘密行动却没有控制权——显得很重要，但面目模糊。这是我极力渴望摆脱

[1] 盖乐博士论文题目是《盐铁论：古代中国关于国家控制工商业的一次辩论》，1931 年出版，这是《盐铁论》第 1—19 章的英译本，记录了公元前 81 年的一次辩论。1934 年盖乐博士翻译了后面的第 20—28 章，发表于上海《皇家亚洲学会华北分会学报》。——原注

的命运。幸运的是，尽管我收到了正式签署的命令，但是一切安排并未实施。6月13日，情报协调局进行工作重组，海外情报处划分出去改为战时情报局。剩下的研究分析处、秘密情报处以及秘密行动处整合成为战略情报局。与此同时，我立刻为自己在中国的工作确定了范围缩小而具体化的任务。

与此同时，盖乐博士被召回之后，乔·海登为了弥补自己举荐不当的过失被派往重庆收拾残局。于是1942年8—9月间，我们一同非常友善地结伴而行。这次旅行让我们对战时美国技术的不断扩张有了全局的概念，尽管我们对世界的理解一直在增长，但这一切远远超过了我们理解的增长速度。

1942年，泛美航空公司依然为美国政府提供优先运输服务，后来由航空运输指挥部将其业务进行扩张。当时泛美航空公司使用的是DC-3型飞机，双发动机连同一个固定的尾轮，着陆时，飞机是向尾部倾斜来着陆的，类似喷气式飞机的前置起落架，还是以后的事。空调也是相同的情况。停机坪上的DC-3被烈日炙烤着，里面的乘客也早已汗流浃背，而一旦飞机起飞，恐怕都会被冻僵。由于座舱压力不稳定，在越过喜马拉雅山时乘客都感觉不适。这些20世纪80年代那些在飞机上享受到服务的舒适程度甚至超过家里的乘客们的苛责。1942年的泛美航空公司正在尽力达到令人觉得不可思议的目标，这让我们感觉自己就像是探险家。

8月21日，乔·海登和我从迈阿密乘飞机途经南美和非洲来到中国。毫无疑问，此次飞行与1842年从塞勒姆或是巴尔的摩乘坐游轮前往远东时途经南大西洋和印度洋一样，都采取了迂回路线。一开始我们在波多黎各降落补充燃料，晚上到达西班牙港［特立尼达拉岛（Trinidad）］；第二天我们穿过了奥里诺克河（Orinoco）和亚马孙河等几处宽阔的河面来到了葡萄牙殖民地古城贝伦（Belem），它位于南纬3度。渔船、色调柔和的房子、像公园一样的广场、刷白的树干，还有露天咖啡馆，所有这一切都令人联想到地球另一端 16 世纪葡萄牙帝国的殖民城市澳门。

与上海一样……贝伦也位于河流入海口处，只是没有成千上万的农民居住。我们飞行中还越过一些棚户区，令人惊奇的是，这些棚户区位于亚马孙的支流的河岸处、一个沼泽边缘的空地上。这里一定有一个内陆地区与这样大小的城市相连，但我并不知道在哪里。

这里沿着河岸每时每刻都有来来往往的人。如今美国进行的扩张行动如同葡萄牙对贝伦、澳门和马六甲的殖民一样……美国人倾尽全力为他们的新式武器和运输工具修建了无数的混凝土跑道，就像葡萄牙人曾经为了用船只运送大炮而修建码头和堡垒一样。

我们乘坐四引擎飞机，从巴西海岸的累西腓（Recife）起飞，用一整夜时间穿过南大西洋。天刚亮，在广阔海面上，一个小点越来越近，原来是阿森松岛（Ascension Island）。从南美洲到非洲，我们已经恰好走完了一半的路程。荒凉的山顶处，一条灰蒙蒙的飞机跑道正在修建中，它让我想起了我的牙医在修补臼齿前会先把它磨平的情形。

下一个降落点是阿克拉（Accra，当时属于黄金海岸，即现在的加纳），与尚未成为旅游景点的夏威夷极为相似，这里有着大片的浅滩，适合冲浪。在简易的房舍中，你永远都不知道晒成褐色的床单什么时候更换。谁负责这些呢？从阿克拉开始，泛美航空公司的航线向东前往另一个港口拉各斯（Lagos），随后起飞向东北越过尼日利亚，来到铁路的终点卡诺（Kano）。

下一站我们来到了迈杜古里（Maiduguri），并在此扎营，这里真是泛美航空公司值得骄傲的扎营地点。随后我们从机场乘车行驶 15

英里，不知从何处到了何处，最终进入有一些新建筑物的居民区。我们在其中一家店里享用了纽约生产的冰柜里的金莱茵（Rheingold）牌啤酒和可口可乐。随后我们来到一处带阳台的简易住处洗澡，屋内有几个大的盥洗盆、镜子、铁制床和椅子以及抽水马桶。之后我们来到了一个干净卫生的餐厅用餐，这里的白人在厨房给我们做了类似坎贝尔风味的番茄汤，除此之外还有炸鸡、土豆炖牛肉、玉米面包加花生酱、果酱和薄荷酱。途经此地的每一位乘客都会提及这个地方。没有人可以想象，这里的所有食材究竟是怎样被运来的，因为最近的食品供应站是距此700英里的南部地区。月亮渐渐升起，真正的非洲式的大月亮，我留神倾听狮子的吼叫，然而整晚听到的只有7英尺的电冰箱和抽水马桶发出的声音。显然这次旅行让人很难将非洲和泛美航空公司分开来。

在大英帝国所属的领地埃及和印度，我们偶然碰到了英美联盟的问题，此类问题同样也发生在中国。在这场类似于手足之争中，已是强弩之末的英国的骄傲、经验和领导地位如今已不复存在，被唤醒的美国人开始下意识地怀疑其帝国主义和反人民的意图。一边谴责大英帝国的残余势力，一边利用它们，美国人并没觉得自己实为大英帝国的继承者。事实上，我们习惯于享受英国人的部署安排，却在理论上对其进行抨击。

8月28日，沿着尼罗河顺流而下，我们从喀土穆（Khartoum）前往开罗。6个小时后，我们抵达谢菲尔德酒店（Shepheard's Hotel，如今已不存在），这是维多利亚女王时代的不朽之作。酒店中装饰着黄色大理石的圆柱，卫生间天花板高达20英尺，浴缸大到足以让人溺水，但是没有淋浴，还有标记着侍者、女仆和土著的按钮。除此之外，这里还有一流的餐厅，餐厅的墙上有红黄两色双S形的纹络，荷叶四周散布着无数个结点，门廊上方为凹形图案。铁制品加工巧妙精致，灯具如同随波漂流的帆船，喷泉周围布满了叶兰。除此之外，谢菲尔德酒店还有一些用于基布尔学院（Keble College）和其他建筑物的装饰。人们可以想象得到身着衬裙的维多利亚女王就坐在那马蹄形拱门、罗马式穹顶及英制的休息处呢！

我们在花园一边吃晚餐，一边欣赏着英国官员与女伴很笨拙地在舞池翩翩起舞，好像他们根本就不知道他们为什么做不到，实际他们能做到，尽管他们不必这样。德国人正在距离此处 3 小时车程的沙漠中。6 月 30 日，当地一个送信人说，路上有一条宽 10 英里的裂缝，他们本可以到此处，但需要多花 36 个小时通过，但是显然他们太疲惫了，与此同时澳大利亚人已经从叙利亚赶到。

最后，一架英国水上飞机带我们从开罗的尼罗河上出发，途经荒芜的放牧着羊群的基督教圣地（巴勒斯坦）到达底格里斯河和幼发拉底河河口处的巴士拉。随后我们前往卡拉奇，最终于 9 月 6 日抵达新德里的帝国酒店。在这里我遇到了白修德，他戴着一顶如同蘑菇一般的硬壳太阳帽。他带我参加了一场鸡尾酒会，到场的还有埃德加·斯诺、《先驱论坛报》的阿奇·斯蒂尔以及《纽约时报》的赫伯特·马修斯。他们都身着战地记者的卡其色短裤配绿肩带衬衣，相当地时髦潇洒。当时埃德加准备经波斯前往俄罗斯，白修德则正跟随两位将军到处飞。

这是我第一次来到印度，仅从表面上对比一下，印度人和中国人就令人吃惊。在战争时期，还未解放的卡拉奇与新德里人民看起来就像

胆小畏缩、过于脆弱的生物，而不会像中国人那样进行反抗。你不需要为小费与其争执不休，因为无论给多少钱他们总会恭敬地收下。至少在军事机关周围他们从来都不苟言笑。而中国的苦力……如果你多

给一些小费，他们就会得陇望蜀，如果给得不多，他们就极力抱怨，即使给得刚刚好，他们还是会有所反应……这里的人要比中国人还要饱受苦难……在现代文明的表面下，衣着破旧……而在中国，每个人都是一样地贫穷。

有一种普遍存在的现象，那就是在第二次世界大战期间到过印度和中国的美国人仿佛观光客一般，对这里只留下了浅显的印象，后来哈罗德·伊罗生（Harold Isaacs）在其作品《心影录——美国人心目中的中国和印度形象》（*Scratches on Our Minds*）中提到这一现象。印度人获得解放前莫名其妙的奴性与英国统治阶级的傲慢恰恰相配。而此时的中国人与美国人正在寻求社会的平等关系，至少他们彼此有所回应。

在德里，我们的英国朋友们……正处于连续不断的病痛中，包括疥癣、发烧、生疮、登革热、疟疾、痱子等。夏天天气干燥，气温高达华氏120度，还不停地刮风，让人无精打采；到下雨的时候又会发霉，所有的爬行动物都开始出动；如今到了冬天，阳光明媚。你可以了解到殖民地的生活。这里所有能看到的东西，仆人和帝国，都无法摆脱发烧和痢疾的困扰。

我们有两周时间观察印度，尽管对它的印象朦胧而不确切。9月13日我们乘火车从德里来到了阿拉哈巴德（Allahabad）的美国基地。我们发现这里的乡村极为平坦，

与艾奥瓦州极为相似，只是没有几何形的自然景观。这里的田地各式各样；庄稼诸如玉米分成一团团，参差不齐。由于长期居于此地，印度本地人必然耗尽精力，所有人必定都需要一个假期。而最令人惊讶的是，虽然他们都很贫穷，衣着长衫，但个体是非常多样化的。

从潮湿的印度途经喜马拉雅山北缅甸的“驼峰”来到干燥的云南高原，此时印度与中国的对比显得更加突出：

> 我们从印度中部飞到阿萨姆邦（Assam），自此前往中国……再往东走，可以清晰地看到喜马拉雅山脉矗立在北边，黑色的山脉之后是一连串的雪山。河流穿过平原，向低处奔流，最终汇聚到如同恒河一样为沙地地标的雅鲁藏布江，并随其向东流去。我们刚好降落在许多茶园的中间。在这里，阿萨姆邦本地人正撑着一把大黑伞在太阳下工作，除此之外，另一个由驻扎来自美国中西部士兵的军营也在这里，军营的小伙子每周去不知名的地方看两次电影，那里有家营地商店，出售可口可乐……
>
> 第二天早上（9 月 20 日），我们继续向东飞行，“越过驼峰”，飞机一直稳定上升，其高度远远超过了欧洲的山峰。飞机越过层峦叠嶂的绿色山峰和荒无人烟的山谷，最终到了北缅甸的上空。高处的红壤梯田在绿色山峰与云层之间，显得格外壮观。当然，我们都在防备着日本人的出现。飞机上的乘客想象着埋伏在不到 100 英里处的零式飞机突然从南方出现，于是空中展开了一场惊心动魄的拦截—闪躲行动。毫无疑问，拦截并不是一件容易的事情。
>
> 我们来到缅甸公路的上空，这条公路是一条蜿蜒曲折的红色小路。不久向低处滑翔，看到一潭大湖，它连同湖泊四周陡峭的山崖，是昆明当地独特的界标；再往远处，是西山（Western Hills）。从高空俯瞰，昆明并不大，位于宽阔平原的南部边缘。这里依山傍水，河流、村庄星罗棋布，有着便利的农田灌溉设施，景色秀美异常。

我再度访华所产生的第一印象至为生动。

> 其一，我可以和人们交谈，想要使用的字词随时涌现出来，就像从未离开过中国一样；其二，这里的人们精力充沛，面带微笑，与印度人的疲惫压抑形成了强烈的对比；其三，妇女和男人们一样在外工作，并享有和其他人一样的自由；其四，中国人方平的脸型与印度人消瘦的脸型相比显得更加强壮，气色也更加健康。

20世纪初，昆明还只是位于中国西南偏远地区的一个毫无生气的省会城市，它第一次遭受侵扰是20世纪初法国人从法属印度支那的河内修到昆明的铁路。1938年，来自中国华北的三所流亡大学迁入本地。1941年为美国飞虎队（空军十四航空队）专设的大型美国空军基地成为其越过"驼峰"从印度为中国提供空运物资的中转站。流入此地的中国知识分子与美国飞行员使得昆明成为一座繁荣发展的城市，不断地向周围扩展，变得拥挤不堪。

为了等待往北到重庆的飞机，海登博士和我不得不在此地多待几天。我们借机看望了一些大学中的朋友。首先我们拜访了梅贻琦校长，他是一位物理学家，目前是由三所高校合并而成的西南联大（天津的南开大学、北京大学和清华大学）的代理校长。他比我记忆中的要更加消瘦，衣着也很破旧，不过为人依然很热情。

作为生活需要，吃、住成为西南联大教师面临的首要问题。我的朋友哲学家金岳霖、经济学家陈岱孙以及英语系的夏威夷美籍华人陈福田，都刚搬入临时搭建的住处——位于美国领事馆隔壁的旧剧院的露台。美国领事馆与中国剧院都是由在1911年至1926年间统治云南的军阀唐继尧修建的。当时连接昆明与外界的交通干线还主要是法国修建的从河内到昆明的铁路。剧院露台上的设施易于破损，但不收房租。在我们坐着谈话时，一只硕大的老鼠穿过纸糊的天花板，差点掉下来。于是我们说应该买一只猫，但是那需要花费200块钱。当我再次返回昆明时，应邀与他们同住在此地［牛津大学的修中诚（E. R. Hughes）教授后来也曾居于此地］。

教授们的贫困状况让我吃惊，我写道：

他们正在顽强地战斗，但是不可能持续太长时间。你可以想象这种情况——这里充斥着绝望、悲惨、勇敢面对、互相支持以及思想与行动逐渐衰退。

后来事实证明，这样的状况一直维持了三年时间，随后他们回到战后的北京继续凑合着生活。

我见到的另外一位北京的朋友是鲍伯·温德（Bob Winter），58岁，他是I. A.瑞恰的基础英语运动在美国的代表人物。

在空袭中，他的衣服已经被偷了两次。如今他在院子里养了两只猴子，其中一只猴子特别凶猛，由绳索拴着，如有入侵者闯入它就咬，除非先射杀它。鲍伯的院子里到处都是花，还有装满书的书架，他了解很多当地的民俗与小道传闻。

这里的人都是单身汉，除了陈福田，他的妻子在檀香山。对成家的人来说，生活更加艰难。

我到处寻找西南联大图书馆馆长严文郁，他曾是国立北平图书馆的代理馆长。之前我见到他时，他刚刚接管北大图书馆，正在研究一流的图书馆方案，当时已经获得完整的美国国会图书馆目录，并且准备大展宏图。如今我发现他在越过补鞋匠摊位的顶楼房中和衣而卧，身体不适的他还要考虑三个孩子的吃饭问题。（战后，严文郁成为联合国工作人员。）

清华大学的政治学家张奚若一家住在秦氏宗祠中，“他们住在供满灵位的大厅当中，院子里种满了花草树木”。而我们的朋友北京大学政治学家钱端升则住在5英里之外的乡村。我们最亲密的朋友梁思成夫妇也住在那里，但是随后与中央研究院一起迁往四川。周日，海登博士借到了一辆军用吉普，而张奚若则充当我们的导游。

我们出发了，一行6人，由我开吉普车沿着崎岖不平的石子路穿过镇子。一路上还需要不时地敲打车身的铁皮，提醒搬运货物的人避让，在夹着喇叭声的街道上我们在手推车和小贩之间左右挪动，还好有警察指挥示意我们继续向前。穿过闹市之后，在通往乡村的木基路上驶向城市边缘，最终抵达龙头村，当地人也称其为龙泉。随后我们将吉普车停在了寺庙前的小树林中，沿着小路来到了钱端升家里。钱端升和梁思成夫妇是邻居，他们的房屋也都是由林徽因设计的，开创了居住在乡村避开轰炸的时尚，另外他们建的房子也无须缴纳地租，5年后房屋归土地主人所有，以此抵消租金。

随后我们带着老金和钱端升一行8人返回。大家舒服地挤在一起……7点钟我们来到梅博士家参加宴会。梅博士的房子很大，尽主人之谊，邀请所有教职员工，他们大多数在顶楼住宿，也没有多余的地方接收其他访客。据温德说，梅博士一个月的工资还不到600元，而这次宴会的花销绝不少于1000元。考虑到这个问题，我们送了梅博士一瓶一英寸高的治疗疟疾的阿的平药片，这应该可以换回1000元了。

通货膨胀带来了令人难以想象的反常现象。切斯特菲尔德

(Chesterfields)香烟每包售价 10 元，一支派克钢笔的价格高达 6000 元。钢笔、手表和照相机成了投机买卖的抢手货，这种买卖正是为了得到更多财富的必然产物。对于中国教授来讲，送其一支钢笔，其价格都超过了他一年的工资。在昆明，最为严重的通货膨胀表现为混乱的进口商品价格，因此许多有着官方背景的中国人与美国人趁机在市场上大捞一把。

昆明教职员工的生存状况让我极为震掠，于是我立即向华盛顿作了汇报。我写信给阿尔格·希斯，希望亨培克与柯里也了解情况，其中陈述的观点我曾多次重复，现在我复述如下：

亲爱的阿尔格：

为了等待飞机，我在昆明已停留了 5 天，利用这个机会我见到了很多人，其中一些是我在北京认识的朋友。接下来我想谈谈我对此地的第一印象：1. 中国人比印度人更加精力充沛、更开明；2. 在这里的英国人要比美国人更加积极活跃（工作人员多一倍，有大量出版项目，有藏书丰富的阅览室，派有一名牛津大学的教授，并且还有更多人即将到来等）；3. 西南联大中原清华大学的教员，作为留美归国的中国学术精英，如今却陷入了精神和物质的双重困境之中；4. 在我们上次的谈话中，我相信，你曾提到对于中国的发展在华盛顿比在当地可以得到更有效的判断，因为华盛顿获取的报告更加全面，因此有才能的人留在华盛顿会更能人尽其才。

很遗憾，我必须以善意的方式告诉你，这是外交历史上最有害的教条思想。事实上，这种有害的思想能在华盛顿传播，使我更加坚定地确信：这将是美国外交政策中可笑的一段时期，未来的历史家也会对此加以嘲笑。你是否记得，1870 年，作为外交事务副部长的埃德蒙·哈蒙德（Edmund Hammond）曾公然表示，在白厅（Whitehall）[1]通过对欧洲形势的30年研究，他发现欧洲的外交从未如此的安静和平稳。然而两周之后，普法战争就爆发了，从此哈蒙德的这段话常常被人引作笑谈。

我担心我们这一段时期对亚洲采取的政策也会由于没有成功抓住时机以及处理好事态的核心本质而留下恶名。不管怎样，这是一场战斗，即现代的西方民主理想方式直接对抗陈旧的中国专制投机方式。你也可以称之为文化斗争，在这场斗争中价值观将被重新建立，未来也相应地由此而生。我无须对此多言，你我都很明白。重点在于我们美国人参加了这场战争，但是我们的外交政策并未用可行的方式承认这个事实。我们提及世界争斗，却避而不谈对华问题。

而中国知识分子这个事例就是“无能”这个词的很好注解，我们很早就知道这些知识分子，他们由于缺乏本国政府的支持而处于垂死挣扎的边缘……这些接受过美国教育的知识分子，他们的思想、表达和教学的方式和我们一样，他们代表了美国在中国的切实利益，同时他们也是斗争进行的重要因素。然而在过去一年中并没有可行的措施来帮助他们，只有美国联合援华会对其进行了一些援助罢了。

这种特别的失败只是我们政策失误的一个例证而已，我们的政策似乎隐含了这样一种概念：不能参与别国事务，即使它处于世界大战的战火当中。英国人至少正在向这里供应书籍，截止到12月7日，他们提供的物资要比我们的多。

在华盛顿还有另外一个有害的教条思想，遗憾地说，我曾从柯里那里听到过。从他那里本应该不会得到比你这里更多的错误理论。这

[1] 英国权力核心所在地，是连接着国会大厦与唐宁街的一条街，这里指英国官方。

个有害的论调是，中国最重要的事情就是与日本作战，因而所谓的文化关系并不重要。我得出的结论却恰恰相反，文化才是主要的问题。柯里无疑会注意到，由他促成运往中国的武器并没有完全用于与日本作战。广义上来讲，产生这些问题的根源就在于文化。向中国提供的物质支援仅仅是战争中的一个方面，除非中国人拥有使用这些东西的正确思想，否则结果只可能是坏而非好。然而美国人的理想尽管可能不怎么样，但如在这里击败，战争则不可能取得进展。当然，中国人总是与我们不同的，但是要使世界团结起来，我们必须拥有共同的想法并使其广为传播。而令人惊异的是传播这样的想法到这里，就像飞机飞来中国一样容易。然而这项对华传播思想的计划由于华盛顿主事者缺乏想象力而被延迟，遭到了挫折。事实上这种想象力的缺乏主要由于缺乏与中国现实生活的接触和了解。新闻报道可以在万里之外整理，固有的宗旨也可以同样得到维护，但只依靠书面意义的接触你永远不可能了解真实的情况。

你看我已经成为一名扩张主义者了，因为在这个国家有一部分人是与我们一样的，一部分是不一样的，我们必须组织起来成为一个共同体——我们的世界，不是他们的。由于国内缺乏对这里的理解，因此我们在这里最根本的问题就是派驻的代表太少了。派到这里来的人谁也不应受到指斥，因为每个人都在干着三个人的活儿。

表达了上述意见之后，现在我必须考虑如何将他们交给你。幸运的是，我被哈佛大学任命为终身教授，假定哈佛会一直存在下去，那么我随时可以回国，并写信给《新共和》（*New Republic*）而无须通过大使馆渠道。我想你和柯里会很高兴收到这样的忠告，至少我希望如此。

1942 年 9 月 23 日于昆明

［给希斯的附信］

清华大学的教员

摘要：在昆明，留美出身的清华大学的教员代表着美国在中国的投入与资产。他们正受到毁灭性的威胁，急需帮助。

信息来源：本报告内容源自与各位教授的谈话，具体人员如下：出生于夏威夷的美籍华人、外语系主任陈福田教授，政治系主任张奚若教授（两位教授均为学校评议会成员），北京大学政治系教授、国民参政会成员钱端升；清华大学校长、如今合并而成的西南联大校长梅贻琦。以上人员都是归国留学生中的领袖人物，早在1933年，我得到历史系主任蒋廷黻的推荐在清华执教一年，那时候就与他们相识了。在昆明的一周时间，我已经去过6个住所，并与居住在里面的12个人进行了交谈。

1. 清华大学尤其代表了美国在中国的利益，因为几百万美元的庚子赔款归还部分已经被投入其中。而对于任何一所主要的大学来说，教员都是其重要的投资，因此凭借清华大学的声望与师资力量，这里的教师自然是留美归国者中的佼佼者。

总的来说，这些人都是接受过西方教育的中国学术精英，他们是美国教育影响力的鲜活代表。鉴于教学楼和教学设备都已落入日本人手中，如今这些教师是美国30余年投资仅剩的部分，他们的处境需要特别关注。

2. 现任教育部长陈立夫博士一直致力于对中国知识分子的生活实行严格管理，经过不懈的努力，他已掌控着清华大学以及其他大学的办学方针政策。尽管如此，他在清华大学遇到了资深留美归国教授们的坚决反对。这是一场持久的斗争，这是拥有权力和财政支持的国民党和教育部门与决心保护美国传统的自由教学方式的教员之间的较量。然而这也是一场不平等的较量，因为教员只能通过廉价出售收藏的书籍和衣服来维持生活，而这些微薄的生活来源很快就会消耗殆尽。除非得到援助，否则结果只有一个——营养不良、疾病，最终代表美国自由理想的教员士气低落，走向消亡、离散或堕落。

3. 具体来说，国民党和教育部采取了如下措施：鼓励年轻的教员加入国民党，对此有兴趣的这部分人会受到款待并获得重庆方面特殊的支持和关照；总体上说，为大学提供的援助总是少于按其学术地位应得的数目（这种情况也适用于西南联大），政府根据招生数量而非学术水平来提供援助；昆明的地方大学云南大学收到大量的资金，情况自然比西南联大好很多，尽管后者拥有来自南开大学、北京大学和清华大学的中国学术界精英。

4. 诸如此类的事例还有很多，无须描述教员们是如何居住在简陋的阁楼中，依靠卖书卖衣过活，陷入债务，最终因营养不良而患病。无论他们是官方故意的受害者，亦或仅仅是受通货膨胀牵连的无辜者，事实都是如此：他们没有得到应有的帮助，而以他们对于中国、对于美国的价值来说，他们理应得到这些帮助。

假使我们承认中国也是全球专制与自由进行斗争的一个战场的话，那么宣布置身于其中的我们却未能为这些人提供帮助，这必将成为美国参与这场斗争的历史上一个可耻的污点。

今天的读者会注意到，这份要求美国干涉的呼吁并没有考虑通过什么方式来给予中国教授援助。尽管如此，最终会找到一些间接的方法。这次的呼吁以及随后一些诸如此类的猛烈抨击对美国政府产生了一定的影响，虽然过程漫长，并非立竿见影。我来到中国后遇到的第一次危机就促使我持与美国制定的武力对抗日本的观点不同的观点。我被卷入了另一场不同的斗争中。随着我对中国的了解不断深入，这场斗争也显得更有意义。

第 17 章

立足重庆

尽管昆明的生活极其困苦，然而这里晴朗的亚利桑那州式的气候对我们的生活算是巨大的补偿。我们继续向北，飞往战时陪都重庆，离干燥而阳光灿烂的昆明越来越远。然而，前往四强之一的陪都重庆的路途困难重重，外国盟友只能乘坐飞机抵达，而重庆一年中大部分时间都被厚厚的云层笼罩。云南有个形象的名字——“云之南”，同样四川的命名也有来历（表示长江、嘉陵江、岷江、大渡河四条河流都穿流于这里岩石耸立的峡谷之间），因而你能够看到从河面升起的雾气最终形成云海的壮丽景致。9 月 25 日我们离开昆明向北飞行，

> 越过一座又一座翠绿的山脊，绿色植被下是红色的土壤，半山腰布满稻田。我们上升到 1.2 万米高的云层中，随后又下降，河流和山岚一览无余。

重庆有三个机场，每一个机场对飞行员来说都是一种挑战：第一个机场，飞机起落跑道位于长江中间的一块沙地，只能在冬天水位较低的时

候使用。由此地起飞的飞行员必须小心翼翼地从一条跨江电缆的下方或上方穿过，沿着河流的上游方向起飞。第二个机场是九龙坡机场，位于一座小山与江岸之间，当你起飞时，还没来得及看到任何标志，就已经腾空在江面以上了。第三个也是最大的机场是白石驿机场，位于一条山脉的峡谷间，为了摆脱雾气的影响看清跑道，盘旋在空中的飞机不得不下降到低于山峰的高度。曾有一架四引擎的C-54 型飞机，在降落时发现偏离中心跑道 20 英尺，因而不得不采取侧滑方式着陆，简直像一只跳舞的大象。还有时候飞机无法着陆，不得不返回起始地。（战后，C-54 型运输机常常从上海经过 7 小时的飞行来到重庆，在其上空盘旋 1 小时，然后受挫又返回上海。）所幸 1942 年，我们的飞行没有遇到困难。飞机正常降落，我们幸运地见到了陈纳德将军和电影制片人约翰 · 福特（John Ford）。战时要人都集中在机场。

重庆一下子给我留下了这样强烈的印象："此地并不适合人类居住，因为没有平坦的陆地。人们简直成了力图找到安身之地的山羊。"在这个长江与嘉陵江交汇处岩石重叠的半岛上，只有"少数几条沿半山腰新修的盘山路供运输使用"。这里的一切似乎都"覆盖在四分之一英尺的泥土下"了。

我在中国战时的陪都度过了 15 个月，冷战或是中国革命都没有令我感到烦恼。主要的威胁仍来自德国人和日本人。第二次世界大战刚刚进行到一半。每逢晴朗天气，日本的轰炸机便迫使重庆衣衫褴褛的市民们不得不躲到防空洞里避难。重庆所处的山区常常处于阴云密布之下，所以较之轰炸我们日常遇到的问题更多的是潮湿。

因为美国也被动员起来了，所以 1942 年时重庆人民充满自信，认为中国在第二次世界大战中能够获胜。事实上，我的到来本身就是美国被动员起来的一个证明。一位 35 岁的哈佛大学教授以美国国务院文化关系司对华关系处文官的身份来到重庆，一边为国会图书馆收集中国出版物，一边为美国大使馆主管散发缩微胶卷。事实上，以我对别人宣布的职位所赋予的令人尊重的学术身份为掩护，我还在执行一项较秘密的任务，即努力寻找和微缩拍摄日本出版物供华盛顿的战略情报局使用，而这一切都是为了能够在战争中获胜。

战略情报局的第一位驻华代表为艾森·盖乐博士，返美之前，他与我们见了一面。他曾在求精中学圈起的场地上，为战略情报局驻华办事处建造了一幢房子，位于崎岖不平的重庆山城外 2 英里处，距离蒋介石、孔祥熙以及史迪威将军等人的司令部不远。除此之外，求精学校内还有几个民间机构——红十字会、中华基金会（管理庚子赔款）以及金陵大学等。我们的房子共有 4 层，25 个房间，墙壁坚固。自从饶大卫回国之后，这里就只剩克莱德·萨金特（在北京时曾租用过我们的后院）一人作为战略情报局的代表了。于是美国战时新闻局搬进了这座已腾空的房子，因为它也是情报协调局的分支机构。

战时新闻局有更多事务要开展。麦克［弗朗西斯·麦克拉肯（Francis McCracken）］是我在北京认识的一位记者朋友，珍珠港事件之后他被派来中国负责美国新闻的在华发布事务。为了展开心理战，例如用飞机散发传单，他由一名在日本长大的助手吉姆·斯图尔特（Jim Stewart）协助工作。他们还雇用了职员进行记录，复制及发布每天战时新闻局的新闻报道。在获得海登博士的赞同之后，我邀请战时新闻局采取更进一步的行动。很快战时新闻局在纽约的专家可以使用特殊的仪器发送和接收新闻图片。为此我们两个办事处幸运地调拨到了一辆汽车。

因为我曾被授予美国驻华大使特别助理的头衔（虽写在特别通行证上，但并没有写在外交护照上），于是我准备徒步前往美国大使馆。先到达半岛顶端，向下走大约 200 级石阶，然后乘坐轮渡沿长江逆流而上，航行约 6 海里，到江对岸登陆，再向上攀登，大使馆就位于南岸边。我花了两天时间向美国驻华大使高思（Clarence Gauss）和他的顾问范宣德（John Carter Vincent）解释我的身份。汇报我的工作花去了不少的时间。

首先我决定要在大使的领导下开展工作，因为我并没有什么制胜法典或特殊渠道。毕竟，我只是战争中的一个微不足道的小角色，仅仅负责研究工作和出版工作，并不涉及秘密情报或秘密行动。我的办公经费和工资由大使馆支付，来源于外国出版物采购部间委员会（Interdepartmental Committee for the Aquisition of Foreign Publications）的基金，即先前的 INDEC，后来缩写为 IDC。

世界范围的出版物收集工作由年轻的图书馆学专家弗雷德里克 · G. 基尔戈（Frederick G. Kilgour）负责，隶属情报协调局研究分析处处长威廉 · 兰格教授的领导。弗雷德里克于 1935 年毕业于哈佛大学化学专业，但随后前往威德纳图书馆从事缩微拍摄外国新闻报纸的工作。1942 年 3 月兰格把弗雷德里克选拔上来，派他负责收集主要来自德国的出版物。由于其委员会涉及许多机构的利益，所以尽管弗雷德里克只有 28 岁，但突然间便身兼数职，不仅是外交官、科学家，也是办公室勤务员。东亚并不是他最少操心的部分。我有莱卡相机和胶卷，因此可以将一些我希望从中国情报机构获得的有关日本、中国或者其他方面的资料缩微拍摄并寄回华盛顿。例如，伯顿 · 法斯就急于获得来自东京的报刊、年鉴和政府报告等资料。

由于我也希望将中国的出版物送回国内，打通困难时期被中断和关闭的正常管道。因而我是由国会图书馆馆长阿奇博尔德 · 麦克利什（Archibald MacLeish）派到中国的代表，虽然预算紧张，但得到很多善意的支持，尤其是得到国会图书馆东方区负责人恒慕义博士的支持。

最终，我明白了一个重要的道理，如果想从中国方面有所收获，就必须有所付出。这是最简单古老的互惠思想，显然一味地向别人索取，却什么都不付出是不可能的。因此，我成为美国国务院文化关系司研究分析处的非正式代理人。与此同时，威尔玛在文化关系司对华关系处帮我挑选了一些美国学术和科技出版物，并拍摄成缩微胶卷寄给我。我自己也随身带来了一台由华盛顿的一位科学家发明的投影仪，和一套供放大用的灯泡、镜头，可以用来拍摄其他胶卷。

为了在我所从事的工作中贯彻互惠原则，我在为麦克利什 1942 年 8 月 12 日起草的指令和为多诺万上校 8 月 18 日起草的指令中都加入了下面这句话："你的主要任务是恢复中国和美国之间出版物的交流。"

我向高思先生充分谈了很多我的看法，对于目前美国的驻华军队以及战时机构支离破碎的情况表示遗憾，因为这种情况导致美国像一只多头怪物，没有能力执行统一的政策。劳克林·柯里博士由于直接受罗斯福总统派遣，因此不需要经过大使就可以直接与蒋介石联络。盖乐博士也有自己的密电码，像军事系统一样单独行动，大使无权干涉。所以我必须确保自己的三项学术任务没有威胁到大使已经十分微弱的权威。

高思大使如同方枘圆凿，格格不入。在一次招待会之后，他和麦克拉肯·费希尔以及我三人一同回来，他和我们整整聊了一个小时，他讲到他在上海领事馆时候的故事。

> 当时他查获多个毒品走私集团，并将其绳之以法。正如他所讲的，他坦白说他最希望做的工作是成为国内某个地区的地方检察官，严格贯彻法律制度。他多么希望在战争开始前就已经退休，能得偿所愿。他声称自己是康涅狄格州的一位典型的美国佬，不能忍受公务浪费和不讲效率。即便范宣德以温和的口吻劝阻他，他还是决定准时参加委员长特设的晚宴。

最有才能的美国外交官非范宣德莫属了，他是高思的顾问，一位有着

在中国长期工作经验的乔治亚人。他给我留下的深刻的印象是

> 能言善辩，反应机敏，对任何事物都有着高昂的兴趣，并且对此保持客观的态度，认为这不过是他个人的感受。他说大使阁下一次又一次地拒绝考虑结束这场横渡长江与中国政府交涉的闹剧。而最令他痛心疾首的是没能买下现今宏伟壮观的外交部的办公地，因为大使始终不愿开口申请经费。他说，来这里一年半时间，却像是待了很久很久。范宣德这样一个思维敏捷、充满活力、善于行动的人，和高思那样思维僵化、行动缓慢、不善于交际的人究竟如何相处，多么令人惊奇。不得不说，这是一件很折磨人的事情，于是他只能通过表达自己的意思得以缓解。如果一个人坐在那里和他们两人交谈，高思还有他一支接一支的香烟很快会被人遗忘，那只是角落里一团白白的雾。范宣德极其有天赋，他可以毫不费力地绕过一个又一个的障碍物直奔目标。在这种情况下，如果他不得不用自己的意志力来面对机遇和失败时常并存的冲击，那他早就已经精神崩溃了，还好他性情温和，才能够经受局势考验，顺利度过。

1942 年 10 月，高思先生又一次受到来自华盛顿的共和党候选人温德尔·威尔基（Wendell Willkie）的冷落，后者将美国总统竞选的马戏带到了这座城市。在我们到达重庆几天后，他正在进行此次总统竞选活动。没有什么会比竞选总统更能体现中美之间的文化差异了。这位来访者大言不惭，兴致勃勃，他指望以美国式的表现来赢得人们的支持和选票，可事实上这些人并没有投票权，这就如同非洲酋长在爱斯基摩人面前表演部落舞蹈那样。

10 月 5 日，我和在北京时结识的朋友，如今在美国大使馆工作的柯乐博（Edmund Clubb）一起陪同充满活力的威尔基先生

走访了四所大学，过程极为简单。我们穿过用鲜花扎成的、上面写着欢迎语的彩色拱门，两边站着很多手持小旗的学生。他突然停下来和一位神情尴尬的小个子拉拉队长握手，再停下来随意挑选一名学生反复询问，包括他的学习、目标、家庭、日常生活等。快步走进接待室后，继续向校长提出问题，例如学生数量、班级、年龄、科目以及资金（反复的询问让道德高尚的张伯苓显得紧张万分）。随后威尔基站在台上对学生进行演讲，题目为“我在大学四年是如何给老师制造困难的”。演讲内容大多是一些主观的评论，中间又谈论战争的严峻形势和他作为人民的代表努力肩负起维护世界秩序、阻止战争再次发生等重任。显然除了大篇幅的豪言壮语和葛底斯堡演说中“民有、民治、民享”的一部分内容外，并没有什么特别的。然而，那些看着和其他重庆人一样瘦弱、疲倦的学生似乎对演讲很感兴趣，并且确实表现出真正的兴趣。在挥舞旗子、连续的民主万岁的呼声之后，上午的热闹活动结束了。接着来到了图书馆接待处，在这里我见到了陈氏兄弟（陈立夫、陈果夫），两个人看起来似乎一个比一个瘦小。民国教育部长陈立夫是一个具有长老会教友容貌与气质的矮个子，他的发言多数强调为民主与自由而办教育。

蒋夫人为威尔基举行了一场茶话会，其间，她发表了一篇演说，称赞威尔基的发言让每个人都大受震撼，掀起了人们内心的狂澜。

宋美龄的讲话十分精彩，她似乎制约了威尔基的活动。然而，威尔基以针锋相对的回答予以还击，他说，遵从夫人安排的访问程序，他完全没有机会发表演讲反对他的伟大对手（罗斯福）。茶话会成为一场玩弄辞令的游戏，而他面前的新生活运动人员可都是这种场合的专家。

> 10 月 6 日，孔祥熙博士为威尔基举办了一场露天招待会。宴会地点位于他宅邸后面的一块小草坪上，这里风景十分秀美。我的座位紧挨着首桌，入座此桌的人员包括王宠惠、陈纳德、何应钦、孙夫人、威尔基、孔祥熙、蒋夫人、高思、史迪威、白崇禧和孙科。

中美双方的领导人坐在一起，这方面正是两种相反倾向同时存在的典型例证。美国方面，作为权力的拥有者，史迪威将军和陈纳德的权势压过了高思大使，但是史迪威所代表的是华盛顿的核心人物乔治·马歇尔，而陈纳德则是一位军事冒险家，受到蒋夫人的支持，蒋夫人认为制空权代表一切。两位夫人，蒋夫人与孙夫人是亲姐妹，但是孙夫人是一位人道主义者，极其同情左派而不是一个追求权力的野心家。事实上，她因迫于这个家族的压力而居住在这座城市里。其他家族成员中，孔祥熙是蒋介石的妹夫，孙科是孙中山与第一任妻子所生的儿子，他是蒋介石一个潜在的对手，但并不具备与之相当的实力，蒋介石保证他在政府中的地位，部分是蒋介石证明他自己在一定程度上具有继承权利的合法性的手段（因为他是孙中山的继承者）。到场的中国将军中，何应钦毕业于黄埔军校[1]，是蒋介石的忠实追随者；而白崇禧是一位更有能力的军人，广西桂系军阀的核心人物，他的出席象征着蒋介石领导下的团结。最后，王宠惠是一位革命家，参加过辛亥革命的元老，国际公认的法学家，自然是留美归国知识分子精英的代表。

这样一幅图景象征着军事统治占主导地位，文官处于陪衬地位，这在战时极为常见，同时也代表着蒋介石领导下各政治派别结盟的景象。不过蒋介石理应处在与罗斯福总统同等重要的地位，所以不可能和在竞选中失利的威尔基一同出现。

[1]　作者有误，何应钦实际是黄埔军校总教官。——编者注

招待会因由黄仁霖将军担任司仪而增色不少。黄仁霖为一副彪形大汉的模样，为人十分热情友善，我们曾于 1934 年在南京初次见面。他是蒋夫人侍从班子里的重要人物，开始任励志社总干事，后来加入新生活运动，如今是战地服务团团长，负责为美军供应食宿。但凡有美国人在场的社交场合，蒋夫人都会派其充当逗乐角色，而此时他总可以和人们拍肩搭背表现他的亲切友好。据说他曾学唱京剧并扮演大花脸的角色，再结合 20 世纪 20 年代美国大学生的方式，结果就变成了一个著名的庸俗人物。1946 年，威尔玛在一个圣诞节聚会上也见识了黄将军堪称极致的表演。当时他扮成圣诞老人给大家派送礼物，其中一个礼物是给“一位可爱的小男孩乔吉”。事实上礼物的接受者是乔治·卡特利特·马歇尔——陆军五星上将，但他并没有因此被逗笑。

另一方面，黄将军又不得不忍受许多来自服务团尽力取悦的美国官员的无礼行为。他对我说，“美国的士兵直率而坦诚，但是先前来过中国的、自以为对中国了如指掌”的军官们，很难相处，要求高而疑心重。这一切让他变得几乎有些反美情绪。

重庆有很多我们 10 年前在北京就认识的朋友：美国大使馆的柯乐博士、史迪威的属下约翰·戴维斯（John Davis）、战时新闻局负责人麦克·费希尔，此外还有同样多的中国朋友，比如来自天津南开大学经济研究所的何廉，如今在作战后恢复计划。这种人际关系上的连续性，形成了友好关系的延续，并有助于获得一些实用的前景。艾弗里特·格罗夫·史密斯（Everitt Groff Smith）仍在管理关税事务，尽管主持的已不是海关工作。梅乐和爵士依然被拘禁在上海。1943 年将由李度在重庆继任其总税务司一职。

我还发现蒋廷黻也住在附近。一年多前我们已经通过信，当时正值美国的孤立主义准备为战争作出让步。1941 年 7 月他在回信中陈述了中国的目标以及希望战后重回校园的愿望。9月我在华盛顿给他写信，简要介绍了作为学术研究者进入政府部门工作遇到的问题。信中强调我们缺乏中国的出版物，急需有关国民政府、社会经济计划的报告。10月11日他回信表示会提供“大量资料和一些统计数据”，特别是纠正那些以溢美之词报道共产党方面的资料。我在12月12日的回信中附上了巴克斯特的来信，他介绍饶大卫充当我们机构负责拍摄缩微资料的代理人，此外我还概述了国务院文化关系司对华的新的工作计划。1941年12月6日，蒋廷黻回信，信中热情洋溢地建议哪里应该建立大学阅览室以及如何开展学者交流项目。他还预见到需要大使馆，需要设立文化参赞，并建议用几辆大卡车通过滇缅公路运输书籍。

9个月之后，我登门拜访蒋廷黻，以促进部分国务院文化关系司的项目。但与此同时，我相信蒋廷黻对情报协调局印象极差。他只是招待我到附近吃晚餐，打打桥牌，但并没提资料的事情。可能这些资料并不在他的工作管辖范围内。

9月的一个晚上，我与美国财政部稳定货币委员会代表索尔·阿德勒（Sol Adler）来拜访蒋廷黻。

> 他向我们讲了很多为蒋介石制定预算的事情。翁文灏想要投资建立钢铁厂，生产钢材的成本为每吨4万美元，这种产品只适合于战后，在战争期间派不上多大用场。于是蒋廷黻驳倒了他的主张。其他人要求蒋介石同意修建一条通往西伯利亚的铁路或公路，显然这需要花费巨资，于是蒋廷黻向蒋介石书面阐述具体细节，分析利害得失，最终提议被驳回。总之，他认为在危机时刻应该削减一切不必要的投资以保证国家按预算运行，尽量避免通货膨胀失控。他和索尔·阿德勒都认为保持军队和政府要害部门的开支是最重要的，然而我对此并

> 不认同。在我看来，军队如今起不到什么作用，而只要战争结束，知识分子的重要性就会体现出来，至少从美国利益的角度来看，知识分子应该受到重视。

10 月初，被日本人关在香港的前国立北平图书馆馆长袁同礼，在经过一年的监禁后终于被释放，来到重庆。他是头等重要的科研事业倡导者，每天都会萌发新的想法和计划。1934 年袁同礼以极少的经费创办了《中国图书季刊》（*Quarterly Bulletin of Chinese Bibliography*），为我们在战争年代提供了中国新出版物的极为有限的消息。

袁同礼曾担任清华大学图书馆馆长，1922 年获得哥伦比亚大学文学学士学位，1923 年获得了奥尔巴尼（Albany）市纽约州立图书馆专科学院的图书馆学学士学位。他帮助国会图书馆编录中国图书，1925 年任北京大学图书馆馆长，上文提及，1929 年他担任国立北平图书馆馆长。在他职司领导期间，他派中国的图书馆员前往国外进行培训，开创了馆际图书借记与国际图书交换，并推动统一目录、书目索引和期刊目录等工作。1935 年他开始参照国会图书馆的方式为中国图书著作编制一种统一印制的目录卡。战争期间，他将 2800 部中国古籍善本运往国会图书馆妥善保存。此外，他还推动了中国博物馆事业的发展，并代表中国参加国际学术交流活动。

简言之，48 岁的袁同礼是中国图书馆界的楷模。他在重庆的再度出现对我来说是一件幸事，我们一拍即合。不久他成立了教育部下属的中国国际文化服务社，以便以官方身份为美国国务院文化关系司散发缩微胶卷。这些胶卷包含目录索引，由亮红色的盒子包装，被派送到重点大学的中心阅览室。我们发现我们的邻居、南京大学工学院院长能够把缩微胶卷阅读器组装起来，便于读者使用。教员和专家一直迫切希望获得自己相关研究领域的美国出版物资料。如今缩微胶卷的使用打破了运输瓶颈，成为现代科学技术方面最新的科技奇迹，前景广阔，颇受学界称赞。

此外，袁同礼还为我的办事处起了一个中国名字“学术资料服务处”，隶属于美国大使馆。“学术”与“服务”都是很荣耀的词语，它们使我与秘密情报工作保有一定距离。我们把这个机构的英文名定为American Publications Service（美国出版物服务社）。

我从盖乐博士那里聘用了曾在盐务局工作的陈松樵（Ch’en Sung-chiao）先生为事务主任。他不仅是一位能干的勤务人员，而且与孔祥熙私交甚密。事实上，陈松樵会定期向孔祥熙汇报我的办事处的活动情况。当我们很熟之后，每当孔祥熙（行政院院长）对我的工作特别赞赏，他总会告诉我。从此我通过这种方法与中国官方的网络组织连通并扩大了人际关系网。

1943年1月，我专程去拜访孔祥熙博士：

> 孔祥熙与我坐在安乐椅上，我向他提及我的家族、出身以及秘密任务。他为人精明，盯着我看了很长时间，以判断我是否足够坦诚。他全神贯注地观察我，听我讲话。当我竭尽全力博得了他的信任后，他表示我可以查阅这些机密文件。

后来，我试图描述人际关系网络的运作，记录道：

陈松樵生活中的一天

> 作为事务主任和中文秘书的陈松樵，就像是美国政府船舶的润滑油，依靠他这艘船才可以一直漂泊在重庆的海域而不会沉没。他个头不高，年龄不详（实际上是32岁），总是穿着一件长袍马褂，不知为何，这种装扮让他不知怎么有一种特别风度：对于上级惯于顺从，对

平级善于劝诱说服，而对下级则傲慢骄横，就像是汽车配有三个挡位，可以随时根据路面情况迅速换挡。美国人喜欢和他一起去买东西，看他讨价还价的表演。其间他滔滔不绝说个没完，开口美国大使馆，闭口孔祥熙博士、中国脸面、中美友谊、权高位重的亲戚，个个都被其搬出来，可谓为了打折降价使出浑身解数，让那不走运的老板瞠目结舌。因此战时新闻局和其他一些朋友都会经常恳请他帮忙交涉“谈判”。此外，无论是东西被盗、煤块用完了，还是某人被捕、厕所堵塞，亦或是需要信封、租房等，都要请陈先生帮助处理。

在大千世界闯荡一天回来后，他向我报告说，费博士，我去液体燃料管理委员会（Liquid Fuel Control Commission）转了一圈，看能否搞到一点汽油。瞧，我的妹夫曾先生是中国一流的画家，副主席的秘书吴先生就是曾先生的表兄弟。他说可以重新登记为我们提供 50 加仑汽油，包括 20 加仑甘肃汽油、20 加仑替代品以及 10 加仑乙醇。你看，这比平常配给的 20 加仑汽油多不少了。因为战时新闻局在这里，而他们用的是我们的名字，所以我告诉吴先生，这是美国大使馆要的，希望可以继续保证供应。此外，我还去找了粮食部的许副部长，他过去也在盐务局工作，他给我们签发了一张许可证，可按供给中国政府机关的官方价格出售大米给我们。另外，这里的职员大部分是中国人，所以我已与佩顿（Paton）先生谈妥，以低于市价的价格将大米卖给中国员工食堂，得到的差价可以作为员工的医疗基金。这是您的名片，有一个小小的错误，“大学”的英文 University 这个单词的最后一个字母给排错了，印成了 Universitiv，印刷工说就不收您的费用了，于是我送了他一个小礼物。我还带回一些纸张，现在这种纸张很难弄到，我是从财政部总会计师王先生那里获得批准许可的，他曾住过我叔叔的房子。司机说需要一罐新的刹车油，他的一位朋友在远东汽车修理公司做事，装刹车油的罐子都已生锈，而售价却高达2000美元，我告诉他价格要降到1200美元，且需要先征得费博士的同意。我还在军事委员会逗留了一会儿，去看望郭先生，但他生病在乡下休养。不过他的助手席先生表示愿意借给我们他的机密调查报告案卷，于是我把你的名片和一本缩微胶卷使用指南送给他，并约好下周见面。好啦，这是从外交部取来的您的签证；您瞧，他们上周停办签证，幸好我的表兄弟李先生在秘书处，我跟他解释说您本打算上周离开，所以他特别关照，帮忙提前办理了签证。

听完汇报之后，我又给陈先生安排了一些任务：雷切尔（Raichle）先生房间的进水问题是由于浴室浴缸的排水管处漏水，如果找一块砖将水管托起，也许就不会漏水了。另据医院报告，经身体检查，查出厨师患有沙眼、蠕虫和梅毒（千真万确，那么英俊帅气的年轻人！），所以必须换一位新的厨师。还有，员工不能使用厨房的煤炭，上个月就已经交代过了，他们必须自己买煤炭。另外，请买两个笔记本，转告杨先生需要每个笔记本单独开票，一式两份。也就是说，如果买三个本子，需要6张票据。另外，下周约个时间我想拜访杨将军。需要给铰链买一个配套的螺丝钉。我们必须归还标准石油公司的两桶石油，当时是波士纳比（Bothnerby）先生借给我们的，他去年还将所有的石油桶借给过盐务局。王司机在被解雇之前偷走了一桶，我们必须要对其依法追究（确切的事实）。请立即签发一张用以订购书箱的支票，并给我一份周转金情况的明细表……

工作繁忙的生活日复一日，我们如同在高低不平的球场上奔跑的球员，偶尔因越位受罚，但也有很多得分，有一些失球，没有暂停的时间，所以你可以想象到为什么我真的无法描述陈先生的职责了。

不管怎样，基本事实是，陈先生作为被派来照看和监视美国政府机关的中国官僚，他可以利用行政院长授予的模糊不清的权力，一边促进外国人的在华事业，一边对其进行密切监视，这是中国自古以来驯化异邦的一种惯例。

基于以上情况，我开始为外国出版物部间采购委员会在这个城市寻找各种它感兴趣的资料。陈松樵为我安排与各部委首脑见面，我则一一如期拜访并向他们解释我的职责，承诺提供援助，但同时也需要他们的协助等。每次我通过大使馆渠道将我活动计划的备忘录寄给外国出版物部间采购委员会的弗雷德·基尔戈（Fred Kilgour）时，我总是为高思大使保留一份副本。偶尔也会给大使提供备忘录，并委托大使馆转发复本给美国方面。除此之外，我还会写一些私人信件，其中一些直接寄给劳克林·柯里，但主要是给威尔玛的，由她斟酌决定转寄给她认为合适的个人或单位，这些私人信件通过陆军邮政局（Army Post Office）寄送。

在陆军系统，我相当于“校官”级别，可以享用军用飞机以及医疗服务，但并不在军事系统工作。我与史迪威将军仅有的几次见面加深了我对于他最喜爱的一句格言的理解，这条格言为了解他那富有民粹主义色彩的敢作敢为、乐观进取的品质提供了线索。这是一句流行于美国军队的拉丁语格言，“Illegitimatinoli carborundum”，意思是，“不要被卑鄙的人打倒”。

对一位喜欢与人打交道、热衷记录的观察者来说，这种多渠道的活动非常适合我。只有几件事跟当时形势颇有抵触。首先，从华盛顿带来的梗概型缩微胶卷，对人的视力极其有害，使用时立刻觉得眼花缭乱、流泪、头痛。投射在白墙上的光十分强烈，学者们常常需要戴着眼镜或是需要眼科医生的经常护理，以免造成任何不良的后果。此外，这种缩微胶卷放大机工作时会发出令人无法忍受的高热，让人无法在旁边使用。我们需要根据使用者的实际体验进行改良，开发先进的商用放大机。

其次，据华盛顿相关研究人员反映，我缩微拍摄的胶卷内容模糊、难以辨认。许多重庆的资料包括报纸都是用油墨在最便宜的纸张上印制而成的，这种纸张的制造工艺极其粗糙，只是聚集漂浮在一锅水中凝结的纤维，待其凝固后将其整张揭起移到网面板上进行晾晒而成的。成品的纸张一般是灰色或是绿色的，甚至让人怀疑作为手纸使用这种纸质地太差。油墨印在这种纸上，经常会渗开，出现黑乎乎的一团，加上纸张颜色暗淡，任谁都无法看清上面的内容，从马修 · 布莱迪（Mathew Brady）到卡蒂尔 · 布雷松（Cartier Bresson）概莫能外。此外重庆的电力供应极其不稳定，时常会出现大范围的波动情况。我刚安装好光电池，调节莱卡相机的光圈、快门准备拍摄时，电流就已经发生了明显的改变，因而无法拍出能供阅读的缩微照片。我寄回的胶卷没人能从头到尾完整地获取信息，不过我起初拍摄的内容大多没有多大价值，所幸不会有太大影响。

由于在起初阶段时，我为中国提供的资料与我寄回华盛顿的资料一样毫无价值，因此我的工作职责从中美两国文化知识界中间人的身份下降为主要负责公共关系事务。但这并不妨碍我与权贵和大人物的交往，毕竟他们的主要工作也只是处理公共关系罢了。我们都以行家的姿态讨论这些资料，但实际上谁都不是资料的最终使用者。

以上所述的一些不足之处得到了及时的改进。更好的缩微胶卷放大机和胶卷问世了。6 个月后，基尔戈给我派来格斯 · 佩顿（Gus Paton），作为一位出色的胶卷摄制专家，他可以通过自己制造的变压器获得稳定的电流，当然那时也有了很多值得拍摄的资料。到 1943 年末，华盛顿外国出版物部间采购委员会已发布了 22 页有关中国出版物缩微胶卷的主题索引，收录了大约 70 种中国期刊。出版物正持续不断地进行双向交流。

费正清的父亲亚瑟·博伊斯·费尔班克（Arthur Boyce Fairbank，1873—1936）和母亲罗蕾娜·金·费尔班克（Lorena King Fairbank，1874—1979）（费慰梅作于1936年的铅笔肖像画）

7 岁的费正清被母亲打扮得挺精致

10 岁时父亲为费正清建了一座碉堡

18 岁时费正清在菲利普斯·埃克塞特学校（Phillips Exeter Academy）；1925 年，获得去英国的奖学金

1928 年在哈佛大学，费正清结识查尔斯 · 韦伯斯特（Charles Webster）。在韦氏影响下，费正清开始从事中西方关系史新领域的研究工作

费慰梅在北京西山的一座庙宇前。摄于 1934 年

费正清1936年以来的家——温斯罗普街上的住宅

钱端升教授在费正清坎布里奇住所的门阶上。摄于 1948 年

霍莉和劳拉在乔治城看望她们的祖母。摄于 1955 年

1972 年，北京，费正清、费慰梅与周恩来总理、乔冠华副外长在一起

1979年，在北京大学演讲，费正清向听众点头致谢。时任美国助理国务卿理查德·霍尔布鲁克（Richard Holbrooke）、美国副总统蒙代尔先生的夫人琼·蒙代尔（Joan Mondale）、北京大学校长周培源出席活动

1977 年费正清退休后，为了纪念他的杰出贡献，哈佛大学东亚研究中心更名为费正清东亚研究中心

第 18 章

玛丽·梅乐斯和战略情报局

美国出版物服务社（The American Publications）在教授与图书管理员这个于人无害的阶层开展工作，让我远离战略情报局主要从事与秘密情报和秘密行动相关的工作。秘密情报或秘密侦察活动一概与我无关。（我喜欢莫蒂默·格雷夫的一句话："如果连我都知道了这件事，那么它肯定不是秘密。"）我对战略情报局力图在全球范围内展开其特殊作战活动的印象，并未经过考察，而是基于如下事实：简言之，与那些发展成熟稳固的机构例如海军情报局比较，多诺万的团队就像突然出现的竞争者。战略情报局和陆军情报局一样，都被排除在麦克阿瑟的西南太平洋战区之外，因为麦克阿瑟无法忍受来自华盛顿的对手在自己的地盘表演。而战略情报局在 1942 年末能够进入中国也仅仅是由于之前对美国海军的支持。

1942 年 10 月的一天，一辆专为运载武器而造的重型吉普车停在了我位于求精中学的办事处大楼门口，车上下来一位穿着卡其色短裤和衬衣的年轻人，看起来很像童子军的队长。他的长相已经不仅仅是英俊所能形容的，可以说是非常漂亮，笑起来还有两个酒窝。他的名字叫米尔顿·梅乐斯（Milton Miles），但是大家都称其为玛丽，因为当他还是美国海军学院 1922 级的学生时，玛丽 · 梅乐斯 · 明特（Mary Miles Minter）已经是百老汇当红的明星了。如今玛丽 · 梅乐斯已经是美国海军的中校，得到参谋长联席会议（Joint Chiefs of Staff）海军上将欧内斯特 · J. 金（Ernest J. King）的大力支持，作为海军总司令的欧内斯特 · J. 金任命梅乐斯为美国海军驻华顾问组组长。

梅乐斯刚刚 42 岁，和我同岁，他开始推行自己制订的在华工作计划，披荆斩棘，努力明确个人的官方身份，并利用越过喜马拉雅山的"驼峰"航线从印度运来他所需要的物资。不过我和他的相似之处仅止于此，因为他的物资是黄色炸药和冲锋枪，他的任务是与蒋介石手下的军统头目戴笠合作。战时，在中国戴笠大概是最有权势的人了，常常让人闻风丧胆。简单来说，如果蒋介石想要监视、调查、逮捕或是消灭谁，都会由戴笠的组织负责实施。戴笠也因有效的暗杀行动荣升为蒋介石的安全部门负责人。在中国，他是埃德加 · 胡佛（Edgar Hoover）和威廉 · 多诺万（William J. Donovan）合二为一的化身，因为他的人员扮演着联邦调查局和中央情报局的双重角色。梅乐斯拥有这位传奇而神秘人物的稀有照片［照片收入梅乐斯的回忆录《一种不同的战争》（*A Different Kind of War*），于 1967 出版，当时两人均已去世］，照片上的戴笠看起来很精明，且比埃德加 · 胡佛英俊许多。

梅乐斯和戴笠是怎么合作的，中国的特工组织又是如何得到美国海军的枪支、接受美国培训的，这场中美双人舞演出的确是一个值得研究的重要课题。首先，梅乐斯对中国特别着迷。1922 年从海军学院毕业之后，他在中国待了 5 年，巡察各个口岸。他的妻子威尔玛［Wilma，为了与玛丽相配，应该称其为比莉（Billy）］也同样觉得中国的东西都极富魅力。1936 年至 1939 年，他在中国执行的另外一项任务为指挥驱逐舰，任务结束后，他设法带着妻子和三个孩子经由滇缅公路撤离了中国。

其次，在海军界梅乐斯以技术能力过硬而获得提升。他当时已经获得了哥伦比亚大学电气工程硕士学位。1940 年至 1941 年，他任职于内部控制委员会（Interior Control Board），作记录员，将一些设备应用于海军军舰控制系统。和他一起工作的委员会成员后来成为海军下属各局的成员。由于他那里是一个天然的集会之地，他需要连续不断地举办一种非正式的咖啡聚会，海军的军官们都可以顺便进来聊聊天，休息片刻。

后来，这位生气勃勃、能力出众而又生性浪漫的技术师遇到了一个热情的朋友，中国驻华盛顿的副武官萧迅如（Hsiao Hsin-ju）上校，于是他便开始青云直上，官运亨通。到 1940 年至 1941 年间，关心中国的海军官员，预见到需要在中国派驻海军观察员，这样不仅可以监控太平洋的气象情况，同时也能监视各个口岸的日本船舶。萧迅如上校经常和梅乐斯讨论此类问题。不久，他和他妻子就成为梅乐斯的好朋友，两家常常一起共进午餐。

珍珠港事件爆发后不久，欧内斯特·金上将立即口头指示派梅乐斯前往中国，要求其建立一些基地并为海军登陆中国海岸作好准备。但金上将的书面指示中，他只任命梅乐斯为海军观察员，由美国大使馆直接领导。此外，在美国大使馆还有一位他的同班同学，来自海军陆战队的海军武官吉姆·麦克休（Jim McHugh）上校。（我们早在北京就认识麦克休。）

下一步，海军总司令金上将、梅乐斯、梅乐斯的担保人威利斯·李（Willis A. Lee）上将以及萧迅如上校着便装秘密地在华盛顿酒店会面。萧迅如上校竭力鼓吹自己的观点，获得金上将暂时性的口头认可。很快他得到了蒋介石的支持，让梅乐斯来中国与戴笠合作。事实上，戴笠在华盛顿的代表并不是别人，就是萧迅如上校。

“那么，”梅乐斯问道，“戴笠将军是个什么样的人？”

梅乐斯的回忆录如此开场，此外书中还叙述了他是如何一步一步受到引导，与这位中国的埃德加·希姆莱（J. Edgar Himmler）建立起看似亲密实则脆弱的关系。他发现，尽管萧上校介绍戴笠时说他品格如何之高尚，但在美国情报人员的报告中，却都说他是个声名狼藉的人。鉴于梅乐斯项目所作的贡献，作为中间人的萧迅如上校确实功不可没。问题在于：萧迅如上校需要找到一个与各界有紧密联系、善于随机应变的天生的领导者充当美国援助的通道，他应是一位中国真正的朋友，拥有先进的技术且不在意宏观的政策问题。毫无疑问，梅乐斯个人品质出众，对政治关注度不高，是不二人选。

在我的记忆中，作为梅乐斯来华牵线人的萧迅如上校身强体壮，善于逢迎。我确信无论是为你斟酒还是引你上钩，他都会是一副和蔼可亲的样子。他向华盛顿战略情报局的中国问题专家解释说，由于过去的不平等条约深深地伤害了中国人的爱国之情，因此如果派一些以前来过中国又再次来中国的美国人，会让人尴尬无比。他们会让人想起那些耻辱历史。这些人的思想已深受早期经历的毒害，如今的中国国民党如何能与过去的美国人合作呢？通过这种荒谬的托辞，萧迅如上校努力让梅乐斯招募到海军顾问组的那些兴高采烈的年轻人，都是些天真的新人，且对中国话、中国字一窍不通。

1942 年 4 月，梅乐斯乘坐横贯非洲的航班前往中国，途中偶遇埃德加·斯诺。6 月份，他受到了戴笠的接见，并与其一同穿过日本防线来到福建沿海的后方。梅乐斯说："如果发现密探，受命当即实施审讯。"他的翻译解释说："戴将军只负责执行死刑，不负责审讯。"梅乐斯这样作出结论："从未不经正当授权而执行死刑，因此华盛顿情报的表述有些夸大其词。"

1942 年 7 月至 8 月之间，梅乐斯前往印度（在那里他遭到一位日本特工行刺，但大难不死），在督察完军需给养的转运工作之后，他开始建立一个专职从事爆破活动的训练中心，取名“世外桃源”，地点在距离重庆 8 英里处。自此，这些美国人过着中国式的生活，在真正平等的基础上与戴笠的部下保持紧密的合作关系。

9 月 22 日，玛丽 · 梅乐斯突然发现自己被任命为战略情报局远东地区协调主任。显然，多诺万将军对这位众所周知、神秘而可疑且抵触外国人的戴笠将军很感兴趣，于是他急于利用梅乐斯与戴笠结成亲密关系。而这种机会主义的突然行动激起的波澜也冲击到我。如上文所提到的，1942 年 10 月初，梅乐斯昂首挺胸地走进我在重庆的新办公地点，露齿笑称：“我是你的新上司了。”他递给我一封多诺万写的信，信中提到我必须服从战略情报局驻华首席代表梅乐斯的领导。当时我并不知道梅乐斯与戴笠的关系，我只是解释了我的计划并表示秘密行动不在我的职责范围之内。如果梅乐斯或是他的部下经常来访或是占用我的办公场地，那我不如辞职。最后我们商定互不干涉。但从后来的情况看，我的活动给他带来的麻烦可能不亚于他的活动给我带来的。他曾要求我不要向王芃生（Wang P’eng-sheng）将军索要日本方面的资料，因为王将军的军事情报局是戴笠的竞争对手，尽管当时在重庆的王将军是此类资料的唯一持有者。

尽管如此，到 1943 年 5 月，来自新泽西的格斯 · 佩顿，我缩微胶卷实验室的主管，经常和我与王芃生将军互相设宴招待对方，同时还从王将军那里拍摄了大量日本出版物。而我们从梅乐斯手里获得的资料却相当陈旧，琐碎而无价值。与此同时，美国出版物服务社将 2000 种不同种类、带有目录的美国本土出版物的缩微胶卷，连同胶卷目录以及 70 台放映机，分发到 20 个阅览中心，此外还为国会图书馆收集了几千种出版物。我在报告中曾提到，这种为国会图书馆和美国国务院文化关系司规划展开的工作使我们“保持与各处融洽和谐的状态，办公人员为自己的工作感到骄傲，我们也都摆脱了特务机构的阴影”。

同时，经蒋介石要求，梅乐斯与戴笠为了确认他们的国际关系，签署了一项发展国际关系的协议，协议由梅乐斯于1942年12月31日起草，其中声明将创建中美合作所（Sino-American Cooperative Organization，编写为SACO，模仿滑稽连环画的发音，就读成了sock-o！意为：“啊，短袜！”）。戴笠任该机构所长，梅乐斯为副所长，两人对所要采取的行动均有否决权。双方的职责在协定中都作了明文规定，此项协议需获得双方最高领导的批准方能生效，于是梅乐斯将协定草案带回华盛顿。1943年2月，参谋长联席会议计划委员会建议批准。到1943年4月15日，罗斯福总统签署了中美合作所协议。此后，美国海军和戴笠的军事合作行动开始独立于战略情报局，甚至不受史迪威将军管辖。中美合作所获得6架飞机用以运输物资，全然不顾史迪威所独揽的对华租借法案的大权。戴笠个人并不信任战略情报局，认为其在政治上不可信且可能是反国民党的。他“强烈反对战略情报局在华活动的扩张”[1]。因此多诺万借助海军而打入中国的计划也失败了。1943年年底，战略情报局停止了与梅乐斯合作的关系，两者分道扬镳。12月初，多诺万与蒋介石、戴笠进行了四天的会谈。多诺万亲口对我说：“可能会和他们合作，必要的话会通过他们开展工作；如果他们对他的人不利，他也会用同样方式对待他们的人，他希望不会出什么大的麻烦。”（来自我1943年12月17日的笔记。）这次强硬的声调显然与中美合作所的精神不合，甚至有些虚张声势。事实证明，战略情报局在华开展的独立活动举步维艰。

当然，战争中，各机构之间争权夺利的摩擦，仍是战争行动艰难尝试中的主要动机因素。中国幅员辽阔，可供陆军大显神通，而指挥海军

[1]　见迈克尔·沙勒：《美国十字军在中国（1933—1945）》，1979年，第235页。——原注

征服太平洋的金上将决定支持中美合作所的一些活动，包括设立气象观测台、海岸监视以及突击队训练。但是 1943 年夏天中美合作所开始了一个新的项目，戴笠将军称之为“联邦调查局学校指导”（F. B. I. school instruction）。此项目旨在训练戴笠的特工在中国的民众之间进行侦察。美国大使馆、美国国务院、史迪威、战略情报局以及其他人都反对将美国的援助作此用途。当时，四周传播的信息都是中国由抗日转为了对付共产党的内战。中美合作所确实曾部署骚扰日军并为海军的登陆作好准备。但是其有害的一面表现为，当国共内战于 1945 年爆发时，美国援助成为国民党的帮凶。这在客观上意味着美国过早地正式介入了反共行动，因此激起了共产党的怨恨，他们完全有理由将这些看作美帝国主义的罪行。

以上对一些秘密故事的简述都来源于我在以后的年代里吸收来自各方的信息所作的资料积累，特别是来自梅乐斯去世之后出版的回忆录《一种不同的战争》（1967）以及迈克尔·沙勒具有启发意义对官方文件的研究——《美国十字军在中国，1938—1945》。中美合作所本是中美合作史上的重大事件，同时也是历史上美国对华政策的一个丑闻。经过了三分之一个世纪，中美合作所的内幕还没有人对它进行详尽的研究。梅乐斯热切渴望成功而帮助戴笠的游击队，同时也使美国卷入中国内战，被看作干涉中国内政。除去此种值得考虑的政策问题外，这也反映了各驻华机构之间，即军种间的竞争，即陆军和其他军队与海军的较量。

幸运的是，我本能地与梅乐斯仅保持最低限度的接触，尽管我对他所从事的工作知之甚少。此外我还发现，约翰·戴维斯（John Davis）于 1943 年在华盛顿就代表史迪威反对中美合作所，但因属于秘密行动，所以我并不了解详情。和其他美国军人一样，梅乐斯主张想尽一切办法打击日本。而我在重庆的办事处却在另外一条不同的轨道上，如同其他许多平民中国通一样，关注的是中国的未来以及美国在其中所扮演的角色。

现代社会的无法治理以及难以解决的社会问题当时尚未为我们深刻认识到。罗斯福新政刚刚结束，许多美国人（例如柯里博士）就以其先见之明开始构想帮助战后的中国实现工业化。战后重建计划受到了重庆被排挤的官僚的大力欢迎，这也成为美国国务院文化关系司缩微拍摄的主要内容。

我发现了一位对重建计划有着强烈兴趣的人物——钱昌照，他是全国资源委员会（National Resources Commission）的要员。这个机构已经在中国建立了100家工业厂房。钱昌照是陶孟和夫人的妹夫，是一位工程师，“在我见过的所有人中，他最像是一位正在成长中的元老。他体格结实，精神抖擞，反应敏捷，工作兢兢业业，精益求精。每天午饭过后1点到2点，晚上10点到11点，钱昌照都会读书。他整个星期都会在办公室工作”，只有周末才能在他家中看到他。（1979年，我在北京再次见到钱昌照，当时他已经年过八十，仍然充满活力。他曾在1947年离开中国去英国留学，共产党执政后归国继续为中国的工业化作贡献。）

当时钱昌照在全国资源委员会的上司是翁文灏，他曾是地质调查所的所长，后来长期担任经济部部长。1942年10月18日，他开车载我进城。

> 他身高大概4英尺，瘦得像一只蚂蚱。前额有一个大大的疤痕，是在从上海去杭州的路上发生交通意外留下的。他的表情看起来生动而充满好奇，个头矮小却很敏捷。他希望看到缩微胶卷，特别是战后的内容。他或许是未来中国的重建者。

翁文灏先前在清华大学讲授地质学课程，国家危机爆发之后，他和北京大学学者蒋廷黻一样离校从政，1935年加入南京的国民政府。他出生于宁波，和蒋介石一样是浙江人，家庭背景兼具学者和官员身份。1943年，翁文灏果真设计出利用国家财政、私人资本以及外国投资的战后工业化略图，并于当年 8 月获得蒋介石的批准。（如钱昌照一样，他也并未一直为国民党服务，1948 年他辞去行政院院长一职出国。1951 年，62 岁的翁文灏回到大陆，继续从事地质学工作，多次主持中华人民共和国勘探铀和其他矿物的工作。）

事实上，原本我从事的工作能够为这些有兴趣发展中国工业化的领袖人物提供帮助。但是，当时我有一种不祥的预感，戴笠准备杀害国内敌人。较之于改善生活的科学技术，美国杀人的科技更快地传到中国。1945 年原子弹超级技术问世，使得像我这样从事文字工作的人望洋兴叹，尽管如此，我依然想知道我们是否能迎头赶上。

第 19 章

学术中心与美国利益

我个人的战时奋斗目标已经明确，即帮助保护留美归国的中国教授活下去，他们的一些人是我在北京时的老朋友。这是我对于周围情况作出的个人反应，而抗日战争的活动则几乎被中国和美国军人所垄断。很少有教授被调动起来，即使学生，作为稀有的国家资源也必须受到保护健康成长，而不是消耗在战争中。在战时的中国，一些被派驻在此的美国文职官员对此感到幻想破灭，最终开始通过救助妇女、儿童和收藏明代青花瓷器来减轻他们的烦恼。就个人而言，我并不反对抗日战争，但我认为在国民政府治下的中国，更加迫在眉睫的是维护开明教育而非抗战。

经过一番冥思苦想，我在自己的名片上印了三个头衔，分别是：美国驻华大使特别助理、美国国会图书馆代表以及美国出版物服务社主任。这样我就成了一名能在中国到处游历的拥有自由身份的代理人。我曾在昆明访问过三所处于困境之中的大学，还在重庆郊外访问了第四所主要国立大学即国立中央大学以及南开经济研究所，以此为基础，我还走访了国民政府的国家学术机构——中央研究院，如今坐落于长江上游的树林中。当然，我还有不为人知的目的，就是去看望我们的好朋友梁思成夫妇。不过，在我看来，这种公共职责与私人愿望的结合并没有违背盎格鲁–撒克逊人的传统。

距离蒋廷黻住所不远处就是中央研究院的一个宿舍区。1942 年 9 月 26 日，在这里我见到了我们从前在北京时的老朋友梁思成，“他激动地握着我的手足足有 5 分钟”。他来重庆是为了向教育部和中英庚子赔款委员会（British Boxer Fund）请求拨款的。

我们在 1935 年圣诞节分开之后，梁思成和他的家人随学术机构南迁离开了北京，乘火车迁往湖南长沙。后来长沙遭到日军的轰炸，于是他们继续迁移，有时搭车，有时徒步，历时两个月来到西南地区的昆明。后来当日军又轰炸昆明时，梁思成夫妇就搬到了城外的村庄并自己建造房屋，我曾去过那里。之后，为了逃脱可能的袭击，至少是飞机轰炸以及昆明的高物价，中央研究院历史语言研究所所长傅斯年决定北迁到云雾笼罩的四川乡村。研究所珍藏的有关中国问题的图书资料以及从安阳挖掘的殷墟文物都必须用卡车向北运到四川的李庄，这个小镇位于长江南岸，在长江航运终点宜宾（叙州府）以东 20 英里。这里冬天寒冷多雾，夏天炎热潮湿，虽然书籍文物得到了妥善的保管，但员工的健康却受到了极大的危害。安阳发掘工作的参与者梁思永就患上了严重的肺结核，面临死亡的威胁。而梁思成的中国建筑研究所也不得不跟着迁来此地，当时林徽因也患有肺结核，卧床休养。

梁思成发觉我已愚蠢地不再使用他在北京时候给我起的中文名费正清。因为战时新闻局的麦克 · 费希尔的姓氏也是费，于是我把名字改成了电影明星道格拉斯 · 费尔班克斯（Douglas Fairbanks）的中文名范朋克，但是梁思成告诉我这个名字“听起来像中国话‘番邦客’”，“而费正清意思是‘费氏正直清白’，而正清与约翰 · 金（John King）谐音。使用这样一个中文名字，你可算是一个真正的中国人了”。显然，他是对的。与此同时，我回想起以前外国人常常不知不觉取了带有贬义的中国名字。例如1834年广州的英国特使内皮尔勋爵（Lord Napier），他的中文名为“律劳皮”，听起来像是“拼命做坏事的痞子”。蒋介石名“中正”，意为“居中正直”，有这样一个名字，人们自然愿意与之团结在一起。而我的“正直清白”的名字也恰合了一位历史学家的身份。

1942年11月下半月，我计划访问李庄，同行的还有陶孟和博士，我们搭乘小火轮沿着长江逆流而上。自从我们1932年在北京初次见面之后，陶孟和主持的社会调查研究所并入了中央研究院，成为其所属的一个单位。他带着自己生病的妻子一同来到重庆，后来乘飞机带其来到兰州，希望西北地区干燥的气候和充足的阳光能使妻子的病情得到缓解。与陶孟和同行实属难得，我们为沿途的所闻所见而感到心旷神怡，故事首先发生在我们乘坐的小火轮上：

> 这是一艘舱位分等的轮船，外形如同一辆三层舱板的普尔曼火车卧铺车，外面漆成类似军用卡车的颜色，顶层种有一棵大树，那是用来掩盖烟囱的伪装。洗净的衣服晾在船的两侧，甲板上永远挤满了人，这些人就在甲板上度过整个旅程。我们在一号船舱，6英尺×8英尺大小的空间里有两个铺位和一张桌子。桌子一放，过道就仅仅够一个胖子穿行，但是过道足够两个瘦子躺在这里，这样过往的乘客只能小心地从他们四肢的空余处踮脚穿过。据说，如果两人极其瘦小，或适应性强的话，第三个人还可以在旁边的缝隙躺下来。从甲板到过道，再到餐厅，这样拥挤的场景随处可见，走路时必须非常小心，看清地面情况，在裤子、胳膊和脚腕之间一路寻找缝隙插足前进。再没有什么比上厕所更令人尴尬的事了，蹲在厕所里，透过木门板的缝

隙，可以看到一位中国妇女就睡在厕所门口的甲板上，脸上显露出天真无邪的表情。（补充一下，甲板上的厕所为悬臂式，置于船尾处，受地心引力影响，排泄物直接排入江里，很少出现倒流的情况。）

我们于10号晚些时候登船，第二天早上8时，曙光透过薄雾照耀在嘉陵江与长江汇合处的上空，轮船起航，到了晚上便会靠岸停泊，如果我们在午后不久到达下一个较大的城镇，我们可能会一直停靠到翌日早晨。这里的人群像在地铁站一样拥挤不堪，但又并不显得那样匆忙。船舱是聊天睡觉的好地方，我们只能以此打发时间。

我的行李中还有一块崭新而极其有价值的油布，虽然它有一股令人作呕的浓烈的桐油气味，但可以驱赶臭虫，而不至于让人特别反感。同时，我们整晚开着灯，避免臭虫侵袭。此外，还有一种看着颇为敏捷的蟑螂，它尾部宽大，从尾部到头部逐渐缩小呈锥形，长着一个木槌形的喙。它试图接近我的油布，突然间又仓皇而逃。我将一个7英尺长、5英尺宽的机缝蓝色睡袋置于油布上，这样一来，就没有臭虫从我身上爬进睡袋了，而且一旦它进入可能就别想再出去。我还在睡袋内底下铺了一块绒毯，这样进去睡时就像在施展具有神秘感的柔术。格雷厄姆·佩克听说有位女传教士就曾光着身子睡在睡袋中，当然，这可能只是别人的想象。至于我，身体钻进睡袋中，头上盖一块老妇人用的薄头巾，这样除了野兽便没有人可以认出我是谁。

至于饮食，我们每天有三顿中国式的美餐，没有宴会的那些繁文缛节。早上、中午和晚上各两碗米饭，把我食肉的狮子的胃吃成了食草的母牛的胃。吃饭时从碗边把米饭拨进嘴里，然后等它们进入胃中被消化，此外我们还有额外的又圆又硬的四川柑橘可供享用。和衣而睡总有一种缩成一团的感觉，好在如今似乎习以为常了。

同时，长江昼夜不停地向东奔流。与密西西比河不同，长江的两边有着高高的堤岸，至少在四川境内如此，江面宽阔，宽度很少有所改变。放眼堤岸，山坡上一边是茂密的树木，一边是鳞次栉比的房屋，在地平线的映衬下，形成独具魅力的轮廓。一些地方，在江岸上坐落着面积庞大的厂房，像在重庆那样，高高的烟囱排放着浓烟。当然最有趣的还是船民的生活，大大的舢板上16名船员划桨顺流而下，掌舵的是一位妇女，她一手持舵柄，一手还抱着婴孩，像巾帼英雄一样发号施令。而逆流而上的成群的纤夫们迈着沉重的步子，喊着雄健的号子前进。即使有旋涡把他们拉得后退，号子声也不会停止。每次我们停靠码头时，总是有一两艘轮船在我们之前抵达，事实上上岸如同在堆满旧家具的阁楼里捉迷藏，转来转去，穿过人群，登上舱梯，经过水面上狭窄的木板，最终通过登上陡峭的台阶来到城镇。

我们停靠的第一站为江津，意为“江边渡口”，当然它的名字不比波茨维尔（Pottsville）更让人感觉愉悦。第二站为合江，“河流交汇处”，由南而来的赤水河汇入长江。这些小镇十分奇特，每个镇上都有一条与江水平行的宽宽的以石板铺成的大街。人行道上挤满了熙熙攘攘的人，但没有车辆，街道两边都是商店，店里灯光暗淡，陈列着各种各样的货物。

新旧事物杂陈又是另一番令人迷惑的景象。昨天晚上我们先是遇到了一个正在进行道教葬礼仪式的出殡队伍，主持的道士戴着软呢帽，然后路过一座由三民主义青年团新建的尖顶方塔，上面还刷着标语。最后看到一位算命先生，带着哈罗德·劳埃德（Harold Lloyd）式的眼镜，用晃眼的乙炔灯招揽着顾客，还配有一个招牌写着“直言不讳，勿怒顺命”。

在一条十分偏僻的街道上，我们突然遇到一个人蜷缩躺在大街上，呼吸困难，不知道是生病还是喝醉亦或是被人伤害了。“别碰他！”陶孟和立警觉地对我说。随后他解释说，这可能是一个圈套，一旦碰他就要承担责任，不知从哪里冒出的人就会指责敲诈我们，除非我们出钱把他们打发走。

四天之后，我们来到宜宾（从前叫叙州府），长江轮船航行的终点站，随后我们换乘了一艘更小的火轮顺流而下来到李庄。这个——

> 小镇大概有 1 万人，镇上照例有一条石板铺成的街道，街上挤满了人，两旁的商店摆满了琳琅满目的货物。李庄位于半英里宽的平原之上，地势较高，足以抵御洪水泛滥。此处可以看到长江的典型风光。沿江有一条绵延不断的河谷，河谷两侧拔地而起的山丘有 200 到 400 英尺高，狭窄的平原上都是精耕细作的田地。在四川境内，江水中有明显的岩石，河床不必担心会改道而行。而最令人惊讶的是当你的目光穿过对面宁静的梯田，你会看到大约四分之一英里宽的碧波从图画中流泻而出。
>
> 梁思成的家和建筑研究所在同一个院子，而建筑研究所又占据了国立博物馆的一部分地方。从小镇的一端，沿着被稻田环绕的狭窄石径行走，梁思成的房子位于山脚处的大树下，山顶上筑有一座瞭望台，还有漫山遍野的柑橘树。四川的地理环境导致小镇雨水多过阳光，因此成年累月的潮湿和肮脏让整座城市弥漫着一股闷热和尿臭味，如同常年笼罩的云雾。事实上，这里白天经常被云雾遮盖，夜晚又会下起连绵不断的小雨。
>
> 在建筑研究所，12 名年轻的制图员在内院一侧的一间大房子中工作，林徽因就住在这个院子的另一间大屋子里，因此她可以随时得知工作的进展程度。然而事实上，她到了哪里，哪里工作进展得总是

更快，所以年轻人直接从她那里得到的教益远比他们自己贡献的成果要多。

依照传统，中国的学者解除公职后都喜欢归隐田园。但这些受过现代教育的学术带头人在此生活则是迫于无奈。一路跋山涉水来到四川，已使他们的生活条件每况愈下。如今他们完全过着与农民同一水准的生活——用木桶提水，以米饭为主食，用木炭取暖且没有抽水马桶。日本飞机的轰炸使得他们与毛泽东领导的农民革命如出一辙，不得不到乡下去住。

梁的家庭生活一如既往地存在各种错综复杂的问题，只是由于生活水平的降低而使问题变得更加基本、简单。首先是仆人问题。由于雇用仆人费用昂贵，他们辞去了大多数仆人，只留下一位女仆，她虽行动迟缓，但性格温顺，品行端正，因为不想让她感到难过，于是留下了她。这样一来，大部分的家务劳动包括做饭都只能由梁思成在病人林徽因的指导下完成。其次是个人性格差异问题。老太太（林徽因的母亲）有她自己的生活方式，总是抱怨为什么要离开北京；梁思成喜欢吃辛辣的食物，而林徽因侧喜欢偏酸口味。再次是关于亲朋好友的问题。我刚到就有一位来自宜宾的空军军官前来拜访，他是林徽因弟弟的朋友（林徽因的弟弟是一名飞行员，执行任务时被日军击落）。而在我离开之前，梁思庄（梁思成的妹妹）从燕京大学途经上海、汉口、湖南以及桂林穿越日军防线来到此地，她已经5年没见到亲人了。

林徽因非常瘦弱，但是目前看起来充满活力，和往常一样，考虑任何事情总比别人快一步。她每次吃饭都吃得很慢，饭后我们开始长时间地交谈，不过大多时候是林徽因在讲。晚上，5点半天就黑了，只能点上蜡烛或是菜油灯，8点半就是上床休息的时间。这里没有电话，倒是有一个唱片机，有几张贝多芬和莫扎特的唱片；有热水瓶，但没有咖啡；有许多件羊毛衫，但合身的没几件；有床单，但没有太多肥皂进行清洗；有钢笔铅笔，但没有足够的纸张书写；有报纸，但总是过期的。这样的生活就像在墙壁上挖一个洞，拿到什么用什么，如同守株待兔，结果就要碰运气了。

我在这里待了一个星期，由于天气寒冷，大部分时间都是在床上度过的。在如此恶劣的条件下，我被学者朋友们继续从事学术研究所表现出的不屈不挠的精神深深感动。依我设想，换作美国人，我想大家一定早已丢下书本转而去寻求如何改善生活条件了。而如今接受过高水平训练的中国学者却接受了原始的农村生活，并继续致力于学术研究事业。学者的角色已经根深蒂固地存在于社会结构和对个人的期望之中，假如我们的朋友摒弃自己在学术上的坚持，为了生计用业余时间去做木匠、砖瓦工或是水管工，那么他们将会打乱社会秩序并很快失去社会地位，即使不被唾弃，也会成为人们非议的对象。

在参观了傅斯年的位于偏僻寺院的图书馆后，我返回距离此地150英里远的重庆。首先，我们在宜宾停留了一个下午，等待前往重庆的汽船。

于是我四处搜寻当地的传教士。我见到当地浸礼会的传教士领袖詹森（J. C. Jensen）博士，他来自南达科他州沃特敦（Watertown）附近的斯平克（Spink）。他于1911年来到四川传教，如今建立了几所学校、一家医院，以及30个福音堂。这些地方他每年徒步走访两次，其间每天行走20到30英里，每次需要花费几个星期的时间。他是一位目标明确且精力充沛的人，因为出身于农村，他不但满怀热情地宣讲福音，还热衷于帮助当地人改良农艺。他说当地人生活富裕，鲜有贫困，穿着比记忆中任何时候都要好很多。此外，吸食鸦片的人数急剧下降，自从中央政府迁到此地后，吸食鸦片的人减少了 90%。

显然，除陪都政府的低级官员外，那些受过现代教育又无家可归的中国知识分子是战时通货膨胀的特别受害者。作为统治阶级的一部分，这些人却忍受着比普通人更多的压榨和痛苦。1943 年 1 月 19 日，陶孟和的夫人——

由于突发肺炎在兰州去世。她是我们的朋友中第一个去世的。我们原本让林徽因来兰州休养的计划现在看来没有用处。我们准备派到兰州的护士是一位体格结实的女孩（这个计划也取消了），但当不祥的乌云逼近时，或许这已经没有多大帮助了。

其他很多人也开始关心中国高校教员的福利待遇。美国联合援华会重点考虑了此项问题，该会总务长在 22 所院校成立了教员委员会，以便对教员提供医疗援助，为其子女教育提供费用，并实行战时生活困难补助。不幸的是，他表示这项援华资金用于支付“生活开支”。一些人反对使用美国慈善团体的捐款来维持中国教授的生活。以上内容被媒体大肆报道，蒋介石看后大发雷霆，否决了此项提议。在重庆的某一天——

午饭前，蒋梦麟来拜访我，我和他谈了美国联合援华会的惨败。他在外表上与梅贻琦极为相像——个高体瘦，风度翩翩，不过，他是个理智胜过情感的人。蒋梦麟和梅贻琦都是昆明学术界的领袖人物，都以苦行僧一般的形象著称，令人印象深刻。蒋梦麟近来没为北京大学做什么，生活越来越贫困，只能靠典当仅有的衣物和书籍维持生活了。如今他回到昆明担任中国最高学府的校长，他的夫人也在此设法寻找工作。他要比梅贻琦经济情况稍好一些，梅夫人隐姓埋名找了一份工作，被人发现后，最终被迫停止。

当蒋梦麟博士对西南联大的教员作报告表示美国联合援华会援助计划被否决时，全体教员表示强烈抗议。鉴于租借法案和目前贫困的生活状况，教员认为接受美国援助并不丢脸。于是蒋梦麟极力劝阻教员不要发表任何反对言论。在蒋梦麟看来，真正的问题在于中国高等教育中的骨干教师力量是否能得以保存，即是否中国将会在战争中损失教育人才的教师队伍，使得一切陷入混乱之中。他认为目前中国教育受到的创伤已经颇为严重了。

西南联大的教员凭借各种个人努力，甚至付出了远超他们能力范围的努力，却依然仅可勉强糊口。我提到的这些也不过是冰山一角。1943年8月，我们通过私人渠道为西南联大的全体教员运来药物。在柯里的帮助下，我从霍夫曼·拉罗什制药公司（Hoffmann-LaRoche Co.）获得了大量维生素B1，这些药物被西南联大的医务人员广泛用于治疗学生由于维生素缺乏所引起的各种症状（例如牙龈出血）。威尔玛将药物以及贵重物品（钢笔、手表）源源不断地运送到美国驻昆明领事馆，再通过我们的邻居陈岱孙教授秘密地将它们以工资补贴的方式分发下去。到1943年底，美国国务院文化关系司邀请6位教授前往美国，在我的督促下，哈佛燕京学社为6位教授每人赞助1000美元，其他8位教授每人500美元，共计1万美元。美国学术团体委员会也按同一方针组织了类似的援助活动。

在我的敦促下，柯里博士还说服陆军特别服务处拨付5000美元，作为聘请中国教授为驻扎昆明的美国军队演讲的酬劳。为了达成最终的协议，我还与弗兰克·多恩（Frank Dorn）将军激烈地争吵过。他是史迪威在中国受训过的军官中最亲近的助手，外表英俊，极具艺术天赋，但脾气暴躁，人们称其为“赤红儿”（Pinky）。当我和他的下属汇报演讲计划的时候，他大发雷霆，认为我作为非军人无权干涉他的指挥权。他指责我到底把自己当成什么人物了，区区一个大使特别助理竟敢随意摆布军队。这句话说得太过分了，于是我提高声调回复他，并拿出了史迪威将军的授权文件（我本该一开始就拿出来），这时“赤红儿”平静下来，而这件事最终使我们成为好朋友。

在为驻昆明美军开办的系列讲座中，我曾分别与张奚若及钱端升合作一次，另外还安排军医署（Medical Services）署长林克胜（Robert Lim）少将作了一次讲座——“中国士兵的作战效率”。[1937 年，在中国的 6000 名医生中，他动员了 1200 人加入陆军；30 家医院扩增为 750 家，但是医疗设备仍然是个瓶颈。6 年来，他们医治了 350 万名伤员。为了补充粮食与食盐给养的不足，他们自己种植蔬菜。这听起来像是西西弗斯（Sisyphus）[1] 在奋斗中逐步赢得胜利。]

1943 年 1 月 26 日，我来到四川古老的省会成都，这里是教会开办的大学的聚集地，与我先前去过的昆明和李庄的纯粹官办大学形成强烈对比。南京（金陵）大学、金陵女子文理学院、来自山东济南的齐鲁大学、来自北京的燕京大学均为教会学校，现在都已经搬到他们的姐妹机构——华西协和大学校园内，或是附近。

> 华西协和大学的建筑为灰墙瓦顶，道路两旁绿树成排，还有运动场，而传教士的房子也位于校园内的带有围墙的花园中，其中一排为浸信会传教士居住，一排为加拿大传教士居住。

我见到了 30 年代在南京初次相识的教会学校教师，包括毕范宇

[1] 西西弗斯，希腊神话中是风华之王艾奥罗斯（Aeolus）的儿子，科林斯城的创建者，以狡猾著称，他被判要将大石推上陡峭的高山，每次他用尽全力，大石快要到顶时，石头就会从其手中滑落，他又得重新推回去，无止境地循环往复。

（Frank Price）、芮陶庵（Andy Roy）、芳威廉（Bill Fenn）。此外还有年轻的考古学家郑德昆，1934 年我们在厦门见过面，如今他与一位来自英国的艺术系学生迈克尔·沙利文（Michael Sullivan）一起筹建一家博物馆。只是教会所属各委员会有接连不断开会的陋习，除了这些，这倒是一个十分友善的团体。学生们大多生活状况良好，但希望可以变得越来越好。大多数学生学习经济学、货币和银行学以便于在持续通货膨胀的形势下谋求好的出路。"蒋介石领导的三民主义青年团也在华西协和大学校园中组织起来，由毕范宇对其进行教学指导。"

然而，远离国民党首都的正统氛围后，我发现了截然不同的政治观点。在重庆待了 6 周后，我于 1942 年 10 月向柯里表达了我的看法："抗日战争之后内战爆发的机会不大……共产党可能会被国民党打败，但不太可能成为如同西班牙一样两败俱伤的农民战争。"然而，当我在 1943 年 1 月份到达成都时，发觉"当地蔓延着内战即将爆发的不容忽视的情绪，其中传教士左派以及外国军事力量都对此深信不疑"。这当然也包括当地的一批缙绅阶级领袖，曾于 1905 年左右赴日学习的大地主们，他们反对四川军阀，但在 1935 年却欢迎蒋介石的到来。

> 他们会追随蒋介石，拥护他作为领袖，但是无法忍受国民党及其党员。同时，他们希望消灭共产党，使四川归他们四川人（地主）所有。这是另一个与其他所有派系存在争执的团体。

然而，所有这些人都预测，当时机成熟时，国民党必将在 6 个月内打垮共产党。

与此同时，反英情绪也很强烈。为人亲切和蔼的金陵女子文理学院院长吴贻芳博士（1949 年后担任中共江苏省教育厅厅长）表达了一种普遍的失望：

中国人将妻儿、财产转移到香港和新加坡加以保护，然而当他们与幸存的英军一起投降时，有着严重的挫败感。英国人无法按其要求行事，因而，当他们坚持他们的权益要求时，激起了中国人的愤怒。

我曾与四川省政府主席、政学系人物张群在一次会议上见面，在他看来，英国人与美国人——

本质上是不同的，前者为君主政体，后者则是民主政体。他反复强调中国与美国合作的口号，意思是美国必须一直扮演圣诞老人的角色。

我从这些游历中获得的五花八门的见识使我明白了很多事情，促使我决定用文字再次抨击想象中的敌人，即在华盛顿的国务院政治顾问亨培克。我给柯里博士寄了一份有关文化关系政策的备忘录，并希望递交给希斯，由其转交亨培克和汉密尔顿。这是一份主张采取干涉政策的文件，文中阐述道：

项目必须以政策为基础。对华文化关系项目之所以受挫，是因为政策并不适合当前的状况。中国是个战场，在那里我们应努力让我们的价值观念占优势，只要它们适应中国人的生活方式。但迄今为止，文化关系项目还仅仅停留在方法层面，而未考虑要达到什么目的。

具体地说，是我们的项目计划往往只偏重于消息报道的某一个范围，即力图告诉中国人美国人是如何行事的。因此陆军公报在宣传我们是如何打仗的，新闻部门专门说明我们是如何生活的，美国发生了什么，而文化关系司的缩微胶卷以及技术专家又只会介绍这就是**我们**

的科学技术。综观整个项目，都是各种信息的报告。其理论依据是认为我们的生活方式能够被中国人主动接受。如果它是好的，那么中国人自然会接受，而如果它是不好的，那么再怎么说也无济于事。

这种观点过于肤浅，属于19世纪自由贸易的理念，在今日早已过时。我们根本不可能任由美国生活方式自我推销，结果只会是将“平民街”[1] 文化传播到全球范围，包括插图杂志、合约桥牌、美国俚语以及大学礼仪。当然我们并不为这些“平民街”的东西而羞愧，但重点在于我们本来可以提供更多有价值的东西。“平民街”的自我推销方式远远不够，且对于见识广泛的中国知识分子来讲，这些东西只会令他们生厌和反感。我们需要找到一种能接触到比《生活》[2] 杂志层次更高的方式。这种更高层面关注的是价值观念，关注“我们为什么做这些事”，而不是“如何做”。这些价值观念经过艺术、文学以及戏剧等“文化”介质来表达，它对那些寻求新观念和新艺术形式并具有创造力的人，而不可能是银行家，产生感染力。

近期文化关系司向中美文化协会拨款就证实了这一点。此协会是由孔祥熙创办的，体现的完全是当代中国学院派买办典型的生活方式。协会的经营者与参与者大半是在美国留过学的中国商人，他们在美国留学期间，学到的无非是美国大学生活中扮演啦啦队角色的那套本领。此外，这个协会只对会员开放，属于营利性质的机构。但是对于那些富有创造力的中国学生——想要寻求的新思想甚至比《时代》杂志提供的还要多的人，中美文化协会没有什么吸引力。

---

[1] 平民街（Main Street），是代表着财富阶层以外的美国平民生活的地方，这里指美国平民百姓的生活方式。

[2] 《生活》（*Life*）杂志，美国百姓家喻户晓的一本杂志，主要是一些休闲娱乐内容。这里也是指一种平民所关注的生活。

与此相反，中苏文化协会举办的艺术展览却吸引了成百上千的人前来参观。这里还有一个对外开放的茶馆，同时他们有意识地通过艺术、理念和文学等形式竭尽全力地传播苏联文化的精髓。

中国人会像日本人曾做过的一样接受我们的技术。然而，即使他们接受了现代科学，也不太可能和我们团结起来。这可能仅仅是为中国提供了反对我们的手段罢了。当然，我们的目标并不是要使中国变得像美国一样，这是不可能的，而是希望在中美之间形成一个共同的立场。日本同时发展武士道精神和坚船利炮技术。中国正接受我们的援助创建重工业，但是中国教育部长信奉"本位文化"，即中国自己的文化，这让人想起了张之洞"中学为体，西学为用"的思想。我们决不反对中国民主主义的成长，这对于当地发展是极其必要的，但同时也要推行符合美国利益的国际主义。

简言之，美国人在系统地阐释我们自己的文化价值体系，如今我们称之为民主的生活方式上，一直落后于形势的要求。但是对于这种生活方式，我们不得不欣赏它，信任它，同时在尽力从中寻找全球范围内普遍适用的因素。如果我们能在这里有所贡献，那么我们最好是把它贡献出来。

举个例子，中国有一位年轻的戏剧领域的领袖，他曾在耶鲁大学接受教育，如今在重庆从事戏剧创作工作，他说他对苏联的戏剧以及俄国人的生活了如指掌，但两年来，却对美国的戏剧一无所知。那么文化关系司对此能够做些什么呢？（1942 年 12 月 4 日）

随后，1943 年 1 月 5 日，亨培克对此发表意见，恰好暴露出华盛顿对此缺乏远见。

【副本】

国务院政治关系顾问亨培克的评论性备忘录

我很赞同费正清先生的看法，除了首段第二句，这恰巧是如今最重要的一句话。

就现状来说，我认为当前的对华文化关系项目完全适合“时机”，时机就是现在的局势美国正处于战争中，中国也是一样的情况，两个国家站在同一条战线上，因此对于双方来说，如今最重要的事情就是赢得战争（不使其他价值观受到损害）。为了获得战争的胜利，凡能促使战争胜利的事我们必须竭尽全力。而目前最迫切的莫过于向中国运送那些能够并且将有助于取得战争胜利的物资、仪器和人员。相对而言，现在由我们派人前往，向中国介绍“美国戏剧”的情况不合时宜（参见费博士备忘录末段）。过去我曾敦促，现在仍敦促，将来还会敦促派遣到中国的人员不仅仅是给中国人讲授工程机械、工业以及农业等理论，更重要的是能深入工厂、矿区和农田实地采取一些有效的补救措施。在此过程中，不仅要向中国人展示最讲求实际和足智多谋的美国人是如何做事情的，同时我们也要向同样讲求实际和足智多谋的中国人学习，学习他们是如何省钱省料地完成同样的事情或其他事情。

我注意到希斯的声明，说柯里先生之前曾提到，费博士指定备忘录只能给汉密尔顿和我阅读。尽管如此，我希望获得柯里先生的批准，将费博士的备忘录以及我的评论性备忘录一并转交佩克先生一阅。

斯坦利·K. 亨培克

1943 年 1 月 5 日

远东司司长马克斯·汉密尔顿对此表示赞同，并补充道，所谓“价值观”正由战时新闻局遵照美国政府首脑们的意见制订提出。同时，文化关系司司长威利斯·佩克（Willys Peck）也同意亨培克的意见。

在我看来，亨培克评论性备忘录首句先肯定后否定的表达方式是典型的官僚作风。他采取了一种冷漠乏味的假设，即两个国家同样处于艰苦作战中，而忽略了基本的现实情况。他仍然忽视了我之前提到的中国国内两党之间的斗争情况。他反复说到“敦促”，看似很有说服力，但其实并无用处，因为这些人早已被派到中国。他用“讲求实际而足智多谋”来平衡中美之间的关系也过于感情用事。最后一段话也明显拘泥于形式。

此外，来自国务院远东司的评论尽管是我后来看到的，却更加证实了我的想法，即华盛顿对中国的情况并不了解。我继续焦虑地思考这些问题，再次写信给亨培克的助手阿尔格·希斯：

> 在过去的5个月当中，我一直处于轻微的震惊当中。之所以如此，是基于这样的现实：美国在华这些反映美国客观现实的活动似乎并不合适，也不够分量，然而华盛顿方面却认为合适且足够分量。
>
> 这个国家正致力于为现代化而奋斗，但有可能保留更多过去的陋习而非美德，以致在我们的有生之年，我们将无法看到它成为世界事务中一个稳定而起促进作用的因素。我们可以预料到，随着时间的推移，中国的问题会越积越深。因此，从自我防卫的角度看，中国必须努力快速实现工业化。而这一目标的实现只有在美国资金与技术的支持下才能有效地推行了。
>
> 在即将到来的岁月，我们将继续被牵扯到中国的命运中。中国也将依然在世界组织中处于弱势的一方。许许多多勇敢而富有智慧的中国人正在奋发图强改变旧习，同时也毅然决然地改变自身。但他们只

是沧海一粟。为了美国的利益，我们应该帮助他们，但这将会是一个长期持续的过程。

因此，在这种情况下，最低限度的要求是，我们要具备知识。我们需要了解每个人的情况。

美国大使馆事务过于繁忙，以至于无暇顾及保持最新的人事档案，同样，在国务院这些人事档案更是滞后，非常糟糕。

就目前体制而言，我们对于中国的认知大部分是通过与中国行政人员用英语交谈获得的。当然，这对处理当前事务卓有成效，但如果进行长期研究，这种方式无疑像采用单腿跳跃一样，无法一直运用。中国政府发行了一本中英文的关于官方统计摘要的刊物。这个刊物属于月刊，至今已发行72期。或许我记得并不准，但我相信大使馆并不知道这本刊物的存在。无论如何，大使馆的公职人员已经忙得不可开交了。需要批评的是这种制度，它不容许对中国出版物进行认真的研究。

另外，那些虽不是处于决策位置，但对于此地区的工作负有重要责任的官员在战争期间竟然没有来过中国，这件事简直令人难以置信。甚至有些人认为这些本该掌握地区情况的官员并不需要直接与该地区直接接触。令我震惊的是，我那些受人尊敬而聪明的朋友竟然相信，他们可以通过现有的书面文字资料来保持对中国的了解。我旅居中国多年，尚无法做到这一点。我在中国已进入第5年，但对其了解的程度仍极其表面肤浅。所以，无论在这里还是离开，即使拥有官方信息的便利条件，我也无法长期通过文字通讯资料来真正了解这个国家的实际情况。在我看来，正在舞台上演出的新型戏剧、大量受政府补贴发行的杂志发表的关于文化的云山雾罩的评论，以及小镇上人们穿西装的比例日渐提高，这些无法用语言表达的现象汇合起来，才是公正判断的重要标准，才能看清潮流。

为了我们在此的长期利益考虑，我们必须鼓励培养那些具有领导能力且按着我们想要的方向发展的中国人。所有人都认为没必要与留美归国学生保持联系，然而事实上，他们是学术领域的领袖人物，是我们对华主要的人才投资，同时也是连接中美的桥梁。如果没有他们，我们就会陷入不幸的处境，就如同与苏联的关系一样。

因此我们需要采取以下措施：1. 将文化关系项目提升到更高层次，而不仅局限于技术援助层次。2. 直接从文化关系司派遣人员来执行文化关系项目规划。3. 对中国的教育进行科学的研究（"文化"领域）。文化关系司派遣的官员走访大学并结识大学教员们。英国大使馆文化参赞布洛菲尔德（J. Blofeld）曾于去年进行此项工作，因此美国人应该做得更好。所定目标要讲求实际，主张在国际事务中进行干预，需要找到站在我们一边的人并找到帮助他们的办法。不要轻信别人的话，轻易地认为他们过得还不错。事实上，一些人已经患病，而另一些人则为了养家糊口而被迫放弃学术研究。4. 将美国的交流学者派往昆明、重庆、成都和桂林的四到五所重点大学开展交流活动。如果这是一场全面战争，如果美国军队在此进行作战，那么为什么在文化前线不采取行动呢？

世界变得越来越小，这要求我们在对华关系上组建更多的政府机构。为此，国务院应该设立一个特殊的研究官员职位，其人选从学术界招募。如今，就像当初中国清朝官吏那样，外交部官员一揽全局的时代已经过去。

我们必须要支持美国的利益而不仅仅是保护它们。而在中国开明教育就是美国的利益之一。（1943 年 2 月于成都）

尽管这种普遍的看法所用的字眼并不总和我一模一样，但我想是有可能实现的。战争努力促使我们提出更多维护文教科研事业的主张，如果说不是维护思想体系的主张，以便与后勤方面的大量努力相适应。随后，威尔玛将我的备忘录的副本传给了华盛顿的一些重要人物。我想它们开始慢慢地产生了一些影响。

我在重庆非军事性质的社会各阶层从事的调查工作所取得的一项成就，就是有幸参加国民参政会的一次会议。国民参政会由国民政府于1941 年成立，其目的在于履行筹组代议制政府的诺言。它的权力仅仅是咨询性质，但是其成员代表确实为无党派的知识分子。我的朋友，来自昆明的钱端升，是外交事务委员会主席，他为我弄到了一张入场许可证。

> 会议大厅并不大，约两层楼高，屋顶装有吊扇，洁白、朴素。张伯苓和其他人坐在后面高处的长凳上。顾问们聚集于会场安放椅子的一边，来宾和许多军人则坐在会场的另一边。其余很多看似充满活力的人，包括夹杂在男人中间的女性则根据抽签结果坐在会场的各处。
>
> 依我所见的全部情况而言，我怀疑国民参政会也会是昙花一现。然而，国民参政会成员似乎有一种自大的感受，很多人对其未来的发展充满信心。

事实证明，这些自由主义者希望代议政府能够移入中国的政治体系当中，很不幸他们的愿望并未实现。统治阶层精英汇聚一堂，成为联系公众、偶尔产生作用的机构，但作用仅此而已，别无其他。实权依然掌握在安全组织系统，他们拥有暴力手段，能够恐吓异己分子并打击反对派。显然，戴笠压倒了国民参政会，而自由主义的价值观如同宣扬自由主义的教授本身一样，正日益失势。

第 20 章

1943 年——蒋介石开始失去人心

在战时的重庆又待了一年后，我最终确信我们的盟友国民政府正在腐化堕落并逐渐失去权势。国民党逐步走向衰落，我也是逐渐得出上述结论的。

首先，有更多的时间卧床休息，因此我有了更多机会对我所接触的人物和访问的地点所产生的印象进行深思。生病成为大多数在国外工作人员生活的一部分。1942 年冬末至 1943 年春天，我连续患重感冒，并引发了肝炎和阿米巴痢疾。我的感冒也是在和比尔 · 费恩（Bill Fenn）从成都返回重庆之后发作的，当时天气十分寒冷，而我们两人坐在邮政卡车的车顶上。乘客坐在邮件袋上是一种惯例，但是我已经不记得车费具体是多少了。

由于没有找到军用飞机，最终，比尔 · 费恩带我去拜访邮政局局长，并获得了许可。公共汽车被描绘成如同下午 6 点的布朗克斯快运(Bronx Express)，乘坐过山车一下子驶入了公海。有些人将巴士旅行比作穿行加尔各答黑洞的中间通道。征服了自然的西方人现在不得不应对这种机械；而中国人从头到尾一直都被自然和机械所困扰。因此，有时候是汽车载乘客，有时候却是乘客推汽车。

我们在早上4点半到达邮局。其他的乘客站在一边互相打量，他们想知道谁可以抢到驾驶室的位置。然而一切都是徒劳的，这个位置是留给符合身份的人乘坐的。最终我们在6点半出发，我们一行8个人的行李被扔在邮包堆最顶端，其中比尔和我以及其他5个人坐在邮件袋上。天太冷了，在这种极其寒冷的情况下，想要舒服一点，最好的方式就是紧挨着那位穿得厚实、肥胖而有弹性的中国女士了。

哈佛大学的中国历史系以及后来比尔·费恩掌管的教会大学联合理事会，都应该感谢这位我们为了取暖而紧挨着的女士，要不是她我们可能早就被冻僵而殒命了。

两周之后我的黄疸开始发作。因此，随后的一个星期，我粒米未进，至少是没有吃下任何东西，皮肤逐渐变黄。很多人到我住处来探望我，一些人我很熟悉，一些人我之前没有见过。当我不想再见任何人时，我不得不深深叹息或是低声呻吟。我们的厨师是一位擅长以各种方式做没有营养价值的菜的高手，他会把有鱼腥味的大白菜、胡萝卜片、白菜味的土豆一起煮成烩菜。但是如今他也生病了，他的助手是个乡下人，很难让他做无油脂的食物。他本来可以非常容易地做没有油腻的菜，但最终他以每只124法币即6美元的价格买了4只雏鸽，用水煮了。这是个奇迹！

然后，临时代办范宣德将我接到大使馆，安置在大使的床上，当时大使先生恰巧回国。我在那里病情得以迅速好转。

> **写于大使的床上。**从大使的角度来看，如今也是我的观点，这是世界上最缺乏吸引力的城市。大使馆的房子位于高出长江水面100英尺的位置，周围还有其他灰色的石砌的房屋，高高低低、杂乱无章地分布于山坡上。连接这些房屋的石阶蜿蜒而上，在屋顶和垃圾堆之间若隐若现。山上的每一个部分都得到了彻底的修整；修理工用当地水泥铺满了整个坡面，就像这座大使馆或是隔壁重庆俱乐部的正面一样。水泥丛中还有正在开花的树木和花园，但是效果还是一样，四处一片灰暗，毫无生气。

外国人和来自长江下游的中国人普遍认为重庆寒冷而不适宜居住。大使的起居室给我一种特别阴冷的感觉。

> 从距离江对岸半英里的此处观看，重庆就像由破旧的盒子堆积而成的垃圾堆。听起来好像远处传来了一阵骚乱声，汇合了纤夫拖船向前的号子声、苦力们搬运着石头和水攀爬无尽的石阶发出的喘息声以及小贩卖力招揽生意的叫卖声。当然，在我眼前出现的是遭受了轰炸后被烧毁的地区，之后周围重新搭建了一些棚户。没有任何的色彩。灰色的石头表面有些许的青苔，岩石上寸草不生。人、房屋、小径，一切都融入了灰暗的色调中，其间夹着一条同样是灰色的河流。这是一个生存环境极其恶劣的地方，长江下游的中国人对其没有任何的好感，而当地人似乎也都有着乖戾暴躁的脾气。
>
> 长江也不能给人以安慰，而仅仅是另一个问题所在。水流低时岸边显露出来，沿岸的沙滩上随即建起了一些竹棚，还有一些小船上的人在叫卖。江面只有原来的一半那么宽，但水流依然湍急，江流向着前方的城市奔流而去，轮渡顺流驶过时常常会被河水冲下400码远；而逆流返回时，这些轮渡需要花费半小时才能费力地缓慢移向浮动码

头。长江并不是人们的朋友。每只前往下游的单独的船，都会有 8 或 10 个桨手，他们尽力使船避开暗礁和浅滩，有时候不得不再次返回，这 200 或 300 英里的距离，此时需要完全靠纤夫的力量拉着船一寸一寸地向前行进。通往上游的平底船都要从大使馆前经过，船队一眼望不到头。每只船都排好队，纤夫们站在露出水面的礁石上，用竹竿将船撑进东流的水中，推拉之下船逐渐地向上游前进。整个过程真不好看，令人目不忍睹，没有人感到快乐，没人能进步，只有一群赤脚光头的纤夫喊着悲哀的号子，满身的疥疮，拖着肿胀的双脚，像灰色蚁穴中的蚂蚁一样，过着灰暗的生活。站在这里，我更能体会大使的心情了。

我目前打算继续待在大使的床上，除非有人赶我走或是人满为患。大使的房间装饰得十分漂亮，墙上挂满了女人的照片，都是贝蒂·文森特（Betty Vincent）的。

然而，1943 年 4 月，痢疾无端再次来袭，缓慢而持久。美国海军医生对此也束手无策，5 月份，我再次来到昆明，获准进入陆军后方医院。这里有一群精力充沛的中国护士，她们给美国大兵换药，且在看电影的时候提供冰激凌。然而，没有人能够确定我的病情，最终在我返回重庆后，注射了一段时间的吐根碱，病竟然好了。吐根碱是一种德国药物，要求患者避免剧烈运动，以免造成心脏压力。于是当时每次前往陆军诊所，我都需要缓慢地爬 89 级台阶。

1943 年下半年，蒋介石政府的无能已经明显暴露出来，尽管（或是由于？）他一再努力实施更加严格的控制和个人独裁。通货膨胀日益严重，导致工薪阶层营养失调且备感绝望。对于外国观察家来说，左派似乎是切实可行的选择。这时，我已经恢复健康，但是我的心情随着时局的发展而与大使馆和新闻出版界的其他美国人一样，对国民党不再信任，对自由主义者的潜力不再抱有幻想，对当地的左派却表示欣赏。1943 年 8 月，我

> 对现政权不抱什么希望，因为它在情感上并不信任人民大众，又无法为人民提供什么实际的帮助。骇人听闻的苦难与灾祸总是伴随着它，它之所以苟延残喘，仅仅是还没有足够多的有勇气的人反抗它。

1943 年间舆论的这种转变，部分源于一种古老的中国政治现象，即天命的倾斜（政权失去人心），另一部分则是由于中国政治的机制。1943 年初，我从让美国人只能从过于乐观的角度来看中国的新闻审查制度开始，试图描述当时发挥实际作用的一些因素。

> 1943 年 2 月 5 日，美国人幻想破灭的时刻正在到来：中国有关英勇抗战的中国人的宣传攻势正被美国观察家暗地里戳穿，他们注意到，尽管中国处于战争环境当中，但她并不是处于战争状态的国家。这个地方并没有被调动起来，因为动员机构至今并未建立。因此中国对外的宣传只不过是编造一些危险的空话而已。

为了促进中美关系，蒋夫人于 1943 年 3 月前往华盛顿，在参众两院联席会议上发表演讲。她优雅的仪表以及富有感染力的呼吁使得演讲取得了巨大的成功，同时进一步吹大了自由中国的泡沫。我在 3 月 10 日记录道："中央社铺天盖地的新闻都是对蒋夫人游说的报道。"后来在她回国之后我去拜访她，在我看来她的一切表现只是骄傲促使下的逢场作戏。

> **我与高贵的蒋夫人进行了短暂的会面：**经过一小时的谈话后，我带着复杂的心情回来。既然其他很多人对其有着他们各自不同的印

象，那么我也记录下我的感受。总体来说，她一直竭尽全力扮演一位伟大女性的角色。谈话的内容大多广阔无边而不切实际。她是一位不折不扣的演员，拥有很多令人钦佩的品质，魅力非凡，直觉敏锐且智力超群。但其背后隐藏着悲伤的情绪。（我总是能够从女性身上发现不愉快的情绪，尤其是漂亮女性。）心酸的往事以及装腔作势的倾向，让人觉得不够真实。她的表情通常美丽而忧郁，讲话语调调节得很好，为了取得好的效果而会停顿，上嘴唇紧绷，显得不自然。但是偶尔她也会发出真诚的大笑，圆圆的脸上呈现出放松的表情，声音也不知不觉地提高八度。显然，这些自然而放松的表情让其余的一切显得做作而又可悲。

我在陈珍珠的带领下，经过许多行礼致敬的宪兵，最终来到一个小房间，屋内墙上挂着泰戈尔的画像，还有一只熊猫图片。她很快就从楼上走下来。我向她介绍了自己的一些情况，我说自己有兴趣让美国人对中国有更多的了解，曾在昆明待过，对美国士兵的生活感到担忧，为此帮助举行了一些演讲并得到一些回应，但还需要作更多的努力。对此她直截了当地提出了几个问题。接着她问了我的生活经历以及与中国的联系，而这些我都按事先准备好的话来回答。随后转入了一般性的话题，例如如何赋予美国人观念，反对其物质主义。我首先提到了“物质主义”一词，因为我发现美国士兵们提及中国的状况会用浴缸和冰箱的数量来衡量，假如这两者可以成为论据标准的话。于是她对于美国的物质主义讲了一些激烈的言辞。（在我看来，主要的抱怨是基于这样一个事实，即美国人拥有比其他人更多的物质的东西，换句话说，这是一种嫉妒，为了表达愤怒的情绪就抨击这些养尊处优的美国人是物质主义，好吧，他们就是物质主义。）

为此我们想到一个绝妙的主意，对此我将写成备忘录——鼓励国务院文化司收集有关中国留美学生对美国的真实印象，即他们最初的印象，包括第一次愤怒、第一次敬畏以及第一次蒙羞诸如此类的个人感受，确实发自个人内心，没有丝毫的装腔作势。在她看来，这将引起美国士兵的思考，但我并未询问我们如何才能使该项问题受到美国士兵的认真关注。

紧接着表演开始了，在漫无边际的谈话中不时加入我们各自的看法。我提出了新闻审查制度的问题，但是她对此有所回避，转到其他方面。她凝视着远处说，生活是保持理想、保持幽默感以及能够应付周遭的情况的混合体；同时她还表示，我们是一场大戏中的演员，结局无法预料。如果她在谈话中不虚假做作，那么我对她还会保留着最初的敬佩之情，如她在思索这个人是谁，他想做什么，他是支持我们还是反对我们。

她看起来有些疲惫，头摇晃着，像一个老年人。我得到的印象是，很多事情让她不悦，尽管她的评论富有哲理，但并不能改变中国落后的事实。物质的落后伴随着精神的落后，彼此互相影响。这一事实令她难以平静，另外，她对于中美双方互相理解的问题束手无策(我也没有办法)，但她希望通过比喻、对比的方式使美国人冷静思考后有所领悟（景仰中国）。(我则通过教学方式来实现美国人对中国的理解。毫无疑问，这可以通过战后出售蒸汽机来实现。这样一来，我通过教学方式，她则继续使用比喻的手段，皆大欢喜，当然，如果我们可以活那么久的话。）她问我为什么没有从事教育美军的工作，我回答说，我们应该先教育华盛顿。而对于中国，我依然认为首先需要取消新闻审查制度，让中国处于真实的状态之中。

1943 年 9 月 16 日，重庆

自由中国在美国被夸大的形象就像充满氢气的气球随时有爆炸的危险。因为中国政府完全依赖其在美国的名声，用电视传媒的专业术语来说，就是过分依赖公众形象。这反过来是因为它太注重表面，没有实际的东西。

成都，1943 年 2 月 7 日：很难理解这么多人口生活在这片土地上，然而在这些平民和乡绅之上的统治阶级所占的比例却是如此之小。农民阶层和乡绅阶层都继承自旧中国，而新中国极其稀少，由薄得像面包皮的阶层组成，维持着全盘现代化的生活构造。此外，现代中国的工业设备水平极其落后，如果领导人想要切断所有与外界的联系，那么不过几年时间，整个现代化的进程就会被阻隔。

四川省政府主席几乎算是中国的二号人物，但是与艾奥瓦州的行政部门相比，他没有秘书处，无法获得很多国外信息，没有快捷的交道方式，一天也走不上几英里。他并非位于一个组织严密的行政机器的顶端，不需要进行法律咨询，更没有定期的代表协商会议，因此也无法获得任何的批评性建议。而省级财政只有一个大体概要，不能制订预算并控制详细的财政计划。当各利益集团爆发冲突时，主席出面进行协调，其他时候完全任其发展。

这种观察言论沿用了托克维尔（Tocqueville）风格来描述中国，此前已有成千上万的外国人这样做过。它们是我把阅读、教学以及观察融合在一起产生的认识。

问题的实质在教育部试图控制各个高等院校的课程内容一事上显现出来。一方面，教育部发布指令规定必须讲授的课程，而另一方面，讲授该课程的教师则自行教授自认为更好的内容。而对于教育

> 部发号施令没有人提出任何质疑，同样，教师应该按照规定教学也无人质疑。于是双方默认这样一种无效的状况。即使政府有好的想法，也无法保证其实施。情况很快恶化为一个人的独角戏，即部长想要做某件事，只有他的支持者和朋友附和，其他人则避而远之，并不照办。

通过与其他外国人沟通，我更加证实了自己的看法，甚至我们形成了一致的看法。一位自辛亥革命前就开始传道的老前辈丹尼尔·戴伊（Daniel Dye）博士告诉我：

> 从1937年爆发战争的头三年里，学生的热情日益高涨。合唱团在全国进行巡演，并成为一个颇受欢迎的活动。这是中国奋起斗争的一段时期，并已通过宣传让西方广为知晓。在珍珠港事件前，戴伊先生回国休假了一年时间。当再次返回中国时，他发现这种精神已开始消退。在过去的一年中，这种精神又进一步变质成知识的停滞。陈立夫兄弟的CC系以及其他的政府人员担心未经政府批准的学生运动会席卷整个中国并将他们扫地出门。正如芮陶庵近来访问17所高校后所感受到的一样，人们对国事冷漠。

随着政府的威望愈加成为问题，领导阶层也感到愈益身陷窘境，与反对派形成对峙，并对他们持猜疑态度。正如我们现在所知，蒋介石鉴于20世纪30年代欧洲法西斯主义的成功，建立了效忠于他个人的青年军官秘密组织。[1]30年代中期广泛推行的新生活运动，实际上就是这个组织幕后操纵下试图凸显个人对革命的绝对领导的一种外在表现。中央政治学校的陈立夫和他的兄长陈果夫作为主要组织者倡导国民党效忠于继承了孙中

[1] 见劳埃德·伊士曼（Lloyd Eastman）:《流产的革命》（*The Abortive Revolution*）。——原注

山遗志、成为党主席的蒋介石。

陈立夫的行动象征着中国由王朝家族的统治转变为政党专治的统治。两种制度都依赖于下级对上级层层传递忠诚，直至效忠于掌有最高权力的那个人。过去的皇帝启用外戚，这些人完全依附于皇帝，而皇帝则把自家兄弟当成了潜在的对手，对其加强监视。如今，新的政党领袖也依靠忠于他们个人的党内派系领袖。陈氏两兄弟——陈果夫和陈立夫共同领导着国民党内部的CC系——与蒋介石一样，也来自浙江，而他们的叔叔陈其美是蒋介石与他们共同的革命导师，彼此之间关系亲密，如同一家人。陈果夫设法招募了7000名学员，并在黄埔军校让蒋介石对这些人进行培训。这些人形成了蒋介石个人权力的基础。随后陈果夫将国民党改组为准列宁式政党。1927年国民党与中国共产党合作关系破裂，他知道该杀谁，尸体该埋在哪里。陈果夫还是国民党组织部与负责培训公务人员的中央政治学校的指航灯塔。1943年我曾在中央政治学校进行演讲，发现那里干净整洁，井然有序，环境十分优美。

陈立夫比哥哥陈果夫小8岁，比蒋介石小13岁，他是一位合格的留美归国学生，曾在美国匹兹堡大学学习采矿工程专业两年，于1925年获硕士学位。他甚至还加入了矿工委员会。但由于反革命的召唤，1926年他来到广州，成为蒋介石的机要秘书。之后从1928年到1938年，他领导国民党调查统计局负责搜寻并清除党内的共产党员。戴笠也在他手下工作。1938年陈立夫担任教育部长一职；就像埃德加·胡佛被任命为加州大学伯克利分校校长，同时对所有美国州立大学实行财政控制一样，陈立夫控制了中国所有国立大学的经费预算。

1942年10月，我在拜访陈立夫后面无表情地向大使汇报说：

> 他为人和蔼可亲，他向我说明了竹子在中国的多方面用途，同

时还引用了一些早期神话。在他看来，这些神话可以看作中国文化资料的一些案例，可以在中美文化交流的过程中将其引入美国的学校体系内。我告诉他大众对于缩微胶卷很感兴趣，并告诉他顾博士（顾毓琇，副部长，原清华大学工学院院长）正带领一组中国工作人员开展此项工作。部长对于缩微胶卷的性质与使用并不是特别清楚，他向我询问缩微胶卷放映机除了放映是否还可以拍摄照片。

一年后，我与陈立夫作了一次较长时间的会谈。

致大使的备忘录

主题：与教育部长的谈话

经由他的妹夫蒋博士（M. H. Chiang，我曾在其博士论文答辩时投反对票）安排，昨天晚上我登门拜访了陈立夫。我以他主持的国际文化服务社顾问的身份，与陈立夫就文化关系各个方面进行了一次长谈。陈立夫看上去身体非常健康，精神状况也很好，像往常一样风采迷人，谈及教育问题总是一副兴高采烈、充满热忱的神情。

他询问了有关缩微胶卷项目的发展情况，想知道这一技术在战后是否也可以被广泛应用，同时他认为对于学者来说，没有任何东西可以替代书，你可以将其带回家，躺着看，还可以作标注。于是我告诉他持这种观点的不仅仅局限于他本人，但是缩微胶卷有其自身携带便利的特征，也因此近年来被广泛使用，他对此表示赞同。……

随后陈立夫表示对美国的教育影片很感兴趣，于是我告诉他我了解到文化关系司目前正在专为中国准备这些影片。他也很喜欢卡通片，认为其可以表现比人类的肢体语言更为丰富的内容。尽管如此，他担心这种放映电影的机器构造复杂而难以在中国维修，因此询问是否可以不使用电力而发挥其效用，就像“反射测向仪”那样。他还设想在中国的8万个农村地区安装8万台这样的放映仪器，这样群众就可以看到展现世界其他地方的画面。此外，由于中国人并没有周日参加宗教活动的传统，因此可以利用这个时间通过放映影片让年轻人和老年人都能接受教育。我记得去年他曾询问过是否胶片放映机除了放映是否还可以拍摄的问题，但我并没有向他介绍这种放映仪器的细节情况，只是提醒他存在一个各国联合幻灯影片图书馆和相关计划，不过他对此并无太多了解。

通过之前以及这次与陈部长的谈话，我深刻地感受到教育部长对于教育的理解和兴趣非常表面化，似乎他根本没有时间思考我们谈论的相关主题。

费正清

1943年11月3日

3月份我在日记中写道：

随着通货膨胀造成的消耗仍在继续，政府似乎越来越不得不专注于紧握实权。思想、改革以及各类项目都退居次位。因而，一位朋友表示，委员长已经转向依靠CC系，并将其作为组织众人对抗内外攻击的核心力量。而CC系是那种热衷于权力并通过严密管理来保护权力的典型团体。他们并没有什么革新的能力。其下属人员通常只会唯命是从而没有魄力，在工作上得过且过，不作努力。加强组织管理并没有赢得公众的尊重，因此其秉承天命的说法恰恰完全被粉碎而成为空话。处于危机的国民党会发现自己在党外没有朋友，党内却充斥着变节的投机主义者。

任命陈立夫为教育部长是迈向教育政治化的一个重要步骤，因此遭到了那些对国民党全无好感的北京自由主义教育者的强烈不满。蒋介石以民族骄傲为由拒绝美国联合援华会对公立大学教员提供民间援助，事实上，对昆明来说其隐含的信息则是：继续挨饿吧！

目前学术界的情况是，蒋介石试图作出努力来巩固政权，但他的执政思维过于拙劣，结果只能导致学术界与其更加疏远。例如，为了应对通货膨胀，他通过颁布法令来稳定肉价，但并不起作用。正如李济对我描述的那样：

> 委员长本人出面支持稳定价格，这件事显然荒谬之极，他似乎认为他个人的命令就可以改变经济规律。我的一位姓向的学生说他们已经过了一个月没肉没油的生活。而我们吃的肉也是从黑市上买来的。由于限制肉价，商贩们都囤积居奇，等待肉价上涨后再出售。李济说如今人们实际上都在挨饿。他近年来已失去两个孩子，而陶孟和的夫人也去世了。他表示知识分子并不介意挨饿，他们只是希望被动员起来，希望所有的阶层能够团结在一起。但是他们看到的却是上层人士过分的铺张浪费和各种不公平现象。因此大量的知识分子迷失方向，其中一些快要死去，另一些则将变成革命者。

1943年5月，当我回到昆明后，我发觉《中国之命运》（*China's Destiny*）这本掌权者的书是对著书立说的教授们的一种侮辱。

> 自从蒋介石成为所谓的圣人和英雄后，此地学者们反抗的呼声日益高涨，在我看来这是一种直言不讳的行动。老金拒绝看《中国之命运》，社会科学家认为这部书废话连篇，对其表示不屑并感到耻辱。学术界现在和将来都不会轻易放弃他们的特权，现在蒋介石公然侮辱了他们。
>
> 昆明，5月17日：不得不说，在不断阅读《中国之命运》的过

程中我对此书感到十分惊骇。我从未见过如此有害的利用历史来达成政治目的的行为。书中大部分内容披着纯粹历史的外衣，描述帝国主义统治下的中国每况愈下的境遇，并对其进行谴责，说帝国主义是一切苦难的根源。例如，中国法律制度无法发展是由于通商口岸法庭树立了糟糕的形象。一位政治家写出这样的小册子实在有失身份，如今我明白为什么每位与此书英译本相关的人像得了寒热症一般。

人们可以推测，《中国之命运》不仅仅是一种个人偏执的表达，其目的可能在于让人们相信，国民党和蒋介石带领中国摆脱了帝国主义的枷锁，功不可没，同时意图重新燃起排外主义的火焰，激发爱国热情，加强内部的凝聚力。

这里的教授因此感到沮丧，他们预见牢不可破的警察队伍将会控制整个中国，随之而来的是自由主义教育的消亡，经济生活以及人民思想受到管制。他们看不到任何力量能够阻止这种趋势的发展。反过来，我却认为这个政权缺乏有能力的人员来执行想要做的事，因此采取政治控制的政府不得不最终向寻求国家发展的人民作出妥协。

1943 年夏天发表的三篇文章，最终打破了美国人对自由中国的幻想。这三篇文章是：赛珍珠于 5 月 10 日在《生活》杂志发表的文章，《纽约时报》记者汉森·鲍德温（Hanson Baldwin）于《读者文摘》（*Reader's Digest*）8 月号上发表的文章以及比松（T. A. Bisson）在太平洋学会出版的《远东综览》（*Far Eastern Survey*）上发表的文章。《远东综览》虽然发行量有限，但在中国颇具影响力。比松断言，中国共产党是"民主的"，相反，国民党则是"封建的"。鲍德温和赛珍珠属于非意识形态的代表，他们只是尽力对中国的真实情况予以真实的评估。作为随军记者的鲍德温反映了驻扎在昆明的美国军人长期存在的幻灭感。赛珍珠则对蒋夫人那种风行的夸张言辞表示反对，认为这些只是转瞬即逝的时髦玩意儿。作为罗斯福总统的座上客，蒋夫人如同一位难以取悦的公主。赛珍珠的作品《大地》（*The Good Earth*）获得 1934 年诺贝尔奖，这使其成为美国最著名的中国观察家。后来她还向我们讲述了一段有代表性的小插曲。有一次，她收到了蒋夫人随从在海德公园打来的紧急电话，电话中随从说："请立刻过来，蒋夫人想见你。"因此，赛珍珠立即从宾夕法尼亚州的巴克斯（Perkasie）赶到海德公园，但是意想不到的尴尬发生了。事实上蒋夫人只是想见到她的随从陈珍珠（Pearl Ch'en）。最后只换来一句"十分抱歉"。

我重述这样一个故事仅仅是由于发生了很多类似的事情，其表现出一种极具自我摧毁力的自我主义姿态。从心理角度来说，我觉得冰面越薄，滑冰人滑得越快。局势的动荡不安导致了人们寻求在心理上的过度补偿。

蒋廷黻以其一贯的直率对CC系的新闻部长说，当"100 篇有关中国的文章中有 6 篇属于批评类"时，并不需要心烦意乱。互相驳斥是美国的传统。中国的新闻审查制度才是真正的症结所在，"如果更多的真相允许被公布，那么将有利于错误信息的更正"。

而对于中国吹嘘出来的公共形象，我于 1943 年 7 月也曾记录了自己的看法：

> 中国向西方宣传的乐观景象是极其有害的，它不过是任何一届中国政府粉饰太平的衍生物。宣传部门和董显光（新闻局长）并不愿蒙蔽我们，至少不想把这个吹嘘出来的大泡沫吹爆，以免有朝一日泡沫破碎而使中国蒙羞。他们只是应对当前的压力，其中最大的问题就是要维护政府的脸面，在中国这是一个传统。没有一位官员公然宣称在他的部门存在失败和过失，官员们互相嫉妒和竞争，生怕落后于他

人，因为如果承认失败、过失，则会遭到对手的攻击。同样，任何一届政府也不会像美国那样指出国内存在的弊病，因为政府或者说凌驾其上的领导人会被认为是所有此类弊病的总负责人。我们将自然界存在的问题和人类对抗自然的努力加以区别，然而中国的传统却与众不同，人类和自然形成了自然–社会–伦理的连续体。在达尔文和马克思的时代，中国的皇帝仍然在祈求上天保佑，假如发生洪涝灾害，他必须向世人颁布“罪己诏”。如果他不承担责任，他就必须退位。

但如今，所有的补救措施为时已晚。天命（意为民众的信任）开始转移。我进而对所发生的事情作出详尽理性的思考，以下内容是我对当时情况的冷静客观分析：

应该了解中国存在两个习惯：其一，政府垄断了组织，一切组织都必须以某种方式在政府的统治下开展活动，否则将被认为是政府的对手而会视为是危险的。历史上的非政府组织只有秘密组织和商业行会。但由民众构成的组织被认为是充满危险性的。政府一直由一群占很小比例的行政官员和地方法官组成，他们与人民群众保持着很大距离，依靠威望而非实权施行统治。因此任何能够指挥群众运动的新生组织都被看作一种威胁，必须在萌芽状态将其扼杀。这在一定程度上也是由于组织是以组织者个人为基础，成员对组织者的忠诚如同公民对统治者的忠诚，新的组织意味着新的领导者的出现，自然而然成为在位统治者的竞争对手。从过去很长一段时间来看，所有的新组织最终都被纳入政府的管辖范围，包括1898年天主教教会以及近至去年刚成立的中国工业合作社（Chinese Industrial Cooperatives）。

现代的风尚是组织运动和建立各种全国性组织，因此，这类运动和组织由官方人士发动起来，例如，新生活运动以及蒋夫人领导下的妇女分会。然而这些组织存在的意义不仅起到组织、领导的作用，最主要是便于监督管理。他们具有两面性：一方面以西方形式开展教育、领导、游说等活动；另一方面则是阻止不受官方控制的竞争社团的成长，防止其对官方垄断组织造成威胁。例如，三民主义青年团在一些校园被用来开展活动，而在另一些校园则用来阻止某些活动的开展，事实上，三民主义青年团经常进行跟踪、监视的活动，因此西方人称其为间谍组织。

其二，在中国，批评并不是好事。批评涉及个人的背景关系，而个人关系又是社会结构的组成部分，因此批评被认为是人身攻击而非不同意见的表达。这部分上属于面子情绪——如果一个人失去其他人的信任，那么他很快便会失去更多人的信任；不论他是政府官员还是商人，亦或是统治者，失去其他人的信任将直接使个人处于不利的境地，因为在中国社会，大部分社会地位都是以信任为基础的，所以如果你发表批评意见，这会立即变成你是否信任他的问题。一位对中国的一些情况提出批评的记者很可能成为不受欢迎的人。不幸的是，我们西方人对此并不理解，也毫不在意，我们认为批评使人进步。中国人却不会对他们自己展开任何的批评，似乎批评比猥琐的暴露狂还要糟糕。

主要问题在于各省份的人民大众。去年春天毕范宇周游了 9 个省，拜访了各省主席和 20 位县长。他得出了一个结论，即国民党与政府二者之间没有区别，将两者分离并保留其一是不可能的。极为自然而然的是，当地小学校长兼任当地的政党领导，县长兼任县里的政党领导，你无法区分政党与政府，正如在重庆你也无法区分政府部门与党派部门一样，这是一党专权，权力如此之大，与美国民主党或是共和党竞争权力，一家掌权、一家永远在野急着接掌政权的情况完全不同。这是体制架构的不同。如果不彻底改变或削弱这种体制，那么其他少数党派将永远没有上台执政的机会。

我以上的政治分析是为美国制定对华政策提供参考意见。如果我对于 1943 年国民党失去民心的猜测是正确的，那么，在罗斯福总统于 1945 年去世后，赫尔利（Pat Hurley）大使将美国国旗钉在国民政府这艘船上则是徒劳且引发灾难的行为。事实也证明了这一点。

在 1943 年，我还作出了以下分析：

有两个因素几乎未被人提及，但是我相信它们是中国前进过程中的重要绊脚石：其一是缺乏正直的人。在跻身于上层社会的人中，只有相对很小比例的人在节操或性格上真正有朝气。能力并不等于诚实和勇气。同样是勤劳努力和真实诚恳，在中国却不会获得像在美国那样的成功。在这里狡猾诡计要多过任何一个地方。美德必须与机灵狡黠结合起来，否则只会是竹篮打水一场空。在美国，伟人们只要按照书本上的教导行事就可以达到顶峰，但换作在中国，恐怕在他们长成之前就已被消灭了。华盛顿将永远不可能还清砍伐樱桃树欠下的债务。由于缺乏有能力且诚实的助手协同工作，每位行政官也都因此而变得行动受阻。这不是我们理解的诚实。我们说的诚实是指勇于承担、尽职尽责，而非假公济私。

其二是派系斗争。就目前来看，像我们做的那样，从国家利益考虑完成一件事情几乎不可能。人们并不关心国家政策问题，他们需要的是习惯上的私人关系纽带。事实上，首要问题是生存，而政治上的生存需要人际关系的帮助。西方人眼中的政治问题涉及政体、国家以及民族等方面，而这些在中国都被看作次要的。它们是奢侈品。

中国的民主？从个人主义的观点上说，这个社会是民主的。在中国为强者以及出身贫寒的人们提供了机遇，并且可以依靠个人能力有所作为；这也是一种民主。

人们判断绅士的标准是依据其个人品德而定，这种通过对个人功绩或道德品行的认可而形成的个人主义也是一种民主主义。

但是，一旦提到行政机构，民主的进程就不是惯常现象了。行政长官继承着清朝官员的传统，清朝官员除非环境所迫，其权力并不受到监督；他几乎可以为所欲为而不受惩罚。只有两种力量可以对其起到制约的作用：其一是处于等级链条之上的上级，其二则是处于其下的人民大众。在这两者之间，他可以自我掌控而不受束缚。只有事发后，他才会受到审判。

如今很多行政长官都是独裁者，部分原因在于人们认为这是理所当然的。当我向我的中国秘书请教问题时，就像我过去常常征求学生的意见一样，他们立刻变得恭敬有礼，因为无论我多么彬彬有礼，他们只是认为我是在下达命令或是指示，所以我无法从他们那里获得有效的建议。

简言之，中国传统的专制政府，如今已经强化为现代独裁主义的体制。蒋介石曾要求6位被邀请前往美国学习一年的西南联大教授在离开之前必须在重庆的中央训练团接受思想培训，这对于教授们来说简直是奇耻大辱，“而在这里各种官员都要接受五到六周的培训，课程内容包体操、有序的规程和误导的讲话”。

在这个初夏，大众的思想出现了转折。同年7月我再次来到昆明，我记录道：

最近在西南联大出现的一场斗争。5月底，西南联大召开了一次全体教授大会，会后派两位代表前往重庆递交了有关西南联大全体教员要求适当增加生活补贴的申请，但没有取得任何进展。他们提出了几项要求：其一是部分粮食补贴应该按市价以现金支付；按照官方价格，每担法币为 900 元，而市场价格则是 2400 元，补贴应该实现价值对等。其二是工资应随当地物价水平的上涨得到相应的增加。在昆明工资只比以往增长了 5 倍，而物价据说已增长了 300 倍。

问题的关键点在于西南联大是否能够破除政府强加于自己身上的束缚，即对于全国各地的公立院校都应该给予相同的财政待遇，而不能有特殊情况。这场斗争到目前为止，陈立夫占据上风。

另一项要求，是想利用西南联大实验室进行商业生产，例如，制造电灯泡和电子管。为此需要资金来启动项目，孔祥熙许诺提供 300 万元资金，据说委员长已经批准了。但是提交到行政院时，陈立夫提议在所有公立大学开展此项目，预算为 1700 万元。而此前他并没有这样的想法。最终西南联大只能从 1700 万中获得 80 万元的支持，再次遭到挫败。陈立夫的这一行动最终向仍需要结论的人们表明，CC 系一心想要打压西南联大的教授。各个专业的教授们公开表示他们对当局不再有任何的义务，他们将竭尽全力寻找自我谋生的方式。

8 月下旬，我去了昆明，之后又前往广西桂林，在此过程中我坚定了我的看法。桂林是美国的前方基地，作为地方中心与重庆保持着一定的距离，且有着十分活跃的文化生活。在这里部分时间我与领事林华德（Arthur Ringwalt）待在一起，其他时间则与战时新闻局的格雷厄姆·佩克（Graham Peck）在一起。在重庆之外的这些知识分子中，反对国民党的言论更加公开化，但大学还没有被动员起来。在桂林郊外，我访问了中央研究院的地理研究所、物理研究所、化学研究所以及生理研究所。这些研究所“集结在地质研究所所长、经验丰富的李四光的领导之下，他是这个国家的杰出人物之一，创造了很多奇迹”。中央研究院有自己的大楼、单幢住宅、发电厂、能生产化学制品和精密仪器的工厂等。许多学者都在等待新的机会。在昆明，我见到了“周培源等人，这是一群极富魅力的清华人。周培源是一位物理学家，他和同事正准备前往加利福尼亚和密立根（Milliken）一同工作”。

在桂林我遇到一位来自澳大利亚的罗德奖学金获得者，他是香港大学的生理学教授林德塞·赖德（Lindsay Ride）。林德塞·赖德现为陆军中校，英国陆军团的领导人，主要负责通过“地下渠道”将情报从香港送出去。我提议在他与战略情报处之间建立起共同使用出版物的合作关系。（战后，在他担任香港大学校领导时，我们成为亲密的朋友，多次与他交谈。有几次我们一同待在副校长的住地，俯瞰山坡上的校园。）

到9月中旬，我写信给柯里博士：

> 清华大学和北京大学中那些受过美国教育的自由主义类型的学者，是美国制度和科学标准的最佳典范，但他们仍然无法给中国带来什么活力。对于共产党问题这一真正的争论点，他们多半是反对派。他们希望推动国家前进，但指不出具体方向。他们只是极其耐心地等待着中国历史上曾出现过的自由教学的美好时光能够重新回来。而这也许永远不会发生了。
>
> 对于中国一片混乱的状况，我思考我该做什么的时间越长，我就越会得出一个结论，即自己也会采取和共产党同样的做法。只有激进的方式才能推动社会向前发展。

1943年9月22日，我再次写信给柯里博士：

> 真正想要战斗的人是那些希望唤醒大众的人。我们采用的战时

政策是给予他们一些支持帮助，进入华北并成为革命者的朋友。因此首要的事情是派一名观察员到北方地区。我希望戴维斯的想法能够得到实施。[美国军事观察团即迪克西（Dixie）使团于 1944 年 7 月前往延安。]

一旦知识分子开始不受待见，与知识分子保持联系的外国人就立刻有所觉察。至于我，则四处拜访了一些关键性的人物，并将我的见闻记录了下来，寄给大使馆和威尔玛，让她在华盛顿分发出去。

作家与艺术家是最不可能跳槽成为官员的人，然而他们历来必须依靠官方支持来维持生活。1938 年第二次统一战线进入尾声后，许多有创作才能的人被安排到重庆，挂个闲职并配给粮食补贴。其中，多才多艺的郭沫若是代表人物，在名人传记词典中，他被恰当地称为“诗人、剧作家、小说家、散文家、翻译家、历史学家、古文字学家、创造社领袖以及中国共产党的宣传家”，是一位不折不扣的文学巨匠。他曾在日本学医，20 世纪 20 年代，成为创造社的核心分子，自此声名远扬。他是一位共产党员，曾为北伐出过力。1927 年至 1937 年，他在日本从事考古学研究，这使其在西方学术界享有盛名。1937 年 7 月他逃离日本，为国民党当局接纳，担任国民政府军事委员会政治部第三厅厅长，主持抗日宣传工作。两年后，他被迫离开现役军事工作，组建了文化工作委员会。

事实上，这个委员会更像是一种限制行为的围栏，已有很多知名作家被圈在里面。假如他们离开这里前往延安，将会对统一战线造成一场灾难。这样，三大主要成员——胡风、茅盾以及沈志远也以委员长邀请的名义从香港被哄骗回来，其中，为了让胡风留在重庆，专门提供给他每月 2000 元的津贴……当局认为绝不能让他们完全自由地活动与写作。

9月份，我驱车前往文化工作委员会夏季使用的农舍。

我们受到了郭沫若以及他的主要同事的接待，宴会上我们喝了几瓶极品美酒，关系也越来越亲密了。我赠送给他一份完整的缩微胶卷目录以及文化关系司的缩微胶卷指南（如今这套胶卷数量大得惊人），此外还有外国出版物部间采购委员会制作的、记录美国为战争所付出的努力的胶卷目录，这里的研究人员对此十分感兴趣。我们还准备为他的办公室提供一台胶卷放映机，并允许他们使用我们的设备。

10月份我应邀参加了郭沫若的50岁生日宴会。

我带了霍尔特公司（Holt and Co.）的比尔·斯洛恩（Bill Sloane）一同前往宴会，场面确实十分热闹，有许多人看起来瘦小但透出一股精明，外表看足够成为现有制度的批评家。他们聚集在英国大使馆下面一幢大厦的一套房子里，这幢大厦如今成为文艺界工作委员会所在地，此外楼里还有一些间谍密探。郭先生穿梭在人群中，显得神采奕奕，风度翩翩，依然年轻从容。在他的客人中，有很多人曾公开出现在苏联大使馆的招待会上，那是在重庆唯一开放的活动。此刻，客人们四处走动，欣赏着墙上的照片和陈列的郭沫若著作。室内陈列的书籍令人吃惊，大概有60或75本不同主题的书。墙上的照片是他在日本的时候与6个孩子的合影，那6个孩子与现在跟随他的2个孩子不同，这2个孩子在战前还没有出生。参加宴会的许多人看起来都热情而富有创造力，尤其是在让他们先吃几顿饱饭之后。

生日宴会上，我送了他一些剃须刀片和磺胺类药物，因为手中没有艺术品或是文字作品可供赠送，对此他友善地表示感谢。比尔·斯洛恩告诉他在美国4美分就可以买到一本书。

革命成功后，郭沫若被任命为中国科学院院长，著名小说家茅盾则成为文化部部长。

1943 年 10 月，我有幸与茅盾进行了一次座谈。

> 他留着一撮小八字胡，个头矮小，看起来像个日本人。他很正派，但比较严肃，原名沈雁冰，笔名茅盾，大概是当时最著名的短篇小说家。他说如今每个人都在出版越来越多的翻译作品，因为它们容易通过审查。不过翻译作品仍有可能会被删减（雨果等人的作品就曾被删减），但从事翻译更有可能赚到可以糊口的报酬，而倘若你靠写文章或短篇小说为生，不小心涉及错误的思想，那么饭碗就不保了。他说，他所认识的或听说的每位作家，都对审查制度和秘密警察感到不满。他自己一直是国民党的忠实支持者，但他认为对孙中山的思想可以作出不同的解释，目前的政党的所为并没有完全继承他的思想。孙中山思想博大精深（我表示赞同），每个人都应该有权利对其作出解释。

为了全面仔细地调查重庆的政治规划，我还结识了约翰 · 杜威最活跃的中国弟子陶行知。我于 11 月 9 日拜访了他。

> 在第一次世界大战期间，他先后在美国伊利诺伊大学和哥伦比亚大学学习，1938 年至 1939 年又前往国外讲学。在此之前，他曾试行过一种理念，即任何人获得的知识都可以传授给其他人。1933 年，他在上海附近的江苏大场创办了一所学校，招来了一些学生，并让这些学生将学习的知识教给他们不识字的农民父母。这个想法立刻传播开来，成千上万的人对此感兴趣，很快附近 25 个村庄全部开始实施此项目。省教育主管开始满怀热情地推广此项目，一年后已经发展为相

当大规模的运动了。而当时江苏省政府主席不是别人，好像就是可敬的陈果夫，他随即将教育部门主管撤换。此项运动遭到批评，尽管它普及了教育，却贬低了教师垄断文化的地位。如果小孩子能够做教师，那么教师还有何用？

在汉口期间，陶行知说，有成百上千个儿童组织，一年内小先生运动推广到23个省区。其理念认为，学校就像是发电站，而每个孩子都是从其中延伸出去的一根电线，为人们的思想充电。在此运动中，陶行知教学生读书，然后他的学生又去教别人读书，以此类推，目前已经传了7代学生，因此陶行知佩戴着7颗星，而他的首届学生则是6颗星，以此类推。

委员长首次看到陶行知的这个项目时表示称赞，因此战争爆发后，陶行知去见蒋介石，希望他可以支持活动继续开展和传播，但教育部长陈立夫招来他，将其安排到一个农学院担任院长。陶行知表示农学院并不是其专业所长，让靠农业为生的人做这些工作怎么样？但是教育部长认为陶行知做其他一些事情更好，于是陶行知开设了孤儿学校（育才学校），现在他把它迁到了北碚。这些孤儿是从蒋夫人领导的组织那里和其他一些地方挑选出来的，如果是一些聪明有出息的孤儿，则选出来在这里学习工艺美术，得到一个成才机会。这些被选中受到赏识的孤儿表现都很好。我曾在这里的美术课见过这些孩子，他们正在认真临摹希腊半身像的复制品，看起来比多数孤儿的境况要好一些。

当然，这所学校并未得到政府的资金支持，但是陶行知从当地企业和诸如美国联合援华会之类的慈善机构募得资金。他压根儿就不是一名共产党员，只是希望首先通过教人们读书来启迪民众思想，但这被当局者认为是邪恶的事。由这类例子可知，这个国家的唯一希望就是复兴工业和商业以制约法西斯主义的权力，如果失败，就只能爆发革命。

以上种种看法选自当时大量的文字记录，由此总结：作为国民党政权的象征与中心，1943 年底，蒋介石已经失去中国知识界的信任和忠诚。

第 21 章

接触左翼

在 1944 年以前，美国在华战争援助仅限于国民党统治地区，而对于有名无实的统一战线的中国共产党一方只是间接地有所耳闻。在延安的共产党阵地成为政治上的“香格里拉”，偶尔有几个来自延安的访客出现，一个个仿佛吃了蜜一般，十分乐观。

延安的共产党是幸运的，为其作报道宣传的人是花旗银行北京分行行长马特尔·霍尔先生（Martel Hall）。霍尔先生到哪里去找比其更好的见证人呢？在第一次世界大战期间，曾任职于海军部，同时是美国海军预备队的一名上尉。1919 年学习中文，1938 年至 1941 年担任日本占领的花旗银行汉口分行经理。他由于珍珠港事件在北京被捕，在共产党的帮助下制订了逃跑计划。之后他经常在城里各处进行散步，一天比一天远，行走的时间也一天比一天长，直到某一天他终于走出了控制圈。然后他穿着八路军军服翻过五台山来到延安。他穿着中式鞋子，随身带着香皂，但没洗澡的机会，身上长了虱子，好在没出什么大问题。他记录道：

> 在延安，人们每周六晚上会伴着留声机的音乐跳舞。他去拜访朱德将军，并和朱德一起吃午饭。他吃光了大部分的小米饭，当朱德将军向厨师再多要一些的时候，厨师只拿来一些白菜并告诉他，今天他的粮食定量已经用完了。在延安期间，霍尔先生没有发现任何贪污受贿行为或性丑闻等。
>
> 霍尔主要反映了两点情况：其一，共产党领导的地区的人们在文化活动上更加活跃，人们的内心充满理想。他为一所临时集合起来的学校师生作演讲，演讲后又花了两小时给其解答问题。这里的人个个都是精英，其中很多人受过高等教育。其二，霍尔发现在重庆的一些人对自己的能力盲目自信，认为他们很快能消灭共产党，就如同日本人自以为可以击垮中国一样，这里的人以为只需用 6 周的战斗就能把共产党消灭干净，但事实证明最终反而是他们自己麻烦缠身，自顾不暇。
>
> 对抗共产党的国民党沉浸于商品买卖之中，像某些地区的日本人一样，彼此之间互相交易。格雷厄姆·佩克早在一年前就发现河南的军官更像是商人。建立防御工事也是为了对抗共产党人，而非抗日。

延安共产党人蓬勃的朝气和朴素的平均主义早已因埃德加·斯诺的《红星照耀中国》而为世人所知。每一位去过延安的旅行者都可以证明书中的情景，包括迈克尔·林赛、雷·卢登（Ray Ludden）领事以及一些医务人员，远方的延安正在散发着光芒。

1943 年底，我最大的收获就是结识了几位左翼新朋友，经过几个月的相处，他们让我对他们的革命事业有了一定的了解。随着我的健康状况逐渐好转，乔治·凯茨博士（Dr. George N. Kates）被派来接替我的工作，于是我准备离开重庆返回华盛顿。不过凯茨 5 个月之后才会到达。于是在这段时间，我开始认识分散在重庆的左翼团体，特别是两位能言善辩的年轻女士。

第一位是周恩来与外国报社新闻机构（Press Hostel）的联络员。作为毛泽东和延安共产党派驻重庆的代表，周恩来领导的机构象征着统一战线，共产党与国民党想要在形式上保持其存在。因此，周恩来领导的驻重庆办事处可以将延安发来的新闻消息提供给外国新闻机构。1943 年 6 月，我已经拜访过很多的内阁部长和教育工作者，但并未收集到多少日本的出版物。之后我向白修德提及，认为自己应该接近共产党，看看他们可以提供一些什么东西。结果，一位聪颖而光彩照人的年轻女士龚澎（Kung P'eng）来见我。作为周恩来的新闻发言人，她刚刚开始步入流光溢彩的职业生涯。（1970 年龚澎由于心肌梗塞而英年早逝，那时她已经是新闻界最著名的女性之一。）

龚澎同意定期来访并帮助我进行汉语对话练习。她的性格中既有精神饱满的面貌，又有对共产党事业的坚定信心；既有战地记者的老练，又富有令人愉悦的幽默感。在 1943 年士气低沉、了无生气的重庆，她活力四射，有如一股清新的空气。她以自由主义者的诉求极力揭露国民党的各种暴行，包括暗杀、封杀新闻报道、查封印刷厂、捏造不实之罪拘捕自由派的批评家、禁止示威游行、禁止罢工等。当提到国民党和共产党双方都否定的公民自由时，她变得超然公正。由于她曾在彼此争斗的国共双方都生活过，自然很清楚双方的内情。

关于龚澎的个人经历，我记录道：

> 她于 1915 年出生于横滨，在广州长大，1925 年后去了上海。她的父亲是保定陆军军官学校的第一批学生，于 1911 年辛亥革命期间成为一名将军。龚澎自小就很崇拜她的父亲，当父亲讲述自己的革命

经历时，她很入迷，后发展成为对中国罗宾汉式的武侠小说的浪漫兴趣。与此同时，在她成长中还深受1925年5月30日发生在上海的“五卅”反帝国主义运动的影响。1928年她在圣玛利女子中学就读，这是一所女子教会学校，与圣约翰大学有着密切联系，是当时上海的中产阶级家庭为女孩首选的学校。她还一度笃信基督教并迷恋英国文学。她在中学和大学时所用的名字都是“龚维航”（Kung Wei-hang）。

1935年，她进入燕京大学，并成为“一二·九”学生运动的领袖之一，这最终使她成为一名有着坚定信念的革命者。1937年毕业后，她在上海待了6个月，在圣玛利女子中学从事教学和赈济工作，但最终决定离家前往延安。当时正值国共两党统一战线的黄金时期，她经汉口最终来到延安。然而适应这里的生活并不是件容易的事情，她必须调整个人主义的思想来适应纪律性较强的集体生活。大约在1938年底，她下乡从事组织工作，并在华北待了两年时间，负责领导游击队和乡村的组织工作。她服务于当地的农村妇女，帮助她们组织起来，抵抗男性的暴行并分担他们日常生活的琐事，甚至和她们一样，头上身上都长满了虱子。此外，她曾是彭德怀将军的助手，并且对彭将军十分敬重。

1940年底，她与一位曾在德国留学且比自己年长几岁的共产党员结婚。婚后三个星期，由于工作原因与丈夫分开，于1941年初穿过日军的数道封锁线去了重庆。党组织原计划派她前往国外，但因为皖南事变而受阻。在此期间，她的健康出现问题，同时由于注射针头感染而引起并发症，在医院住了6个月。而她的父亲此时也在悲惨境况中不幸离世。1942年底，她的丈夫也在华北牺牲，当初的一别竟成永诀。她在重庆的任务是作为一名非正式的联络员，负责与外国团体特别是新闻机构的联络工作。

龚澎常常会沿着大街步行来到外国记者招待所，手提包里装着最新的来自延安的广播稿复本。那些天天与国民党审查制度作斗争的西方记者自然很欢迎来自反对党方面的信息。而这些过着单身生活的文字工作者也都十分喜欢龚澎，因为她除了聪明之外，在这个到处充满唯唯诺诺声音和消磨时间的城市人群中，她是那个敢于发出不同政见的人。她是在野党的发言人，在野党改良的思想恰好揭露了执政党的邪恶。此外，周恩来在重庆代表着所谓的统一战线中的中国共产党一方，自然也是共产党在重庆的合法新闻来源。周恩来在重庆的办事处象征着统一战线的矛盾纷争，这是一个与众不同之地，因此我尽量用文字将其记录下来：

> 在送信者的签收簿上赫然盖着“周公馆”三个大字的印章。
>
> 周公馆是一个很有意思的地方。你需要走进一条临近悬崖的死胡同，路过求进学校，这里有15个文化和赈济机构以及美国大使馆的办事处，然后再经过蒋介石公馆的大门、行政院，到达路尽头的一幢白色大房子，那是戴笠的住处。接着突然拐入盘绕于悬崖边的小胡同，胡同两边都是货摊和各种店铺，以及缝纫店、糖果店等，十分拥挤。然后再沿着挤满人群而泥泞打滑的小路走50码，这时突然又拐入一个门廊，这就是你要找的周公馆。
>
> 你得明白这地方是一个奇怪的组合，内部穿插住着共产党人和国民党特务，如同三明治的构造。首先，这里有两进院子，国民党的特务位于前院，而共产党人在后院。其次，在两进院子中间有一座三层高的主楼：共产党人住在最下层和顶层，而国民党特务住在中间一层。除此之外，两者之间还可以变得更亲密：在内部共产党所在的院子四周，一边是这幢三层的主楼，另两边是两幢两层高楼房，剩下一边，也就是悬崖处有一个阳台，从上往下大概200英尺是波涛涌动的

嘉陵江。住在二层的特务不仅能够在两边走动，而且可以利用阳台在共产党人住处和阳台之间徘徊。如果你仔细听的话，有时候可以听到特务们的谈话声，而且他们有时候是用英语对话，同样他们也可以听到你的谈话。不过他们没必要使用同一个入口，特务们所在的二楼有一个特别通向前院的楼梯，所以说，共产党人与他们的国民党朋友并不住在一起，但是他们的距离不过几步远，甚至能听到彼此的低语。

同样，共产党的住处还有一个后门通往悬崖，这不过就是通向一套房间的地板门。门经常开着，由于里面很黑，走路需要特别小心。但是近期，有人就在周公馆下面的悬崖上建了一座房子，没有其他路可走，这样周公馆的人从后门出入都必须经过这座房子。有了这座房子，即使周恩来的住所半夜塌陷也不会掉入嘉陵江，其实这完全是为了使铁丝网的包围更加严密，让共产党的人质插翅难逃。

《纽约时报》的记者布鲁克斯·阿特金森（Brooks Atkinson）称其为神秘之屋。住在这里的人似乎大部分时间都很快乐：一群曾经的八路军“小鬼”住在一起，但如今他们中很多人都已经长大成为强壮的年轻人。他们经常在门卫室徘徊，这里有一个 1 英尺见方的小暗窗面向前院黝黑的大门口。房间里挂着一幅大型手绘苏联前线和中国前线的作战图，上面标注着各条战线，同时还有各种宣传海报。小鬼们吹着长笛或是在玩游戏，发出那种年轻人健康好动的喧闹声。和所有的重庆房子一样，所有房间都是空荡荡的，墙皮剥落，藤椅松垂。由于近期战事不利，晚上经常停电，这里也因此变得比往常更加昏暗和阴沉。不过，院子里柴火堆处的公鸡还在时不时地叫。外国大使馆仍然试着使自己通过嘈杂的电话听清内容，而当地的同志们正在油印最新的来自延安抨击蒋介石的电文，斗争一直在持续着。

我前往周公馆拜访了周恩来的助理陈家康，他个子矮小，但为人聪明且很有思想。我们谈论了半个来小时的明清历史，这比整个冬天我与在重庆的其他人谈论得还要多。其间，有两家通讯社和两个大使馆的人员前来赴宴，可见还是有很多人在暗中关注着中国革命。我们无须担心共产党会像传教士一样来影响我们，因为他们某天可能会被囚禁于地牢，而我们不会受到任何伤害。

重庆，1943 年 11 月 8 日

总体来说，重庆的共产党还是一群处于劣势、被孤立的小群体，没理由认为他们对国民党会造成什么威胁。当时的周公馆防守得就像铁桶一样，四周围有带刺的铁丝网，位于城郊山顶上的第十八集团军重庆指挥部也受到严密的监视。此外在第十八集团军的司令部有一台无线电广播设备用来与延安保持联系，国民党人或是外国人不得进入此地，这里被认为是第二次统一战线硕果仅存的地方。

初次见面，周恩来非凡的领导能力就使我深深叹服。他英俊帅气，眉毛浓密，智力超群，直觉敏锐。他代表着人民群众，并为共产主义事业奋斗。我告诉他我的任务是搜集与日本相关的资料，他说他可以发个请求，但没有取得什么成果。在我们用汉语谈话时，时不时也会蹦出一些英语，好在有龚澎为我们双方作补充翻译。

随后，龚澎介绍我认识她的未婚夫乔木（乔冠华）[1]。乔冠华个子很高，和我差不多，戴着一副大大的眼镜，留着学生式的长发，加上好看的笑容，有一点玩世不恭的幽默感。当我在清华大学任教期间，他也在此就读，并于 1933 年获文学学士学位。1933 年他来到德国，在杜宾根大学学

[1] 在重庆，乔冠华常常被称为“南乔木”，以区别于延安的“北乔木”胡乔木（1981 年任中国社会科学院院长）。二人都是江苏盐城人。——原注

习德国哲学，时值纳粹分子统治德国，于 1936 年获得哲学博士学位。回到武汉后，于 1937 年至 1938 年间为国民党做宣传工作，但加入了中国共产党。1938 年至 1941 年在香港从事撰稿工作，直到 1942 年在逃离日本人掌控后，来到重庆，在共产党的通讯社主编国际新闻。他发表于《群众》的文章，充满热情，十分具有说服力，通篇没有虚言。革命就是他的人生观和信仰。我对他说："你似乎已经研究过极权主义的理论。"他说："我就是一名极权主义者。"

1943 年 9 月，谣传国民党将采取突然袭击以彻底消灭延安的共产党，但是了解延安情况的一些将军反对此计划，同时重庆方面也有所顾虑，担心在其他省份会突然出现抗议者的反抗。监视周恩来以其身边人员的警察越来越多，龚澎和乔冠华，这对信仰坚定的知识分子、共产主义思想的传播者，也不再单独外出了。他们预料可能会随时被捕甚至牺牲，于是和他们见面更加富有戏剧性。

> 1943 年 9 月 9 日：住在周公馆的共产党人与美国人保持着良好而通畅的联系，能够用批判的和现实主义的观点与美国人讨论。如今他们随时可能被捕入狱并被投入集中营，但是仍凭着惊人的团队精神和坚定信仰继续开展各项工作。在某种程度上，他们的行动路线尽可能像现代的美国自由民主主义者那样行动。从某种程度上来说，他们也是这类人。他们减少行动中极权主义的一面，所有人都准备成为为自己的信仰捐躯的英雄，如果国民党愚蠢得想要杀害他们的话。我们对他们印象良好，他们大都是来自燕京大学和清华大学的学生，英语流利且了解西方的思想。他们长期不懈地学习研究，常组织讨论和自我批评，在生活上同甘共苦，就我能想到的最好比拟，就是这群人就如同一个世纪以前的宗教团体。在周恩来的阁楼里，臭虫可能会从屋

顶掉下来，雨水也会浸湿床铺，但是他们的宗教热情与理想依然如旧，好像他们能够唤醒这个国家。我们都希望他们一切顺利，尽管我们对中国北部情况的了解比以前更少。

延安那边的情况如何，他们能否维持生活，所有事情都处于一团迷雾中。虽然在延安设置了领事馆，试图对蒋介石有所扼制，但事实上没有人真正努力去了解情况。这是美国对华政策的一个严重失误，因为延安是一个主要的观察哨所，例如，我们可以从那里获取日本出版物。随着时间的推移，通过航空运输援助和设立前哨站，我们已经在这个国家建立了越来越稳固的根基，我希望现代的帝国主义国家能够真正地参与其中，而不是袖手旁观，等着灾难的降临。我们应该在中国北方派驻领事和观察员，建立航空和军事基地，并使重庆接受它。这样一来，我们可以省去不少麻烦，同时又不会损害中国的利益。

11月，龚澎与乔冠华悄悄地结婚了。随后，小偷通过窗户用带钩木杆将他们本来不多的衣服也一盗而空。当时我正准备打包一些东西空运回美国以减轻随身携带的行李，而我和乔冠华的身高差不多，于是我将一套1936年在牛津定制的蓝哔叽西服送给了他，并说服他将其收下作为友谊的见证。他回答说："物质的东西是造出来给人类使用的，关键在于使用它们的人是谁……我相信，我文章里的观点会得到你的赞同和欣赏。我们正在追求着相似的理想，并战斗在同一条战线上，不是吗？"

在这样的环境中，龚澎是自由言论的代表。她的确是一位充满魅力的姑娘，美国大使馆和外国记者招待所里的大部分年轻人都很喜欢她。

后来，我们的共产党朋友龚澎得了痢疾，于是我告诉布鲁克斯·阿特金森带她前往海军医生那里接受治疗（这是机密），最终她服用磺胺胍得以康复，仅仅是杆菌作祟。当我将一些资料送回周公馆时，我们在街上遇到，正值清洗运动开始，因为知道我不愿在公共场合被发现与共产党人接触，她竟然佯装不认识我而擦肩走过，这让我感到十分吃惊。她和她的伙伴齐心协力分秒必争地工作着，因为无论什么时候、什么地点，所有人都是如此奋力地为革命事业而献身。

在给威尔玛的信中我这样描述龚澎：

她是官方任命与蛮夷保持联系的联络员，我发现她对每个我认识的人都有着驯化和影响的力量。布鲁克斯·阿特金森就被其这样的热情所折服，更不用提奥尔索普（J. Alsop）狂热地赞赏她，埃里克·塞瓦赖德（Eric Sevareid）一见到她就容光焕发，菲尔·斯普劳斯（Phil Sprouse）默默地仰慕她，还有部分英国大使馆的人员和一些我不认识的人，大家都对其表示爱慕。而她之所以受到众人的喜爱，重要的一点在于她和你一样，善于交际。

然而，就像龚澎曾直率地承认："我很肤浅。我不能深入思考问题。我很喜欢接触各种事物，但是我并不能专注于一件事情。我读书也不多，很可能有成为一名只知表面的宣传家的危险，谈论的内容空洞无物，也不过是时代性的口号罢了。"这是多么犀利的自我评价啊！

另外还有一位让我对革命的蓬勃发展有所了解的年轻女士，她不如龚澎那样富有魅力，也不以公开的共产党员身份活动，但是她对于中国困境的洞察更加尖锐，表述也更具哲理性。她就是杨刚（Yang Kang）。

1943 年中期，我与她见面，当时她 38 岁，是颇具影响力的《大公报》的一位文学编辑，类似于《泰晤士报文学增刊》（*Times Literary Supplement*）的编辑。她说，她在成长过程中目睹了父母不和谐的婚姻关系，这最终导致她成为一名女权主义者。她于1905年出生于江西，原名杨缤（Yang Ping）。他的父亲原籍湖北，在其仕途中，曾担任巡抚的幕僚长，后出任湖广漕运使。此外，在1927年民主主义革命之前的北伐时期，担任过一段时间湖北省政府代理省长。“他是一位收藏家，收藏书籍、字画和瓷器等。”后来革命的农民烧毁了他的房屋和藏书，还分掉了他的土地。他也被监禁起来，释放后于1939年在四川逝世。

杨缤的母亲是一位大地主的小女儿，虽没读过书，但天资聪颖，且十分顽强。她生有11个孩子，但由于丈夫婚后又纳妾，因此婚姻生活并不幸福。之后她一心礼佛，以逃避现实的苦难，于1921年去世。旧社会的陋习给人们的生活带来多少痛苦啊！

杨缤从小在家里跟着一位私塾先生学习古典经书，1922年，她17岁那年，赴江西南昌葆灵女中（Baldwin Middle School）就读，于1927年毕业。第二年，她考入燕京大学，于1933年毕业。在此期间，她与燕京大学英语系的鲍贵思（Grace Boynton）教授建立了亲密的母女关系。鲍贵思是一位随和仁慈的老师，她在年轻的中国学生中颇具影响力，尤其对杨缤的生活和文学兴趣的发展有着深远的影响。杨缤开始寻求生活上的独立，她通过为基督教青年会翻译英文书籍为生，她的译作包括简·奥斯汀的《傲慢与偏见》、莱茵霍尔德·尼布尔（Reinhold Niebuhr）的《道德的人与不道德的社会》（*Moral Man and Immoral Society*）。同时，她在由燕京大学早期人类学学者顾颉刚教授主编的月刊《大众知识》（*People's Knowledge*）从事文学编辑工作。

1933年，她在北京结婚，并育有一女。她的丈夫是一位银行家。1937年，日本侵略中国时，她决定离开居住4年的北京前往上海，而她的丈夫则仍然留在北京。1937年至1939年，她担任上海《大公报》的编辑，随后与《大公报》一起迁往香港，并在香港与另一个人坠入爱河，于是和北京的丈夫离婚后与那个人结了婚。1940 年间，她在香港岭南大学教授文学课程。1941 年《大公报》从香港迁往桂林，她也毅然随报社一同前往。

> 她不愿意身陷日复一日、沉闷单调的家庭琐事而牺牲自己的事业，于是她和丈夫分开了。她的女儿则留在香港，据说后来失踪了，或是被拐卖了，不过如今又安全回家了。

杨缤相貌并不十分出众，但是身材苗条，相貌清秀，英文流利且天资聪颖，全身心地投入文学事业中。她在自己负责的文学版面刊登散文和诗歌，同时她自己也写诗，还发表了很多文章，包括短篇小说、报告文学等。例如，她曾搜集了有关 1942 年日本入侵浙江的第一手资料，被美国陆军武官认为是迄今为止他发现的最好的报道。她是一名左翼分子，但并不是公开身份的共产党员，事实上是一名“编外”干部。共产党敦促她保持党外身份开展工作，避免与共产党建立任何公开的联系。但从她给自己改名便可知她对共产党的忠诚显而易见，她在离开燕京大学时改名“杨刚”，“刚”字意味着有“钢”的性格（斯大林的阴魂！）。

对于威尔士（H. G. Wells）的《中国的观点》（*The Chinese Outlook*）以及林语堂的《吾国与吾民》（*My Country and My People*）的看法，我们首次达成一致。正如她在 8 月份写给我的信中提到：“我认为，中国人在生活中的坚持可以解释一些事情……我们中很少有人自杀……也很少有人有懒惰的习性……我们无法轻易而彻底地西化。我们适应但不会全盘吸收……我们重‘现实’而轻理论……所有的一切都可以追溯到它的经济背景。

“在我看来，如果以上分析都成立的话，他们必须作一些改变……怯懦、麻痹、卑微、缺乏见识，切实讲究实际压倒了富有想象力的现实主义，易妥协而无原则，对傲慢的独裁主义卑躬屈膝。在中国人民真正站起来之前，所有这些恶习都必须被革除。这也就是我所说的，复兴中国，首先需要挣脱我们身上所有的枷锁。”

这是1920年五四运动时期的见解。我们可以听到很多有影响力的思想家的声音，包括陈独秀和鲁迅。不论是在文化还是价值观方面，杨刚都欣然彻底地接受了当代中国革命背景下的文化思潮和价值观念，因为她成长于军阀混战时期，目睹了旧社会内部的种种弊病。事实上，她是一名严肃认真、专心致志的观察员，审视着中国的旧社会，并致力于对其进行改造。我们继续保持着见面、讨论或是书信交流，她从内部为我分析知识分子的复杂性，包括他们对于当权者的习惯性依附，他们作为道德批评家的职责，他们为保持人格而作出的抗争，以及他们需要一种服务人类的理想。对我来说，种种这些的讨论简直就是上天的恩赐。能有这样的朋友实在是一件幸事。

在驻外事务处，我最亲密的朋友是菲利普·斯普劳斯。他是美国南方人，德行上堪称楷模，审慎而充满智慧，是一位心地善良的正派的单身汉。当我准备为杨刚申请拉德克里夫奖学金时，菲利普以及鲍贵思女士都写了相关的证明信表示支持。1944年杨刚获得奖学金，前往美国学习。《大公报》的发行人、政治学派的中坚分子胡霖帮她办理了护照。

在与龚澎和杨刚的对话和通信中，我发现这两位女士对于马克思主义的理论知识知之甚少。她们都毕业于燕京大学，对于历史唯物主义了解的程度和对英语文学的了解差不多。她们关注创新性的表述，同时也关注物质生活水平的提高。她们是马列主义者，忠于共产党并接受其领导。但是这种信仰在本质上是注重实用的，因为个人单独行动的力量是微弱的，必须团结起来才有力量。没有超理性的奇迹，也没有与生俱来的教条思想，更没有超凡入圣的救世主，或是转世重生的神人，但在我看来，她们是中国“传教士”，能够改变更多的人并使其加入她们的队伍当中。

一旦成为朋友，我发觉自己也受到左翼分子的影响，而我个人也喜欢相应地对其施加影响。这既是个人行为的，也是政治层面的互动。乔冠华带来了剧作家夏衍。在孙夫人（宋庆龄）家里，我结识了她的德国助理安娜·冯·克莱斯特·王（Anna von Kleist Wang，她是中华人民共和国大使王炳南的夫人）。

> 孙夫人十分坦率，她对于近期颁布的中国人没有护照不准乘坐军用飞机的规定表示极大的关注。即使只是在国内换个环境，她都不被当局允许离开重庆，更不用说去国外了。她问道，如果特务看到我来拜访她会怎么想呢？我对她说，我还知道人民的处境比她更糟。（我刚出来的时候就发现有个男人蹲在一边监视我。）……像孙夫人这样身份的人，能够对一位傍晚来访并天真地希望帮助她的人表露出一种凄婉动人的感谢之情，实在让人备受鼓舞。

[据说，战后她乘坐美国空军指挥官兰德尔将军（General Randall）的飞机返回上海。]

约翰·戴维斯和埃里克·塞瓦赖德先是被迫跳伞降落在北缅甸的娜迦（Naga）部落，后经过长途跋涉返回阿萨姆邦，最终来到重庆。在重庆，我们办了一场晚宴，在晚宴中我们表达对重庆当局的失望。大使馆的菲尔[1]·斯普劳斯和吉姆·潘菲尔德（Jim Penfield）、哥伦比亚广播公司的埃里克·塞瓦莱德以及我偕同龚澎和乔冠华一行来到冠生园饭庄，举办了一场愉快而铺张的尽可能公开的宴会。

> 遗憾的是，没有其他客人在这里用餐，倒是很多特务在此蹲点并

[1]　前文菲利普·斯普劳斯的昵称。

记录车牌号。龚澎和乔冠华夫妇真是令人赏心悦目的一对，但是他们充满了宗教式的革命热情并随时准备为此而献身。之后，他们四处被跟踪，当他们与人说话，警察就会出现，恐吓那个人。这让我想起了在上海的艾格尼丝·史沫特莱，由于长期受到警察的尾随跟踪而神经衰弱。不同之处在于，这对夫妇某一天可能真的会凭空消失，对此我们公然表示抗议。

这是美国人对中国国内政治的担忧不断加深的症状。我们中没有人表示支持共产主义，我们只是希望可以正常地接受政治的反对派，而不是被迫接受某一政党的独裁。

这种此起彼伏的运动很快使美国的政策发生分裂。但这只是主要的中国现象的一个分支，天命使然。从本质上看，共产党并没有颠覆我们并偷走天命。相反，首先是蒋介石必然失去天命。1943 年正是蒋介石集团走向末路的开端。

另一处政治示威的地点则是苏联大使馆，他们在十月革命胜利纪念日举办了公开参观日活动。

苏联大使馆位于最高山顶处一座宏伟壮观的公爵宅邸中。在这里有分开的通向闹市区的南北两条路。当你登上顶端俯瞰，景象尤为壮观，可以看到位于长江中间的沙洲上的中国航空公司（CNAC）的飞机起降跑道。我们一行人从大使馆出发，穿过拥挤的人群来到苏联十月革命胜利纪念日的会场。当时基辅刚刚被攻克（已被苏军收复），时间非常巧合，但是苏联的新闻参赞严肃地告诉我，这一切不是特别安排的。宴会上没有传统的鱼子酱，倒是有很多当地的美酒和点心。在一楼的 6 个大房间里挤满了人，大约有 1000 人，其中很多人是面容憔悴的左翼分子。（左翼分子通常是由于挨饿而成为左翼分子的，他们越是挨饿越是向左倾。）这些人激动地互相问候，也和我们打招呼。因为我们觉得既然都在苏联大使馆，所以我们也可以比在重庆市满是特务的大街上表现得偏左一些。

像这种场合，远不是一般的社会活动，而是真正的政治活动，每位到场的人士都是政治人物。周恩来的秘书陈家康，是个极度兴奋的小个子，但是思维雪貂般敏捷，他不常见地大声跟我打招呼，因为当时董显光正巧从我身边经过。孙科博士绕过桌子走过来和我握手，和我聊了很久，并表示明天会给我送去一些东西，但实际上第二天并没有送来。他那样说大概是因为我当时正和王世杰（另一位国民党部长）谈话。何应钦将军也同样过来和我握手。

随着我离开中国返美的时间不断迫近，我发现我在日常工作中也越来越偏向于反对派。我借用罗斯福夫人的专栏标题记录如下：

1943 年 10 月 25 日，星期天，我的一天。起床后我拒绝了厨师为食堂增加 5000 元膳食费的要求（膳食费如今已经升至每餐 95 法币）。随后我悄悄地溜过泥泞的街道，去拜访我的共产党员女性朋友龚澎，她最近出版了一本小册子，其中记录了共产党反抗国民党所做的卓有成效的工作，是由极其精美的白纸印刷而成的，在当时如何出版这样的作品简直就是一个秘密。她给了我几本小册子，其中一半内容由她本人翻译成英文。随后这位令人敬佩的传教士解释道，国民党特务机构认为，她散发了很多小册子给外国人，正计划随时绑架她，因此她不能经常离开总部。我向她保证，作为她的追随者，我一定会为她制定保驾护航的措施。

例如，上周，她的姐姐龚普生（1936 年获燕京文学学士学位，于 1942 年获哥伦比亚大学宗教学硕士学位，曾与罗斯福夫人共事）

带着一箱子的药物和衣服来到昆明。为了不留下共产党人士的印记，她将药物和衣服转交给恰好也在昆明的《纽约时报》的通讯记者布鲁克斯·阿特金森。随后，布鲁克斯·阿特金森将这一大包东西转交给美国大使馆的海军医生，然后这位医生又带着这些物品乘坐军用飞机来到重庆，将其转交给《时代》、《生活》以及《财富》杂志的通讯记者白修德，之后白修德又将这些物品送到美国出版物服务社，之后会有收件人将其取走。而物品收件人要取走物品必须每一步都要严格遵照法定程序。

由于史迪威将军的一位副官前来邀请她外出用午餐，于是我便离开了这位年轻小姐的那间饱受老鼠侵害的堡垒，踏着泥泞的道路原路返回。路上我注意到一位年轻而无经验且穿着制服的特务偷偷从监视我们的茶馆溜出来，在我前面闲晃，等着我从他身边通过。于是我作出更加悠闲而无所事事的样子跟在他的后面走走停停，最终他完全停下来，我也停下来，然后他转过身来返回去找下一个跟踪目标。

随后，我去见了中央研究院的一位领袖人物，他很坚定地对教育部以及其出台的政策进行了猛烈的抨击，同时他希望我不要对局势完全丧失信心。

之后，我及时地赶回来与谢伟思（Jack Service）以及王炳南夫妇共进晚餐。他们深入地介绍了小党派的情况，一直到晚上10点钟，我用汽车将他们送回家。甘肃产的汽油将金属制的气泵腐蚀出一些小洞，于是我们不得不花4500法币重新换了一个新气泵（也是二手的）。

这里生活的主题似乎就是物价与革命。我与菲利普·斯普劳斯一起宴请了国民参政会的共产党员董必武老先生和周恩来的秘书陈家康。前者说着令人费解的方言，后者则思维活跃，不时会冒出一个新想法。为了验证他们的说法，第二天早上我又去走访了国民党中央组织部战区党务处（War Zone Party Affairs bureau of the Ministry of KMT Organization）。周三与蒋介石的首席日本问题专家共进晚餐，于是我在想，周四我应该拜访共产党人士，这样才能保持大致的公平而没有偏见。

很不幸的是，我在中国并没有与谢伟思有太多的接触。1935年在北京的时候，我们几乎就没有碰过面，而在我1942年到达重庆时他已经离开这里，一直到1943年末才返回。我发现他是与中国人民接触最多的一位美国官员。虽然我对其暗中写给高思和史迪威的报告并不知情，但我们的感受是一样的。

在1942年至1943年间，我比其他许多中国问题专家在中国经历了更多的事情，于是我很快将自己的见闻记录下来，并当作应提供的信息，发送给相关人员。然而我的经验还是很不足的。我并没有单独面对面地和普通民众接触，甚至也没有和学生有过太多的交谈。我在正式场合所结交认识的人都是官员和其他行政人员，交谈也必然是流于表面的。除去我个人的观察以外，我与朋友们共同的经历也间接地帮助我对事情作出基本的了解和评估。而我的朋友可以分为两类：一类是接受过西方教育的追求自由主义的教授们，我们于30年代初期在北京相识，如今是再次重逢的老朋友；另一类是一些年轻的作为左翼分子的新朋友，他们也是西方教育在中国的产物，而如今则成为共产主义的拥护者并为之奋斗。随着1943年的时间慢慢推移，我逐渐意识到，作为老一辈的自由主义者，他们所扮演的角色是权力的辅助者而非掌控者，因此他们并不能起到领导作用。而另一方面，年轻的左翼分子虽然不够强大，但是他们充满希望且足智多谋，也许有机会在未来有所发展。我的这两类朋友都在与当权者进行着殊死斗争，我将他们视作道德英雄。

令人好奇的是，普通民众并不是这场斗争的主力军。例如，四川的农民通常都过着富足的生活，而河南的农民却处于饥饿的边缘。但在我狭窄的视野内，政治斗争并没有涉及他们，而是仅限于统治阶层内。而目前问题在于蒋介石的统治面临着巨大的困难，比如通货膨胀，他对此似乎束手无策。当时法币与美元的官方兑换率是 20∶1，而黑市的汇率更是高达 400∶1，导致那些渴望帮助中国的美国人被迫袖手旁观，而无法施加影响改变什么。我们发现，那些本应由国民党来做却并未做好的事，如今在共产党地区得以实现，包括扫盲运动、小型工业生产合作社、农村动员以及妇女解放运动等，但是所有一切都处于革命的背景当中。相反，蒋介石信任的是他的组织机构，包括CC系和戴笠领导的军统机构。他们力图通过镇压反对意见来达成表面的统一，然而未能如愿。其独裁统治与恐吓威胁的方式毁掉了政府在上层爱国分子心中的合法性。官员的腐败并不能赢得同样腐败的机会主义者的忠诚。这是一个悲剧的进程，中国的内部已失去控制，外部力量又鞭长莫及。

而极力排外的思想也源于那些过分敏感的爱国人士的羞耻感。对于外国的援助，比如我长期努力帮助西南联大的教授，他们却认为是在干涉内政，是一种新的帝国主义入侵方式，妄图渐渐地摆布中国。按照儒家的观点，受惠于人而无法回报是对一个人自尊心的打击。一个人需要一种新的超越自我及儒家思想的态度，而不应在意面子问题甚至清高地拒绝互惠互利。

> 他们是如何看待我们的：《大公报》的文学编辑、一位很好的观察家曾说，走在中国的大街上，普通老百姓认为，那些外国人是颇受恩宠、生活富裕的一类人，因此中国人会嫉妒并很容易由于彼此之间

悬殊的财富差距而转为愤怒。同样，中国人对于本国的财阀也抱着如此的情绪。然而，作为个人，我很能理解他们的心情，如果我处于同样的情况也会有如此的反应。但是，这样的情况会继续存在，因为中国的物质水平依然无法赶上美国，长此以往，可以预见一定会出现很多麻烦。

我将整理行装回国，因此我将自己的见闻再次整理并寄给阿尔格·希斯。柯里并不太关注中国，我没有得到过他的回复，而亨培克位高权重，总是一副公事公办的样子，我也不便直接给他写信。作为亨培克的助理，阿尔格显然是我与华盛顿联系的最佳人选，同时我也给威尔玛发了一份副本：

亲爱的阿尔格：

距离我上次写信已经很久没有联络了，如果现在我不用更宽阔的视野来描述，可能是不得要领的概括论述。在我来到这里期间，我逐渐对时局有了更多的了解。同时我也相信目前的形势越来越糟糕，而根据我所掌握的情况，恐怕形势会发展到最糟糕的情况。

就目前而言，我认为中国在战后极有可以会爆发严重的内部政治动荡，因为如今的政府使其陷入了“原始的法西斯主义”情形中。他们只是一个政治小团体，却顽固地牢牢抓住权力，并希望借助工业化来成为永久巩固其统治权力的工具。而他们的思想又过于保守，无法保持与时俱进。例如，显然工业化将会进一步扰乱作为国家经济主体的农业的发展，但是我发现并没有任何政治领袖制定任何有利的土地方案，只是放任如今的情况继续恶化。

同时，显然在工业化的进程中，通讯的发展为农民大众提供了与新型的西方社会接触的机会，但是掌权的政治家根本无暇顾及大众教育的普及项目，事实上他们并不相信这一套——如同以往统治过人民的少数统治阶层一样对百姓不信任。简言之，中国民众受到现代工业生活直接而有力的冲击的日子即将到来，但是如今的国家领导人，例如掌权的政客根本无法理解这一点，他们仅仅看到工业化促进其权力的一面，而不了解其影响社会的一面。他们并没有任何社会规划。西方科学的公式与古代中国的美德根本无法应对当前的情况。

由于没有任何切实可行的想法，他们唯一的选择就是依靠武力来维持现有状况，如今他们就准备这样做。遍地的特务和新闻审查制度就是最好的证明，如果美国的武装和军事力量也能被其充分地吸收和利用，他们也一定会利用其作为镇压的手段。笃信独裁主义的组织者们还可利用日渐带有仇外色彩的民族主义作为一种统治手段。如今与少数政府职员保持友好的联系也越来越困难了，我倾向于相信，大概是委员长下达命令反对与外国人有过多的接触。目前，在野党人与国外的接触使其收获颇多，而我相信左翼反对派尤其会发现很多他们自己与美国人的共同之处，而大多数美国人也都愿意与他们保持联络。

左翼反对派包括中共党员和知识分子。前者公开身份立场并受到国民党恐吓，后者是大量的不接受共产主义但赞同对新闻审查制度与特务系统持批评态度。事实上，在过去的一年中，当局正在实施“遗弃知识分子”的计划，一些历史学家将其看作大革命爆发的前兆。同时，我也能够证明，从前很多坚定的反共亲美派的自由主义者以及大多数的美国人，如今却持有与共产党一样的观点。我并不认为，一向更为客观的共产党员会认为他们发起的运动近期就能取得显著成效，或是通过马克思主义的教条唤醒农民。但是，他们的重要性远远不是以其当前的数量或力量来衡量的，因为他们是唯一有组织的少数派的反对团体。对于外国人来说，他们将自己描述为理想主义的改革者。

而越来越独裁暴虐的当局毫无疑问只会被告知试图将自身与外国人隔绝。不幸的是，他们无法阻止外国人与反对派的接触，最终其仇外的政策驱使我们都投入到反对派的怀抱。

我相信，很多国民党人士对美国朋友的批评态度感到不快，就像许多德国人与日本人被卷入了一场变革中，而这场变革将其带入无法预见和不希望看到的处境中。尽管如此，我对此并不担心，因为我已经逐渐对中国的政治家性格形成了极低的评价，在我看来，幸好他们只是一群毫无道德的机会主义者，而非宗教狂热分子。目前，这个国家甚至不具备法西斯主义的品质，因为人们一直只是为了生存而抓着每一根稻草，因此绝不会轻易放手。这里所谓的品质是一种忍耐和顽固，并非我们所说的勇气，如今我们面临的情况已经糟糕至极，而这恰恰也是开创新局面的好时机。

我比任何时候都确信，当我们找到这些好人时，应该尽力帮助他们，让坏人至少不能从我们这里吸取脂膏而发展壮大。

从以上所述，你应该明白为什么我并没指望与华盛顿对话，因为我已经发觉国民党正努力阻止反对派与美国人的接触，而让那些允许接触美国人的中国人建立起假民主的爱国阵线。在本质上，文明化的美国士兵的诅咒声与中国官方代表的装腔作势之间，我们很难向美国大众解释清楚目前中国的混乱景象。而一旦我的朋友将我这些秘密的评论完全公之于世，那么我将很快失去“中国忠实的朋友”的身份。

从本质上看，中国的问题是理念与理想的问题，而不是所谓的经济学或技术的问题。如果政府或者高层人士能够拥有一种真正的理想，他们自然可以通过带领人民而掀起翻天覆地的巨变，但这些变化并不能巩固加强其地位。最终的结果是，我们必须等待某天一场伟大的中国革命爆发，不知道17号街的人们听到这些会作何感想呢？

我希望你也能来这里。正如我之前所言，如果相关的负责人无法亲临现场而仅仅是通过个人经验来开展工作的话，这是很不正确的、不理智的做法，同时对美国对华政策的成功也有着相当大的危险。对我而言，这种事情的发生简直令人难以置信。我认为美国驻华机构的工作开展得很好，但考虑到资源有限且所有战时机构均由大使馆管理的混乱局面，我无法想象，华盛顿方面如何仅凭文字材料而不进行实地考察就能对其有全面而正确的了解。

永远属于你的费正清

重庆，1943 年 11 月 9 日

1943 年 12 月 8 日，我与多诺万将军一同离开重庆，虽然任期已满，但是想要完全从中国的政治领域中走出来并非易事。在战时的旅行者们常常需要帮助别人捎带私人信件，周恩来的秘书陈家康找到我，希望我帮忙在印度投递一封信。同时，孙夫人也托我将一封信转交给纽约的卡特夫人。作为朋友的信使，我可以避开审查制度，然而却逃不开戴笠机构的注意，因为他们早已在我的办公室安插了监视我的冒牌服务人员。事实上，多诺万早已中断了战略情报局与梅乐斯以及戴笠的联系，尽管如此，他们还是很友善地来到机场为我送行。但我刚离开，就有人谣传我是因为与左翼关系过于亲密而被遣送回国的。1944 年 4 月，早已回到华盛顿的我也听到了相关的谣言，我利用研究分析处主任比尔·兰格的一封信作为反击："这种说法简直荒谬至极，我们会尽可能地消除这样的谣言……你在中国的成绩卓越非凡，出乎所有人的意料，有效地推进了工作的进展。我并没有看到你有任何超出指令的行为……你被召回华盛顿也仅仅是由于你在中国任职的期限已到。"等等。

尽管如此，这并不能被戴笠所认同，在他看来，他可以凭空想象而给我编造出一系列罪行。

如今回想起来，我可以看出，我对中国左翼分子的兴趣受到我的家庭影响，即倾向于支持受迫害者的自由主义观点。我的母亲在她的姐夫吉尔伯特·罗伊（Gilbert E. Roe）的影响下，早已成为拉·福莱特一家的忠实朋友。在我们的政治伟人中，参议员拉·福莱特和他的夫人贝尔·凯丝·拉·福莱特是受人尊崇的人物。他们为普通民众争取权利和福利，反对大企业的既定利益。这种反对现有权利而赞同民主权利的平民主义最终促成了进步运动，而我在纽约的姨妈姨夫以及罗伊一家都参与到运动当中。他们钦佩埃玛·戈尔德曼（Emma Goldman），而林肯·斯蒂芬斯（Lincoln Steffens）也是他们的亲密朋友。

我曾于 1928 年在哈佛的自由社团见到过斯蒂芬斯。社团位于温斯罗普街（Winthrop Street）的一座老房子里，如今是信义会教堂的所在地。林肯·柯尔斯坦（Lincoln Kirstein）还曾给在大厅绘制了工业机械主题的壁画。1928 年，我代表自由社团与来自塔斯克基学院（Tuskegee Institute）的一个小队在特莱门特圣殿（Tremont Temple）进行了有关种族杂居的主题辩论。其中的主力黑人发言代表理查德·赫斯特·希尔（Richard Hirst Hill）也成了我的好朋友。10 年后，迪克·希尔（Dick Hill）曾来到我们位于温斯罗普街的房子住过一段时间。当时他正在为揭露南方种植园中黑人染上肺部疾病的情况而斗争。如果他还活着的话，他应该早成为人权运动的领袖了。

由于受此背景影响，我也准备与反对派一同反抗既定秩序，虽然我并不信奉任何主义学说，但我相信至高无上的法律和个人权利。我认为全面的改革是必需的，但并不是要改变包罗万象的意识形态。然而，在中国，我清楚地看到改革变成愚蠢可笑的事，最终革命成为唯一的出路。而作为现存革命力量的化身，共产党成为其信仰者生活中的类似于衣食父母的偶像。

1944年我回到华盛顿后，带回的主要信念是：中国的革命运动是中国现实生活中的内在产物，而CC系和戴笠的特务机构都无法将其压制。要求解放农民的理想以及20年前五四运动时期继承下来的科学与民主的理想才是民众的爱国热情和活力所在，蒋介石根本无法与其对抗。

从某种意义上说，这种信念源于共享真正信仰者的亲身经历，只不过我并不是组织成员或是参与其中，在我自己的工作和生活中，我对于革命也并无兴趣。这种信念只是源于某种共鸣。在革命中，我只是一个多管闲事的旁观者，但我能够感觉到革命的风向。

第 22 章

与华盛顿的战时新闻局一同工作

1943 年底，我从“战区”（即战争或实际工作所在地）返回行政首府华盛顿，这是一个各战区的有关机构代表的聚合之地，所有人在此竞相寻求决策中心的关注。我能够同情一位国会议员从受到洪水、暴风及其他天灾人祸蹂躏的选区赶回华盛顿希望解决问题的迫切心情。而我又如何将目睹的战时中国的迫切需要向处于一片混乱的华盛顿提出呢？我发觉自己不得不作出调整，从以人际交往为主的重庆生活转回到非人际交往的官僚主义盛行的华盛顿。尽管如此，我对中国政治的了解已经不再停留在抽象层面了，而是关联于具体的人和情况。这有助于我针对美国的政策提出问题。

从战时的中国走出来精神上需要一个过渡，其过程首先起于昆明。再次进入美国军队福利社的生活方式，就如同我之后 1972 年的经历，从毛泽东领导的中国艰苦朴素的生活进入香港上层社会物质富裕的生活中——完全是一种苦行僧到奢侈挥霍者的急速转变，生活因此而失去了最初的纯真。在中国物质贫困的反衬下，我那些中国朋友所具有的精神与道德品质显得熠熠生辉。与此相反，美国的军人却以色情图片、故事和电影来填充精神世界的空虚。《时代》、《生活》以及《新闻周刊》等杂志提供给他们的也只是从感觉中想象出来的、发生在新奇世界的消息。在我看来，一切只能表明他们的性欲得不到满足以及对全球性事件认知混乱。你仅仅是了解世界正在发生的事情却无法将其深深印刻在心上。一切都只是在眼前一闪而过，却未曾亲身体验。

旅行也是一种旁观者的赏心乐事。我坐B-26型轰炸机头部的玻璃驾驶舱内，在皎洁的月光中，飞机飞行在喜马拉雅山脉东端的上空，继续向西越过“驼峰”。

> 由于轰炸机前端的玻璃舱被安置在了肋骨状的钢架上，坐在其中如同被突出地安置在太空。在圆月之下，飞机飞过了一个个湖泊和一片片稻田，仿佛猛然冲进了薄薄的地表之下，就像地铁的探照灯，从隧道短暂的间隙中隐隐透出光亮。头顶上的月亮，像我一样，在稀薄而寒冷的空气中一动不动，仿佛凝固了。而底下的月亮的水中倒影忽隐忽现，正在地面上急速向前移动。但是，此时的我感到有些眩晕，于是缓慢地通过活动门进入驾驶舱，及时戴上了氧气罩。

尽管我被优先安排到第三号，但是横穿中东和非洲地区依然花费了三周的时间。随后，威尔玛与我在迈阿密相会，于是我们有两天的假期可以在一起互诉衷肠。

回到华盛顿，我成为掌握当前战时中国情况的亲历者，在长达6周的时间里受到热捧。邀我作报告的10到12个团体中的许多人之前都已经读过我的信件和备忘录。所以我主要是负责解答疑问，尽量让这些同行能够对中国的现状获得间接的感受。当然这并不容易，但至少人们普遍开始对国民党政权产生了不信任感。我只是为早已形成统一看法的这些中国问题专家提供新的佐证。1940 年初，蒋廷黻与王世杰代表国民政府前往纽约以重建人们对国民政府的信心，然而他们的游说演讲并没起到任何作用。

在我离开的 17 个月里，华盛顿的各个机构都有所扩增，其中弗雷德·吉尔戈（Fred Kilgour）主管的跨部门国外出版物征集委员会（Interdepartmental Committee for the Acquisition of Foreign Publications）规模最大。他接管了一家剧场，即古老的华盛顿礼堂，同时手下有 100 名员工负责处理来自 9 个海外基地的大约 50 种语言的资料。弗雷德看起来仍然很年轻，穿着笔挺的海军少尉军装，而他的行政管理才能使其超然出群。正是由于他总是使他的权威保持完整无损，外国出版物部间采购委员会才得以发展兴旺。

有两个月，为了继续完成相关项目，我将劳克林·柯里的办公室当成了根据地，如今他忙于战时经济委员会（Board of Economic Warfare）的工作，不再为处理中国问题做更多的事。我开始研究下一步的计划。外国出版物部间采购委员会和战略情报局均没有为我预留工作，而可供选择的其他工作涉及面似乎又过于狭窄。较之于具体执行，我对出谋划策更感兴趣。在我给战时新闻局驻重庆的负责人麦克·费希尔写信时，我总结道："除去第十四航空大队，与其他任何的美国机构相比，战时新闻局正在做更多的优秀工作，在华盛顿是富有活力的地方。"它在社保大楼内办公，这是一座用石头与玻璃混合建造而成的庞然大物，远东部门也在此有 4 个办公室，"温度、噪音、光照，一切皆可调节"。

战时新闻局的负责人是埃尔默·戴维斯（Elmer Davis），他那印第安人（Hoosier）式的鼻音在哥伦比亚广播公司的夜间频道被廉洁的人视作事实真相的保证。突然成为一名遍布全球、拥有数千名员工的领导埃尔默·戴维斯有一位知己——业务经理埃德·克劳贝尔（Ed Klauber），正是靠着他的协助，埃尔默·戴维斯才能不受琐事以及谈判合同的烦扰，开展他的事业，成为第一流的新闻界人士。埃德·克劳贝尔看起来像一位有经验的黑手党成员，体格魁梧，个性顽强，并非易与之辈，他的监护人角色因为外貌而得到了加强。1944年，在诺曼底登陆这天，威尔玛和我以及戴维斯和他年轻清秀的新娘一同用餐。他告诉我们他比新娘年长35岁，从商业角度来看，由于两人年龄相差悬殊，新娘在不久就会获得自由并过上富足的生活。两人都十分具有魅力，而老少配的组合看起来也相当和谐。

战时新闻局局长为埃尔默·戴维斯，下面的副局长则是埃德·巴雷特（Ed Barrett）。巴雷特曾是《新闻周刊》的编辑，而他的助理巴纳德（T. L. Barnard）来自沃尔特·汤普森广告公司（Walter Thompson Advertising Firm）。与此同时，还有来自《生活》杂志的像圣灵一样的人吉姆（Jim Linen）协助他们一同工作。这样一个三人小组中，既能编辑，又能联系业务，他们代表着民间新闻媒体的组合，永远保持着警醒，防止任何政府机构对新闻进行控制。他们三人是国内年轻有活力的监督人，始终与国外的极权主义者作斗争。因此战时新闻局对美国公众输出的国内新闻常常仔细地限制着。

作为副局长的助理有三位区域代表：负责欧洲的敌对区域是一位来自《纽约先驱论坛报》的记者华莱士·卡罗尔（Wallace Carroll）、负责英联邦区域的是费迪南德·库恩（Ferdinand Kuhn），他们都是一流的通讯记者，库恩在希特勒开始发动进攻、不列颠空战期间，担任《纽约时报》驻伦敦的总编辑；负责远东地区的则是一名学者戴德华，他邀请我主持中国部分的工作。

乔治来自英国，于1928年在英国伯明翰大学获硕士学位，随后获英联邦奖学金前往约翰·霍普金斯大学就读，从那里又到了哈佛大学继续深造，在哈佛大学获得了哈佛燕京学社奖学金前往燕京大学进修。我们曾在北京见过面，当时他还写了一篇极具开创性的文章《太平天国起义的社会与经济背景》(*Social and Economic Background of the Taiping Rebellion*)。之后他在蒋介石在南京创办的中央政治学校执教多年。

乔治是一位天生的领导者，具有开拓新领域的丰富想象力，而且对员工关心备至。同时他有能力掌控人际关系，不仅与上级保持着良好的关系，与自命不凡的同事也能和睦相处。我抓住了机会，成为他的助手，与其一同工作。在他外出期间，我以战时新闻局副局长助理的名义签发文件，可以行使一些权力，当然我是高层管理者中级别最低的下属。我知道乔治对于中国的战事进展情况并没有什么了解，同时他也需要有人帮忙处理政务。在我看来，我们于 1944 年和 1945 年上半年，在华盛顿建成了一个良好的团队。至于我们取得的成果，显然是另一回事了。

戴德华的领导理念之一，就是必须将社会科学的原理应用到中国，并且必须要考虑中国的实际情况。在与日本开战期间，他认为有必要让社会学家和心理学家了解并弄清楚日本发动侵略战争的动机。于是他聘请了克莱德·克拉克洪与福罗伦斯·克拉克洪(Clyde and Florence Kluckhohn)夫妇以及亚历山大·雷顿(Alexander Leighton)负责此项工作。他们迫切希望能够有这方面的经典著作面世。而鲁斯·本尼迪克特(Ruth Benedict)于 1946 年出版的《菊与刀》(*The Chrysanthemum and the Sword*)无疑是一本佳作。

和我一同在中国部门工作的还有德克·卜德和夏仁德(Randolph Sailer)，前者来自宾夕法尼亚大学，正在休假，后者曾在燕京大学讲授心理学课程多年，已返回国内。我们几个人在一起足以胜任这项工作，但是如何才能将我们的才智运用到赢得战争中去，并且还是在远离中国的情况下？每天我们都收到来自各地源源不断的略带左翼观点的电报，这些电报内容经常是来自一些公共出版物，但被归为机密文件，大概是因为不允许我们公开地阅读这些内容。我们是指导战时新闻局公布信息内容的智囊团。然而，对于我们这些在华盛顿的教授来说，想要在这个嘈杂的世界中引导纽约、旧金山、伦敦以及其他世界中心的消息发布者的言论方向，显得有些力不从心。我们能够进行引导，审查原稿，鉴定主题主旨，但是我们无法控制美国的舆论战到底会出现什么情况，毕竟牵涉进来太多有实力的人了。

我承担的工作是代表第三战区参加每周的战时新闻局的例会，并在会议中锤炼出，或者说，经常是压榨出中央指令。如同新闻周刊的每周编辑会议一样，会议上主要分析当前的战争形式，并阐明《美国之音》和其他一些媒体的新闻宣传的方针路线。远东方面的稿件处理的问题主要是针对日本宣传些什么，当我来参加会议坐在长桌前时，通常由菲利普斯上校与其助理代表美国海军情报局并不明确地发表意见看法。毕竟海军情报局与日本作战已历时一代人之久了。谁会指望从并不可靠的教授身上了解情况呢？当我与上校就某个问题进行争论时，我大声表明了自己的观点，他对于我大声的反驳感到十分惊讶。我的战时新闻局的同事为此而兴高采烈，而我们从那时候开始也有了一些话语权。

当我走访了位于旧金山的《美国之音》远东广播站时，我发现华盛顿的指示，包括海军情报局的命令并不起什么作用。旧金山的《美国之音》正陷入与日本东京电台的争斗中。太平洋对岸收听广播节目的人主要是敌方电台人员，因为几乎只有他们有收音设备来收听广播。这与沃利·卡罗尔（Wally Carroll）策划的运用到欧洲前线的广播战不同，由于普通大众缺少收音机，导致我们在远东地区的听众人数十分有限。广播战依然在广播电台职员之间进行着。尽管如此，《美国之音》仍然是缅甸、泰国、印度支那、荷属东印度群岛等地的电台坚持每日按时播放的节目。

战时新闻局的另一个下属大机构同样不受掌控，它就是位于纽约第57号街的海外新闻专题报道处（Overseas News and Features）。它是一头有着独特气质的怪兽，掌管着向欧洲国家播放节目的多个电台。欧洲就像一个动荡世界的缩小版，流亡的知识分子彼此之间竞争激烈，都想让他们的真知灼见得到传播。即使他们看到了华盛顿的指示——这一点我们经常怀疑是否看了——也必须首先由翻译人员翻译成各个国家的语言，然后再由广播员播送出去。试图在另一个城市对其施加影响，就好比对着飞机的螺旋桨大声喊叫，基本没有人能够听到，即使听到了也常常被忽略。乔治无暇顾及海外新闻专题报道处，但是我觉得这里的人很有意思。于是有段时间，我每隔一周都会到纽约与海外新闻专题报道处的工作人员高谈阔论，阐明华盛顿对远东地区的方针路线。尽管他们对我保持着纽约人特有的礼貌，但是我觉得他们对我的长篇大论并不感兴趣。

华盛顿的指令主要帮助沃利·卡罗尔每天通过电话与纽约的编辑们进行讨论提供议题，同时它为我们的专栏代笔欧文·韦克斯勒（Irwin Wexler）提供了文章的主题，而其完成的稿件将会以海军上将雷蒙德（Raymond Gram Swing）或其他名人的名义播放出去。

海外新闻专题报道处如同嗡嗡作响的蜂箱，会涌现出大量的新闻与评论、专题报道、新闻图片（由电视的前身无线电传真传送）、照片展览以及其他报道。而其主要内容是对美国的形象化宣传。他们拍摄了很多营养充足、穿着考究的学校里的孩子们华而不实的照片，而生活在废墟中的欧洲难民们却发现这很难与他们的生活产生关联。此外，对于移民到美国的波兰人和保加利亚人来说，满怀喜悦地向他们原来的同胞赞美美国人的美德是很自然的事情。但是如果这些内容放在亚洲人身上，由于存在着巨大的文化差异，很可能会被误解甚至认为这是种侵略行为。

1944 年 7 月，我向埃尔默·戴维斯和埃德·巴雷特概述了战时新闻局的运行情况，当时我们活跃于中太平洋战区（由尼米兹负责）、南太平洋战区（由麦克阿瑟负责）以及中缅印战区（由史迪威负责）。在华盛顿，我们继续与国务院、海军部以及战略情报局等机构保持联系。同时，在华盛顿的办公室里，我们为旧金山和纽约制定了新的方针，直接体现在各个国家的工作计划中。此外，我们还负责人事管理工作，并储备印刷品以及胶卷，以备不时之用。

7 月份，为了让檀香山、布里斯班、新德里以及重庆的前哨站工作人员对华盛顿总部的计划有更多的了解，我创办了《华盛顿每周情报员》（*Washington Weekly Intelligencer*），向这些地方发送通告信。与此同时，为了配合心理战团队起草向敌军领域空投的传单，我又创办了每周的《协调员》电报。然而我所作的促进各项行动互相配合的努力，仅仅是类似于女佣把房间打扫得整洁一些而已，我怀疑它们不会有多大效用。

为了扩大我们每周对战时新闻局的中心指令的贡献，每周五我们会与英国人进行沟通，然后与我们的稿件拟定人员协商。每周一上午 11 点与区域问题专家进行商讨，下午 3 点经过审查委员会的审查后，汇总成文。我们宣传的宗旨是，一方面增强我方的必胜信念，另一方面同时使敌方产生质疑和混乱。事实上，我们并不能改变任何事实，不过是因势利导。但是，我们的宣传思路至少是明智的。当我们知道敌方即将失去卡尔科夫（Karkhov）时，便会宣传他们如何“全力守护卡尔科夫”，但以失败告终，同时夸大其惨败情形。

与此同时，1944 年春天，一群记者开启了美国与延安接触的先河。这些记者在美国公众中找到了对此事感兴趣的读者，于是一些记者开始加入到美化延安的美好蓝图中，一如之前对于重庆所做的那样。1944 年 7 月，在迪克西使团驻扎延安后，我们收到了来自谢伟思以及约翰 · 戴维斯有关毛泽东和中国共产党方面的报道，这些报道描写得细致入微，令人大开眼界。

当战时新闻局正在研究如何劝导日本人投降时，麦克 · 费希尔在延安见到了由大约 200 名日本叛逃人士组成的特派组，这些日本人是在日本的共产党员野坂参三（Nozaka Sanzō）争取下主动投诚的。我们知道，被美国空军捕获的日本囚犯都是被迫就范的，没有日本人向我们主动投降。麦克寄回了有关共产党对待战俘的系列珍贵报道。此外，在国民政府空军工作的矮小、机灵的日本人鹿地亘（Kaji Wataru）帮助吉姆·斯图尔特（Jim Stewart）负责的战时新闻局空投传单，不过他的执行力和领导力远远不及野坂参三。

随后我们就如何处置日本天皇展开了讨论，其焦点集中在作为军国主义精神支柱的日本天皇有多大的支持作用。一般而言，日本问题专家认为，日本天皇对于保持日本社会秩序稳定以及接受和平条约是不可或缺的，而非专家人士则认为，需要对其实施一定的宪法制约，不能让其凌驾于法律之上，也就是说，不能让他继续处于神圣不可侵犯的地位。

1945 年夏初，战时新闻局向日本播放了在日本海军部有很多故交的海军上将埃利斯·撒迦利亚（Ellis Zacharias）的 6 篇评论。评论暗示，日本的帝制将在和平协议中受到尊重，但在日本没有正式接受“无条件投降”的情况下不会由官方公布出来，只能通过华盛顿方面秘密进行。撒迦利亚将这些内容用日语录制，然后送往塞班岛播放。

随着太平洋战争接近尾声，战时新闻局开始紧张地计划储备与海运方面的工作，包括新闻用纸、印刷机、有关技术、美国以及战后世界的图书和其他设备器材，以便于开展战后和平信息工作。战时新闻局储备运输的资料投放到占领的多个地区使用，由专门的机构根据不同的指令负责安排。以中国为例，运送的物资包括：45 部商业剧情片（各备 4 份拷贝）、46 部商业短片、50 部战时新闻局纪录片、展览图片、新闻资料、专供无线电台的音乐唱片（1. 5 万张订购中）、广播手稿以及包括丛书形式的出版物。

1944年5至8月，由于工作需要，戴德华离开这里前往中缅印战区，于是我接替了他的工作。对我来说，这是一个绝好的工作机会，我可以利用他已建立的组织机构进行改革、调整，并获取上级的赞赏。但是，我并不想借此进入高度繁忙的华盛顿官场，相反，我更希望可以重新返回中国。

1944年后期，在我们已经与延安的共产党建立联系之后，史迪威将军被撤去了战区总指挥的头衔。这预示着在中国内战中，美国明显站在国民党一方。其中很多人感觉到共产党力量在不断增强，并认为我们反对共产党只会给自己惹来无尽的麻烦。尽管如此，这些警示并未对新上任的大使帕特里克·赫尔利将军带来任何影响，这位自称为调停者的大使受到了蒋介石的蛊惑并完全深陷进去。

1945年5月，威尔玛前往重庆，担任驻华大使馆的文化联络官。在重庆，她遇到了我们在北京时的朋友毕乃德教授，他在大使馆负责中方联络工作。毕乃德体形魁梧，聪明能干，对外交事务得心应手，给威尔玛提供了很多帮助。威尔玛抵抗住强势的大使的干涉，迅速展开工作，并建立了美国国务院文化关系司中国分部。[1]

随着亨培克和汉密尔顿的离去，国务院远东办公室由范宣德接管，其成员包括一些有在中国长期工作经历的外交官。他们面临的最明显的问题是：如果国民党政权瓦解，如何避免进一步卷入混乱中；而如果共产党执政掌权的话，又如何转入与中国共产党的新的关系。国务院远东办公室并不相信美国的政策能够决定中国的命运。大概是在美国强烈要求下，国民政府在1945年于旧金山举行的联合国成立大会所派遣的代表团中增加了

[1] 威尔玛写的美国国务院文化关系司的官方历史《美国对华文化项目，1942—1949》（*America's Cultural Experiment in China, 1942-1949*）（华盛顿特区，国务院，1976年）中几乎没有提及自己，更不用说她创建大使馆文化处取得的功绩。——原注

一名共产党代表，他是年事已高、相貌平平且异常安详的董必武老先生。他与毛泽东一样是共产党的创始人之一，同时也是毛泽东最忠诚可靠的追随者。当他来到华盛顿时，约翰·卡特特意安排了一天与其秘密会晤，会见地点定在乔治城第 33 号大街我母亲的住所。（在威尔玛前往中国后，我们从第 34 号大街的住所搬离，我与我母亲同住。）此举完全合适，因为董必武是代表团成员，不过，这也反映了国民党对美国国务院在中国内部斗争中采取中立的任何举动都会很敏感。

1945 年 5 月，我获得驻华办事处的批准，前往中国协助战时新闻局驻华办事处的负责人展开工作。这里的负责人是一位刚刚加入美国国籍的新西兰人，名为威廉·霍兰德（William L. Holland）。所有的远东问题专家都对他有所了解，他曾长期担任太平洋学术协会的执行秘书，善于组织大型国际会议，并推动学术研究成果的出版发行工作。他的才能与经验使其完全有能力接替在重庆 4 年的麦克·费希尔的工作。鉴于战时新闻局在中国不断扩大，威廉（比尔）·霍兰德邀请我到战时新闻局的信息部工作，将心理战（空投传单）的执行工作交给吉姆·斯图尔特负责。我在 7 月 30 日计划于 8 月底或 9 月前往中国。经协商，最终于 8 月 6 日确定出发时间为 9 月 15 日。然而，和平使得一切突然发生了变化。

随着战争临近尾声，需要处理的工作也给人带来越来越多的烦扰。日本表示接受《波茨坦公告》中的投降条款（如果能够赦免天皇的话），于是国务卿伯恩斯（Byrnes）就此事与各盟国进行协商（盟国拒绝赦免天皇）。最终这份答复于 8 月 11 日上午 11 点 30 分正式公布。尽管如此，日本政府并没有将谈判结果公之于众，不免让人觉得可能是在拖延战争。因此，战时新闻局有责任将事实真相和条款内容告之广大日本民众，其具体内容如下：

1. 伯恩斯的答复全文于华盛顿时间 8 点 29 分在旧金山分别通过使用

莫尔斯电码的无线电通讯以及用英文的无线电广播播出，此外，通过檀香山短波电台和塞班岛中波电台播放日语的新闻公告。当时日本时间大约为凌晨4点钟。

2. 旧金山方面要求所有波段的电台同时以日语和英语两种语言播放伯恩斯的答复全文，重复播放52小时。塞班岛的中波电台同时进行全天候的播报。

3. 旧金山的日本部门将伯恩斯的声明翻译成日文，经国务院批准通过战时新闻局专线，将声明转为罗马字母以电报形式由美国陆军通信部队（Army Signal Corps）发送到檀香山、马尼拉以及昆明。

4. 发电报通知心理战前线，制作日文传单在局部范围空投，建议五角大楼的第二十航空大队准备好驾驶B-29型轰炸机在日本上空投放传单。为确保投放传单的内容准确无误，旧金山方面通过专线与华盛顿逐句核对罗马字母版本的报告。传单标题由五角大楼和国务院正式批准［阿奇·麦克利什（Archie Macleish）建议插入“每位日本人都有权了解真相”］，同时，我们还通过商业无线电话用普通文字将内容通知檀香山。

5. 檀香山使用短波电台将8页传单内容发送给塞班岛，经过删减重组定稿，利用韦氏（Webendorfer）高速印刷机（不要让我去证实）迅速印出300万份传单。

> 第二十航空大队的B-29型轰炸机满载着传单，将其投向东京以及其他6座主要城市。整个过程从我们在华盛顿开始着手准备这项计划到进行空投用时29小时，比日本政府通过外交途径收到伯恩斯的声明还要早6小时。[1]

［1］ 埃德·巴莱特（Ed Barrett）:《真理是我们的武器》(*Truth Is Our Weapon*)，第13—14页。书中所说与这里略有不同。我所记录的是根据我所写的并未发表的一篇概要。——原注

千万不要仅仅将这一切看成是由一群配合协调、技术熟练的执行小组取得的技术性成就。值得注意的是，在翻译过程中，我们将“皇帝”一词译作了习惯性的表达“日本天皇”（尊贵无比的皇帝）。而在伯恩斯的答复中只是将其译为“日本皇帝”。由此可见，我们的行动更加强化了政策的效力。

在华盛顿战时新闻局工作期间，我确实学到了很多新闻业务的知识，但未对中国的情况过多接触，这使我更加地迫切想要重返重庆。

第 23 章

战后中国

1945 年 10 月至 1946 年 7 月，我在抗战胜利后的中国度过了 9 个月，这 9 个月，对于中国人民以及美国对华政策来说，可称为希望与不幸参半的一段时期。对于由纸币发行过量导致的通货膨胀，以及由通货膨胀引发的更严重的贪污腐败等问题，蒋介石领导的国民政府和国民党已经完全束手无策了。在日本撤离后，国民党接管沿海城市的工作做得很失败，且相信凭借先进的美式装备能够在内战中打败共产党。共产党在任何可能的地方扩充兵员，为内战作好充分动员准备。美国的对华政策在日本投降之前的那几年，就已经被证明是缺乏深谋远虑且毫无理性的，在此危急关头唯一能做的就是临时制定策略，派遣乔治 · 马歇尔（George Marshall）将军在国民党和共产党这两个死对头之间斡旋调解。

形势日益恶化，我在此期间参与了美国在华新闻处的建立。如同纸牌搭建的房屋，建得越高就越不稳定。我们的问题也开始显露出来，起始于美国的战时工作开始崩溃。1945 年 8 月中旬，随着和平的到来，200 多名在华为战时新闻局工作的美国人准备回国，其中很多人一起租用轮船从重庆穿过长江三峡顺流而下，来到汉口和上海。担任战时新闻局驻重庆办事处主任的比尔·霍兰德目睹其在战时苦心经营的成果在瞬间毁于一旦。他需要帮助，为此我们需要将新闻工作扩散到“光复区”的主要城市中，正是在这种情况下，我于 9 月底离开华盛顿再次前往中国。

不同于 1942 年我飞往中国的经历，那次我开拓了穿越非洲来到中国的先例，1945 年这次则是在航空运输司令部的支持下，先游历了饱受战火折磨的欧洲各国的首都。我先是乘坐泛美航空公司的飞机从纽约前往爱尔兰。这是一架“大型运输机，其内舱是普尔曼卧铺车厢的两倍大，大概是最新型号吧”，它是短途飞行，只需飞越大西洋，飞得很慢。我在伦敦逗留了一周时间，仿佛回到了家乡。我与查尔斯爵士以及诺拉·韦伯斯特（Nora Webster）共度了一个晚上。查尔斯曾在华盛顿参加了邓巴顿橡树园会议（Dumbarton Oaks Conference）并协助创立了联合国，如今 60 岁的查尔斯担任“外交部筹备会议处特别助理”。我在牛津大学的主考官杰弗里·哈德森（Geoffrey Hudson）邀我在白厅俱乐部共进午餐。此外，我还在我的妹夫小亚瑟·施莱辛格位于伦敦的高档住宅区的房子里小住了几天。

在航空运输司令部安排的行程中，我随后前往巴黎、马赛、罗马、那不勒斯、雅典以及开罗。包括公交汽车、军用伙食和住宿的军营都已经安排就绪。接着又前往阿巴丹岛（Abadan）、卡拉奇、德里、加尔各答、昆明，最终于 10 月 12 日抵达重庆，威尔玛开着战时新闻局的汽车来接我。我们在中国再次重逢，但这时情况随时会发生变化。我们的办事处正准备从重庆下游处搬走，因此这次搬迁使得我们又要分开很久。

幸运的是，在我 1945 年 10 月到达重庆时，自吹自擂的大使赫尔利已经返回华盛顿了。在此之前，他前往延安发出其乔克托式（Choctaw）的战争呼吁，同时他开始装腔作势地发挥美国人的调解作用，想要促使国民党和共产党组成联合政府，但对两党来说，双方都宣称自己愿意接受调解，这只不过是现实需要的权宜之计。当时出任美国国务卿的是来自美国钢铁公司（U. S. Steel）的斯特蒂纽斯（Stettinius），此人颇为消极。罗斯福去世之后，强势的赫尔利反对驻外事务处的工作人员经过慎重考虑得出的结论——避免偏袒中国国内任何一方，宣布美国的政策是支持蒋介石。事实证明，这个无用而又愚蠢的决定促使我们最终选择了"冷战"（反对共产主义）来解决外交问题。这几乎没给我们留下操作的余地，一旦蒋介石被打败，我们将会被驱逐出中国。而蒋介石的失败也是我们多数人早已预料到的事情。

对我而言，此次在中国逗留的这段时间是与 1942 年至 1943 年的经历完全不同的。首先，抗日战争结束，美国正在收拾残局，一边遣送日军回国，一边尽力阻止国共内战。1945 年 12 月至 1947 年 1 月这一年时间里，马歇尔将军一直在为双方调停，他希望通过协商建立一个联合政府，以避免国民党政权被共产党革命所推翻。我在中国逗留的那段时间还算太平，当时两党签订了协议，处于停战状态。

其次，我不再是独自工作、有时间就去会见各个政治派系人物的那个观察员了。相反，在我接任比尔·霍兰德的主任职位后，我成为美国政府部门的一位领导人物，主管上海办事处总部以及 10 个分支机构，这 10 个机构可以通过不同媒介与中国民众保持联系。在这 9 个月期间，我们将战时新闻局的工作重心从中国西部移出并扩展到中国的光复区。战争结束后，战时新闻局的整个心理战部门也无用武之地了，于是大约 150 名美国人返回美国。而战时新闻局的信息部逐步转变为新成立的美国新闻处（USIS），由大使馆直接领导，处理一些文化关系方面的工作。

1946 年上半年，我们继续一边扩大活动范围一边准备转型过渡。从 1945 年 9 月至 1946 年 4 月 1 日，美国籍员工由 125 人裁减到 25 人，中国籍员工也从 706 人减少到 342 人。其中，永安分部（位于东南部，原属日本控制区）与兰州分部已经撤销；昆明分部精简为一个代理处，由领事馆负责；此外，成都代理处隶属于重庆，天津代理处隶属于北平。与此同时，分支机构只设立在上海（办事处总部也在上海）、广州、汉口、北平、台北以及奉天（沈阳旧称）。新闻出版和管理工作都集中在上海。首要工作重点包括：（1）中英文新闻报道；（2）中文专题报道；（3）图片、展览及广告。因为这些都是手头现有的可以发布的资料。幻灯片的制作工作也停了下来，电影和图书的发行也被推迟。文化交流的相关工作等丛书的出版和对当地居民的调查完成后才能开展。文化关系司的人员交流计划由大使馆的威尔玛负责。

无线电通讯网络为我们开展所有这些工作提供了便利，此前，无线电通讯是在美国军方的控制下，由战时新闻局开发的通讯工具，当时被用来发送战地记者的新闻报道。如今，我们利用莫尔斯电码和中国数字代码将其扩展为一个快速通讯系统，从而使各个分支机构与上海总部紧密联系在一起。这意味着，借助无线电通讯网络，我们不仅播报新闻，同时还继续发送战地记者和联合国善后救济总署（UNRRA）的信息，此外，在某种程度上，我们内部人员也可以用来处理一些私人事务，这是其他任何民用机构都无法做到的。同时，我们还可以为其他人发送生死攸关的信息，如金融危机或国家利益等信息。掌握了通讯就意味着掌握了权力，所有人都来奉承我们，我们也结交了很多朋友。

收回被占领土后的中国，人们对于知识充满渴望，亟须我们为此提供帮助。他们需要了解世界新闻并阅读各类书籍。当时中国的政治命运仍然不明朗，因此在我看来，中国对于信息的需求似乎与对联合国善后救济总署的物资供应需求一样紧迫。这是一个非常严峻的挑战，我因此将返回哈佛大学的时间从 1946 年 4 月 1 日推迟到了 1946 年 8 月。如果我不能亲力亲为保证工作顺利完成，又怎能期望美国新闻处的其他同事尽职尽责，继续开展工作呢？

10月18日，我与比尔·霍兰德一同前往上海（当时我是他的副手，担任信息处副主任一职）。我们住在上海国际饭店，用餐则在华懋饭店。

> 如今上海的丽兹（Ritz）酒店由美国海军进行管理，我们的办公室就设立于此。大街上人山人海，有军车、人力车及黄包车（黄包车是一种前面或后面与自行车连接的人力车）、出租车，行进的中国军队，在陈旧的电车前穿行的商店售货员，在交通拥挤的街道上卖报的小女孩，一些很快将被遣送回国的留着胡子的锡克族警察，还有各式各样的美国军人，穿长袍的中国买办，从上游返回的投机者，白俄罗斯的舞女，无依无靠的德国人，四处徘徊的日本士兵和患有结核病的苦力。

街上的景象不免映衬了这样一个事实，即上海依然是一座国际化的大都市，而她也仍然可能被任何掌控黄浦江上炮舰的人所统治。那年上海的冬天异常寒冷，尽管我们美国人住在最豪华的住所，普遍穿着加厚的毛衣、袜子，整天大衣不离身。然而，挑战是在这种仪器设备缺乏的情况下，我们仍然不得不继续开展新闻工作。正如在我推迟返回哈佛大学时写给保罗·巴克的信中所述，中国正处于以下状态：

> 全国范围内实行了停战却并不太平，其中暗杀、殴打、暴力、监视以及大众游行示威等事件极有可能会继续增加。当代的知识分子和自由主义者正试图抓住机会为实现民主而努力奋斗，其中很多人为此献出了自己的生命。

美国新闻处的工作有可能会促使理性回归，多少会缓解形势的恶化，在一定程度上减轻这个国家所面临的灾难。

在比尔·霍兰德返回美国后，由我接任战时新闻局驻华办事处主任。此时我面临的基本问题是，如何为上海办事处总部留住大量专业人才，使其更好地服务于 10 个分支机构。为此，我找到了一个绝佳的机会。海外新闻专题报道处的 4 位女性专家从战时新闻局驻孟买办事处飞越喜马拉雅山来到上海。显然她们的到来保证了上海工作的良好开展。其中，新闻简报部由露丝·路易斯（Ruth Lewis）和爱丽丝·福特（Alice Ford）负责；专题报道部由战时新闻局中国职员主管刘尊棋（Liu Tsun-ch'i）和艾米·舍菲尔（Amy Schaeffer）负责；图片部（包括广告、图片展览以及图片新闻）由海琳·普莱森特（Helene Pleasants）负责。她们都是忠于职守且技能熟练的专业人才，深信他们的事业大有前途。

另一件幸运的事是，我发现了另一个人才——布兰德利·康纳斯（Bradley Connors），他是海外新闻专题报道处的图片编辑，在中国建立了自己的图片工作室。我任命布兰德利·康纳斯为上海办事处总部的运营主任。布兰德利有着富裕且有文化底蕴的家庭背景，但他并不依赖于此。他有着敏锐的洞察力和有时在身高体壮的人身上才能发现的旺盛精力，他身高体壮且嘴里经常叼着香烟，因此常常被人误认为是一名难缠的纽约的稽查人员或是黑帮人物。最重要的是他对一切事物及所有人都了如指掌，是一位了解细节、处理后勤工作的能手。他结交了各行各业的人，甚至是机场的飞行员，连飞机起飞的时间都很清楚；他还认识总领馆的秘书和其他所有大人物，且极能体察上级的需求。他能搞定一切事情，因此每个人都找他帮忙。但他的技能都在制度范围内严格遵照规章制度。他善于捕捉有报道价值的新闻，常常从华盛顿清晨发来的最新电报中截取有用的信息，在晚上睡觉时转告给有关官员哪些是需要知道的。[1950 年 6 月某天黎明，朝鲜的坦克越过“三八线”驶向汉城，此时在华盛顿国务院工作的布兰德利正准备关闭发报机上床休息，突然截获到这一消息并立即转告迪安·艾奇逊（Dean Acheson）。我最后一次见到他，是他在伦敦出任公使期间，之后不久他便猝然辞逝了。] 我很幸运有他帮忙主持办事处总部的工作。

在众多我没法一一提及的专家的帮助下，美国新闻处中国分部最终得以建立。同时我更加坚信，大多数工作的开展需要有两位管理人员。正是由布兰德利掌控工作进展，我才得以时不时前往南京大使馆汇报工作，并到各个分支机构视察工作。在过渡时期（直到 7 月 1 日，布兰德利接替我的工作，成为与大使馆联络的主要公共事务官员），我与大使馆之间的联络员是约翰·梅尔比（John Melby），他深思熟虑，拥有丰富的工作经验，曾在拉丁美洲和莫斯科工作，如今很快适应了中国的环境。

我的工作包括给 10 个分支机构下达官方指令（授权、限制、要求、建议），我自然想到："如果是罗伯特·赫德处在这个位置，他会怎么做呢？"结果便是，我在 1945 年圣诞至 1946 年 6 月 1 日，共寄出了 44 封通函。这些通函内容涉及美国新闻处方方面面的工作，通常由上海总部的专业人员起草，旨在使所有人对于多层面的工作运行情况有一个全盘的了解。对于图片新闻的发布（1946 年 4 月 24 日，34 号通函），我们有一个名单，上面列出了 110 家拥有印刷图片的制版设备的出版机构，所以我们准备了 110 张照片和插图说明，并立即分发下去。对于专题报道的发送（背景信息不同于从旧金山电台收到的新闻简报），其内容由中文翻译部门主管（自 1941 年开始，同样隶属于战时新闻局）负责选择，并由上海总部运营主任批准。通常来讲，我们翻译的材料仅仅是已在美国出版过的，通过邮寄或无线电方式从旧金山、纽约或是华盛顿等地发送过来。这些被翻译的内容最终合成为周刊《新闻资料》(*New Materials*)，每期 8 页，包含 8 到 10 篇文章，共发行 5000 册。(其中 2750 册为直邮杂志，其余发放到各个分支机构。)

我在名为“美国新闻处在中国的目标”的 20 号通函（2 月 11 日）中，提出了几点个人看法：

1. 提供新闻报道，而不是有意宣传。

2. 既要增进理解，又要注重行动。“我们希望提供美国人面对困难并克服困难的一些实际经验，以此鼓励中国人直面并克服他们自身的问题。”

3. 现代化而非美国化。“对我们有益的未必对中国有益。中国的问题是科学与民主相互结合的问题，是将科学、民主与中国文化传统融合并运用到大众生活的问题。”

4. 实事求是而非巧妙推销。“展现一幅完整而真实的美国风貌，而不会人为淡化经历中的困难、问题和失败。为了保持可信度，即使不利于我们的事情也应该第一时间进行播报，绝不向观众过分吹嘘。此外，保持实事求是的另一个原因在于，我们要为独立行动提供可靠的思想基础。而诸如公民立法权、投票权、罢免权在政治腐败的中国并不是灵丹妙药，因为即使在美国，这些也并非万能。”

当我们在中国进行机构建设时，战时新闻局远东地区副局长助理戴德华和他手下负责中国事务的办公室主任约翰·考德威尔（John C. Caldwell）正就美国驻华新闻处所需的预算、人员配置以及部门需要的指令等问题与华盛顿方面进行交涉。考德威尔（出身于福建传教士家庭）专程来到中国，用 6 周时间了解这里的情况。通过军方渠道，我们用电传打字机与华盛顿保持联络，并用自认为精练的语言与乔治交换了意见。

我所面临的行政工作上的危机主要是人事问题，即如何将经验丰富的工作人员团结在一起，形成一个核心。1945 年 12 月 15 日，由马歇尔负责调停国共冲突的通告引起了轩然大波。由范宣德、迪安·艾奇逊以及马歇尔为杜鲁门总统起草，并转交给蒋介石的公开声明中的措辞十分谨慎，以免冒犯到中国人的尊严，极力维持马歇尔公平调停人的身份。我和临时代办沃尔特·罗伯森（Walter Robertson）在重庆收到这份声明的同时，还收到一篇来自华盛顿的新闻报道，其中说杜鲁门的声明乃是一国首脑向另一位首脑发出的最严厉的谴责等，这与华盛顿的政策完全不符。这究竟是怎么回事？

很快，我发现这篇新闻报道出自美国新闻处上海办事处总部，于是第二天我乘坐飞机飞到上海调查此事。（我还不想马上就去见马歇尔将军。）此篇新闻的作者并不是一位破坏分子，而仅仅是一名普通记者。他认为他只是提供一部改写的作品，并声称任何一家报社都有可能为了向读者强调新闻而进行改写。这种做法我是头一次听说。幸亏这位记者受到合众社（United Press）聘请，前往合众社香港分社工作。弄清楚这件事后，我召集了美籍职员开会，因为他们是保证在华工作顺利进行的核心力量。如果我不公正地对待他们的同事，他们很可能会辞职回国，因此我作了以下几点声明：（1）他并非恶意为之；（2）马歇尔的使命很微妙；（3）由于我们是政府雇员，不能违背国家的政策。对于这件事的具体处理方法为：我们这位同事已经辞职，到合众社工作，我会推荐他，同时我也会向马歇尔将军保证，我们会做好本职工作。经过一番讨论后，此事最终的处理方法得到大家的认可，于是我向罗伯森作了报告，并告知当事人已经离职。

在马歇尔将军的调停工作中，还有另外一件事让我印象深刻。具体原因我已经不记得了，当时美国新闻处为马歇尔安排了一场记者招待会，具体时间为下午2点。我经过考虑，认为没必要这样做，便取消了这次记者招待会。此外，我还有在下午2点午睡的嗜好，因此，我把自己放在他的位置考虑，就像一位教授帮助另一位教授一样，帮他的忙。然而，在我吃午饭的时候，我接到他打来的电话，他显得非常生气。电话中他表达清晰，简明而干脆，以至于如今想起来还让人不寒而栗，主要内容就是记者招待会必须召开。

而此时我只有一个小时来准备新闻稿，于是我开始四处打电话，然而几个主要的中文记者早已回家吃午饭了。因为时间紧迫，我乘坐吉普车前往他们各自的住所。外面下着小雨，司机在寒冷的重庆街道上找到了我所见过的最破旧不堪的一个住所，顺着摇晃着快要散架的楼梯向上走，不停地敲门，将那些满脸倒霉相的职员从饭后小憩中唤醒。我叫喊着马歇尔的名字，并告诉他们准时赶到现场。到达现场后，将军的助手，一位机灵的年轻陆军上校对我说："其实你不必出席招待会。"于是我表示赞同，并偷偷地溜回了家。显然哈佛在这方面不像五角大楼那样训练有素。

战时新闻局在重庆已建立了七八座大楼，包括一个舞厅，如今大部分已经空出来了。我和威尔玛在这里的转角处有一间带壁炉的房间，它很舒适，然而不时地出差让我们常常被迫分开。10 月，威尔玛乘坐大卡车前往乐山和成都，11 月又飞往西安，而我则飞往昆明、广州，并再次到上海，1945 年 12 月和 1946 年 1 月我又两次前往上海。2 月，威尔玛飞到昆明，接着乘吉普车经滇缅公路前往大理。而 3 月，我则去了相反方向的北京两次。4 月，大使馆最终跟随国民政府从重庆迁回南京。由于从上海到南京乘火车只需要一晚上的时间，因此威尔玛有更多见到大都市的作家和艺术家的机会。

所有这些东奔西跑的经历，加深了我对于中国混乱局势的认识。然而，从与中国知识分子以及其他美国人，特别是跟踪报道马歇尔将军长达一年的记者们的谈话中可知，中国共产党取得越来越强势的地位似乎很明显了。

谈判从一开始就对中国共产党的地位有了更加明确的界定，同时也促进了美国人与共产党人的联系。在重庆，一天晚上我们和乔冠华、龚澎夫妇共进晚餐，第二天又宴请了来自国民政府外交部的顾维钧一家。而双方都认为对方是缺少诚意的。资源委员会的钱昌照赞同中国应该同时实行工业化和土地改革，前者为国民党正在试图推进的项目，后者则是共产党努力追求的目标。然而，不久后他就去了欧洲。

1946 年 1 月初，谈判似乎有可能要取得成果了，这时共产党重庆代表团宴请美国新闻处。

> 为款待美国战时新闻局，晚宴分为两桌，周恩来坐在其中一桌，叶剑英将军坐在另一桌。大家都显得兴奋而充满活力，周恩来摇头晃脑地唱起了歌，我们也跟着哼唱起来，而叶剑英则用筷子敲着桌子和玻璃杯进行伴奏。他们唱起了延安歌谣，互相敬了几次酒后，我们也唱起了同样鼓舞人心的美国内战时期的歌曲。而如今的音乐要么过于甜美柔情，要么太过伤感了。而周夫人（她使用自己的名字邓颖超），穿着长裤，十分朴素，却格外迷人。

（1980 年邓颖超仍然在北京担任领导职务，叶剑英也依然健在，担任国家领导职务，而周恩来则于 1976 年逝世。）

> 在夜以继日的谈判会议中，共产党代表还积极地举办社交活动。他们在重庆最豪华的胜利酒店举办了盛大的鸡尾酒会，认识的每个人和其他一些人都参加了这个宴会。我和威尔玛、郭沫若和他的夫人以及这里的两个共产党好友也都兴奋地来到酒会现场，喝得很尽兴。在我看来，共产党所表现出的热情以及宴会上看上去无拘无束的轻松环境证明，基于明智的对美政策，共产党在谈判过程中取得了某种和解，并使其有了继续发展的机会。此外，他们富有热情还在于这是一群被挑选出来的拥有坚定信仰、勇于献身事业的优秀工作者。

在上海，我与来自檀香山的一位日裔美籍延安问题专家有吉幸治（Koji Ariyoshi）一同出行，他之前曾和军事观察团去过延安。我们宴请了中国伟大的讽刺作家“鲁迅的夫人和一位朋友，两位女士十分和蔼亲切、十分虔诚，对革命事业充满了信心，但并不明智，这让我想起了类似某种皈依基督教的信徒们”。有吉曾是檀香山的一位左派码头装卸工，通过他的介绍，我们将延安列入美国新闻处投放新闻信息的名单中。

1946 年初，位于北京协和医院内的执行总部派出了若干军调小组，试图阻止国民党与共产党在中国华北地区交战。在国民党、美国和共产党三方中，龚澎是唯一的女性成员，负责处理叶剑英的公共关系事务。巴尔的摩《太阳报》（*Sun*）记者菲尔·波特（Phil Potter）曾报道，龚澎俊俏而时髦，穿着蓝色旗袍，梳着美式的发型。但龚澎表示：“这对于北平人并不意味着挑战。”与外国新闻机构的其他人一样，菲尔·波特也对其极力渲染。随着最初的积极热情逐渐平复，我在上海龚澎家中见到她和乔冠华，他们的儿子名为巴黎（以第一个被解放的首都命名），由孩子的外祖母抚养照看。之后，他们很快被转移到环境安全的香港工作，显然周恩来正在为将来的发展储备人才。（1971 年，乔冠华担任中华人民共和国驻联合国大使，1975 年至 1976 年间，在北京担任外交部长。）

由于杨潮（Yang Ch’ao）事件，美国新闻处卷入国民党和共产党的矛盾冲突中。杨潮是克里斯多夫·兰德（Christopher Rand，后来任职于《纽约客》）在抗战结束时担任战时新闻局驻永安办事处主任时所雇用的一名知识分子。在杨潮执行克里斯多夫分派的战时新闻局工作时，不幸被国民党战区指挥官逮捕，并被当成共产党嫌疑犯监禁在杭州。由于杨潮是为美国人做事，兰德设法营救他出狱，但是治外法权能够保护中方雇员的时代已经一去不复返了。最终杨潮死在狱中，表面看起来似乎是病死，估计也是故意不给他治疗，但显然他受到了酷刑折磨。之后，由于担心杨潮的遗孀惹出麻烦，关押杨潮的监狱想尽办法迫使她离开上海。兰德和我以及其他一些美国人尽力保护她的安全。左翼分子也开始干预这件事，最后举行了一场大型的追悼会，会上郭沫若和其他人发表了慷慨激昂的演讲。为了表示美国人对雇员的关心，我也参加了追悼会，虽然被要求发表讲话，但是我拒绝了。因为在这种纯粹的中国事件当中，美国政府并没有参与其中，我也不愿意被共产党利用来对抗国民政府。此外，情况颇为复杂的是，杨潮是我的朋友杨刚的哥哥，她当时仍在美国。

美国新闻处开展的文化项目需要与作家以及艺术家接触，我们发觉，在处理与这些所谓的自由主义者以及左翼分子的关系时陷入了令人困惑的境地。在我们看来，政治忠诚的问题与艺术和文学无关，当然即使我们想弄清楚，也远远超出我们的能力范围。美国赞同联合政府的政策，要求我们远离中国政党之间的纠纷。我们尽量只涉及与个人有关的是非曲直，避免与政治相关方面的影响。

正如之后事态发展的那样，1946 年，共产党的组织力量，在事后回想起来似乎令人惊讶。美国新闻处上海办事处总部极受人尊重的中文总编金仲华，1949 年后成为上海市副市长（在“文化大革命”期间自杀）。新创办的报纸《文汇报》编辑宦乡成为中华人民共和国第一任驻伦敦代办（即大使，1981 年担任社会科学院副院长）。当时为了扶植这家非官方性质的报刊，战时新闻局曾为其提供了一些很难搞到的新闻用纸。1949 年后，我的朋友杨刚在北京担任《人民日报》的副主编（一直到 1957 年自杀）。如此权高位重的位置大概也只有长期为党派服务的老党员能够胜任。此外，战时新闻局负责管理中国职员的主任刘尊棋，是由麦克·费希尔招募来的新闻工作者。随着中国职员的规模骤然扩大，刘尊棋以其冷静的判断力为麦克提供了极大的帮助。1945 年后，刘尊棋来到美国寻求帮助，希望发展大众教育、获得现代印刷机并在战后中国建立其独立的出版业。然而他未能如愿。早在 20 世纪 30 年代，刘尊棋就是一名共产党员，但是 1957 年后，他被关入东北劳改农场以及北京和湖南监狱，在这些地方待了 21 年的时间。（如今，他在北京负责《中国日报》英文版的编辑工作。）我想将一个人从世纪中叶以来的坎坷传奇的职业生涯记录下来，应该能写几大本书。“革命先革自己的命”，或许这句格言是能站住脚的。20 世纪 30 年代成为左派的大学生是当时全球知识分子中的一部分，他们都受过良好教育。而从 1957 年至 20 世纪 70 年代，因政治斗争而出现的红卫兵和其他人则属于另一类型。

1946 年 3 月初，我到了北京，此时的北京再次成为天然磁石，吸引了来自四面八方的精英。从檀香山返回的陈福田正在帮助陈岱孙等从昆明返回的知识分子重组清华大学。而我们哈佛大学的校友芮沃寿和芮玛丽夫妇也已经从山东潍坊集中营经过三年的劳教返回北京。在学者们的邀请下，芮沃寿和芮玛丽居住在位于北城过去被伪政权所占据的一座四合院里，重新开始他们的研究工作。房屋配置一应俱全，镶嵌着黄铜装饰的大木箱，打磨发亮的木质桌子，精美的窗雕，我记得还有其他精美的装饰，此外还有传统且训练有素的仆人。芮玛丽正着手为胡佛图书馆收集有关中国革命的藏书。他们还向我介绍了一位来自苏联的年轻学生谢尔盖·齐赫文斯基（Sergei Tikhvinskii），后来成为苏维埃权力机构中的一颗冉冉之星。我还与曾为延安公共卫生事业作出巨大贡献的美国医生马海德（George Hatem）一起共进午餐。格雷厄姆·佩克在北京西城找到了一处住所，他在那里撰写战时中国回忆录——《时代的两种类型》（*Two Kinds of Time*）。两位共产党的联络员黄华和柯柏年前拜访了美国新闻处。（1981 年，黄华成为外交部长，他的儿子在哈佛大学读书。）当时我正在帮助新上任的美国新闻处驻北京办事处主任约翰·伯特·福斯特（John Burt Foster），他也曾是 1940 年哈佛暑期学校远东学院的一员，之后与一名学生结婚。这简直就是一张朋友熟人混合交织的关系网！

在上海，如此盘根错节的关系网也越来越难以应对。1946 年 4 月，我们在位于总领事馆对面的汉密尔顿大楼中美国新闻处的新区举办了三次鸡尾酒会。酒会面向上海各个团体，包括外国军人、官员、商人以及中国的官员、编辑、艺术家和各界名人，其中很多人长期以来对于现状愤愤不平。每周都会有一些中国的朋友前来告别，准备悄悄去北方。

有一天，颇有诗人气质的日本知识分子，曾为吉姆·斯图尔特将战时新闻局传单翻译成日文的鹿地亘来上海找我，他希望我帮助他返回日本。此时，美国海军正在运载成百上千的日本人回国，而鹿地亘滞留在此显然是考虑到安全因素。于是我给美国军方写信建议，那些在战争中帮助过我们的人至少也要得到与我们作斗争的人同样好的待遇。最终我的介入成功地让鹿地亘回国了，但给我留下了不良记录。我们已经害怕共产党，他们也对我们有些害怕。大家都在考虑安全因素。

在上海，我很期待美国新闻处能够为中国的读者翻译英文作品。为了顺利完成此项工作，我们需要邀请优秀的中国翻译家参与其中。中文、日文、韩文或是越南文的英译是一项对原著二次创作的工作，反之亦然。如果我们想要获得真正的文学作品，就必须找到中国的菲茨杰拉德（Fitzgeralds）来翻译我们美国的奥马尔·哈亚姆（Omar Khayyáms）的作品。[1] 在此过程中，我得到了权威学者郑振铎的帮助，给予冯亦代鼓励和支持，而冯亦代的夫人郑安娜（郑笑容）在美国新闻处帮助做过文化联络工作。我们还聘请了赵家璧、徐迟等人，但在我离开之前，还未取得任何成果。之后，我有幸参加了作家联盟的一次会议，该联盟为 20 世纪 30 年代左翼作家联盟遗留下来的部分。由于对中国文学造诣尚浅，我出席只是表达一种善意罢了。

---

[1] 奥马尔·哈亚姆是波斯古代诗人，作品由菲茨杰拉德翻译成英文，在世界范围内产生巨大影响。

美国新闻处驻北京办事处遇到了特殊的难题。4 万名驻扎在京津一带、维持政治稳定的海军陆战队员自然而然成为共产党鼓动群众进行攻击的目标，他们被看作“美帝国主义”的代表。由于马歇尔的调停即将失败，筹建中美文化协会的项目因此遇到重重困难。内战和对文化工作者的镇压都即将来临。

1946 年 6 月初，文化关系处在贯彻马歇尔将军对中国内战施行调停的政策中，威尔玛作出了积极的努力。经马歇尔将军批准，她邀请了共产党设在张家口的华北联合大学的 4 名学者前往美国进行为期一年的交流考察。国民党一方也有 6 名学者参与了这个项目。

为了挑选交流人员，威尔玛代表大使馆经由北京前往张家口，此时共产党的首府已从延安迁至张家口。当时新闻处驻北京办事处主任在休病假，由我代替他解决麻烦问题，因此，我决定陪同威尔玛前往，但这主要是她主持。威尔玛通过编谎话说服了一位美国空军上校驾驶飞机带我们飞往目的地。我们乘坐飞机越过长城，沿着如同美国亚利桑那州一样干旱、风沙漫天的蒙古边境一路向前。“45 分钟后我们抵达张家口，一周后又花了 16 小时乘坐火车和四轮马车返回北京。”我们以边区政府客人的身份入住“解放旅馆”。随后，威尔玛处理公事，我们则观看了文工团表演的秧歌，这是一种连续跨步的民间舞蹈，在解放区农民中颇为流行。我们与很多团体进行了交谈。他们的主要问题是，一个民主的美国为何会制定出反对中国人民运动的政策呢？这个问题令人难以回答。

我们与文学巨匠周扬（交流项目被选中的四人之一）共进午餐。坐在他身边的是女作家丁玲和一位年老的创造社领袖成仿吾。诗人艾青直白地说道：“我们求助于沃尔特 · 惠特曼（Walt Whitman）的美国，反感赫尔利的美国。”

我一直没法凭空编造出合适的理由去延安，因此，一周的张家口之行是我在中共地区仅有的一次露面。华北联合大学只能达到中学的教学水平，学习资料主要通过油印。我们拜访了最高长官聂荣臻将军，随后我与威尔玛一同在挤满热情洋溢的年轻人的剧院作了演讲。我之前从没感觉到如此的不适应。我的汉语水平完全可以应付旅行、聚餐会谈以及现代历史方面的表述，但对于马克思主义术语一窍不通。我强烈地感觉到我和我的听众在世界观上存在着巨大差异。因此我所能表达的仅仅是保持两国人民的友谊、维护和平诸如此类早已塞满他们脑子的陈词滥调。我无法否认美国政府支持蒋介石的事实，更不能将其说成是通向新耶路撒冷的公正之路。倘若这是我 1945 年至 1946 年在华期间的顶点，那我情愿收拾行李打道回府。

在张家口，墙上随处可见“建立民主制，创建新生活”的标语。返回途中，我们坐着四轮马车通过 10 英里的无人区，远处传来国民党的炮声，我们和共产党的护卫只能等炮声停了再通行。随后到达南口长城城门，这里的标语写着“拥护蒋介石的领导”。最终，由于国民政府拒绝给共产党方面提名的 4 位学者颁发护照而使计划落空。几年后，麦卡锡时代到来，这段插曲也被我们渐渐遗忘。[1]

离开上海前，一些左翼分子为我举行了欢送会，前来参加的知识分子大概有 50 人。欢送会上，郭沫若等人纷纷致词表示感谢，我以“四海之内皆兄弟”作为回复，并表达了对他们为自由而战的敬意。欢送会没有丝毫地敷衍了事，我也很高兴在这样的场合惯例用的签名簿派上了用场，上面签满了杰出文化人的名字。哎呀！我忘记了“忠诚”的不成文规则，我将这份珍贵的签名簿交给了一位办事处同事。他是一位很有能力的公报发布员，布兰德利称其为“麦克道格尔”（MacDougal），我嘱咐他将签名簿

[1]　具体细节请参考威尔玛的《美国对华文化项目，1942—1949》第 106—109 页。——原注

和其他一些资料一同帮我寄回美国。然而签名簿再也没出现过，此时我意识到人走茶凉的意义。“麦克道格尔”可能早已把它卖掉，或是成为戴笠的囊中之物。

1946 年 7 月 7 日，我离开了上海，直到 26 年后才再次访问中国。然而，为了完成文化关系司和美国新闻处的整合，威尔玛在南京大使馆继续待了 9 个月。

1945 年至 1946 年间，我在中国的所谓“战后”9 个月，实际上是一段内战爆发前的经历。我亲历了国民政府使用美国武器向北方各大主要城市扩张，同时也目睹了投机取巧的国民党政治家对华东光复之地的掠夺与转让。贪污腐败和通货膨胀甚至侵蚀了支持国民党的上层社会。我本希望美国新闻处能够以某种方式阻止中国分裂，但无济于事。1946 年 1 月，曾被马歇尔奇迹般阻止的内战，到夏天重新席卷而来。我们的对华政策注定是要失败的，然而，美国公众并没有意识到这一点。

第五部分

第二次世界大战的余波

（1946—1952）

第 24 章

中国政策和地区研究

一从中国回到哈佛，我就开始同时从事两项工作—— 一面教授中国历史，一面开始大胆地评论对华政策。社会对于这两个方面都有很强的需求，因此这两项工作也就很自然地结合在了一起，而我则在同一部录音机和同一名秘书的帮助下同时进行着这两份工作。在战略情报局和战时新闻局我结识了很多官员和记者，在这个不断壮大的小团体中，我成为其中善于辩论的一员。实际工作中积累的经验和我对中国历史的不断研究增强了我这一贯有的自信心。自 1941 年以来，我在中国和华盛顿都主要是通过书面文字来与人打交道，并达到了自己的目的。1946 年以后，这种书面沟通的方式变得更加重要，因为我在远离中国的地方对着更大的观众群谈论中国问题，我必须向人们解释清楚中国与美国的区别，解释某些英语词汇在与中国沟通的过程中可能会引起歧义。

1946 年 9 月，我发表在《大西洋月刊》(*Atlantic Monthly*) 的文章《我们在中国的机遇》("Our Chances in China") 是由一些事件促成的。7 月初，我刚刚到达华盛顿，身份再一次变成了平民，当时中国并不稳定的停火局面终于维持不下去了，这不仅是由于国共双方重新采取了敌对行动，还因为一次明目张胆的政治谋杀事件。

1946 年 7 月 15 日，昆明西南联大重要的自由派教授闻一多，在光天化日之下被刺杀了。他曾经在芝加哥研究英国文学，同时也是一位知名的诗人，一个有文化有信念的人。在反对中国内战的教职员工中，他扮演着领袖的角色。1945 年末我在昆明时，当时的领事菲尔·斯普劳斯曾经和闻一多一起参加过一个盛大的晚宴。闻一多被刺，戴笠和CC系更加拼命地采用武力恐吓手段来消灭自由派和共产党。暴力被如此肆无忌惮地滥用，这在我们面前提出了一个十分尖锐的问题，即美国在中国内战中继续支持国民政府是否明智？在我的文章中，我给出的答案是否定的。

像以往一样，我的这篇文章马上在中国持续激烈的国内斗争中引起了极大反响。这篇文章至少有三种不同的中文版本，而且还被加上了分属不同立场的副标题。剧作家夏衍为此还曾写了一篇对我表示热情赞赏的评论。我开始面临扮演一个脱出自己掌控的公众角色的现象，因为人们总是希望把我当作他们所期待的那种人。

事实上，从 1943 年开始我就认为在中国爆发一场革命是不可避免的。1945 年至 1946 年间，趋于崩溃的中国城市经济，以及国民党的腐败和对民众的压迫更加充分地证实了我的观点。当后来马歇尔的调停最终走向失败时，这让美国公众意识到不应该再继续支持蒋介石和他的右翼国民党人成了一件迫在眉睫的事情，因为国民党不仅正在忙着自掘坟墓，而且还试图让美国也跟着一同殉葬。

这正是美国外交政策中存在的一个老问题——作为一个多元化政体的国家，如何与世界上其他某党或某派独裁的政体打交道。我们在全世界范围内持续遭遇这个问题，拉美、非洲、中东、东欧，乃至东亚，似乎每一代人都需要重新来理清这个问题的思路，而最大的难题在于，我们只是一个外来人，并不能决定问题的最终结果。

同其他此类问题一样，中国的情况也有其自身的特点。我们曾经站在国民党一边，这个党派从早期很有希望的时候就有很多的美国朋友。中国国内的反对派不是我们所认同的民主力量，而是公开宣称要建立新的一党专政的共产主义者。更重要的是，当时美国正在逐渐卷入一场世界范围的反对共产主义的冷战，显然不可能有心情去取悦任何国外的共产党力量。

所以在这种背景下，除了为美国公众讲授中国历史课外，还能对他们多说些什么呢？

当然实际情况并没有这么简单。我的态度事实上是很保守的，因为我很赞同国务卿马歇尔富有见地的结论，即美国不应该再以亲国民党的姿态介入中国事务。实际上美国已经部分介入其中，包括帮助训练蒋介石的部队，为他们提供装备、物资和运输，甚至直接将海军陆战队部署在华北地区以防止苏联占领。

我曾发表于《大西洋月刊》的文章，带着谨慎的自豪重新于 1974 年出版成书《认识中国：中美关系中的形象与政策》（*China Perceived-Images and Policies in Chinese-American Relations*）。书中重点论述了美国对华政策的自由主义信念和目标、中国专制主义的政治传统，以及中共在改善经济和"农民解放"方面的努力。"我们难道不应该或迟或早地准备与中国的共产主义者达成协议吗？"

我断言，中共并不是莫斯科的傀儡。"如果我们盲目地反对中国革命，最终我们会发现自己将被一场群众运动赶出亚洲。"

从亲政府角度出发，我感觉到我是纯学术的，以事实为根据进行推论。在我作为政府官员的 5 年里，我始终想要研究出一套理解中国政治的方法，同时弄清楚美国在对待中国革命时所应该采取的态度。在新罕布什尔州的富兰克林，我很幸运地得到了我的连襟小亚瑟·施莱辛格的帮助，他积极地参与了一个“非共产主义左翼”组织的工作，这个组织形成于为美国人争取民主行动组织（Americans for Democratic Action）成为亨利·华莱士（Henry Wallace）大力支持的政治行动委员会（Political Action Committee）的政治对头时。我立即就意识到，我们想要有效地制定对华政策，就必须以非共产主义的组织为基础。换句话说，要想客观地讨论中国共产党的是非曲直，我必须首先在国内成为一个美国共产党的反对者。坦白来讲，这是我的固有立场。20 世纪 30 年代早期，美国左派运动风起云涌的时候，我正在中国，我对马克思主义也没有寄予厚望。我跟美国共产党没有任何联系，而且我认为，美国人争取民主行动组织的反对共产主义原则也是其自由主义立场的必要组成部分。

在这一立场下，我始终抵制共产主义的普遍性思想，这种思想宣称，其作为一种意识形态在世界各地都是普遍适用的，并获得了极端的美国人的认可。结果自由主义者就被夹在了两种对抗的思想之间。我坚定地认为，共产主义对美国是有坏处的，但对中国是有好处的，我确信事实也是如此。这样就导致我宣称中国和美国有着两种完全不同的“文化”或“社会秩序”——同样，事实也是如此。于是，像我这样的区域问题专家，只有我们才能理解此类中美社会文化差异方面的奥妙。而问题在于，我们是否能把这样的观念植入其他同胞的脑中，并且让他们也成为（从意义上理解中美社会文化差异）这样的区域问题专家。这是一项很艰巨的任务，但也是确保美国外交政策保持正确的唯一办法。

如果要对中国革命进行追根溯源的分析，同时还要对美国对华政策作一个剖析的话，单靠个人的努力是无法实现的。这些都是深入的专题研究，工作量远非我能承受，而且需要大量的篇幅才能准确论述。尽管如此，我还是打算向不了解那段历史的读者简单地解释一下为什么美国会反对中国革命，为什么会卷入这场对双方都毫无好处的对抗。

错误的根源，至少部分源于我们的认识。然而，社会上争论的很大一部分都可以认为是“宣传专家”所说的“噪音”，对于听众来说没有任何意义，很多都只不过是爱国主义词汇的拼凑，但更多的则是表达了模棱两可的意思。例如，人们只是听到了西方宣传的一些术语，其中还包括一些马克思主义的术语，这些术语被用来描绘中国的各种情况，但是对于那里究竟发生了什么，却压根儿搞不清楚。结果，美国公众对于中国政策的争执也只是在假设的基础上进行的。再以无产阶级对资产阶级的阶级斗争为例，伯格利（M. C. Bergère）、柯博文（Parks Coble）以及劳埃德·伊士曼等人最近的研究成果表明，1928 年后的国民党从支持商业的意义上说，并不是保护资本主义，它只不过是一个纯国民党的政府，一个新的派系，一个黑帮，一个如同封建王朝的家族一样掌控了中国政治的利益团体。中共的马克思主义理论家建立一个错误的假设，把南京政府称为“资产阶级政府”，并且指责其代表了上海资产阶级的利益，这给外界造成了不必要的混淆。他们的阶级分析结果蒙骗了他们自己，这只不过是把不符合中国实际情况的外国思想生搬硬套在中国的又一次尝试罢了。

现在我们知道，实际情况是，蒋介石的南京政府从一开始就通过暴力手段以一种完全是寄生者剥削宿主的方式摧垮了上海的工商界。国民党并没有给予工商界帮助，相反，却从其身上压榨了不少钱财。在以黑帮方式运作的恐怖统治下，工商业领袖不时遭到绑架勒索，甚至杀害。国民党作为执政者只为自己而活，将国民党称为资产阶级的支持者是错误的。更糟糕的是，在西方人的眼中，国民党被塑造成了一个守护西方自由合作企业价值观的盟友。

除此以外，一些在美国接受教育的政治头面人物，例如宋子文，自称是在捍卫与华尔街持相同价值观的资产阶级企业家，这更使得真相变得错综复杂。宋子文在中国的角色就如同鲍比·肯尼迪（Bobby Kennedy）在美国的角色，在约翰·菲茨杰拉德·肯尼迪担任总统期间，鲍比·肯尼迪身兼数职，成为美国银行、大通曼哈顿银行、花旗银行以及美国联邦储备委员会的领袖人物。想要在中国进行资产投资，只能直接通过某个政府代理人或官员，亦或在他们的保护下进行。中国的法律是不可靠的，私人关系才是必要的。

毫无疑问，到目前为止，我们都已经意识到，由于缺乏现实基础而将“无产阶级”这个词的含义弄得模糊不清。中国革命的领导者是知识分子中的一些职业革命者，他们尝试发动工人阶级革命的努力大部分都失败了，因此，他们只能接受“无产阶级”由处于严重贫困中的农民构成。在普遍缺少产业的情况下，中国农村的“阶级斗争”实际上就是将数量较多的贫困农民组织起来，控制那些相对“富有”的农民。到了 20 世纪 60 年代，毛泽东突然发动无产阶级“文化大革命”，则首先是由蠢蠢欲动的城市青年对政党官员发起进攻，之后又普遍发展成为不同派系间的内斗。

这一系列不当的名词套用背后的实际情况是：勤奋刻苦的马克思和恩格斯根据 19 世纪欧洲的社会背景对社会的各个阶层进行了分类，但是这些分类在 20 世纪的中国则几乎找不到相对应的阶层。就像世界上其他一党专政国家一样，无论是孙中山、蒋介石，还是毛泽东、刘少奇，他们从列宁、斯大林那里借鉴而来的中央集权理论都有助于他们在中国建立一党专政的政府。但是这种借鉴并不能掩盖孙中山三民主义的失败，甚至这对于作为中国未来发展指导原则的毛泽东思想来说，似乎也是一种威胁。

我第二次公开讨论中国政策是在 1946 年 10 月对白修德的《中国的惊雷》（*Thunder out of China*）所作的评论。白修德在这本两年前（1944 年 7 月 24 日）出版的书中写道：“我作了一项重大决定——是的，我准备写一本书，因为我感到这个政府（指国民政府）不会有什么好的未来，必须有人充分明确地让美国民众看到真实的情况。”在他后来出版的《追寻历史》（*In Search of History*）一书中（第 49 页），他生动地描述了当时在作出这一决定时的紧张感。《中国的惊雷》由他在《时代生活》杂志的同事贾安娜（Annalee Jacoby）和他共同著述，并由比尔 · 斯隆（Bill Sloane）出版发行。直至今天，这本书仍然是描写战时中国最为经典的著作。我为这本书所写的评论发表在《纽约时报书评》（*New York Times Book Review*，1946 年 10 月 27 日）的头版上。我的观点十分鲜明：

> 蒋介石标榜的民主与我们的民主并不相同，毛泽东标榜的民主也和我们的不一样……尽管我们所支持的是前者，但是在他们二者之间，中国很可能将会最终选择后者。
>
> 在中国要讨论解决的根本问题，不是共产主义问题，而是需要建立一个良好的政府问题……我们对于苏联和共产主义充满了恐惧，而右翼国民党人巧妙地利用了这一点，正因如此，我们自己后来将中国革命推向了苏联和共产主义的怀抱。

我得出的结论是，如果《中国的惊雷》所描述的内容客观准确的话，那么“掩盖真相的盖子已经打开，美国公众将会看到，在民主的旗号之下，他们所支持的是怎样一个独裁政权”。

另一个向美国读者揭露真相的机会随着两本书的出版而到来——一本是蒋介石所著《中国之命运》的官方英文版，另一本则是单行本的《中国之命运和中国经济理论》（*China's Destiny and Chinese Economic Theory*），作者也是蒋介石，但并不是官方授权，我在 1947 年 2 月 9 日的《纽约时报书评》上也对其进行了评论。《美亚》（*Amerasia*）杂志的左派编辑菲利普 · 杰菲（Philip Jaffe）后来也曾强烈批判这本非官方的单行本。书中所谓的“经济理论”显得既幼稚又充满沙文主义，一位国家领袖发表这样的学说，简直可以称之为丑闻。

在 1948 年 11 月 19 日发表于外交政策协会（Foreign Policy Association）公报上的文章中，我进一步浓缩了自己的这种消极观点——总结起来就是一句话："老老实实待在那里！什么都不要做。"后来协会发给我的回复认为，我"发表了一种在当时近乎于异端的观点，因此这种观点受到了广泛的谴责"。我的观点部分如下：

> 中国的共产主义事业也许确实是愤世嫉俗、冷酷无情的，经济上存在缺陷，受到莫斯科影响，同时也是被很多中国人所畏惧。但是从广大穷苦农民的立场出发，与国民党的政策综合比较起来，它仍然是更可取的。
>
> 中国国民党崩溃的进程很可能会不断加快，美国提供的物质援助并不能阻止这一进程。外国为警察提供再多的武器和食品，也不能使这个政权维持下去，因为它显然已经失去了广大的民意基础——用中国传统的观念来说就是"失去了天意"。事实上，在争取中国农民支持方面，蒋介石已经有 20 年时间来与共产党竞争，结果他还是输了。
>
> 美国在关于中国的政治问题上保持某种程度灵活的外交手段是非常重要的。任何与这个被承认的中国流亡政府或蒋介石继续来往的承诺，帮助其在华南或台湾地区建立立足点的做法，都只会阻碍我们的事业。我们并不投入太多希望与共产党展开合作，但是对于那些已经被他们自己的人民所抛弃的政治人物，我们至少应该避免接受他们对政权合法性的说辞。共产党在中国的胜利帮了俄国人的忙，但并不能就等同于俄国人掌控了中国。我们必须接受的现实是，在中国发生的共产主义运动不仅是真正的共产主义运动，更是真正的中国式的运动。

1947 年 1 月，在马歇尔将军从中国返回后的一个时期里，其他很多人也开始发出批评的声音，质疑国民党的行为和执政能力。马歇尔离任时对国共双方都提出了严厉的批评，但他将这次调解最终失败的主要责任归咎于右翼国民党人。他成为国务卿得以保证美国没有对中共采取军事干预——这也是他对美国人民最大的贡献之一。直到后来共和党在1948年的选举中将“失去中国”（loss of China）作为一项反对民主党的手段之前，那些蒋介石在美国的支持者的鼓励达到了顶峰。

我年长的同事贺尔康（Arthur Holcombe）教授曾经研究过20年代后期的中国革命，当时刚成立的南京国民政府被视为革命的最大希望，他对我贬低蒋介石和国民党的态度感到十分震惊（多年之后他写信给我，说我的看法是对的）。其他人的反应也同样是取决于他们各自的经验。他们对不同时期的中国的了解给了他们自己的基本立场，有可能是混乱的军阀时期，也可能是充满希望的30年代早期，还可能是1937年至1938年的英勇抗战时期。我意识到，我对于中国的经验已经过时了，而使我得出以往结论的那些依据也在随着时间的流逝而逐渐落后于时代。因此，我必须用一些新的研究来代替过去的观察经验。

这个时候我得到了来自我们过去在昆明的老朋友钱端升教授的帮助，他从1947年12月住在我们在坎布里奇的家中，直至1948年9月回到中国。当时他以哈佛访问学者的身份讲授中国政府和政治学，同时他还为太平洋国际学会（Institute of Pacific Relations）完成了相同主题的英文书稿。这项研究是以他和其他人的中文著作为基础，当然，对外国读者来说，其英文版是一部集大成的新书。钱端升工作非常辛苦，还得到了一名忠实的美国助手的帮助，我和威尔玛也曾帮助他审阅过手稿。这本关于国民政府的书描述准确客观，内容翔实有用。哈佛大学出版社1950年出版这本书的时候，当时作者已经回到了新政权统治下的北京，并不希望收到出版的书籍。他回去后预计到可能会被国民党在最后的大屠杀下被杀害，就像曾经发生过的那样。（由于在昆明西南联大参加过一次反内战的示威集会，1946 年国民党就曾经朝他的脑袋上方开过枪。）但是他幸存了下来，并成为中华人民共和国的一名民主人士，担任政法大学（College of Law and Government）的领导人以及友好代表团的成员出访国外。我们一直保持书信往来，直到 1951 年末，在朝鲜战争爆发后我们失去了联络。不用多说，后来我们都因为相互认识对方而受到指控，因为自由主义者在竹幕[1]两边都被视为嫌疑分子。

尽管这场关于中国问题的全国性辩论仍在继续着，但是这种辩论已经逐渐被外交领域兴起的冷战问题和在全民中爆发的“大恐慌”日益浓厚的阴影所掩盖。我在这里借用了大卫 · 科特（David Caute）的一本书的书名 [《极度恐惧：杜鲁门和艾森豪威尔时期的反共产主义肃清运动》（*The Great Fear: the Anti-Communist Purge under Truman and Eisenhower*），1978 年出版]，因为在这部厚达 542 页、主题又是当时整个社会的热点话题的书中，只有 20 页关于中国问题的内容。毫无疑问，中国出现在报纸头条的时候比以往更多，但是我们现在发现这些报道的目的只是作为“冰山顶上的避雷针”，刻意吸引各方批评，促使问题扩大化。在乔 · 麦卡锡（Joe McCarthy）时代，中国问题专家突然发现他们自己非常有新闻价值了。事实上，他们只代表了这场蔓延开来的对社会不满的一个方面。麦卡锡主义者正是依靠原子间谍事件、美国新闻处图书馆事件之类一切值得利用的话题使其不断发展壮大，而中国话题则被证明是一座尚待开发的金矿。

某种程度上这要归因于内德 · 卡特（Ned Carter）和比尔 · 霍兰德（Bill Holland）所取得的成就，我最早认识他们是在 1932 年的北京。爱德

[1] 竹幕（bamboo curtain），指中美双方之间的壁障，本是冷战时期的名词，被用来形容共产主义中国与西方之间的隔阂。

华·卡特（内德·卡特）过去在印度的基督教青年会工作，在基督教青年会和其他一些人士于1925年在檀香山成立太平洋国际学会之后，他成功当选执行主席一职，并在不久后将其发展壮大，进入全盛时期。内德是个英俊的典型新英格兰人，有时则更像一名狡猾的经营者。他十分擅长与所有人取得共识，并且能让那些立场差异巨大的团体聚集在一起。他显然注意到第一次世界大战之后，设在纽约的美国外交关系委员会日益忙于东海岸机构建设，将亚洲丢弃一边置之不理。但是英联邦国家中的同类机构，诸如位于伦敦圣詹姆斯广场（St. James's Square）查塔姆大厦（Chatham House）的英国皇家国际事务研究所（the Royal Institute of International Affairs），以及加拿大、澳大利亚等地的类似机构，都十分重视亚洲问题。内德·卡特成功将这些机构的成员吸收到太平洋国际学会，最终组成了11个泛太平洋国家委员会——包括英国、美国、加拿大、法国、澳大利亚、新西兰，以及后来加入的菲律宾、印度—巴基斯坦、荷兰、日本、中国，甚至还有苏联。所有分会中只有美国分会与众不同，它并不是美国外交关系委员会的一下属机构，而只是一个设在纽约的、立场更倾向左翼的小机构。这个分会的资助部分来自弗雷德里克·范德比尔特·菲尔德（Frederick Vanderbilt Field），他在1934年至1940年间担任该分会的执行秘书。他被自己的名声和财富拖累，加入了共产党。

请不要忘记在两场世界大战期间旅行是靠轮船，真正的国际会议是很少举行的，也没有智囊团和学术中心研究当时正在发生的外国事务。太平洋国际学会是唯一能将商人、学者以及政府官员（1941年后）聚集在一起的方式。它每两年或三年举行一次为期两周的会议，会议讨论的内容包括国际问题和国家利益。作为经济学家的比尔·霍兰德成为卡特的得力助手，担负着动员各个国家的代表团参会并展示他们自己的研究成果的复杂任务。

对于我们这代人来说，太平洋国际学会已经发展为一个出色的学术机构。它的会议都选择在环境优美的地点召开。[1]他们的工作人员里有很多富有才华的年轻女孩，例如芭芭拉·沃特海姆［Barbara Wertheim，塔奇曼（Tuchman）］和玛丽安·坎农［Marian Cannon，施莱辛格（Schlesinger）］。在 1947 年的时候，我欣然同意担任太平洋国际学会美国分会的理事。

在 1933 年至 1941 年间，对于争议问题有敏锐观察力的欧文·拉铁摩尔担任太平洋国际学会官方期刊《太平洋事务》（*Pacific Affairs*）的编辑。不同于一般人，他和卡特都坚信应该越过政治隔阂，与苏联保持联系并交换看法。苏联分会虽然从建立以来并没有什么真正的贡献，但是他们始终自豪地将其列在会员名单上，并且尽力去扩大发展与苏联的联系——我猜你一定会称他们为不成熟的政治缓和派信奉者。与此同时，太平洋国际学会的执行者们努力确保所有从事东亚领域研究的成员能够参与其中。通过它的信函档案，他们之间都被相互“关联”了起来。而对于那些“牵连犯罪”的信奉者来说，这正是一个施展手脚的大好机会。

有大约 20 年的时间，我也在试着了解并结识中国问题研究领域方面的人。这就如同你本来只是想善意地储存一些煤油在冬天取暖，但是最终发现这些煤油只会被纵火犯拿来作案。直到 1948 年，对华政策相关的话题才受到人们极大的关注，或者（对我来说）在 1951 年该话题才开始达到爆发程度。当时中国政策研究只是我偶尔顺带开展的工作，而我在战争结束后的真正挑战是在哈佛大学开展区域性研究。

---

［1］举办地有檀香山，1925 年，1927 年；京都，1929 年；上海，1931 年；班夫（Banff）国家公园，1933 年；约赛米蒂（Yosemite）国家公园，1936 年；弗吉尼亚湾，1939 年；蒙特朗布朗市（Mont Tremblant），1942 年；弗吉尼亚温泉，1945 年；埃文河畔斯特拉特福（Stratford-on-Aron），1947 年。——原注

对于哈佛来说，中国区域研究课题是第二次世界大战的反映之一，用更常见和通俗的话来说就是“地区研究”，所谓“区域”（Regional）是哈佛的叫法，它是特定地区使用的特定名称。不管叫什么名称，这是一个多学科的研究课题，更具体来说，就是通过社会科学的相关技能来研究世界某一地区。

曾经有一段时间，地区研究笼罩着一种神秘的色彩，人们误认为将多个学科综合在一起，就会以某种方式产生一门超级的学科，会掌握一种新知识。有些人幻想这是在教室里进行的集体讨论，将地理学家、经济学家、政治学家、社会学家、心理学家以及历史学家组成一个团队就可以获得启示。发生这些事情可能真的会打击学界人士的自信心，如果仅仅据此能评判的话。开展研究的真正场所应该是学生的大脑，而非教室的讲台。也许你会问一个学生能弄明白什么，我认为对多种学科的综合必须是在学生的大脑中进行的，将一群教授塞在教室里只会把他们搞得无所适从，晕头转向。

最终人们不得不承认，地区研究并不是什么拥有系统原理的新学科，它只是一项活动，一项由人来开展的活动。所以，只需要取得文科硕士学位就可以从事这项工作，而不需要博士学位。

为了指导这项新的探索，唐·麦凯主持成立了一个国际和地区研究委员会（Committee on International and Regional Studies）[1]。这也正是我现在工作的小组，同时也是我开始中国项目的小组没有什么限制，而是一个提

---

[1] 由以下重要人物组成：埃利奥特（W. Y. Elliott）和弗里德里希（C. J. Friedrich），政府部门的领衔人物；鲁珀特·爱默生（Rupert Emerson），主要从事殖民主义和民族主义的研究；塔尔科特·帕森斯（Talcott Parsons），研究社会关系学，并在费孝通的介绍下对中国有着特别的兴趣；爱德华·梅森（Eduard S. Mason），研究经济学，并在战略情报局研究和分析分会担任主要职务。此外还有其他组成人员。——原注

供支持和监察性的团队，我们也都是一边摸索一边开展相关的工作。

中国地区研究的研讨课每周进行5次，讨论时间从下午的3点到5点，还有每周四的上午（现在回想起来这个时间似乎是很难接受的）。如此充满干劲的状态充分反映了我们是在着手一些全新的项目。除了语言课外，研讨班的成员几乎不学习其他课程。直到后来我们才决定像语言课一样开设历史课程，可以顺便从历史课中学到一些基本常识类的概况课程。在20世纪40年代末，随着一个由前战地记者组成的特殊群体出现，我们对于中国最新形势发展的感知得到了大大加强。这些记者以获得尼曼新闻学（Nieman Fellows）奖学金和其他基金资助[1]的身份到哈佛进修，他们全部都在战争末期或是刚刚结束时到过中国。

这个以中国研究为中心的团体依然规模很小，通过座谈会和鸡尾酒会就可以把大家聚在一起，而且我也相信，这些成年人才刚刚开始进行初级汉语的学习，他们确实需要某种特殊形式的安慰。通过偶尔举办一些特别的节目，如表演短剧和模仿秀，这些吸引人的聚会能够冲淡人们平时在学术组织架构下工作的疲劳。在聚会中，每个人的聪明才智都有平等的展示舞台，每个人的鲜明个性都能在公平的恶作剧游戏中尽情发挥。聚会上我们关于学术的讨论，很多都近乎于浮夸吹嘘或陈词滥调，而如果把这些东西混杂在一起，结果往往会十分可笑。在第一年结束时的庆祝聚会上，我发表了一篇讽刺性的论文——《水资源控制与个性的关系》。这篇论文夸张地论述了我们之前提出的两大理论：其一，实施灌溉和治理洪水都需要建立一个中央集权的官僚体系；其二，人在幼时的如厕训练为日后成为父

[1] 他们包括：蒂尔曼·杜丁（《纽约时报》）、克里斯托弗·兰德（战时新闻局，后来在《纽约先锋论坛报》工作）、罗伯特（派普）·马丁（哥伦比亚广播公司，《美国新闻》）、罗伯·沙普朗（《纽约客》）、阿尔伯特·拉文霍尔特（高校外勤人员）、乔治·韦勒、理查德·劳特巴赫、格雷厄姆·佩克（战时新闻局）等人。——原注

母后的强权习惯作了铺垫。将如此宏观和微观的两个主题混杂在一起，最终产生了一系列“令人满意”的“双关语”，包括：堤坝和尿布、降水率和吸收率、径流和淤积、各种五花八门的运动、上上下下的流动，诸如此类。

直到 60 年代我真正留起胡子之前，我有时在我的秃头上贴上假胡子让学生和同事们大吃一惊。甚至不仅是假胡子，真的，还有我从某个大皮箱里找到的古式假发，它是用一串串束在绳子上的头发做成的，是在 19 世纪 80 年代人们用来装饰的造型。这套戴在头上的东西让我尊严尽失，而这正是特技舞会上讽刺权威人物的方式之一。

区域研究的头两年成了许多问题汇聚的焦点，沉浸在大量令人兴奋的想法和思路中，至少对我来说是如此。这种现象的出现部分原因是研讨班的研究生们——那批年轻人——将书本上的知识和他们在战争期间的经历融合在一起。他们中的大多数人都有在太平洋地区、中国、菲律宾以及占领初期的日本工作的经验。史华慈（Benjamin Schwartz）后来成了哈佛大学的一名杰出的教授，马吕斯·詹森（Marius Jansen）和罗德·墨菲（Rhoads Murphey）分别在普林斯顿大学和密歇根大学任教，比尔·尼尔森（Bill Nelson）则在中情局获得了高升。还有部分原因正是战后的新兴环境使得对人的潜力减少了限制，对创新的需求更加强烈。我开展过也曾将理论和实践相结合，来充分利用我 5 年的教学经验和 5 年的政府工作经验，当然最重要的还是我在中国那两年半的经历。第一年结束后，我开始将自己的理论新成果写成文字。

《美国与中国》（*The United States and China*，1948 年出版）是我运用目前现有的研究成果在美国完成的。这意味着这本书是建立在很多人研究的基础上，达到了一个理论上的最高点。这本书的写作大体是在 1947 年秋天开始的，我一边在成堆的资料里翻阅，一边向打字员口授记录。在政府工作的经历将我的水平从一个三流作家提升到了口授作家，从 1941 年后，口述成为我著书的主要方式。

《美国与中国》是一部概括性的著作，但是比一般的讲义内容更加精练。我在书中对中国进行多领域综合分析，部分是根据我笔记中记录的不同学科带头人对中国地区研究发表的观点。我委托了委员会的三位成员开展相关工作，C. J. 弗里德里希、爱德华 · 梅森和塔尔科特 · 帕森斯分别对政治学、经济学和社会学的理论用精练的语言进行了汇总，然后各自在演讲中用更简明的方式将其应用在说明中国的具体问题上。此外，其他的同事也提供了相应的帮助。对我来说，这些工作的成果不仅仅是一个学习的过程，还通过研究一些过去我不太了解的领域，使我的信心获得了提升。这些不同学科的带头人为我们指出了各种研究方法的精华所在。在我 6 年的中国生活后，我已经能独自收集资料，并能用实例来说明他们提出的理论。

除了汇总相关的学科理论概念外（这些概念自然而然地构成了一个分析框架），我还试着收集对中国研究很有帮助的一些书籍。这些书籍形成了一个“建议阅读”的描述性的参考书目，列在《美国与中国》的后面。（也许出于严谨，我应该注明：“预计阅读时间为 10 年。”）

《美国与中国》是历史学家合力写出的一部有关地区研究的早期成果，同时它也是一部关于美国对华政策的简明历史。这本书被收入唐 · 麦凯正为哈佛大学出版社编撰的“美国外交政策丛书”，从而希望公众对于外交政策能够有所了解，就像我也想达到的那样。这本书于 1948 年面世，在中共 1949 年取得胜利之前，因此它完全是一个没有讲完的故事。1958 年出版的第二版，讲述的是接下来的戏剧性事件，总的来说是一个革命重建的故事。1971 年出版的第三版（共 500 页，1948 年第一版为 384 页）讲述的却是一个更加伤感的故事——关于“文化大革命”和“越南战争”。

到了1979年的第四版（共606页），故事终于又有了一线希望。书后面的“建议阅读书目”从1948年的18页增加到了1979年的100页，而且有了单独的作者索引。我也许没有充分地研究罗列的这将近1200本书，但是每个新的版本都需要大量的重新编撰工作。我想，如果有人将各个版本作一个比较的话，一定会认为作者是个容易受外界影响而又顽固不化的人。

1948年7月《美国与中国》出版时，贾安娜在《纽约时报书评》头版（7月8日）发表了激情洋溢的评论。（对此我十分感激！）我在书中为数不多的几页关于近期美国对华政策的内容中指出：马歇尔的调解之所以失败，原因在于我们持续地“从物质上加强国民党的独裁统治，同时却又希望从政治上结束这一独裁政权”。基于人口死亡率比人口出生率下降得更快，我预测到了中国的人口爆炸。（显然，这正是1949年到1980年中国人口几乎翻了一番期间发生的事情。）“这一结果必然导致中国出现持续混乱和不确定的社会景象。”我指出，“中国的抉择，不是在美国式生活方式和苏联共产主义方式间的选择，而是在旧的国民党独裁统治和新的中共专政之间的选择……这个抉择，只能由中国人民在中国作出，我们无法替他们作出决定。”

1947年至1948年间，我为20本书写了书评，其中包括很多人对于对华政策的研究成果，如哈罗德·伊罗生《亚洲殊无和平》（*No Peace for Asia*）、罗伯特·佩恩（Robert Payne）的《中国觉醒》（*China Awake*）、理查德·劳特巴赫（Richard Lauterbach）《来自东方的危险》（*Danger from the East*）、弗雷达·厄特利（Freda Utley）《在中国的最后机会》（*Last Chance in China*）、杰拉德·温菲尔德（Gerald Winfield）《中国：土地和人民》（*China: The Land and the People*）和其他的书。我还参加了大约12次广播评论节目，比如波士顿体育电台（WEEI）的系列节目《未来的十字路口》（*Crossroads of the Future*）、美国广播公司（ABC）的《美国城镇会议》(*America's Town Meeting*)，以及美国全国广播公司（NBC）的《圆桌会议》(*The Round Table*)。最后一次是在 1948 年 11 月 28 日，我和国会议员周以德（Walter Judd）及唐纳德·拉奇（Donald Lach）教授参加一个芝加哥的节目，我们坐在一张小桌旁，每个人都有自己的麦克风。我试图打败那位著名的国会议员，他擅长机关枪式的连续发问使对手无话可说，我则对着麦克风快速地讲话，试着盖过他的风头。高中时代周以德有着和我相似的那种咄咄逼人的辩论的经历，而这次小型辩论恐怕已没有人会想起了。

作为一名研究生导师，不仅要跟学生们一样聪明，还要具备目录学和原始材料方面的知识来指导他们——哪些已经研究过了、哪些可以研究。1946 年下半年，我开始着手在哈佛燕京学社整理关于近代中国历史的书籍，非常幸运的是，我得到了我的学生刘广京的帮助。他来自福州的一个基督教家庭，1945 年以优异的成绩从哈佛大学英国历史专业毕业，他有一篇关于托马斯·希尔·格林（T. H. Green）哲学思想的优秀论文，其中对参考书目的应用表现出了极高的天赋，尤其是在考察现有材料会对历史学家有何用处方面更为突出。我们寻找关于中国近代史资料的过程就像一次不断有新发现的远航，在三年的工作过程中，我们查阅了 1067 部有关的著作，最终编写成了 608 页的《近代中国：1898—1937 年中文著作书目指南》(*Modern China: A Bibliographical Guide to Chinese Works 1898-1937*，哈佛燕京学社研究成果，1950 年出版第 1 卷）。这本书即使我现在读起来，依然兴奋不已。有这本书在手边，我就能告诉任何一个学生们他们应该去找中文原始资料，并告诉他们如何去找。就好像人多了一部分大脑一样，不仅可以随身携带，而且十分可靠。

由于我在 1938 年至 1941 年间的合作者邓嗣禹回到了哈佛，准备进行为期一年的战后进修，因此我们决定合作开展重要中文史料和著作的英译工作，记录着那段经常被提到的且被误称的中国“门户开放”历史。我们成立了一个顾问委员会，获得了太平洋国际学会和洛克菲勒基金会的资金赞助，征集了大约 30 名学者的意见，最终在 1950 年搞出了一部厚厚的油印初稿，这就是《中国对西方的反应，1839—1923 年》（*China's Response to the West 1839-1923*）。两位非常有实力的学者房兆楹和孙任以，也作为第二作者共同参与了本书的撰写工作，我们最终在 1954 年将此书出版。在所收录的 65 部重要文献中，邓嗣禹完成了大部分译文工作，并负责编制我编辑过的大量有关文献作者的资料，之后我又写了书的最后文本以把这些文献材料连成一体。最终由同事们依次进行核查校对，这个过程再一次让我受益良多。

另一次合作是在 1952 年，我同两名已经是研究生的学生康拉德·布兰特（Conrad Blandt）和史华慈共同完成的《中国共产主义文献史》（*A Documentary History of Chinese Communism*）。他们当时正在为了完成博士毕业论文而研究中共党史，十分了解“党内”战略，至于“党外”或者党的路线的其他曲折就更不用说了。史华慈的《中国共产主义运动和毛泽东的崛起》（*Chinese Communism and the Rise of Mao*，1951 年出版）是他后来一系列关于毛泽东的论著的开山之作，布兰特的《斯大林在中国的失败（1924—1927）》（*Stalin's Failure in China*，1958 年出版）则使用了收藏在哈佛大学的托洛茨基档案。我们选择了 40 篇文献并有针对性地撰写了 23 篇批判性的评论，最终形成了一部完整贯穿 1921 年至 1950 年 7 个不同时期的中共发展史，将原本混淆不清的内容完全理顺了。

关于参考书目和文献的工作，包括我前面提到过的两部日文书目和清代文献要目（见第 13 章），这些对于我那些很快将要开展专题研究的学生来说似乎是必不可少的奠基石。将这些事情完成，不仅要求我们与合作者一起开展系统性的工作，而且还能体现出当今美国的文化条件下，在美国所从事的汉学研究领域是如何凭着两个依靠立足的，其中之一是很多有才干的中国学者为我们提供的大量帮助。

另一个依靠已经不存在了，为主持分析与中国有关的俄文资料，我花了几千美元去开展前期工作，却始终找不到一个能够顺利完成这项工作的人。我自己对苏联的研究开始得太晚了，而且最终我觉得苏联研究现代中国的学术成果没有什么大的价值，这也打击了我的研究热情。尽管如此，我认为就我们美国人努力理解中国民族文学的各个方面而论，苏联关于中国的看法优先级别应该是最高的。总而言之，这件事我们失败了。

就这样，我在学术和政策上的兴趣互相依存、相互促进。就像其他很多人也计划做的那样，在哈佛，我们已经着手开始对一件正在发生的大事展开研究，既研究背景也研究前景。中国的悠久传统和现代的灾难，以及它革命的根源，都影响着中国未来的发展方向以及美国对华政策未来的发展方向。我感觉自己已经为公开辩论作好了充足的准备。

第 25 章

与麦卡锡主义战斗

1948 年，作为一场总危机的一部分，关于美国对华政策的争论开始升温。在 1947 年已经采取了一些积极的步骤：丘吉尔在密苏里州富尔顿发表铁幕演说，杜鲁门主义提出保卫希腊和土耳其，在哈佛学位典礼上宣布马歇尔计划，等等。但是 1948 年则带来了很多坏消息：共产党在捷克斯洛伐克发动政变、柏林封锁危机和通往西柏林的空中走廊的建立，以及汤姆 · 杜威（Tom Dewey）州长在其总统竞选期间徒劳地利用我们在中国问题的争论。在这层层迷雾之下，终于发生了 1948 年 8 月的希斯案（Hiss case）。

如果你不了解希斯案，我该如何在这儿向你解释呢？在大约一年半的时间里（1948 年 12 月提出指控，1949 年 7 月陪审团未能作出裁定，1950 年 1 月以伪证罪定罪），阿尔格 · 希斯—— 一个看起来很正直的典型哈佛楷模，联合国在旧金山成立时秘书处的组织者之一，退休时的身份是卡内基国际和平基金会主席——作为失败的一方出现在了许多书刊的如同侦探小说般的大字标题里。事情变得很明显，他和其他一些人一样，在 30 年代的华盛顿新政（富兰克林·罗斯福新政）时期同共产党人有联系。对我来说，这是一个十分震惊而且骇人听闻的消息，因为这意味着共产党的颠覆和欺诈活动事实上已经出现在了美国政府内部。无论惠特克·钱伯斯（Whittaker Chambers）的“南瓜文件”（国务院文件的复印件）是否为真实的（在我看来其内容似乎明显不合逻辑），也不管阿尔格最终以“用打字机伪造假文件”罪名入狱是否如他声称的那样为捏造，事实是他确实仍然和这位共产党人钱伯斯有着密切的联系，而他最初在 1948 年时试图隐瞒这点。我从未发现任何证据表明阿尔格的行为给美国造成了什么损害，但是给他定罪使得加利福尼亚州的理查德·尼克松（Richard Nixon）成为将我们从长春藤联盟叛徒那里解救出来的救世主。不幸的是，尼克松先生自己没有从这个案件中吸取教训，那就是：在这个警察捕捉盗贼的小说日益增多的国家里，千万不要试图隐瞒真相。

到了 1949 年，形势依然没有改观。中共在 1 月进入北京，4 月又进入上海，10 月，毛泽东宣告了中华人民共和国成立。那时，北大西洋公约组织已经成立，9 月，苏联引爆了他们自己的原子弹，打破了美国在核武器上的垄断。1950 年则是轰动一时的原子弹间谍案的揭露开始了，6 月，朝鲜战争爆发。在第二次世界大战结束后不到 5 年的时间里，美国又卷入了战争。麦克阿瑟将军过去曾是最幸运的军事天才之一，但是在冬天的夜里被穿行于北朝鲜难以逾越的山区的中国志愿军所愚弄。除了军事上的胜利，找不到其他可行的办法来结束战斗，结果在 1951 年 4 月被召回国内。到了 7 月，国会进行了为期整整一年的关于太平洋国际学会的听证。

对于大约从 1950 年至 1954 年的这段被称为“麦卡锡时代”的非常时期，已经有很多人分析过它的形成原因。由于经历过这段日子，并读过部分相关的书籍，我对导致这段历史的一些原因同样印象深刻。

1. 总的来说，20 世纪 50 年代早期的“大恐慌”是一场由普遍存在的缺少安全感引起的，这是美国人民本身的一种病态心理。这种不安全感体现在对国家安全、美国价值观以及自由主义体制脆弱性的担忧上。不久前在这场最大规模的战争中被击败的敌人——极权主义、警察国家——似乎在斯大林统治下的苏联继续存在着。共产主义运动在美国十分活跃，而且已经活跃了很长时间。密谋、欺骗、刺探、无情的党内纪律、统一战线策略、操控自由制度，所有这些都威胁着我们自由无虑的生活方式。从 1945 年起，原子弹不可思议的巨大破坏力就成为人类生存的巨大威胁。苏联很明显是通过间谍活动才能在 1949 年制成核武器，这成为一次意识形态斗争的胜利，与我们格格不入的共产主义信仰正在我们之中秘密开展破坏活动。这不是在开玩笑，我们必须为了保护自己而采取行动。

在我看来，问题的关键可能在于这种意识形态的危险对于旧的自由主义信条有一种麻痹作用，人们无法再通过表象来判断别人。在一次太平洋国际学会美国分会的董事会议上，当时希斯也是董事会成员之一，我记得曾向董事会主席阿瑟·迪恩（Arthur Dean，沙利文和克伦威尔律师事务所的重要且正直的合伙人，板门店朝鲜停火谈判时勇敢的美国代表）表达过我的看法，我不知道我们如何变成审判者并对阿尔格进行质询，“每个人都有表达自身意见的权利”。但是很快我就不得不接受另一种原则：“每个人都应该为自己的行为负责。”自由主义的指导原则是十分混乱的。你的邻居极有可能是一个间谍，正是因为他看上去完全不像一个间谍——这不正是一个间谍应该表现出来的吗？那你还可以相信谁？个体的想法可能不再只是涉及他个人的事情。对意识形态颠覆活动的恐惧导致了对于整个知识界的恐惧。阿尔格·希斯就是这样的一个典型，他是一个有风度的人，他受过的教育远高于指控他的人，但到最后，却是那个平庸的人胜出了他的这位哈佛人。

2. 大量的共产党渗透活动使得政府建立一个忠诚的安全审查机构变得名正言顺。美国共产党从 1928 年起就主张由独立的知识分子来领导世界革命，从 1935 年起他们的统一战线改变了策略，开始利用统一战线组织蛊惑、怂恿自由主义者，声称“共产主义就是 20 世纪的美国主义”。在华盛顿新政时期，共产党基层组织、研究会和间谍组织开始出现在很多部门和机关。于是 1938 年，众议院建立了非美活动委员会（Un-American Activities Committee），后来参议院司法委员会（The Senate Judiciary Committee）也相应建立了国内安全小组委员会（Internal Security Subcommittee）。

通过这些委员会，国会能够以开展调查的方式明确公众的关注焦点。其开展调查的权力最初只是作为制定律法的基础，后来逐渐发展成直接采取行动以“指令性宣传”，揭露罪恶行径来将其消灭。这样一来，国会的活力弥补了行政机构的松弛状态，如此便为充满野心的企业家们打开了一扇大门。

3. 当两党制政治体系中的“正常”轮替开始出现不平衡时，这个忠诚的安全审查机构就开始活跃起来。共和党代表东部大企业家、西部小城镇商业者和农民的利益，从格兰特到胡佛，中间除了在克利夫兰和威尔逊两位总统时期，民主党短暂执政，始终是共和党在治理着美国。但是大萧条使那位富兰克林 · 德拉诺 · 罗斯福上了台，他对他所代表的阶层（当时他正努力拯救这个阶层）的“背叛”持续了不只是两届，而是四届！以汤姆 · 杜威州长为代表的共和党满怀期望打算重返执政党地位，却在 1948 年大选中遭遇杜鲁门的重大打击，这让很多人都难以接受。

因此，1946 年后共和党国会有着复杂的行为动机——对付民主党的“背信弃义”，将立法权掌控在自己手中，通过揭露我们身边的叛徒来保卫他们自己的势力范围。对机遇利用最为充分的，就是政府计划委员会

（Government Operations Committee）的主席、参议员乔·麦卡锡。

这类接踵而至的争论自然会经过媒体的渲染操作，然后吸引公众多得近乎病态的注意力，25 年后的“水门事件”也是如此。所有参加争论的人都像在做戏，充满激情，可是这是真的。在 20 世纪 80 年代里，已经几乎不可能再重现和描述（仅指用文字）这种猜疑、麻木的历史氛围了，潜意识里的恐惧在美国公众中无处不在。这离我们美好的现在已经很远了。最终拯救了我们的民主制度是其自身的司法体系，而不是依靠政治领袖以及公众的勇气。

“失去中国”这个词从字面上来看十分可笑，但是它对于美国公众的心理来说，是有着一定历史真实性的。从第一次世界大战之后，每年大约有 1000 名到中国去的传教士回美国休假，这些人可能会每天都在选民中活动，迫切地希望选民们对其在中国的崇高传教工作一直保持兴趣。结果导致他们对中国人经常采取领主式的、有时是屈尊俯就的态度，虽然这种态度也是温和的和赞助式的。在这种背景下，美国援华联合会发展成了大型机构。虽然到 1943 年时，自由中国的英勇美德已不存在，但它过去所造成的神话依然萦绕在人们的记忆中，并被当作世界上真实的存在为人们所珍惜。

时势使人进步。阿尔弗雷德·考尔伯格（Alfred Kohlberg），一个从厦门、漳州以及福建其他港口进口蕾丝的纽约富商，从 1943 年起就发疯般地攻击太平洋国际学会，指责其对于共产主义过于软弱。1927 年至 1937 年国民党在南京执政的十年间有不少支持者，其中很多已经重新整合组成了“不参与日本侵略委员会”（Committee for Non-participation in Japanese Aggression）。他们不久后组成了一个被称为“院外援华集团”（China Lobby）的松散组织，以支持蒋介石和国民党。中国国内政治分裂为支持与反对国民党右派的两派，这导致支持不同派系的美国人之间也开始互相攻击对方。随着国民政府从 1943 年起逐渐在中国人民中失去控制，国民党便开始越来越积极地培养在美国的关系网。人们越来越多地接受这样一种观点："失去中国"的原因在于美国支援不力，而这正是由于"国务院中的共产党分子"操作所致。于是麦卡锡找到了他所需要的机会。

1950 年 5 月 23 日，对其他目标进行考虑，麦卡锡指控欧文 · 拉铁摩尔是潜伏在美国的最高级别的苏联间谍。欧文当时正在阿富汗的喀布尔执行一项联合国任务。我马上给埃莉诺（欧文之妻）打了电话，建议她必须立即在华盛顿找一家最有实力的律师事务所，于是她专程找到了阿诺德、福塔斯、波特（Arnold, Fortad and Porter），他们的律师事务所是这个行业最有名的。欧文需要为自己进行一定的辩护，因为他平时大多在国外，懂多国语言，接触过包括俄国人在内的很多外国人。多年来，他和很多人保持着书信往来，喜欢辩论，讨厌当权派，为刊物专栏写稿，有时候甚至会有倾向于苏联的立场。我很早以前就听说过他的大名，并且读他的作品多年，所以我想自己是了解他的心里是如何想的。例如，关于中国游牧民族史前史的问题，告诉他所有已知的史料，他就会推断出当时应该会是怎样的景象。如果是考虑一些时事新闻，诸如斯大林的苏联肃反运动之类，他同样会作出各种推测，尽管他并不是一个掌握所有相关数据的精通苏联问题的专家。

欧文 · 拉铁摩尔是一个什么组织也不参加的人，说他是间谍是件十分愚蠢的事情。恰恰相反，他是一个激进的个人主义者，而且称自己是拉铁摩尔主教的后代。1555 年的时候，这位主教由于被认为是宗教异端，在牛津被执行火刑，在那里现在竖立了一座殉道者纪念碑。欧文不是一个被动软弱的见证者，他的《经得起诽谤》（*Ordeal by Slander*，1950 年出版）一书比其他任何人都更好地讲述了他的这段经历。

当欧文 · 拉铁摩尔结束在喀布尔的工作之后，埃莉诺就把他所有的资料拿到了阿比·福塔斯（Abe Fortas）在华盛顿的办公室，并且请求隶属于参议院外交关系委员会的泰丁斯委员会（Tydings Subcommittee）召集听证会。这个委员会在民主党控制下，而且已经开始着手调查麦卡锡对“国务院中的共产党分子”的指控。埃莉诺不得不离开她在巴尔的摩安有电话的家，来到华盛顿的某个地方，我的母亲邀请她住在位于华盛顿西北区33号大街1318号的家中。埃莉诺后来写道：“一位老朋友的妈妈邀请我和她一起住在乔治城温暖的家中，她知道欧文不是共产党员，她不用担心会失去工作，一个人生活，没有谁需要知道我待在这里。这太好了，我会永远铭记这段日子的，心中充满感激之情。”

在4月6日的听证会上，欧文以强硬雄辩的措辞向麦卡锡作了长达42页的回复，作为对考尔伯格院外援华集团指控的回应，而这项指控曾被麦卡锡拿来用尖锐和富有煽动性的措辞大力宣扬过。麦卡锡在4月20日让路易斯·布登兹（Louis Budenz）出来作证，之后还有一些前共产党员也出面作证。1950年5月2日，欧文最后一次出席了听证会，到5月30日时，他已经写下了对这段经历的详细叙述，并由利特尔（Little）和布朗（Brown）在7月出版。《经得起诽谤》在今天仍然值得一读，拉铁摩尔一家勇敢地面对乔·麦卡锡，在原则问题上毫不含糊，坚持到底。

尽管如此，麦卡锡主义还远远没有达到其顶峰。1950年7月20日，泰丁斯委员会发表声明，证实拉铁摩尔无罪，但是委员会中占少数的共和党人拒绝签署这份报告。随后6月底朝鲜战争爆发，而在1950年的国会选举前，中国又介入了这场战争。此时甚至连泰丁斯参议员自己也被迫辞职。社会公众已经开始准备接受阴谋集团的说法，这种阴谋论总是很容易就被理解，可以用来解释我们所遇到的麻烦。

1951年2月，参议员帕特·麦卡伦（Pat McCarran）的内部安全小组委员会（隶属于参议院司法委员会）抢在麦卡锡的政府计划委员会之前收缴了太平洋国际学会的相关文件，这些文件是卡特长期以来认真收集并保存于他在马萨诸塞州里市（Lee）的仓库中的，以便开展关于太平洋国际学会的历史研究时使用。麦卡伦手下的工作人员花了 5 个月的时间来研究这些资料，之后又用了 11 个月的时间（从 1951 年 7 月 25 日到 1952 年 6 月 20 日）召开了每隔半星期举行一次的听证会。他们传唤了 66 名证人（他们中的大部分都和太平洋国际学会没有什么来往），形成了一份多达 14 卷、5000 多页的材料，外加一卷厚厚的索引。不用说，“每个人”都被牵扯到这里面。研究生钻研这些材料需要一年时间才能完成。

后来，始终没有受到太多指控的比尔 · 霍兰德就这篇《委员会调查方法》（*The Committee's Methods of Investigation*）写了一篇评论，评论包括以下几个小标题：“假设的罪名，露骨的偏见，轰动的宣传，非法查没文件，依赖不可信的证人，拒绝交互询问，对个人的不公平对待。《委员会的调查方法》就是：歪曲证据，断章取义，忽略有利证词，用传闻来否定太平洋国际学会的成果，6 票对 161 票的专家意见，无视数百名重要证人的存在。”在 25 年多的时间里，太平洋国际学会出版和发表了大约 1200 部书籍、116000 页宣传册，以及 18500 页期刊论文。而委员会仅仅是调查了这些成果中的不到 2%（5 部书籍、5 本宣传册、21 篇文章以及 6 篇书评）。对太平洋国际学会的调查是一次大规模的捕鱼行动，彻底搅浑了水，毁掉了很多人的事业，可能还造成了一起自杀，但是最终并没能抓到几条“共产主义的鱼”（共产党）。

在 1942 年，我即将启程前往中国之前，曾在华盛顿写信给默克、巴克和施莱辛格三位教授。在信中我预测随着战争的结束，哈佛需要培养“训练有素的东亚事务行政人员”，尤其需要对学生加强亚洲历史的指导，既包括本科生的概论课程，也包括研究生的专业研究课程。关于教授现代日本理论的人选，我推荐了 E. 赫伯特 · 诺曼（E. Herbert Norman）博士，他是一名加拿大外交人员，在由麦尔文（McIlwain）、叶理绥、吉尔摩（Gilmore）三位先生以及我主持的会考中，他拿到了优异的成绩（一个非同寻常的分数）。他的论文《日本维新史》（*Japan's Emergence as a Modern State*）已经由太平洋国际学会发表。赫伯特·诺曼步步高升，后来很快成为一名加拿大外交官。拥有国会豁免权的证人在华盛顿作证说赫伯特已经成了一名共产党人，各种罪名接踵而至。1957 年，赫伯特从加拿大驻开罗高级行政办公室的 8 层楼顶上倒退着跳下自杀身亡，这个悲剧至今仍然难以说清。

至少就我看来，那些提名塔夫特（Taft）参议员参加 1952 年总统竞选的右翼共和党人的动机是昭然若揭的，他们相信"国务院中的共产党人导致了失去中国"这种说法能够阻击民主党并且改变大选的局势。为了达到这个目的，他们必须"搞定"欧文·拉铁摩尔。之前麦卡锡已经指控过他，这次太平洋国际学会的调查者们再次行动起来如法炮制。从 2 月 26 日至 3 月 21 日，麦卡伦委员会用了至少 13 天的时间（共形成了 675 页证词）对拉铁摩尔进行了反反复复的质询。他们提出了大量的细节问题，试图引诱欧文说出前后不一致的话，从而给其扣上作伪证的罪名。参议员们时时刻刻地纠缠着他——"你的'百折不挠'是什么意思？""你打算什么时候才回答我的问题？"一个典型的陷阱问题是："你在 1940 年的时候是否知道你的朋友某某某是共产党人？"如果轻易地回答"不"，就会暗示你的那位朋友确实是共产党人，只不过你那时不知道而已。与此同时，他们还以不尊重国会的名义不断指控欧文的辩护行为。最终他们以 7 条伪证罪名控告他，但这些都被法庭和首席检察长以证据不充分为由驳回了。

尽管如此，他们还是使欧文的名字变成了家喻户晓的"叛国罪"的代名词。为了募集经费，他们在 1952 年的共和党大会上大力宣扬三个标志性的人名：拉铁摩尔、艾奇逊和杜鲁门。直到艾森豪威尔取代塔夫特被提名为总统候选人，他们才最终放弃努力。但是，此后当欧文和埃莉诺驱车穿过美国，汽车旅馆的经理们在认出他们的名字后，甚至不愿意为他们提供房间。欧文在米尔顿·艾森豪威尔管理的约翰·霍普金斯大学工作，但是没有终身职位，后来由其担任院长的佩奇学院（Page School）也被迫撤销。到了 1960 年，他去了英国，在那里担任利兹大学（University of Leeds）中国问题研究中心的主任。

虽然麦卡锡终于在 1954 年受到了同事的谴责，但到此时他已经得到想要的结果（死于 1957 年），自由主义者们对于他所诽谤的主要人物始终保持谨慎的态度。欧文有一群朋友为保护他的清白而努力。1950 年 3 月 27 日，在他将离开喀布尔回国前，我凑齐了所有我认识的大约 40 名中国问题专家，请求他们一起给泰丁斯参议员写信，说明他们在欧文·拉铁摩尔的著作成果是否属于“亲苏”这个问题上的态度。如果“由于质疑他的忠诚而受到持续的公开羞辱……我们都能够为其进行辩护……如果广大美国学者在从事亚洲问题研究的过程中受到恐吓或被置于公众质疑之下，那将会是美国公众的一场灾难，他们将会陷入处理亚洲关系的困境”。当我在广播中提起“我的朋友欧文·拉铁摩尔”时，这被认为是一项十分勇敢的举动。但是当参加广播辩论时，我同样会小心谨慎地说我并不完全赞同他的所有观点，我也认同正统的意识形态高于一切，这是我们面对国民对亚洲一无所知的情况下所需要做的最重要的事情。在每篇文章的开头用一些词或短语来表明反共的立场，变成了一种保证自身安全的习惯。这显然就如同在出版物中第一个脚注必引用马克思、列宁或斯大林的语录这种苏联习惯的美国翻版，只不过形式更加微妙一些。

问题在于我们是否将会变为意识形态式的斗争。用各种形式的文字表达时都表现得那么谨小慎微，实际上我们已经像人们历史上做过的那样，加入正义方去对抗那些虽然在意识形态上和我们相反却和我们一样应享有平等权利的另一方。这仍然是今天人类所采取的主要姿态，我们仍然有很好的机会“正确地”毁灭掉自己。

意识形态的作用，在我们与卡尔·奥古斯特·魏特夫（Karl August Wittfogel）之间的友谊上表现得很充分。他是一个仪表堂堂、又高又瘦的日耳曼人，前共产党员学者，他的著作《东方专制主义》（*Oriental Despotism*）使他被认为是中国社会理论分析领域卡尔·马克思和马克斯·韦伯的继承者。在20世纪30年代末期移民美国并与共产主义决裂后，他开始着手一项庞大的工作，计划在哥伦比亚大学洛氏纪念图书馆（Low Library）翻译并分析中国官方历史。后来我邀请卡尔·奥古斯特开设有关地区研究的讲座，他以先知般的气势讲述了灌溉过程中的水利控制和运河运输如何成为中国所有王朝的君主专政官僚体系的根基，深深地吸引了我的学生们。对于马克思简要列举过的“亚细亚生产方式”中的理论错误，卡尔提出了彻底的否定，关于这一问题他还曾经在莫斯科进行过一次辩论，这让我们深刻感受到了他在思想意识形态上具有德国式的复杂思考方式。1948年10月，他赞扬了我的著作《美国与中国》，当他在11月来作讲座时，他和妻子就在坎布里奇和我们住在一起。后来的1949年12月，他来作讲座时也是如此。1951年3月，他又来作了一次讲座。

当时美国人争取民主行动组织（ADA）在莱因霍尔德·尼布尔（Reinhold Niebuhr）领导下成立了一个亚洲研究小组，主要是研究中国的，成员包括哈罗德·伊罗生、魏特夫、小亚瑟·施莱辛格和我。我们发现在探讨的问题上意见很难达成一致，因为我们纯美国的行事风格很难适应卡尔·奥古斯特那种长篇大论，最终，这个项目被迫宣告流产。

始于1951年7月的太平洋国际学会听证会上，出现了很多新的刺激性强的证据，包括大批人的通信往来和告发，卡尔·奥古斯特明显是被吓破了胆。他显然不喜欢在德国他曾被关押过的集中营，于是决心对于可能即将发生的事情明哲保身。他作证说，在 1935 年至 1936 年间，当时他还是一名地下共产党员，从他在中国时与欧文 · 拉铁摩尔之间的谈话，他可以确定欧文同样也是秘密共产党员，虽然他们的谈话并没有明确表明什么。后来欧文曾经帮助魏特夫（卡尔 · 奥古斯特）以非共产党知识分子难民的身份移民进入美国，但是这种无辜的善意反被接受帮助的人拿来对付他。1951 年 8 月，当我受到指控的时候，小亚瑟 · 施莱辛格要求魏特夫写份证明材料为我说话，他同样退缩了，并声称对于我的真实立场他从来都不太清楚。毕竟当时我是支持拉铁摩尔的，事实上还邀请他来哈佛大学作过讲座，等等。

对于我和魏特夫来说，这些事情说明了两个问题。他的思维方式使他将理论当成终极真理，抽象则是基本事实。（他的理论说白了就是唯我主义。）在我看来，这在本质上是体现了一种宗教式的盲目狂热的思维，一种体现在文字上的信仰。

我似乎有一个完全相反的弱点，我很难严肃认真地对待理论化的公式。我认为，所有的证明都是建立在假设前提的基础上。我并不完全信仰《圣经》中的教义，也不会把某种形式的文字视为终极真理，更不会由于对词语的不同解释而改变自己，这使得我太过宽容和淡然。人作为使用语言的动物，理智或信念只是行为动机中的一部分。如果一个唯意识形态论思维的前共产党员出于恐惧而变成指控者，那他将在意识形态方面为自己找借口，说自己是在尽爱国者的责任，提醒我们防止危险。因此我只能说，他这样做是充满了恐惧，不过，我不会因此反对他。

即便是在会令很多人发狂的情况下，我也不会恼怒冲动，这无疑表明了我的某种弱点，但我更愿意将其归因于自信。直至 1967 年，我主持了在安阿伯市（Ann Arbor）召开的国际东方学家会议（International Congress of Orientalist），卡尔 · 奥古斯特也在会上作了发言。当时我也在听众席上，这是给他个面子，同时抵消我对他那一成不变的偏执的惊讶。欧文也参加了那次大会，他对我说：“正清，对待那些人再好看来也是没有希望的，他们根本不会改变自己。”我想他说得对。

在针对我的忠诚审查中，我的重要性并不是很高。我的问题并没有被提交到麦卡锡的政府计划委员会，而是由它的对手参议院司法委员会（在麦卡伦的领导下）下属的国内安全小组委员会来处理，也正是他们抢在麦卡锡的前面查缴了太平洋国际学会的文件。与那些驻华的外交人员不同，我不属于委员会编写调查报告和制定政策建议的主要人物。与拉铁摩尔不同，我更偏重学术性的成果和较低的曝光度使我不太会成为受害者。相比他 675 页的证词记录，关于我的记录只有 107 页，收录在公开发表的太平洋国际学会听证会（IPR Hearings）记录的第 11 卷中。我从来没有觉得需要作什么辩护，事实上，如果他们不对我作这些调查，我甚至认为这里面应该没有我什么事。现在当我回忆往事时，我更关心的是这段经历是如何发生的，我们从中能吸取什么样的教训。

因为当时我的情况并不是至关重要的，我被牵扯进去算是一个意外，仅仅是因为当时准备前往被占领的日本，而去那里除了需要护照外，还需要美国陆军的入境许可。我们在 1951 年 4 月提交了申请，到 7 月中旬我们得知申请还需要东京方面同意，于是就决定将旅行车当成婴儿游乐场，带上我们刚出生的小女儿劳拉去周游美国，顺便到各地探亲访友。到了 9 月，我们暂住在芮沃寿和芮玛丽夫妇在斯坦福的家里，等待着出发去日本。

与此同时，紧张的调查活动并没有停歇。从 2 月起，他们从收缴的太平洋国际学会文件中找到了大量的神秘信息、可疑的活动、有问题的团体……多得足以让侦探们垂涎三尺。路易斯 · 布登兹（Louis Budenz）和伊丽莎白 · 本特利（Elizabeth Bentley）之类的前共产党员也“指认”共产党成员和各个阵线的成员。7 月 25 日，麦卡伦的太平洋国际学会听证会开始了，8 月 14 日，本特利作证说，我曾为一个“间谍网”送过情报。8 月 23 日《工人日报》(*Daily Worker*) 的前任编辑布登兹也作证说，他知道我是一个共产党员，“并不是私下与他见面时承认的，而是通过官方报告，就是在 1945 年”。在 9 月 4 日，据新闻报道，有关我去日本的入境军事许可也被否决了，不许我进入日本。

我给保罗 · 巴克 (Paul Buck) 教务长打了电话，于是他将我调回了全职教学岗位。之后我又给麦卡伦委员会发电报要求进行作证，然后就驱车赶回了坎布里奇。保罗 · 巴克建议我找法学院院长欧文 · 格里斯沃尔特 (Erwin Griswold) 咨询相关法律，后者向我推荐了波士顿最大的乔特、霍尔和斯图尔特律师事务所 (Choate Hall and Stewart)。在事务所我认识了理查德 · 维特 (Richard Wait)，一个谦逊、坚定而又轮廓鲜明的新英格兰人。“你是，或者曾经是共产党员吗？”他问道。我回答说：“不是。”于是他说：“那好，我能做些什么呢？”之后我们开始了合作。

我意识到，在明显缺少必要调查的前提下，哈佛大学无法以正常途径来声明我是无罪的，而这种调查是不能去开展的。我的案件是直接在我作为普通公民和作为原告的麦卡伦委员会之间进行的，我们都有一定的法律上的权利和约束。州街 (State Street) 的一名顶级律师给了我极大的帮助，同时我还得到了哈佛校方的帮助，以及大量来自学校秘书处的同事朋友们的精神支持。我向他们通知了修改辩护计划的情况：“毫无疑问，在共产党取得胜利之前我确实在中国，但我身在中国与共产党取得胜利两者之间并没有因果关系。在过去 20 年里，我尽可能接触了大量中国人或是对中国研究感兴趣的其他人，所以我的‘关系网’中，除了现在还时常相互问候的朋友外，确实也可能会有一批可疑的人物。”

到 10 月 1 日，我编写完成了准备发表的《1946—1950 年著作和演讲选录》（*Excerpts from Writings and Speeches, 1946—1950*），共计22页，其中收录了我对中国共产党性质和如何与之打交道的所有关键言论。我认为这一节选会使人印象深刻。[但是我现在很后悔在1950年6月20日的《哈佛夏季校报》（*Harvard Summer Crimson*）上撰文说："为了在朝鲜取得全面的胜利，美国绝不能在三八线前停下来，我们必须深入北朝鲜境内，并且施行一项统一整个朝鲜的政策。"直到后来我们抵达了鸭绿江边，而中国于10月开始介入战争后，我才指出没有哪个大国会容忍敌人出现在自己重要的工业区附近。这种延时的智慧是历史学家的特权，只有在事情发生之后，才会醒悟过来。]

我的《1946—1950年著作和演讲选录》结尾是刊登在1950年11月的《大西洋月刊》的一篇文章。文章指出，共产党信奉"重视自由主义者所重视的改革和自由，并谴责国民党的罪恶。这使得自由主义者将共产党视为自由主义者，也使得国民党右翼将自由主义者视为共产党"。我仍然试图使人们理解，共产主义在中国是正义的，但在美国是邪恶的。这是客观的实际情况。但是，我的这种言论在美国却显得不那么可信，报纸关注的焦点全都集中在本特利、布登兹这类人的告发活动上。

9月7日，《华盛顿邮报》的一篇社论中指出了我的尴尬处境："麦卡伦委员会不允许他在小组委员会面前作公开辩护，却允许小组委员会对其提出公开控告。任何形式的审讯都不适用于他，因为他并没有被指控犯罪，而那些针对他的指控又是在国会豁免权的保护下提出的。甚至于忠诚委员会的审查程序也用不到他身上，因为他并不是政府雇员。"

同时，军队的反应是成立一个军事入境许可证审查委员会，其采用的流程与针对普通政府雇员的忠诚安全审查听证会流程相同。1951年12月5日到6日，我接受了这个委员会的听证调查并且受到了一大堆的指控。1952年2月11日，委员会又寄给我一份包括10项进一步的指控清单，而我以书面形式作了回复。3 月 11 日下午，出席了麦卡伦委员会的非公开会议，12 日，我又参加了该委员会整整一天的公开会议。因此，我体验了两种不同形式的调查，在五角大楼进行的是对媒体保密的忠诚安全行政审查程序，在国会进行的是对公众公开的国会委员会听证。而两者的对比则显得十分强烈，令人吃惊。

1951 年 12 月 5 日，迪克 · 维特（Dick Wait）和我来到五角大楼指定的楼层路线，穿过环形的走廊，来到了委员会所在的办公室。调查由默里 · 希森古德（Murray Seasongood）主持，他是一位哈佛毕业的前辈，也是辛辛那提市的内政改革者。他的两边是委员会另外两名成员，韦斯特（West）先生和菲利普斯（Phillips）将军。我的辩护人提交了我对指控的书面回复以及各种有关证据，同时还拿出了一份由 25 人组成的品德信誉担保人名单，其中包括 3 位大使、4 位将军、2 位参议员和其他一些公众人物。接下来，他又接连请 3 位证人出面：唐 · 麦凯（我在哈佛的同事）、比尔 · 杨曼（Bill Youngman，美国国际保险公司负责人），以及约翰 · 梅尔比（John Melby，我在南京时的大使馆联络员），他们都宣称我过去不太可能是共产党分子。

给我们准备的"大餐"也不是那么容易消化的，因为这些指控都是由联邦调查局提供的并没有说明来源的一段段文件片断构成，就如以下这些：

"（4）据称你曾经担任马萨诸塞州坎布里奇的一个中国共产党组织的顾问。"我压根儿不知道有这样的组织，更不可能为他们提供建议，也没有任何其他人知道这种事情。

"（7）在 1947 年、1948 年以及 1950 年，你曾经是太平洋国际学会的一名活跃成员。"确实如此，但这又能说明什么？

"（11）1949 年 1 月 3 日的《工人日报》曾经刊载一篇文章，其中有一份致第 81 届国会成员要求废除美国众议院非美活动委员会的公开信，署名者中有你的名字。”没什么问题，这封信最初是刊登在《纽约时报》上的。

这些指控看来都很琐碎，主要的指控是：“（1）据称你将会成为，或者已经成为一名持证的正式共产党员。”我相信这项指控使得其余的大部分指控都成为作伪证的可能依据。但是没有迹象能支持这些指控，我为什么要“持证”？那不是一个党员最不可能做的事情吗？

这个听证会是一个可以当面对我进行彻底审查的机会。人都到齐后，一群体面的信奉新教的欧洲裔美国人（WASP）端坐在五角大楼的办公室里，想要从我和其他人一遍遍重复的证词里获得一种证实，证实我是一名反共产主义者，而且基本上不可能在日本弄出什么麻烦事来。我在朝鲜战争前承认中华人民共和国的合法性给我带来一点小小的麻烦，但是也被作为一种可行的立场被接受，毕竟我们过去也承认了莫斯科政府。迪克·维特和委员会的律师一起从不同的观点对我进行了充满技巧的询问，之后就像对陪审团作陈述一样对案件作出总结。避免对哈佛大学造成损害是他的最后意见。

从会场出来后，我对委员会普遍的礼貌和诚意印象深刻，但是我也很庆幸我的工作并不依赖于这些局外人的粗略审查，他们不会明白我在两种敌对文化间的复杂作用。显然，在存有疑问的情况下委员会必须首先保护国家而不是保护我。

关于我后续的10项指控主要来自太平洋国际学会听证会，我再次以书面形式作了回应，但这次我请求不要再召集新的听证会。我不能让这些指控成为我的负担，在不能提供更多复杂事件细节的情况下，其中很多指控完全是没有意义的。总的来说，后续的指控更多带有一种神秘的色彩，例如：

“（d）在1943年，罗辛格（Rosinger）向霍兰德表示，他‘期待着费正清和希斯的意见’。”（当然，在9年后的1952年，希斯已经成了家喻户晓的“哈佛叛徒”的代名词。）

“(f)爱泼斯坦曾经说你‘从桂林来，并且给他带了件东西’。”（这件“东西”其实是一份关于中国工业合作国际委员会的报告。）

“(i)在 1943 年你的妻子曾经索要过一篇由钱端升所著文章的稿费，并且由她转给在中国的钱端升。”（确实是这样，那 100 美元的稿费后来帮助了他们一家维持必要的生活。）

如果这些活动中关联到的人是有嫌疑的，那么这些活动也就是有嫌疑的。一旦因关联而被认为有罪，坏名声就像色斑一样扩散，最后构成一个充斥着各种可能的阴谋的世界。

由于我在 1951 年至 1952 年间把大部分时间都花在研究过去的社会关系上，我保留了大量的有关资料，这些资料记录的真实情况不仅涉及我当时正在面临的指控，而且涉及其他尚未提出的潜在指控。这就是一场用事实去对抗莫须有的怀疑的游戏，其中的一个例子是关于艾格尼丝·史沫特莱的。在 1946 年至 1947 年的冬天，史沫特莱到波士顿的雷希诊所作检查，她当时依然被在参加游击队时患上的胃病折磨着，她在我的家里待了一个星期。其间我的学生曾经来看望过她。为了应对他们可能会就此事做文章，我在 1951 年要求康拉德·勃兰特（Conrad Brandt）向我作一项陈述，回忆当时，史沫特莱并没有隐瞒自己的亲中共立场，也没有试图掩盖什么。然而这个陈述保留在我的文件中，没有使用的机会。[艾格尼丝后来去了英国，并于 1950 年在那里去世，中国大使馆接管了她留下的记录中国红军创始人朱德将军自传的手稿。这一作品后来出版，名为《伟大的道路》(*The Great Road*)，但是书中缺少了关于长征时期的一个章节，在那一时期朱德与毛泽东分开过一段时间。]

1952 年 3 月 12 日，在麦卡伦委员会进行的公开听证会只能被看作这场正在进行的政治游戏中的一个插曲。上午 10 点半，我们在参议院办公大楼 424 房间会面，这是一个天花板很高的房间，有一张委员会成员使用的铺着绿桌布的长会议桌，还有一张大桌子是留给媒体的，此外还有能容纳大约 200 人的公众坐席。我和迪克·维特并排坐在委员会桌子的远处，所以当我向那面看去的时候，不仅能看到两三名参议员，还能看到他们后面的媒体桌子，我认识许多坐在那里的记者：巴尔的摩《太阳报》的菲尔·波特（Phil Potter），是我在战后中国认识的一位老朋友；《华盛顿邮报》的默里·马德尔（Murray Marder），作为哈佛大学的尼曼学者刚刚上完我们的概论课程。他们正好坐在我的审问者参议员弗格森和沃特金斯（Watkins）的后面，通过看他们的脸色，我可以感知到这场辩论进行得如何。威尔玛带着一个参考资料档案盒坐在我的后面，就如同埃莉诺·拉铁摩尔在欧文的听证会上坐在欧文后面一样。同时还有我的母亲，她善于作秀的天性使她很自然地以出现在现场的方式来声援我。

我在一个相对有利的时候出场，因为他们已经从早到晚地对欧文进行了两个星期的询问。公众可以明显地看到，这种依靠持续不断的询问来折磨被指控者的方式是一种极权主义的做法。欧文也用强有力的措辞描绘了他之前和正在受到的待遇。3 月 12 日，参议员们完全处于劣势，我只是无足轻重的人，不需要像欧文那样为了应对叛国的指控而辩护。所以我和对方都相对比较平和。

迪克·维特发现他和主持听证会的威利斯·史密斯（Willis Smith）参议员拉上了关系并有一些共同点，在会前和会后他们进行了友好的谈话。威尔玛愤愤不平地对他说：“你干吗跟那个家伙套近乎？”迪克像一位优秀美国律师一样回答说：“用蜂蜜比用醋能捉到更多的苍蝇（奉承和套近乎总是比对抗更管用）。”

埃尔默·戴维斯（Elmer Davis）继续成为当天的沃尔特·克隆凯茨

（Walter Cronkite）[1]（只不过他是亲自制作所有的晚间新闻），他来到会场，用很大的声音隔着房间对我喊道："正清，你晚上能来和我们一起吃晚饭吗？"我知道他来这里就是为了用这种方式来声援我。

当天早晨的《华盛顿邮报》在头版头条抢在委员会之前发表了一篇基于我在会上陈述内容的报道，这使我与委员会的对抗中还占到了一些上风。在 3 月 10 日该委员会进行的秘密会议非常简短，而 11 日下午的会议则十分漫长，因此委员会为了不使时间被全部占用，决定不让所有的证人都将长长的陈述念完，也不用记入听证会记录，如何处理我的陈述还没定下来。11 日那天当我从禁止旁听的听证会出来的时候，一直在外面等待的默里·马德尔和菲尔·波特问我："你的陈述会被同意录入听证会记录吗？"

"还没有定下来。"我答道。

"既然他们还没有把陈述纳入记录，那你可以把陈述稿交给我们。"于是我将陈述稿的复印件交给了他们，之后便有了第二天的头条新闻。他们在报道中引述的一个主要观点正是迪克·维特建议加入我的发言中的——我希望我的专业知识能帮助美国，但是如果我蒙受不白之冤的话，那这一愿望又如何能实现？

在听证会上我们双方对定义和程序的争论使我感到吃惊。我们并没有被证据的法律条框所约束，尽管参议员们都十分尊重法律。我们谈论的内容包括了言论自由、联络自由、被当作证据的传闻、孙夫人是否是共产党人、什么才算共产党人、追随者、间谍网、前线组织、潜伏、渗透、党的路线、发起人卡特，等等。最后，我宣读了自己的 17 页陈述并被记入了听证会记录。

[1] 沃尔特·克隆凯茨，家喻户晓的美国CBS晚间新闻节目主持人。

会上发生的一些事情令我印象很深刻。伊丽莎白·本特利作证说，我曾经携带了一封孙中山夫人（被她认为是“头号中共党员”）的信给援华协会（这是一个“间谍网”）。她的两个认识都是错误的，但是我的麻烦在于，本特利确实知道我曾经将孙夫人的信转交给援华协会的卡特，而这个协会被证实确实存在某种共产党地下组织的活动，这种活动是事实，不是传闻。

此外，麦卡锡–麦卡伦集团究竟有多少资料是来自戴笠及他的国民党特务部门，这始终不得而知。在针对杰克·谢伟思的案件中向国务院忠诚委员会作证时，我曾经说过自己在战时的重庆就已经认识周恩来的联络员龚澎。但是在我的听证会上，唯一基于中国方面的指控来自1950年4月10日某个叫李鹏的人在绞刑架前的“坦白”，据1950年9月3日的台北《中央每日新闻》报道，此人已作为共产党间谍被处决。这是我能想到最不可信的证据了，让我颇有些吃惊。

在我的“行政”听证会上，我收到了一份中文的复印件和相应的英文概要，需要我通宵进行仔细审阅。在英文概要中，李鹏声称（不是很直接的证据）：“费正清、康纳斯以及巴特沃斯有意或无意地将外交机密文件泄露给了苏联情报官员。”（我们双方达成一致，不使康纳斯和巴特沃斯卷入我的听证会。）中文原始文字则略有不同，内容是我们“有意或无意地公开外交机密，这些机密通过第三方国家的使馆渠道传送给了　情报官员”。在“情报官员”前面的空格的位置可能是一个代表苏联的“苏”字，但是那个地方确实没有字。

看到这个材料没有任何法律价值（考虑到还有第三国使馆的问题以及没有任何关于苏联的字眼），我将上述事实列入了听证会记录，姑且随它去。我并没有考虑到美国的新闻机构的能量。《波士顿邮报》关于我当天听证会的新闻标题居然是“费正清教授涉嫌间谍网——参议员揭示绞刑架前的坦白，哈佛人泄露美国机密给中国的赤色分子”。即使是埃尔默·戴维斯，也在我们听完他的新闻总结会后一起吃饭时把这项间谍指控纳入了他报道听证会情况的参考文件中。他很尴尬地解释道，这是当天全部过程中唯一的硬新闻。我猜他是对的，关于麦卡锡主义的报道是吸引你身边大众注意力的最好方式。于是乎，中国国民党的秘密警察能够在美国找到他们打击的目标。

从另一方面来看，在对我进行听证时，与会的参议员们也都在询问的过程中努力地使自己显得公正，当然，与此同时我也努力使自己表现得正当合理。我们之间的对话都公开在媒体的面前，而且都被记录下来。我们有一些共同的理念，诸如“公平竞争”和“公众的知情权”，尽管在如何实现这些理念的问题上我们并不能取得一致。史密斯、弗格森和沃特金斯并没有像麦卡锡那样以彻底的挖苦和恶毒的攻击来对付我。（后来 1954 年，沃特金斯在谴责麦卡锡的议案中投了赞成票。）换句话说，目前的局势具有很强烈的政治色彩，但是我认为是可以通过教育改进的；如果有足够时间的话，优秀的公共教育将会对社会产生影响，从而促使情况转变。由于麦卡伦委员会的听证会属于国会调查，因此只出具公开的报告，在这一案件中其结果最终成为一部政治文献。

媒体和电视上对现实生活的调查就像悬疑故事一样吸引人，且真实故事更加扣人心弦，因为你无法直接翻到最后一章去看结果。当某个人自己成了被调查的对象，那就更让人无法自拔了，你都不能考虑别的事情，整个过程都保持全神贯注。但是当这场发生在 3 月的听证会结束后，直到 7 月我们才拿到前往日本的军事许可证。值得注意的是，这是在艾森豪威尔取得总统候选人提名后才得到的。到了这个时候，麦卡伦委员会真正的政治目的，在其 1952 年 7 月 2 日最终出具的一份没根据的总结报告中表露得再明显不过，报告的大意是指太平洋国际学会是一个阴谋集团，通过在国务院中的共产党分子操作使得美国失去了中国，如此等等。我很荣幸自己同包括范宣德、菲利普·杰塞普（Philip Jessup）等人一道被称为“核心成员”。

对初次接触这个问题的人来说，这份报告是一份可怕的文件，里面充满了各种姓名、日期、证据材料、分析以及结果。这个充满虚构的结果是建立在两条原则之上——其一，任何像布登兹这样处于国会豁免权保护之下的人，如果认为某人是共产党（“不是通过个人接触，而是通过官方报告”，这类证词如今已经无效），那这个人就是共产党；其二，所有的联系人都是同谋。这样一个东拼西凑出来的东西在任何法庭获得认可的概率都小得很，它是一个在美国政治游戏中被拿来利用的弥天大谎。但是直到现在，这份报告依然在台湾被视为珍宝，因为它可以用来解释说明国民党在大陆失败的原因。

当然，这份报告虽然是一个弥天大谎，但其中还是包含了少量的事实：在美国境内确实有一个美国共产党组织在开展活动；中国共产党得到了大量中国人民的支持；一场庞大的全民皆兵式的革命损害了美国在中国的利益，并且在朝鲜击败了美国，而且通过强权政治来反对美国；冷战引发了与战争效果相同的恐惧和仇恨；这场斗争是意识形态的斗争，那些使参议员们备感困惑的颠覆破坏手段对于美国是一种新的危险。

在1952年8月20日我发给朋友们的通告中，我试着总结这一年来获得的经验。我感到共产主义的颠覆破坏是利用了公民拥有自由的权利，实际上最终是想要毁掉这些权利，这才真正地危险。但是这种危险必须以既保护国家也保护公民个体的适当措施来应对。我得出的结论是一个自相矛盾的悖论，国会负责调查的委员会诋毁了我，而忠诚安全调查委员会证明了我无罪，但是后者与前者比起来对公共机构的威胁恐吓更大一些。后者是建立在一种制度缺陷之上，即政府是人治的，而非法治的，这种调查是在司法程序之外运作的。“麦卡伦委员会可以指控、恫吓、诽谤、批判他所控告的人，但是除了使用间接影响外，它并不能罚没、关押以及开除他人职务。而忠诚安全调查委员会却不得不在缺少合法诉讼程序和反诘问的法律保护的情况下裁决被调查人或类似的其他人的未来生计。即使在没有任何办法来证实指控方消息来源的情况下，委员会也必须作出裁决。”我能够揭露这个愚蠢的对我的指控，仅仅是由于我处于一个特殊的位置——只是一名通行证的申请者而不是政府雇员，所以我的案例没有列入机密。支持我的委员会是由公正且有良知的人组成，但是赋予他们的使命是去作出一项裁决而不考虑对个体的保护，而这种对个体的保护是法律在过去的几个世纪中就已形成的。我几年前还曾在辛辛那提再次见到了默里·希森古德法官，他是诚实廉洁的典范，但是他被放在一个错误的位置上。

麦卡锡主义对美国的驻外事务处以及政策制定工作的质量究竟产生了多大的影响，这个问题还需要进行具体的研究分析。总的来说，驻外事务处中那些去过中国、受过训练的成员不是被迫离开了自己在政府中的工作岗位，就是被分流到冷僻的工作岗位上。我以三个例子来说明一下。

约翰·谢伟思，过去曾是奥伯林（Oberlin）学院田径队的队长，他很有耐心，有毅力，并且有着敏锐的洞察力，这些都是一名驻在关系紧张地区的外交官所应具备的素质。在国务院忠诚委员会对他的 6 次审查均证明为无罪之后，他还是被忠诚审查委员会的核心高层人物海勒姆·宾汉姆（Hiram Bingham）解雇了，原因很可能是他们间的个人恩怨而与他本身的工作无关。他和他的律师继续努力，一直告到了最高法院，并在 8 年之后胜诉——官复原职，并补发了工资。后来看到外交部只打算让他搬运家具（谢伟思很长时间被分配到国务院后勤部门工作）或者在利物浦当小小的领事，他还是离开了驻外事务处。在他被迫离职期间，杰克·谢伟思在一家蒸汽阀公司工作，不久之后，他和另一名工程师一起发明了一种改进的更小型的蒸汽阀，之后他成为那家公司国际部的总经理。他在政界和商界都取得了成功，在最终从政府辞职后，他进入了学术界，很快他从加州大学伯克利分校取得了政治学硕士学位，在那里担任了中国问题研究中心的编辑和助理主任。杰克·谢伟思在各个领域都是全能的人才。

约翰·戴维斯在莫斯科工作过，也是国务院政策规划组的成员。在被国务卿约翰·福斯特·杜勒斯（John Faster Dulles，后来杜勒斯用他典型的两面派风格给戴维斯打电话说："需要帮忙的时候尽管跟我说。"）免除职务后，他去了一家秘鲁的家具企业，后来他成了一名作家，并教给他 6 个女儿和 1 个儿子如何在欧洲一些主要国家的首都城市成功生活的经验。

埃德蒙·克拉布很快成了一名教授，并将关于 20 世纪中国最主要的研究成果写作成书。他们这三个人都有著作面世，并且加入了他们自己在中国的经历。《纽约客》的卡恩曾经写过一篇关于他们的人物传记《中国通》（*The China Hands*）。当约翰逊总统让我们深陷越战泥潭的时候，如果上述三位中的任何一位能够代替那些毫无亚洲背景知识的官员担任东亚地区的助理国务卿的话，美国人民的命运可能会比实际情况要好得多。关键的原因在于这些人从他们在中国的经历中了解到了共产主义利用民族主义的能力以及民族主义影响共产主义的能力，而越南也有某些和中国非常相似的特征。

当我在 1964 年受邀来到华盛顿，与当时的东亚助理国务卿参加一个非正式会议，以及在之后的 1967 年至 1968 年加入由约翰逊总统直接管理的中国顾问委员会（我有查阅相关涉密文件的权限），我当时被我们面临的阻碍所震惊：我们的文职顾问竟然没有一个拥有与中共打交道的实际经验。这位能干的助理国务卿（在这个由林登·B. 约翰逊和迪安·腊斯克派下来制定政策的六人团队中，他是垫底的人）从没有与亚洲农业国家接触过。戴维斯、谢伟思或者克拉布之类的人，他们的知识背景和洞察力完全可以为美国理想化的越南远征军加入一些必不可少的现实主义内容。为了实现有价值的目标不计前嫌地启用“恶魔”也是必要的：毕竟，不是枪炮发动了战争，而是人发动了战争。

在 20 世纪 60 年代后期，由研究生们组成的亚洲问题学者委员会（Committee of Concerned Asian Scholars）开始研究之前的那代人是如何将我们所有人引入歧途的。从记录中可以看到，一些激进人士声称麦卡锡的年代毁掉了中国问题学术研究，击垮了我们的意志，使我们统统闭嘴。对此我持怀疑态度，中国问题专家并不是自发存在的公关人士，而是在有公共需求才出现的产物。如果中国问题本身不是一个受欢迎的话题，那么访谈节目自然会忽略它。

就我自己的情况而言，我在 1950 年至 1951 年间非常健谈，先后参加过 16 次不同的广播节目，其中 9 次是在波士顿广播电台（WCOP），2 次在波士顿体育台（WEEI），3 次在全国广播公司（NBC）电台圆桌节目，还有 3 次是在波士顿 WGHB 广播电台，即使在我已经受到指控后也是如此。再后来一直到 1958 年，我都没有出现在广播里。这个时期主要从事如下活动：1952 年前期在作听证会的准备，1952 年至 1953 年是在日本，1953、1954、1955、1957 以及 1958 年我都在写书，而且同以往一样，还写了很多文章、会议论文和书评。想要在政策问题上力陈己见，只有通过给编辑写信这一种渠道。

我的情感经历也很有趣。当一个人受到公开指控的时候，他就会有产生负罪感的倾向。这是一种心理羁绊，在受操控的负面环境下，思想发生转变的受害人最终会爆发，坦白自己的罪过以获得净化。但是，我的负罪感并没有超出我的掌控能力，尽管我并不认为我的行为有什么罪过。

公开指控也会激起人的自我保护意识，肾上腺素的上升使人紧张焦虑，大脑中充满了各种对抗的陈述和争论，生活变得不再平静。

尽管如此，当一个人从争议中解脱出来后，尤其是通过自我表述得以解脱的话，那他就会变得更加坚强。我的名字出现在了新闻标题上，如何去应对就成了一个很现实的问题。（在通常的情况下，人们由于冲动往往会有过激反应。）最基本的目标是澄清记录的是非，比如通过公开否认，这点可以稍后再提，而这些否认之后会被用来校正听证记录中的错误说法。

我意识到新闻媒体是被指控人潜在的朋友，因为他们的理念是表达双方的立场。但是，单纯的否认很难应付更多新的指控，因此被指控的人会做出一些有损于自己的事情来。

较为保险的指控方式是提出对方违反了正确的流程，对合法诉讼流程这一美国信仰的诉求可以使人占领舆论高地。

这些关于公开论战的基本战术使我对更多的挑战也有所准备，但是所有的这些经验都是较为粗浅的，最重要的是我的生活和个人安全，始终都没有受到真正的威胁。

在麦卡锡时代结束之后的一些年里，关于中国的话题再也引不起公众的注意。狗也许会对自己的排泄物感兴趣，但是麦卡锡时代给我们留下来的，只有重复炒作的狗屎，无论你相信哪一方，最终结果都是两个：不是叛国罪就是被诬陷。与此同时，平时吵吵嚷嚷的中国通们也因为不再受到关注而变得销声匿迹。当中国对我们关闭时，关于中国真实情况的问题则变成了猜测和争论。该是好好研究历史和发展新的学术领域的时候了，而这也正是我们当时所做的事情。

第六部分

开展中国问题研究

（1953—1971）

第 26 章

创立研究中心

在对待中国问题上，办教育是应对麦卡锡主义的最佳方式。我由于在“失去中国”问题上而遭受公开谴责，这促使我决定承担起教育美国公众的义务。在朝鲜我们与中国人作战；在麦卡锡时代美国又谴责存在我们当中的所谓阴谋家。然而，所有的努力换来的只有失败，朝鲜并没有统一，也没有在国务院查出共产党分子。因此，如今是我们应该运用知识和理性解决问题来取代暴力和恐惧的时候了。

1954 年后，促进美国对华研究也因此成为一项有关国家政策的活动，但这主要是由个人基金会和高等院校具体运作。随着我们在哈佛大学以及其他研究中心继续从事培训和研究工作，毫无疑问，我们这里正在创建美国所需的知识体系和大批教师队伍。随后我们的越南战争的经历，这种想法不仅没有放弃，反而是更加强化了。如今人们对于知识和理性的渴求比以往任何时候都要迫切。越来越多的人意识到，美国的未来需要我们自己来创造，放任自流只会自取灭亡。我们注意到曾生活在地球上的物种超过百分之九十九如今已经销声匿迹了。

创建哈佛大学的东亚研究中心并不是特别困难，慢慢组建自然会水到渠成。到 1955 年，东亚区域研究领域为期两年的硕士研究生培养项目每年大约可培养 14 名毕业生。其中一部分人将继续攻读历史学博士学位。到 1956 年，历史与东亚语言方向的联合博士学位申请注册共有 26 名申请者（1975 年则达到 70 人）。这些人都成为研究人员，他们的论文也可能成为一些有价值的作品，出版成书。1947 年，我们出版了年刊《中国研究文丛》（*Papers on China*），其内容主要包括区域研究和我主持的清代文献研讨班的一些论文。就这样，我们培训的系统工作自然而然地促进了一系列著作的出版。

1955 年，在福特基金会一位代表的支持下，我们组织成立了更加正式的研究中心，同时福特基金会的人士将为我们提供资助以研究中国的经济问题。有了资金的支持，我们幸运地聘用了来自匈牙利的亚历克斯 · 埃克斯坦（Alex Eckstein）博士，他对事业的发展充满了热情和信心。同时，我们还受到卡耐基基金会的资助，进行中国政治问题的研究。在 1956 年至 1973 年间，这些科研经费由我的助理弗吉尼亚 · 布里格斯（Virginia Briggs）夫人负责管理，她还负责东亚区域研究硕士学位课程以及历史与东亚语言联合博士学位课程的财政预算工作。1960 年，福特基金会又提供了 100 万美元的资助，用以从事中国、日本以及朝鲜地区的研究工作，为此我们面对亟须改组机构的需求。

有趣的事情发生了。东亚区域研究硕士培养项目引来了许多在研究院有志于研究东亚问题的低年级学生。而联合博士培养的项目也正在招收博士候选人，但是只有 3 个而不是 4 个历史领域要求同时具备汉语和日语两种语言能力。这些新的培养项目显然是适应时代发展需求的，其中他们招到的东亚问题研究方向的学生比历史以及东亚语言方向的学生要多，而所有的培养项目都是由我和布里格斯夫人负责管理，地点位于邓斯特大街

16号（16 Dunster Street）。

这是一座建于1910年的高档住宅，套房由镶嵌板隔成，一共有五层楼高，位于封闭的院子当中。从精美的铁栅栏和大理石庭院看得出昔日庄严而宏伟的气势。可以在阳台上唱圣诞歌，楼下的人们则可以随着音乐翩翩起舞。以前的书房大小与现在的会议室大小相仿，而以前的卧室大小类似于现在的书房，当然这样浪费空间的情况现在不会持续下去。事实上，邓斯特大街16号的建筑已经有些过时了，让位给当代小屋霍利约克中心（Holyoke Center），当年其设计理念在于保护使用者不受灼热的太阳光照，大概设计师的脑海中始终希望这里能够保持西班牙永恒的夏季吧。

1960年，我们搬进了从前的大使公寓旅馆［Ambassador residential hotel，之后经过重新翻修为阿奇博尔德·卡里·柯立芝大厅（Archibald Cary Coolidge Hall），成为研究中心之一］，这里的浴室充足，以至于每一两个书房就配有一个浴室，于是我们在这里工作15年的时间中一直受益。浴缸为我们提供了存储空间，其他的摆设让人觉得不受限制，十分自由，不会让人感觉像一条流水线那样人挨着人。苏联研究中心和中东研究中心也位于这里，此外，我们还利用补贴开设了一个小食堂，慈祥的布莱克夫人每天都会从家来到食堂为三四十人准备膳食。

1960年的整顿改组，我们听从了埃德温·赖肖尔的建议，将区域研究系交由东亚语言系管理，因为不管怎么说，东亚语言系的人早已从事语言教学工作了。我们还聘请了一位兼职的管理者，单独负责联合博士培养项目的工作，管理者主要帮助学生联系就业市场，而这些都是博士生必须进行的活动。如此，这使得研究中心不再进行教育工作。从1960年起，研究中心仅仅从事研究工作，但仍然由本来是教师的那些研究人员进行管理。简言之，我们在哈佛大学文理研究生院中首屈一指，不仅连续不断地拥有攻读各个学位的优秀研究人员，同时还是使论文著作变成书的专门机构。研究中心除了为一些研究项目提供资金，其大部分工作还是推动研究院的出版工作。

东亚研究中心里每个人不同的情况交织在一起，形成了另一番有趣的景致。总的来说，研究中心共有大约 25 位教授属于执行委员会成员。1955 年至 1975 年的 20 年间，获得至少 1000 美元的津贴的研究人员以及其他人员共计 200 人。而另外 60 人使用我们的地方，但不由我们提供资金。工作人员中超过一半的研究员和津贴获得者出生在美国之外：其中 50 人出生在中国，35 人出生在日本，6 人出生在朝鲜，12 人出生在亚洲的其他地区，12 人出生在欧洲——由此组成了一个国际化的大部落。撰写论文的高年级研究生也可以利用研究中心的各项资源。在此期间，超过 60 人获得历史与东亚语言专业的博士学位。与此相比，在哈佛大学其他院系获得东亚研究博士学位的人共计 275 人左右。由于人员流动，研究中心每年必须在由学校提供的场所中为流动人员增加 25 到 40 张桌子。

20 世纪 50 年代末，研究中心开始逐步开展出版项目，到 20 世纪 60 年代它的发展已经势不可挡。在这幸运的二三十年里，手稿、资金以及管理通通汇集而来。我从不认为，博士论文的研究课题仅仅是为了培训。对于现代中国的这一新的研究领域，我们需要从历史角度思考作为专题论文的基础。关键事件的叙述、内容可靠的传记、思维和体制的研究都迫切需要给我们一个轻易有效的用英文记录的通用信息基础。幸运的是，美国的教育恰好能达到这种程度，这为完成博士论文作出了巨大贡献。

出版最重要的工作就是编辑工作，伊丽莎白·麦克劳德·马西森（Elizabeth Macleod Matheson）是我们作品产出的一个机密人物。她于 1955 年至 1974 年间担任总编辑一职，培训了大量能干的同事协助其工作。在通过她出版研究生的研讨会报告以及书稿的同时，她还帮助研究生们学会如何写作，这是令人意想不到的意外收获。

托马斯·J. 威尔逊（Thomas J. Wilson）曾担任哈佛大学出版社社长（1946—1967），他高大威武、友善且充满了奇思妙想。一本具有可读性的新领域手稿总能很快勾起他无穷的想象和热情。我们的东亚研究中心为哈佛大学出版社提供了一个难以拒绝的生意—— 一系列符合时代需求、亟待出版的手稿，对中国的革命、革命背景和发展作出了解释。与此同时，这些手稿均已编辑过，语言方面的问题也得到了校正。我们的编辑可以核查罗马字母的准确书写，并负责术语以及参考文献的编译工作，包括中文、日文以及其他东亚语言。此外，研究中心还为此提供了抄写员。哈佛大学出版社因此也可以节约成本，不需要越过太平洋就可以获得文学作品。哈佛大学出版社出版了一本关于乾隆皇帝的书就像出版《俄亥俄州的威尼斯堡》一样轻而易举。

托马斯·威尔逊和我都极其重视我们之间的通信，它可以交流感情，又不需要相互客套。后来他受托出版一本收录我的随笔和书评的小选集[《中国：人民的中央王国与美利坚合众国》（*China: the People's Middle Kingdom and the USA*），1967 年出版]，当时我送去了一篇“匿名读者”的报告，“将你从麻烦中解救出来”。汤姆把这篇报告发表在哈佛大学出版社的时事通讯上。

> 这本选集的内容被分为四大板块，作者写作风格杂乱无序且多有重复，主题的划分也丝毫没有增加其脉络的清晰性。对于读过这本书的读者来说，恐怕很难对其有太多的好感。
>
> 我们不会嫉妒将这个毫无头绪的大杂烩整理出版的编辑。然而，费正清先生显然讲学多年，听他讲课的学生绝不可能总是同一群体，由于长期对着不同的学生讲授同样的课程，可见他老生常谈的功夫连

理查德·尼克松都会羡慕和嫉妒。而这种以异国题材为主题的杂文集正好借着举国之殇的机会，呈现在公众面前。

在之前第一个十年里，东亚研究中心以及哈佛大学出版社共计出版东亚研究书籍 37 册，相比之下，在第二个十年中出版数量增至 103 册（其中研究日本或韩国问题的占到 25 册）。而在 1970 和 1971 年可以称为出版的巅峰时期，两年中出版的相关书籍达到 43 册，几乎是每一个月出版两本新书，即使是最贪婪的创作者也会对这样的出版速度感到满意。我们获得了极大的成功，进入了丰收期，并且在短短几年内以一流的作品遥遥领先于斯坦福、伯克利以及其他大学。我们出版的手稿来源不仅限于哈佛大学师生，有些书的作者我们甚至没有见过面。口碑相传，有一段时间，我们在美国国内挑选有关中国问题研究的稿件。[1]

在我看来，哈佛东亚系列丛书不仅有助于研究生完成学业，同时还可以帮助他们谋求一份不错的教学工作。研究成果的出版是一个良好的开始。而一本优秀的著作可以为他们谋得终身教职。加强一个国家的教师队伍建设与增加研究经费是同等重要的。我告诉研讨班的学生们从一开始就应该以成为著作家为目标来严格要求自己。我给他们展示了一些早期发行的《中国研究文丛》，其中很多研讨会论文后来都已经出版成书。早期的论文以及随后出版的书籍加起来可以形成一份目录集，同时也证明了研讨会主题的选择就像选择配偶那样重要。从选题确立到撰写的整个过程需要

[1] 出版范围包括在 1976 年我们的二十年报告中，其中有关中国研究的出版物（共计 124 册）如下：政府与行政机构（8 册）、经济史（26 册）、外交关系（18 册）、美中关系（16 册）、军事史（3 册）、教育（3 册）、近代革命（23 册）、思想与文学（17 册）、宗教历史（4 册）、参考书目与摘要（6 册）；有关日本研究的出版物（共计 23 册）：近代早期及近代政治学（7 册）、思想文化史（7 册）、经济社会史（5 册），外交关系（4 册）；有关韩国研究出版物（共计 4 册）。——原注

占用一个人除去睡觉以外的大部分时间，经过多年的辛勤劳作后，想让作者舍弃著书的努力，包括大量的笔记以及成堆的书稿，这简直是不可能的事情。

很荣幸，我们能够在哈佛大学这个平台为这些未来的教学能手贡献自己的绵薄之力，他们不仅仅是教师候选人，同时也是能够完成著作的作家，就业的大门正向他们敞开。据粗略估计，目前大概有 75 所院校聘用哈佛大学东亚研究方向的博士生；有时候还会出现一个地方同时招聘好几个哈佛研究生的情况，例如，在安娜堡（Ann Arbor）大学就有 6 人从事教学工作。

较之于物理学、生物学或是化学，东亚研究的突然兴起对于我们来说并不会像出现在屏幕上的雷达波一样显著，然而，这毕竟是经历麦卡锡主义时期后的有关中国的学术研究，其发展势头令人欣喜。中国领域的研究并不像某些人猜测的那样士气低落，相反，这一领域正在不断地壮大，并充满了机会。当然，一切还要归功于福特基金会在资金上的大力支持。1970 年，据约翰·林德贝克报告显示，在世界范围内对于中国的研究中，在 15 年期间，福特基金会已经投入了 3000 万美元的资金。哈佛大学获得了其中的 550 万美元，其中 100 万美元用来设立 4 个教授职位，其余的用作研究经费。由此可知，无论研究历史的工作多么紧迫，如果没有基金会的资助就不会有这一切发生。所以我们最应该感谢的就是这些赞助者的帮助。

通常研究室主任都会遇到这样一个问题，即如何决定你所要研究的项目课题？答案是，无须决定。每一个研究课题都是经过研究者的精挑细选后，加以论证、提炼并贯彻的，这是他们选择权和责任感的体现。如果教授委员会否决了此项课题，该项课题的研究者不得不征询各方的意见并对课题加以修改。这是一项系统的个人事业。当然，对于某些国家的集权主义的规划者们来说，这种模式似乎显得混乱不堪，但是这样做避免了研究中心的负担，例如，让B级人才来研究A级课题显然是毫无效用的。

当一群富有批评精神的人才从四面八方聚集而来，着手于一些未开发的课题时，研究中心通过召开研究性学术会议和出版专题论文集取得了突破性进展。我们进行了以下三大课题的研究：《中国的世界秩序：中国传统的对外关系》（*The Chinese World Order: Traditional China's Foreign Relations*，1965 年会议研讨，1968 年出版成册）、《在华与在美传教事业》（*The Missionary Enterprise in China and America*，1972 年会议研讨，1974 年出版成册）、《中国的兵法》（*Chinese Ways in Warfare*，1968 年会议研讨，1974 年出版成册）。除此之外，我们在 50 年代还举行了两次为期一周的会议研讨，会议议题分别为中国经济（1956）和中国政权（1959），但由于讨论过于宽泛而没有论文集出版。

当然，相比于出版著作来说，人才的培养显得更为重要。特别是区域研究培养的人才，他们了解当地情况，并且结识了一些能够说明当地生活的朋友。例如，在列宁格勒，我们经由马克 · 曼考尔（Mark Mancall）引荐认识了热情的俄罗斯朋友，还通过斯蒂芬 · 海（Stephen Hay）在加尔各答（Calcutta）的下层社会见到了虔诚的印度知识分子。

我们能够为研究生提供很多的帮助，其中最为重要的一项就是帮助他们完成一本著作。学生与书稿之间的联系甚至要比两性间的关系更加紧密。毕竟，在这个世界上，还有其他的男人或女人，书稿却是独一无二的，属于某人自己。对于学生来说，停止著书就如同放弃呼吸和吃饭，是完全不可能的事情。最终书稿完成，经过被接受、校订、编辑，以等待出版，尽管此时作者已完成了一部分工作，但不会就此放手，即使靠这可以得到世俗的好处，于是，接下来的问题就是取得稿件的所有权，然后简单地将其出版，使其面世。一次，在普林斯顿大学，一位执着而年轻的教员恳请我审阅他的书稿，我毫不犹豫地答应了，并把它带走了，如果能成就一本优秀的著作，这无疑是其事业发展的巨大助力。

多年的教学工作使我们结识了很多朋友，他们年轻，且多数并不是哈佛大学的学生。从 1950 年开始，全新的家庭生活也给我们带来了很多的活力，这是回忆中不可或缺的部分。事业或许会使人争分夺秒地工作，然而家庭生活却会使人相对放松。初入不惑之年，我们收养了两个女儿，从此这为我们的生活平添了不少乐趣。社工十分尊重威尔玛的姑妈艾达·坎农女士，他们给我们帮了超出他们自己工作范围的忙。我第一次见到劳拉·金·费尔班克（Laura King Fairbank）的时候，她还是只有 6 个月大的粉白色很有活力的婴儿，对于我们的突然出现她似乎表现得有些不满。但当我抱起这个生气发怒的小家伙时，她开始平静下来，一只小胳膊搂住了我的脖子：我知道我们是天生的一对。

成为母亲后，威尔玛展现出娱乐游戏的天赋。我是一个目标明确的人（直奔终点是费尔班克家族的祖训），而坎农一家的业余时间会玩很多的游戏，包括纸牌游戏、球类运动、单词游戏、会话游戏、绘画游戏等，总之都是一些新颖而令人意想不到的游戏。同样，旅行也是如此。我喜欢采取两点一线的方式，而威尔玛总是打乱我的行程计划，她喜欢蜿蜒崎岖的小路，在旅途中探寻各个乡村，回程从不走同一条路，避免重复的路线，以至于孩子们早上的问候总是：“妈妈，我们今天去哪儿？”

霍莉·坎农·费尔班克（Holly Cannon Fairbank）是在出生三个月后来到我们家的，她和劳拉一样，有着金黄的头发，十分漂亮。很小的时候，她就会用手势来表达自己的生活。此外，两个孩子习惯于定期接触新面孔和新地方。夏天的时候，我们会租借马匹，抄近路穿过丛林来到富兰克林。随着她们慢慢地成长，劳拉和霍莉自然而然地将爱好从骑马转向了恋爱。幸运的是，性革命的时代已然来临，一切都自然而然地发生了。她们时不时地会搬出去住，随后又会搬回家。这种早期的社会化，如果我可以试着以社会学的角度来看，我认为会使得她们更加充分地准备好未来发展的方向。

她们并没有继承父母的道路继续从事汉学研究工作，相反，劳拉成为一名护士，而霍莉则致力于舞蹈事业，对于她们的冒险活动，我们作为外人也只是发出“噢”和“啊”的赞美声。由于对精神病患者感兴趣，劳拉开始在一家精神病医院从事助理工作。后来，她在马萨诸塞州总医院（Massachusetts General Hospital）完成了三年的医护培训课程，最终成为一名优秀的科学工作者和一位管理人员。随后，在她获取理学学士学位后，她继续攻读了心脏护理专业的理学硕士。这是一份高尚的职业，在病人濒临死亡的各个阶段起到了积极的作用，同时也给了医生很大的帮助。

与此同时，霍莉进入了纽约市萨拉劳伦斯学院（Sarah Lawrence College）学习，这完全适合她。之后她继续留在纽约学习现代舞蹈，这是最辛苦也是最有意义的行业，尽管作为职业来说赚不到什么钱。很快她自己开始设计舞蹈动作，同时还获得了文学硕士学位。霍莉美丽出众，以至于节目制作者总喜欢将她安排到前排的位置。而舞蹈更像是一种全新的抒发情感的表现形式。

我在不惑之年得女，这使得我和研究生们之间有了共同的纽带，因为他们中的一些人此时正一边忙着写论文一边生孩子。虽然论文的创作比生孩子用时要长。当然，尽管日后它们的变化不那么大。

此外，幸运的是，我们在同事中也觅得了知心朋友，他们的工作我非常感兴趣，并受益匪浅。芮玛丽虽然名义上几乎可以说是我的第一位学生，事实上她更像是我的一名晚辈同事。先前，她决定将研究方向由欧洲转向中国，但是她很少有时间跟我一同研究问题，或是参加我的初级研讨会。1938 年，她来到拉德克里夫学院，她是来自塔斯卡卢萨（Tuscaloosa）

的南国俏佳人，更是瓦萨学院（Vassar）的高才生。她漂亮出众，思维敏捷，口齿伶俐——并非那种未加工的钻石，而是打磨抛光切割完美的钻石。在我们举行的一次茶话会上，芮玛丽与芮沃寿相遇，1940 年他们结婚并飞往京都，1941 年前往北京，一直到 1945 年他们从拘留所被释放后，我才在北京见到他们。

在我致力于研究 19 世纪 50 年代中国外交关系时，芮玛丽在研究 19 世纪 60 年代的中国外交关系。随后她前往京都学习日语，之后在北京老师的指导下阅读清代文献，在拘留所期间，她又学习了俄语，而当时我正在撰写战时备忘录。她积极的工作态度令人印象深刻。一旦着手工作，只会勇往直前，绝不放松。她利用私下拷贝的《清实录》（*Ch'ing Veritable Records*，共 1200 卷，1936 年出版）对 19 世纪 60 年代经历叛乱后的王朝的复苏进行了全面的研究。在芮玛丽的著作《1862—1874 年同治中兴：中国保守主义的最后抵抗》（*The Last Stand of Chinese Conservatism: the T'ung-chih Restoration 1862-1874*）中，她主要论述了深受儒家思想影响的领袖人物为镇压反叛以及拯救传统政权所作出的努力。正如其所言，他们的胜利只是“延长的阴影”，注定无法长久。

1959 年，芮沃寿和芮玛丽来到耶鲁大学历史系工作，这样我们在家中私下见面的机会也越来越多了。我和威尔玛以及两个女儿被邀请前往他们位于兰德佛尔（Landfall）海边的住所做客，这里的房产是芮沃寿利用俄勒冈州波特兰的遗产购置的。他们家有两个男孩，邓肯和乔纳森，两人都是当地游艇俱乐部比赛中的一流选手。参观芮沃寿带有厨师和男管家的豪华住宅，对我们来说是一件很重大的事情。

芮玛丽光辉的职业生涯不得不令人加倍赞赏。她不仅站在研究中国问题领域的最前沿，同时她还积极为妇女解放运动而奋斗。她出生在阿拉巴马州的背景使其成为一位美丽迷人的女子，她有着众多的角色和身份。在家，她是妻子，也是母亲（育有两个儿子），她既要操持家务又要从事社交活动。在外，她以非凡的智力和无穷的想象力进入了历史研究领域，她是一位馆长（胡佛研究院）、斯坦福大学的讲师、耶鲁大学的教授以及研究室主任。在生活中，她扮演着双重的角色，不停地在两个舞台之间来回转换角色。压力自然存在，而香烟和酒精或许可以缓解这种紧张的状态。当时，芮沃寿也是幸福家庭生活的主要推动力，他把家经营得井井有条。但是芮玛丽还是会感到命运的不公。这不是没有道理的。斯坦福大学历史系并没有聘请她为教授，因为当时芮沃寿和芮玛丽同在历史系工作，大学里有这样的一个规定，即夫妻两人在同一个专业团队势必影响其判断力，往往两个人对一种事物的看法要么都赞同，要么都不赞同。在耶鲁大学她得到了充分的肯定和赞赏，但是作为第一位女性教授仍然压力不小，毕竟，人们总是喜欢说一套做一套。

在耶鲁大学，芮玛丽将研究重点转向了清王朝的终结，与此同时，1965 年她还组织了一场有关 1911 年辛亥革命的国际性学术研讨会。此后，由于神经衰弱，芮玛丽住院接受了几个月的治疗，出院后又组织了研讨会，并于 1968 年将此次研讨会成果出版成书，即《革命中的中国：第一阶段，1900—1913 年》（*China in Revolution: the First Phase 1900-1913*）。芮玛丽在书中写了长篇的导言，本书堪称该领域的奠基之作。1969 年，51 岁她已是功成名就。她在中国历史的研究分析工作中尽显才智，同时对于专题各方面的追求与理解也表现出了热情与执着，这一切使得她成为我们领域中的一颗耀眼的明星。然而不幸的是，某天她去医院例行作检查时，被告知患有无法治愈的癌症，生命只剩下 6 个月了。

得知这个消息后，芮玛丽表现得和平常一样理智、冷静和积极。她将患病的消息直接告诉了家人和校长［金曼·布鲁斯特（Kingman Brewster）］并召集朋友聚会，把一切都安排得井然有序。我想，她很快意识到，在命运逆转的时刻，一个人唯一能做的就是掌控自己，以一个人能聚集的所有方式来摆脱她自身的悲剧。芮玛丽做得很好。经过化疗，她的病情得到了缓解，随后她与芮沃寿一同去了意大利的佛罗伦萨（Florence），在那里度过了春季的两周时间。6月，她参加了一场部门招待会，她像往日一样打扮得光彩照人，见到了许多的朋友。之后几天便在睡梦中溘然离世。

芮玛丽去世的消息让很多人受到极大震动。此外还有一个令人震惊的消息是另外一名闪耀之星约瑟夫·列文森（Joseph R. Levenson）于1969年在加利福尼亚不幸溺水身亡。他曾是我在柯克兰之家（Kirkland House）指导的一名学生。第二次世界大战期间，他学会了日语，他攻读博士的研究方向是关于伟大的中国改革家梁启超先生的。随后，他成为哈佛大学的一名教员，我们还一同讲授了“近代中国”这门课程。在伯克利加州大学，他以令人耳目一新的容易激发讨论的方式，独创了“中国文化思想史”研究。他所著的三部曲《儒教中国及其现代命运》（*Confucian China and Its Modern Fate*）传递了道家思想的“凡事皆有对立面”，例如热与冷、善于恶。同时他还痴迷于“常规化的直觉”、“理论反理论”等悖论的研究。他擅长文字游戏的背后隐藏着他对于大型课题的研究投入，诸如中国的多种价值观与史实的冲突这类。总体来说，约瑟夫·列文森是无法抗拒的创意人士—— 一位天生搞笑的模仿家，在诙谐与游戏间转换。有一次，我们一群人在他家客厅聚会，在我们谈话停歇的时候，一只猫宛若一个重要人物般走进来，这时约瑟夫·列文森看了看他的腕表，很严肃地对这只猫说：“我只给你两分钟的时间。”当时他模仿的语气和表达方式我至今还记忆犹新。

很不幸，芮玛丽和约瑟夫·列文森都过早地离开了我们。幸好芮沃寿为自己寻找到了新的生活方式，但1976年他也去世了。和我一样，他也是一名搞组织工作的人，我们在很多方面进行了合作。

芮沃寿偏好北京家具、地毯以及绘画，这一爱好对他的研究产生了一定的影响。作为一名研究隋唐佛教的古典主义学者，他将中国近代政治问题留给了芮玛丽，而他本人则对贯穿几个世纪的中国思想领域产生了特殊的兴趣。他认为，最佳的研究方式，即应该将中国思想与西方思想进行融合。例如，中国对于佛教思想的吸收和应用可以与西方基督教甚至马克思列宁主义运动进行比较研究。

1954 年是一个战略性的契机，我安排了罗伯特·雷德菲尔德（Robert Redfield）与芮沃寿会见，罗伯特是芝加哥大学社会人类学的领袖人物。通过这次会见，创立了亚洲问题研究协会中国思想研究委员会，并在芝加哥大学一段时间的资助下，开展了一个学术研讨会项目。中国思想领域的研究——传记、文本研究以及思想运动——已经初具规模，这样一来，芮沃寿和他的主要合作者、来自剑桥大学的杜希德（Denis Twichett）便可以向世界各地的学者征集稿件了，包括来自英国、法国、德国、澳大利亚、日本、中国香港、马来西亚、加拿大以及美国的学者，他们有着普遍的学识和深厚的理论基础。最终一共出版了 6 部专题论文集。

总之，一名教师该如何评价他的学生、同事以及他们的著作呢？我通过某种方式，参与了这些年轻教授的学术创作过程，包括著作的构思、孕育、发展以及出版。要具体谈及这些作者和著作恐怕需要单独出一本书。这一代人改变了原来的英语读物世界，他们让更多的习惯于英语阅读的读者对中国近代历史的轮廓和内容有了全新的了解。正如其他大学的老教授一样，我只负责了创作过程的一部分，以迪安·艾奇逊的话来说，我“见证了创作”。

第 27 章

研究领域的组织工作

对于中国革命我们应持理解的态度，而非冲突和歇斯底里，这是一项全国性的工作，我们在哈佛大学培养教师队伍与出版书籍，可以在这方面起到一个表率作用——我想这一点是我们起码能做到的，如果说哈佛具备一些其他学校所没有的优越条件的话。尽管如此，中国以及东亚领域的研究工作迫切需要建立起一个组织作统一安排，只有通过建立组织机构才能保证全国各地有才能的研究人员获得新的资助。我们需要建立全新的学术机构来实现这一目标。先前在哈佛大学创建研究中心并组织研讨会，这引领我很自然地参与了这个全国性活动。

1959 年，我担任了美国亚洲问题研究协会（Associate for Asian Studies）主席，此时我发现了一个主要的问题，即如何得到一些基金会的支持，以发展研究会的机构设施。当时担任财务的是密歇根大学的一位教授，他是义务服务的，不收取报酬，另外还有一位有报酬的行政管理者，这样一来，协会的资金可以得到合理妥善的处置，同时也保证了会议的正常召开和委员会的正常运行。但是处于决策层的亚洲问题研究协会

（AAS）高层却是一盘散沙。其领导成员每年改选 3 名，任期 3 年，因此他们也仅仅了解 3 年的协会工作事务。在收到资助款的 2 年后，很少有人还会想得起这笔资金最初的用途，3 年后就彻底无人知晓了。然而事实上，协会很多有意义的项目需要 5 年的资助才能完成。

福特基金会，特别是其海外培训研究委员会（Board on Overseas Training and Research）提供了 3000 万美元大力资助东亚问题研究，为此，我利用资金首先采取措施设法补救因亚洲问题研究协会领导团队反复更替而造成的问题。我指派了休·博顿（Hugh Borton，日本问题专家）和诺曼·布朗（Norman Brown，印度问题专家）等一些忠于职守的成员，我还成立了亚洲问题研究协会的研究与发展顾问委员会（Advisory Committee on Research and Development），该委员会的委员 5 年轮换一次，均由经验丰富的资深学者组成，能够取得基金会方面的支持。他们的头衔之所以被称为“顾问”，其目的在于，一来防止董事的怀疑，二来避免章程随意被修改。

此时，美国各地的中国问题研究专家正在准备实施各自的计划和项目。或许他们的中文水平勉强合格，但是他们从美国人的角度，看到了需要做的事情还很多，包括编辑参考书目、建立图书馆藏、收集翻译作品的原本、开展语言培训、在香港建立研究基地、举办研讨会等。自 20 世纪 30 年代起，这些需要实施的项目就逐渐开始成型了。其中最必要的工作就是面向全美广纳人才，即开展博士学位以前的培训项目以及博士后的研究计划课程。福特基金会以及其他机构已为此准备了必要的经费，目前唯一欠缺的是设立一个行政机构。

这样一个机构必然是由学者组成的，且他们能够以国家利益和互相信任为前提进行协作。正如 1959 年 4 月我写给福特基金会的信中所表示的，在过去 15 年中，由于中美事件的影响，中国问题研究专家受到很严重的

“情感上的牵连”，从其他人的表示可以看出，甚至我自己也多少受此影响。因此，我认为，在当代中国问题研究的新领域（例如对中国共产党和中华人民共和国的研究），“我们面临着一个严重的问题，即研究人员彼此之间如何搞好合作”。“我们必须在有可行性及不偏不倚上取得一致，并在此基础上形成最低程度的合作关系。”简言之，我们必须克服麦卡锡时代对中国问题研究领域所造成的分裂。

一种粗浅而陈腐的看法认为，麦卡锡—麦卡伦在中国问题研究上造成了“一半对一半”的分裂。事实并非如此。真实的情况更像是马肉兔肉一锅炖，虽然两种都有，但力量对比悬殊，其大小差异非常明显。除了西北大学的科尔格罗夫（Colegrove）和麦戈文（McGovern）教授以及诸如饶大卫、迪克·沃克（Dick Walker）等其他一些来自耶鲁大学的学者外，其余主要是支持国民党、主张对中国实行干预的学者，他们主要来自西雅图华盛顿大学的远东与俄罗斯学院（Far Eastern and Russian Institute），1946年由戴德华将其组织在一起。该组织包括几个来自纳粹德国的流亡汉学家，包括魏特夫和一些来自中国大陆的流亡学者。他们集中在一起，对1850年至1864年间那场震惊中国的太平天国运动进行了深入、实证性和多学科的研究，无论从领导、组织角度还是学术角度来讲，这都是一项巨大的成就。从零开始创建中文图书馆也是其成就的一部分。戴德华不仅要给这些背井离乡者鼓气，保持这些流亡者的斗志，同时还要和那些以“赤色分子”罪名迫害他们的人作斗争，当时那些人将戴德华列入了嫌疑教授的名单中。

起初，戴德华是属于支持国民党一方的，但在麦卡伦委员会面前他也是一名表现得很友好的证人，与此同时，他的德裔同事却担心他出现亲共产党的思想意识偏差。在美国土生土长的中国通们整个群体对思想斗争并没有那么神经过敏。麦卡锡时代导致西雅图的这些人成为被孤立的少数派。中国共产主义的崛起引起了这个群体的浓厚兴趣，使他们开始这项事关重大的重要研究工作，对此，福特基金会也作出响应。现在至关重要的是，我们齐心协力促进该领域的研究发展。

1959 年 6 月 19—21 日，古尔德会议在纽约市多布斯渡口（Dobbs Ferry）一个属于纽约大学的会议厅召开。会议的实际目的在于讨论资助渠道的设立，通过这些渠道，福特基金会得以提供资金来支持当代中国问题研究领域的发展。作为新上任的亚洲问题研究协会主席，我被推选为这个三人委员会的总负责人，其余两位分别是哥伦比亚大学的韦慕庭（Martin Wilbur）和加州大学洛杉矶分校的亚瑟·斯坦纳（Arthur Steiner）。我提出了会议日程安排，并提出理应在亚洲问题研究协会之下设立一个发展委员会。从形式上来看，会议由新成立的亚洲问题研究协会研究与发展顾问委员会负责召开，该委员会的领导为普林斯顿大学的比尔·洛克伍德（Bill Lockwood），我们需要向其汇报工作。

从西雅图一方的角度来看，这次会议完全是美国东部集团同自己的一次合作，即主要由哈佛大学、哥伦比亚大学、普林斯顿大学和起着一种制衡作用的西海岸的加州大学洛杉矶分校之间进行的。但会议更重要的在于讨论如何研究中国共产主义的问题。一些亚洲问题研究协会的中国通认为，中国共产主义仅仅是中国历史的一个阶段，而事实上，它也是由苏联发起并指导的全球范围内的共产主义运动的一部分。戴德华和他的主要同事梅谷（Franz Michael）还强调区域研究应采用跨学科的研究方法，即利用所有的社会科学方法并借鉴对苏联问题的研究经验对中国的共产主义进行研究。如今回顾起来，这确实是一项正确的举措。这与社会科学研究会（Social Science Research Council）提议创立一个发展委员会的想法相同。

从 4 月到 6 月，我一直忙于亚洲问题研究协会的工作，负责联系全国各地的学者。我拟定了一份邀请大约25名会议成员的名单，其中包括一些政府人员和福特基金会的人员，同时我还拟定了一个可被大家接受的会议议程，以便我们所需要的各类论文资料能在会议上得到讨论。古尔德会议于1959年6月底举行，一连3天共5场研讨会，会上讨论了众多项目并在许多问题上取得共识。但是在最后一场研讨会上，关于选定发展委员会的组织者的问题出现了分歧。我发现很多人并不赞同由亚洲问题研究协会来主持工作，反对者不仅包括来自西雅图的成员，还有诸如麻省理工学院的白鲁恂（Lucian Pye）这样的政治科学家。最终我意识到，这个问题的分歧，实际上是区域研究方法与跨学科研究方法的较量。我们的目的是想用多学科方法来研究中国问题，但是亚洲问题研究协会并没有办法判断到底是经济学家还是社会学家更能胜任，而社会科学研究委员会是一些主要学科研究组织的代笔，有能力作出这样的判断。事实上，亚洲问题研究协会是一个民主的万花筒，其领导人每年更换，没有一个领导团队能记得三年前的事情，因此很难得到基金会的信任来确保实施一些连续性的项目。相反，社会科学研究委员会由长期专业的行政管理人员管理，他们有长期的责任心，并且就在纽约日复一日地向人们表明他们是可信赖的。

经过激烈的讨论后，会议成员开始投票表决，表决结果出现了分裂。名义上，很多人支持由我代表的亚洲问题研究协会提出的方案，实则多数人放弃了投票权。我开始意识到，支持由社会科学研究委员会创立发展委员会是有道理的，而我之前对该会并没有太多认识。结果，产生的分歧使得福特基金会的人左右为难。于是我决定改变方向，加入少数派。我说服了组织委员会的同事也加入其中，同时请比尔·洛克伍德征询这方面的意见。

这样做的结果是，我关于发展委员会建立的问题与社会科学研究委员会主席彭德尔顿·何林（Pendleton Herring）举行了一次会谈，他和戴德华在哈佛大学研究生院就已经认识了。接下来的问题是，如果社会科学研究委员会利用福特基金创立发展委员会的话，那么由谁来领导委员会？我提议由乔治（戴德华）负责，因为，一来他有做好这项工作的才能，二来由他主管发展委员将有助于减少西雅图和东海岸之间的“分歧”。经过讨论后，我打电话告诉乔治这个提议，当时他并不在古尔德厅。（我认为这相当具有戏剧性！）他欣然同意了，于是当代中国联合委员会（Joint Committee on Contemporary China）应运而生。哈佛大学的约翰·林德贝克担任主席一职，我们也获得一丝安慰。我们还有幸请到一位善于合作的拉丁美洲问题专家布赖斯·伍德（Bryce Wood）作为社会科学研究委员会的工作人员进行协调，使其得以顺利开展。就这样委员会的工作终于走上了正轨。自此，在当代中国联合委员会的领导下，中国问题研究开始渗入不同的学科。

根据规定，当代中国联合委员会将致力于 20 世纪中国改革方面的研究。然而，20 世纪 60 年代，在美国大多数中国问题研究领域的专家都为历史学家，他们所需物品的清单之长堪比中国的二十四史。因此，针对中国 1911 年以前的研究，我们急需成立一个类似当代中国联合委员会这类的组织机构，否则人文科学与社会科学之间的竞争和相互攻击，将会破坏该领域的工作。1962 年，我召开了一次美国学术团体协会（American Council of Learned Societies）的会议，在我、戴德华以及约翰·蒲伯（John Pope，我在埃克塞特的同班同学，后来在弗利尔艺术馆工作）的督促下，协会中研究古代历史的领袖人物，如宾夕法尼亚大学的卜德、哥伦比亚大学的芮沃寿和德巴里（Ted de Bary）最终组建了中国文明研究委员会（Committee on Studies of Chinese Civilization）。在接下来的 10 年间，由芮沃寿担任委员会主席。他不仅吸纳欧洲汉学研究的领袖人物加入委员会，而且他那富有批判性的思想见解给训练和研究工作，给历史、文学、哲学甚至是艺术的研究计划的发展留下了广泛而深刻的影响。芮沃寿是斯坦福—牛津—哈佛—京都的学者风范与俄勒冈州的波特兰企业家实力完美的组合体，最终使我们都获得了益处。

1959 年，我在耶鲁大学再次见到约翰 · 林德贝克，在之前的 1933 年，我们在洛阳他的传教士父母的家里初次见面，当时他还是一位刻苦用功的年轻人，后来他获得了耶鲁大学政治学的博士学位。我在他发表其有关义和团以及 1900 年的传教士方面的论文时，邀请他来协助我，并在政治系代课。此后，从 1959 到 1967 年，他在哈佛大学一共待了 8 年时间，直到后来他担任了哥伦比亚东亚研究所（East Asian Institute）的主任。而在我看来，我们在哈佛大学合作的经历是开展任何实际工作所必不可少的条件。约翰 · 林德贝克英俊潇洒，是一位态度温和的外交高手和活动家，同时也是几个有关中国问题研究领域主要机构的发起人。他常常花好几个小时出门做联络工作，是研究中心名副其实的外交官。此外，他的外交能力体现在方方面面，他能把事件所涉及的有关个人问题聚拢起来，并在实际处理中很快地加以解决。此外，对于当代中国联合委员会方面，他帮助戴德华建立了一些基层的多学科的小组委员会，从而促使中国问题研究在经济学、社会学以及政治学等多个方面展开。随后，他在香港建立了研究中华人民共和国的研究基地（大学服务中心），在华盛顿哥伦比亚特区建立提供稀有书籍和刊物的中文资料中心，此外，考虑到未来的需要，由美国学术团体协会和社会科学研究委员会联合建立了一个国家科学院（例如国家研究委员会），旨在与中华人民共和国进行学术交流活动。以上三个组织均是由约翰 · 林德贝克最早发起的。然而不幸的是，1970 年，他猝然离世，这对于我们来说是一个巨大的损失，但这些由他创建的机构至今仍然在发挥着各自的作用。

在约翰 · 林德贝克的遗嘱中，有一份写给福特基金会的报告，此报告题为“理解中国：美国学术资源评介”（Understanding China: an Assessment of American Scholarly Resources），于 1971 年发表。这份篇幅不大的报告简洁地概述了全美中国问题研究的发展状况，包括 1958 年后由国防部外语培训项目为数百名研究员提供资助的情况，以及各大研究中心的资金分配使用情况等。毫无疑问，这份报告所呈现的数据对于像我这样撰写自传的作者来说是一件幸事，因为它有利于纠正传记中讨论问题时可能出现的错误。

林德贝克的报告指出，在 1958 年至 1970 年间，大约有 4000 万美元的校外其他机构提供的资助被用在中国问题研究上。当然，比起五角大楼庞大的军费开支，这些资金不过是九牛一毛。据说，恐龙曾是世界上最大的生物，但其大脑却只有豌豆大小。我不想在此作什么结论，因为答案是显而易见的。我曾 6 次前往华盛顿的美国国防大学（National War College），这里的军校生都是高智商的人才，他们被强迫进行几个星期的集中阅读和讨论，以便对全世界的政权有所了解，这不能不使他们感到困窘。问题就出在我们用于硬件和软件方面的时间和资源的分配比例严重失调。

约翰·林德贝克和我都具有一种世界主义的观点，我相信他也会这么称呼它。我们认为，发生革命的中国进入国际社会是一个全球性的问题。在美国有关中国问题的研究也将会有益于世界上其他地区，包括欧洲。1955 年夏天，我分别在莱顿（Leyden）和罗马（Rome）参加了两次会议，并逐渐对欧洲的汉学研究有了一定的认识。

第八届青年汉学家研讨会（Eighth Congress of Junior Sinologues）在莱顿召开，会议地点位于城镇边界护城河内的一座中世纪城堡中，当时已改建为青年招待所和会议中心。参会的年轻汉学家如今也都成了中年人，之所以强调“年轻”，是为了避免邀请老莫尔（Moule）、老翟理思

（Giles）等知名汉学家，以免他们把持全部的话题。[1] 会议期间，人们大多使用英语交流。我们住在顶楼的集体宿舍，睡着简易床，共用一个公共洗手间，这样的好处就是大家有了互相认识的机会。来自巴黎的于如伯（Robert Ruhlmann）领着我们一同唱歌，如："云雀，异邦的云雀……" 清贫的学术生活把我们联系在一起。我在报告中提到了哈佛大学的培训项目，其中图书架的成本要远远高于图书本身，看起来就是典型的美国作风——设备第一，知识第二。

参加会议的成员中有两人是来自中华人民共和国的历史学家：一位是上了年纪的翦伯赞，他出版过一本以马克思主义为指导的历史概述的书籍[2]；另一位是毕业于哈佛大学的宋史研究专家周一良，当时在北京大学编写教科书。会议期间，欧洲学术权威白乐日站起来不住地向翦伯赞摇头，与其争辩，翦伯赞对白乐日这种说教式的方式极为反感，觉得受到了侮辱，于是，我们不得不为其西方冒犯性的辩论方式表示歉意。我们解释道，在古登堡发明现代印刷术前的几百年时间里，欧洲的大学里面就开始有了这样的辩论，而中国学者在此期间一直在使用纸张、笔墨和印刷术。

我向翦、周两人提到，我们已听说了有关中国的一些革命变化的好消息，但对控制出生率没有听到任何消息。于是我问道：如何避免人口过剩的问题呢？

他们回答道："那是马尔萨斯人口论的看法，是帝国主义的错误认识。我们从马克思主义理论得知，劳动力创造了一切，因此人口越多越好。"

---

[1] 核心组织者有来自英国的明代研究专家奥托·博克巴赫·斯普兰克尔（Otto Berkelbach van der Sprenckel），来自剑桥的崔瑞德（Denis Twitchett）和龙彼得（Piet van der Loon），来自巴黎的白乐日（Etienne Balazs），来自慕尼黑的福赫伯（Herbert Franke），来自布拉格的普实克（Jaroslav Prusek），来自汉堡的傅吾康（Wolfgang Franke）。——原注

[2] 即《中国史纲要》。

对于这次谈话我一直记忆犹新。1950 年至 1980 年的 30 年间，中国的人口数量翻了一番，但在毛泽东带领下的人民生活水平较之从前几乎是原地踏步。马克思的反马尔萨斯人口论导致了人类历史上一次最可笑的惨败。

之后，我前往罗马参加第十届历史学家国际会议（International Congress of Historians）。在这次会议上，我提交了《现代西方科学技术对日本和中国的影响》这一论文，其内容来源于哈佛同事间的几次讨论纪要，不过由我执笔而已。我们看到，对现代西方科学技术发展的态度，日本积极的回应与中国冷漠懈怠的表现形成了强烈的反差，造成这种不同的基本原因是这两个国家的社会文化差异，这种观点完全违背马列主义的观点。剑桥大学的李约瑟（Joseph Needham）博士对论文进行了猛烈的抨击，认为它有掩盖和粉饰帝国主义邪恶的一面。事实上，早在二战时的重庆，我与李约瑟就关于他对中国科学技术研究的计划进行了几次激烈的讨论，当时我们在各自的大使馆担任着对应的类似职务。（如果吉普车和卡车可以称为相对应的东西的话。）之后，他曾作证说美国人在朝鲜战争中使用了细菌武器。如今他又在日本研究问题上教条式地夸夸其谈。与其在《中国科学与文明》（*Science and Civilization in China*）的泛泛而论相比，更明显地表现出思想上的愚蠢。我在想，一名精通这种掌管多个领域"法则"的万能科学家，如果没有这种马克思主义称为"社会科学"的"法则"作为依靠，是否就无法面对所有的社会现象呢？或者按照马克思的说法，实际上应叫作不能正视"社会科学"了。如果答案是肯定的话，那么对于我们这些依靠多学科综合研究方式研究中国历史的人来讲，这确实是一个巨大的挑战。

会议上提出的另一个组织性的问题，即是否能够将新的思想理念编入教科书，从而对东亚概况课程在美国各地广泛开设有所帮助。赖肖尔和我每年都在重新修订和精练这块“试验田”，在我们看来，需要一本与时俱进的、全面概括性的教科书，为进一步地深入研究打好必要的基础。1951年，我们就开始讨论编写教科书的相关事宜，由于之前的出版商对如何出版缺乏想象力，后来我们又换了一家，所以一直拖到50年代末才正式开展此项工作。威德纳图书馆周日工作的制度使我颇为受益。你可以从马萨诸塞大道入口处往里看，在看到守卫换班的时候赶到那里，发现门锁打开你就可以进去，并在已列有你名字的专用登记簿上签名。这样你就可以享受一整天的自由时光了——没有人，没有电话，只需一个三明治，像特拉普派（Trappist）修道院一样安静。

编写教科书最大的问题无疑是教学内容的取舍选择。只有对此有了全面的认识，你才能进行取舍，并将代表性的人物、事件纳入你的编写内容中，去表现历史的基本主题。对总体的概括和对个体的详述是互相影响互相作用的。以马可·波罗为例，他个人的情况对了解他本人是必不可少的，也可以使人看到西方和中国那不断的接触、蒙古人利用外国人统治中国，以及西方民俗中的传奇等等情形。

《东亚文明史》（*A History of East Asian Civilization*）丛书，卷一《东亚：伟大的传统》（*East Asia: The Great Tradition*）于1960年出版，卷二《东亚：近代的变革》（*East Asia: The Modern Transformation*）于1965年出版。在前卷精简合并的基础上写成的合订本《东亚：传统与变革》（*East Asia: Tradition and Transformation*）于1973年出版，随后《中国：传统与变革》（*China: Tradition and Transformation*）于1978年出版。按照这样一个“宗谱”排下去，恐怕“这本书的第三代”也迟早会出生吧。

1961年至1966年期间，赖肖尔担任了肯尼迪政府的驻日大使，此时我们年轻的同事艾伯特·克雷格（Albert M. Craig）成为新的助力，即对20世纪的日本进行研究。最终，由赖肖尔和克雷格编写的最新教科书

《日本：传统与变革》（*Japan: Tradition and Transformation*）于 1978 年出版，这是关于日本的一本最新教材。值得注意的是，在有关古代中国以及古代日本和近代日本研究方面，赖肖尔堪称是一位多面手。

对中国问题和日本问题作不同的分卷论述令我深感遗憾，因为它违背了将东亚文明作为一个整体“华夏文化区”的本义。其结果是，在我们的概况课程安排中，日本部分只占三分之一，只是将其和中亚、朝鲜以及东南亚等地区放在一起作综述式的介绍。但是，随着日本在美国影响力越来越大，当它不是一种美国公众的想象而是作为一种现实出现在美洲大陆上时，我们必须对其给予更多的关注。这样一来，通过“华夏文化区”（包括越南）的概念来体现中国文化的主导地位自然不得不放弃。不过，这种主导地位总有一天会东山再起的。

对我来说，完成这项教科书的编写工作实属不易。我发现，编写日本问题研究部分的同事们有着大量学术出版物作为立论基础，而编写中国部分的我们；虽拥有众多的汉学史料，但缺乏社会科学对其作出的解释。此时，莫里斯·弗里德曼（Maurice Freedman）和施坚雅（G. William Skinner）才刚刚崭露头角。在中国，一方面，受过现代培训的中国历史学家少之又少，因此没有人把关于日本入侵、内战以及革命的数十年历史整理成体系，对这一时期的历史进行总体研究。另一方面，中国近现代文学也鲜有学生关注，至于相关方面的数据资料更是难以获得。而研究日本历史则大为不同，一本参考书目满满记载着你可以想象得到的所有主题，无所不包。

我们编写教科书时难免受到一些旧的史书影响，即著述重点放在社会制度和统治政权方面。按照时间顺序，我们叙述了历代王朝，包括其征服的地区、税收制度、主要官吏以及在艺术文学方面所取得的成就。现在应该作一些进一步深入的研究了。然而，书中并没有涉及普通人的生活。事实上，男女大众根本就无迹可循，你所能看到的都是不平凡的人物。社会历史并不如你所想的那么简单。你可以概述情况，引用数据，甚至声讨上层社会的衣冠禽兽，然而，任何人无论他说了什么，做了什么，并不是仅仅代表着他自身，而是有一定的普遍性。

无论怎样，我觉得我们所著的《东亚文明史》起到了与斯塔布斯（Stubbs）的《宪章精选》（*Charters*）开创英国立宪史的先河相同的作用。我们必须建立一种习惯和制度方面的组织框架，以便对中国和日本的历史，包括事件、历史阶段以及各种运动作出合理的说明。教科书的出版凝聚着许多人的心血，我们请威尔玛为这些书配了图解，霍顿·米夫林（Houghton Mifflin）则以此为基础将其制作成了精美的艺术品。最后，我们认为这些书中已没有任何多余的可删除的地方，所有的内容对主旨来说都是必不可少的。毕竟，我们赶上了马可·波罗以来最好的时机开展工作。事实上，我们的教科书任何 3 页的内容都足以扩展为一场讲座。一位学生就曾对我说："我读不了您的书，但我很确定，我能研究它。"

这些都是 20 年前的事情，如今我们把我们的通论看作中国掌握文化知识的统治阶级对自己及其观点和成就的总结。革命促使普通人的生活进入我们的视线，特别是农民大众，成为一个新的研究对象，带来众多值得研究的问题。与此同时，中国文学作品的翻译工作也在不断向前发展，并为人类学家如芮玛丽的学生和继承者史景迁（Jonathan Spence）等一些历史学家所运用。关于中国的近代历史同样需要编写一本新的教科书。

培训、研究以及出版的组织工作促进了学术观点的发展。鉴于国内一些社团组织往往会自以为是地热衷于一些事后看来似是而非或带有偏见的思想理论，我认为最基本的问题在于，美国的汉学家应该和其他地方的汉学家们进行接触，保持相互联系。如今包括美国在内的"帝国主义"已经成为全球性的热点话题，这样的交流似乎尤其具有价值。

第 28 章

在世界各地参观与访问

作为开拓者的优势在于，他不仅可以了解该领域的全貌，还可以发现“金矿”并占据最有前景的研究点。对于近代中国的研究，我始终有着一个根深蒂固的想法，即进行全面理解，似乎想要用一个大网尽可能地将可控范围的领域全部笼罩起来。首先是书籍方面，在威尔玛的帮助下，我整理了几抽屉的参考书目卡片，以及自 1936 年以来这方面的英文资料，甚至还包括我返回哈佛之前的一些著作。我想了解每一位出版过有关中国研究著作的作者。由于语言学习占去了不少精力和时间，这项工作也成为一项艰巨的任务。多亏有中国和日本方面的帮忙，前文提到的各种附有内容介绍的描述性书目的汇编工作才得以完成。

其次，我想了解该领域的每一个人以及他们正在进行的研究工作。于是我不得不奔波于各个集会或研究协会的年会之间，非常忙碌。最终形成了周游美国各地的惯例，包括进行讲座、参观学术中心以及会见各界人士。通常，我会事先安排旅行日程，这样在前往某地的途中，我可以在别处停留来查看我想了解的情况。“要想了解中国，就得四处走走。”我以实际行动表明我能以最小的成本完成这件事。多年来，为了实现这个目的，我已去过很多地方，并与各地有关人士进行过数百次的谈话。

我到处发表演讲的推动力要归因于一种类似传教士的热情（我注意到赖肖尔也有这样的热情），这种情况在美国比其他地方要普遍得多。我猜想，许多持有老派观念的人多少会对这样的行为方式感到不可思议，他们一定会惊讶，究竟是贪婪还是权力或是狂热盲信的驱使，让我们这样充满干劲。或许可以理解为是一种学术事业创办人固有的热情和抱负，它是伴随资本主义兼并活动而来的那种向外扩张的一种反射。

就我而言，我认为在中国问题研究领域的每一个人都是我的同事、可能的朋友，我们或许可以为其提供帮助。对那些学术研究水平比我高的学者，我从不吝啬于鼓励和支持。我觉得我们都需要道义上的支持。在这方面，我能够理解小城镇里的那些宣传鼓动家的动机，他们不仅在扶轮社和吉瓦尼斯俱乐部（Kiwanis Club）集会上发表演讲，同时他们也是美国组织推动力的典范。我们坚信，只有发展才能拯救世界。我不赞成那种僵化的观念，即认为发展确实会造成对我们的首要威胁。多一点总比少一点要好，至少在一个人自己的认识领域里是如此，就算是事情朝糟糕的方向发展也是如此。

毫无疑问，我们真正的解决办法在于出现更好的组织以及进行更好的合作，在全世界范围内撒下我们的大网。对我而言，出国旅行自然也是实现这一目的一部分。

1952 年至 1953 年，在日本有 10 个月的时间学习语言和研究文献目录，这对我们这样已有一定专业水平的人来说，时间相当充裕。在一个日本非马克思主义的研究中国问题的小群体中，我们结识了一些好朋友。山本达郎（Tatsuro Yamamoto）是东京大学最具有国际意识的一名教授，同时，他也是一位多才多艺、温文尔雅的贵族，精通法语、英语、汉语以及其他多种语言，此外他还是中越问题研究方面的权威，也是国际学术组织的日本代表。1951 年至 1952 年，山本达郎一家来到哈佛大学。此后，我们又在印度意外地遇到了山本达郎本人，当时他正在指导一个日本测量队测量和拍摄印度国内的建筑遗址，其工作的开展如同蚕吃桑叶，有条不紊。1953 年，他的夫人山本纯子（Sumiko）帮助我和坂野正高（Banno）完成了有关近代中国的日本著作的参考书目的编译工作。她在日本国际基督教大学（International Christian University）从事教学工作，并发表了论述 20 世纪 20 年代中国反基督教运动的博士论文。与这些性情文雅的朋友比较，我们觉得自己粗野不堪。

20 世纪 60 年代，我曾环游世界两次，约翰·林德贝克也同样如此。我们都将对中国的研究视为一种全球性的事业，渴望了解其他国家和地区，特别是中国的台湾地区、日本以及苏联，在这方面正在进行的研究情况以及我们之间如何开展合作。

1960 年，10 岁的劳拉和 6 岁的霍莉也一同加入我和威尔玛的旅行，这无疑给我们的旅途增添了极大的乐趣，也使我们与当地人接触时要自然和轻松许多。我们首先游览了罗马和雅典，随后我们拜访了英国驻保加利亚大使安东尼·兰伯特（Anthony Lambert）爵士，他是我在牛津大学贝利奥尔学院时的同学，我们在他那位于索非亚（Sofia）的宽敞的大使馆待了一周时间。而在我和威尔玛首次体验这个共产主义国家的首都时，兰伯特的两个女儿与我们的女儿就在一起玩耍——街上到处是行走的人以及渴望与我们进行交谈的受到压制的知识分子，即便只是谈论一些司空见惯的事情。在播放音乐的空当，安东尼和我私下低声交换了一些政治看法，生怕大使馆会装有窃听器。

随后几个星期，我们参观了以色列和印度总统尼赫鲁统治下的新德里，还顺道去了尼泊尔，在这些地方我们看到了举国上下为民族复兴所作的努力。之后我们又在缅甸待了两周时间。美国新闻处（USIS）驻仰光办事处的负责人恒安石（Arthur Hummel，Jr.，恒慕义之子）给我们提供了许多帮助，我们参观了曼德勒地区（Mandalay），还驱车前往蒲甘（Pagan），参观了那里 40 多座主要的中世纪佛教遗址，并在大多数的寺庙拍了照。总的来说，这是一次英国式的旅行，那里气候干燥，阳光十分充足。此外，我与当时缅甸的当政者总理吴努（U Nu）进行了一次长时间的富有理性的交谈，当时的缅甸人民对于工业、冷战甚至旅游业都一无所知，他们生活贫困，排外，完全处于消息闭塞的"世外桃源"一般的生活中。相比之下，曼谷、吉隆坡、新加坡、西贡以及香港似乎较为现代化且社会在快速变迁。

位于中国以南的是一些信奉印度教或佛教的国家，这些国家的学者似乎对冷战无动于衷。让新德里深感忧虑的是，它与革命中的中国历时已久的边界之争，并且在 1962 年印度军队甚至向中印边境的中国军队发起了进攻，最终还是被彻底打败。这里除了政府部门的外交官之外，没有任何在汉语方面训练有素的人才，大学也没有开展太多认真的研究工作。缅甸一直有着中国"入侵"的梦魇，在那里只有一位研究中国问题的教员，他曾在耶鲁大学学习汉语。泰国对于中国问题的研究更是少之又少，虽然他们更直接地处于武力威胁之下。经过这几日在各大首都的游览经历，我发现这些与中国接壤的边界国家对于汉学的研究还几乎处于空白状态。吉隆坡、新加坡以及西贡算是半中国化的城市，但这些地区几乎还未开展对中华人民共和国的相关研究。马尼拉（Manila）在这方面刚刚起步，只有一位我在哈佛大学的学生在耶稣会的支持下从事教学工作。在这些首都城市，我与重要人物有过会面，作了几次讲座，还探望了一些老朋友。而这些老朋友大多都是记者或外交官，是驻外机构或部门中主要的两大类群体。

香港当然是走在最前列的汉学研究中心了，但香港本地的企业和公司不设基金会，因此，尽管香港有着近水楼台先得月的便利条件，但其对于中华人民共和国的研究却也主要依靠纽约的福特基金会的资助。由于某种原因，学者从事诸如社会科学、历史学科等抽象的研究项目是一件难以及时获利的事情，所以没人能决定是否应负担这样无利可图的投资。在皇家亚洲学会（Royal Asiatic Society）香港分会，我作了主题为“美国的中国问题研究”（Chinese Studies in the USA）的演讲，受到人们的欢迎。其间，我提出历史知识是防止思想狂热的最佳手段，但几乎没有人对这样的提议有所反应，只是在我提到有效的学术激励和攻读学位的候选资格时，才有一些听众表现出一定的关注。短短一个月的时间，我在香港的 6 个公共机构作了十几次演讲，同时也结识了很多的朋友。

在我们四人的旅行中，印象最深刻的莫过于在西贡再次见到我们在华盛顿时的朋友雷正琪（Wolf Ladejinsky）。他阅历丰富为人热情，先后在日本、中国台湾、菲律宾以及印度等地进行土地改革，是一位重要的改革者。他和我们的女儿很快成了朋友。事实上，当时他正准备前往南越，担任吴庭艳总统的土地改革顾问，却不知这是麻烦开始的前兆。

1960 年的旅行让我们对台湾地区的近代中国历史研究的相关情况有了一些了解。我们在台北停留了 7 周时间，住在“国立台湾大学”的一间房子里。此时，重组的国民党以及“中华民国政府”利用 10 年时间巩固了其统治地位，它致力于土地改革和工业化发展，使人看到了一个现代化的志在改革的政权形象。对于这一目标的实行，他们已经具备了种种便利条件。经过 1895 年至 1945 年这长达半个世纪的日本殖民统治，当时的台湾已建立起稳固的基础设施，包括铁路、公路、水力发电、文化教育、公共卫生以及养殖耕种等。尽管如此，日本人在发展高等教育事业方面却没有什么建树。1947 年，一位声名狼藉的国民党将军（陈仪，福建省主席）

镇压了在台北举行的一场抗议国民党军队贪污腐败的示威游行活动，这次游行中有大约1万名台湾当地人遭到屠杀。此后台湾再也没有头面人物与国民党进行对抗了。在1949年，随着蒋介石逃亡台湾的人中有许多珍贵的管理方面的人才。在清正廉洁的陈诚将军任台湾省省长时，他们发动了一场真正的土地改革。他们废除在外地主土地所有制，有利于科学地发展农业。

推动此次土地改革的主要机构为中美农村复兴联合委员会（Sino-American Joint Commission on Rural Reconstruction），该委员会是根据美国国会通过的法案，于1948年在中国创立，委员会负责人为曾在北京、昆明两地担任过北京大学校长的蒋梦麟（1886—1964）。农村复兴联合委员会恢复了先前由日本人创建的农民协会，同时推动这些协会为农村地区提供贷款和农艺技能。中美农村复兴联合委员会的一大优势在于单一的组织结构（如同第二次世界大战期间艾森豪威尔在其指挥部设立的英美联合指挥组织，当时运行得十分成功。）——美国专家和中国问题专家在同一个小组工作，并非"对应的人员"。

我们一见到蒋梦麟博士，他就说道："如果我们在大陆时就有现在的认识水平，恐怕我们早获胜了。"这句话让我进行了反思。正如他在自传《西潮·新潮：蒋梦麟回忆录》（*Tides from the West*）中所述，他从一开始所走的本来是一条读书做官的经世之道，如果不是1904年他认识到必须去美国才能做学问的话。他在伯克利攻读教育专业（1912年获法学学士学位）；在哥伦比亚大学师从约翰·杜威（1917年获哲学博士学位）。随后，1919年至1945年间，除一些短暂的中断外，他一直担任北京大学校长，其经历令人印象深刻。

蒋梦麟有幸出身于蒋介石的家乡浙江省的一个士绅家庭，祖上经营钱庄。尽管接受美国现代化的教育，却依旧保持着古老的忠君美德。第二次世界大战期间，我在昆明和重庆见到他，当时他的生活一度窘迫，以至于他的夫人不得不背地里寻找工作来糊口。他不止一次地跟我说："我正在和蒋介石进行联系，并给他提了不少建议。一旦时机成熟，你会看到他立即实行改革挽回局面。" 1960 年，他在台北没有再提起这些虔诚的想法，事实上，在这片面积较小并易于管理的土地上，中美农村复兴联合委员会已经实施了很多挽回局面的改革措施。

在我看来，忠诚于某位统治者的古代士大夫思想在蒋梦麟这一代人的身上还根深蒂固地存在着。他们并不会起来革命，更不会进行反抗。在战争年代里，CC 系使得昆明的教授陷入饥饿的困境当中，当时蒋梦麟博士也是其中的一位主要代表。他到底从蒋介石那里得到了什么？我们当然不得而知。但他的确是一位仁慈且有毅力的官员。1960 年，蒋梦麟在台湾热情地接待了我们，还安排了中美农村复兴联合委员会的人员带我们在岛上四处参观。

国民党政权的领导方式始终墨守成规，缺乏创新。在经过深刻的反省之后，蒋介石和他的效忠者将失去大陆的原因归结为缺乏纪律约束和献身精神。（那时他们并没将责任归咎于认为"美国国务院内的共产党"，导致失去了美国援助。）他们决心通过国民党精神的重建和孙中山思想体系的复兴（如果可以这样称呼的话）反攻大陆。然而，出于自尊心和政治权术的考虑，他们维持着伟大主权的空壳，不过只是一系列虚假伪装的游戏罢了。我随即想起了舍温 · 威廉姆斯化工有限公司（Sherwin Williams Paint Company）的一句广告语："挽回表面等于挽救了一切。"

过去日本在台湾的总督官邸，一座 1900 年代建成的漂亮的红砖建筑，如今成为蒋总统的总司令部。两项法律上的虚构成为权力机构的支撑点：其一，内战正在继续，前线阵地就在大陆沿海一带的岛屿上，以面对厦门的"前线"金门最富象征意义。因此，自 1949 年后的 30 年里，台湾一直处在军事管制之下。整个岛屿被铁丝网包围起来，军号声不绝于耳，机枪碉堡也随处可见。其二，在台北的“中华民国政府”，一方面在名义上依然保留着众多虚设的挂名职位以及对南京和所有省市的最高行政管理权，准备一有机会便重新恢复执政；另一方面，名义上的台湾省地方政府被撇在一边，在台湾省偏僻的台中市建立名义上的省政府机构，但并没有在此岛屿上掌握实权。

这些法律虚拟多少缓解了战败所带来的耻辱，同时又赢得了亲国民党的美国支持者同情支持弱者的自由主义感情。与此同时，对他们来说，中国人比以往表现得更加热情好客，对其理想给予慷慨支持的可能性就大大增加了。由此，台湾成为一个真正意义上的矛盾象征，它在中国与美国价值观之间寻求着某种平衡和联结的作用，即一种不同于任何一方的价值观。

对这些流亡的国民党人来说，坚持意味着永不放弃、永不言败的精神，意味着势不两立、斗争到底的决心，可以流血，但决不屈服，始终信守自己原来的责任和义务，誓为孙中山和蒋介石的忠实信徒——总之，这是一种完美的精神上的姿态。他们如此坚定的立场让人觉得，“中华民国”在台湾只是暂作停留。虽然目前失利，但只要美国继续以某种行动暗示它对台湾的支持，他们迟早会东山再起。

对于支持国民党的美国人来说，事实却恰恰相反。“福摩沙”（葡萄牙语，是一个“帝国主义”的称谓）是一个面对共产主义者敢于继续抵抗的岛国，他们正为我们而战斗，同时也竭力为脱离大陆保持独立而战。如此勇往直前的斗志理应得到我们的援助。台湾新颁布的“法律”中提及民主自由（军事管制只是暂时的），媒体报道也不是千篇一律（如果懂中文的话），贸易也以日本式的出口导向模式迅速发展起来。美国的华人团体，无论是进行贸易活动，还是开展基督教传教工作，或是从事汉学研究，甚至是军事组织等，发现台湾不失为一个惬意的地方，可以在那里继续他们在大陆曾从事过的事业和活动，只是规模和范围相对缩小了而已。基督复临安息日会医院（The Seventh Day Adventist Hospital）是台北市最好的医院。驻外事务处在台中市开设了一所语言学校。同时，位于台中的东海大学也是基督教会学院燕京大学的后继者，坐落在新修建的漂亮校园内，还有许多来自北京的教员。此外，美国军事援助顾问团（Military Assistance Group）、美国空军以及美国中央情报局均在台北设有各自的派驻机构和人员。“国立台湾大学”中增加了许多来自昆明西南联大和北京大学的教学人员。“中央研究院”大楼也在距离市区 6 英里的南港竣工。在这里我们还遇到了老朋友李济，他正在撰写大量有关安阳殷墟出土的文物报告的鸿篇巨制。从战争时期开始，梁思永就带头进行此项工作的研究，一直到他患肺结核病逝。随后李济承担起研究的重任一直到完成。1979 年，李济逝世。

中美农村复兴联合委员会带着我们乘坐火车和吉普车进行了环岛旅行。从尚未竣工的横贯全岛公路前往被岩石包围的东海岸的途中，我们从修路士兵的身上再次看到了其勇于奉献的精神和坚定的决心。从巍然屹立的高山下行转到壮观的太鲁阁峡谷，沿路到处都是松散的岩石，卡车通行还不时会引起小规模的山崩，掉落的岩石有时会把下面已经推平的道路堵住。据说，很多士兵为修路而献出了自己的生命，但是他们坚持征服自然的精神也算是对大陆作战失败的一种补偿。这样看也是不无道理的，因为它似乎很好地表现了我在当地所有人中所感受到的不屈不挠的精神。

我与“中央研究院”近代史研究所（Institute of Modern History）接触较多，该研究所的负责人是一位尽职尽责、细心谨慎的学者——郭廷以。他深得国民党的信任，但据说由于他并非“国立台湾大学”教授而是台湾师范大学的教授，因此很少有机会招收到顶尖人才。不管事实究竟如何，郭先生却能变不利为有利。他从台湾师范大学招收的研究员不仅忠诚于他本人，同时也忠诚于近代史研究所，而并非将这个事业当成到美国发展事业的垫脚石。在防止人才外流的同时，近代史研究所培养了一批博学多才的研究员，由这些人编写了一系列系统的、实事求是的历史著作，特别是1861年到1927年间的历史。此外，近代史研究所主要依靠的是中国最早的外交机构遗留下来的档案资料，借助这些得天独厚的档案资料，他们出版了一系列重要的档案文献集。

由于之前我曾代表哈佛大学与福特基金会进行协商洽谈，如今我同样能够帮助郭先生寻求这方面的资助，以便于他们开展出版项目的同时可以外出进行学术交流，使他们与美国各大研究中心保持更密切的联系。近代史研究所有十几位著述颇丰的学者，他们已经注意到美国的专题研究论文通常以较少的事实为基础，而理论分析较多；而中国过去的编年史编撰者的习惯依然影响着中国的历史学家，他们通常都是按照年代排序的方式将大量的资料编缀在一起。我设法会见了郭廷以在国民党情报宣传部门的上级领导，其间我婉转地向其暗示，那些像瘟疫一样被控制隔离的关于中国共产党的档案对美国的研究者来说有着巨大的吸引力。

在台湾的政府机构和学术界里，很多人都是我在三四十年代的老朋友。当时胡适已经从美国回来并担任“中央研究院”院长，当时我们见过几次面。回顾往事，博学多才的他对其担任驻华盛顿大使的经历感到遗憾，他更希望以揭露中世纪中国禅宗佛教骗局的学者的身份留在人们的记忆中。对于美国人来说，他是一位为人热情、有重要影响力的中国历史人物。他善于交际，且能够记住每一位交谈者的姓名，能和他们轻松自如地交谈，这些给他们留下了特别的好感。他的一生也多半在美国度过。

1962年，胡适猝然离世。为此，“中央研究院”内竖立了一座精致的纪念碑，纪念碑上胡适名字的尺寸与蒋介石总统的签名大小差不多，当时蒋介石还想从这位北京来的知识分子身上捞得最后一点好处。胡适纪念碑旁边就是博物馆，1919 年的五四运动使得胡适名震天下，如今这些历史的遗迹都被敷衍地丢在了角落。国民党从未对五四运动有过好感，也不愿意提起它，因为共产党早已优先利用了这场运动。如果以美国人的想象来看，胡适的墓旁应该摆放一尊约翰 · 杜威的半身像。

我曾在战时的重庆见过的国民党部长中，组织部长陈立夫早已退休，在新泽西经营着一家养鸡场。而更为开明的王世杰则继续留任内阁，他对于我有关学术交流和开放档案的提议抱着积极响应的态度。

对我来说，从某方面来看，20 世纪 60 年代的台北与 40 年代的重庆有着些许的类似。在这两个时代，它们同美国的关系对于当地的局势都有着重要的影响。当然我也包括在其中，如今我又成为当地情况的旁观者兼参与者。1960 年，一度曾经担任国民党领导职务的《自由中国》的编辑雷震，开始组建反对党。他领导的组织还曾向我寻求过“意见”，即争取外国人的支持。然而，当年的晚些时候，雷震以与中国共产党有来往这样“莫须有”的罪名被判处 10 年徒刑，而他组织的运动也以传统的“斩首示众”方式遭到镇压。我适时地给《纽约时报》写了一封信，信中批评了国民党一贯的独裁统治。1964 年，我拜访了雷夫人，她说他们所有的朋友都因此而疏远了，只有王先生还有联系，而她的生活也过得异常悲惨。我问道：“王先生是谁？”她说：“我们的老朋友王世杰。”她受到一位忠于国民党的中央委员的保护，这让我再次感受到法定官方关系仅仅是把中国社会维系在一起的、无处不在的私人与亲属关系网之外的表面现象而已。

60 年代末期，伴随着缺少安全感甚至是政治的歇斯底里症的并发，另外一件事情又发生了。殷海光教授是我们的朋友金岳霖的学生，他是一位哲学家，精通西方思想，同时也是一位与亨利 · 门肯（H. L. Mencken）、伊西多 · 斯通（I. F. Stone）类似的不思悔改的自由主义思想家。在他看来，孙中山的三民主义浮夸而不切实际，其思想几乎与马克思主义一样有毒害作用。他还对将台北作为全中国的“首都”提出了质疑。然而他独立不羁的思想却害了他自己。在大学里，他的工资被停发，在他病入膏肓时，他的生活只能靠我们从哈佛燕京学会申请的研究拨款得以维持。对国民党来说，这是一件极不光彩的事。

与此同时，政治压力在日本也逐渐升温。1960 年 6 月中旬，我们在东京看到了反对《日美安全保障条约》的示威游行活动，正是这次游行最终导致艾森豪威尔总统的访问被迫取消。现代的“示威”一方是高呼口号、势如潮涌的学生编队，一方是手持防护盾和警棍的密集的警察方阵，显示出一种与其时代形成鲜明对比的类似中世纪仪仗队般的循规蹈矩的气氛。没有人打扰来自美国的旁观者。与 1960 年 4 月南朝鲜学生的游行相比，日本学生更加端庄得体。而发生在汉城的那次游行，学生们反对李承晚政权，面对着军警的机关枪迎面而上。最终用许多人的生命换来了李承晚政权的垮台。

对于中国问题的研究，在日本和南朝鲜有许多相似之处。汉学研究在日本是传承已久的学科之一。一直以来，东京学派和京都学派对该领域的研究作出不同解释，使之后整整一代学者为此争论不休。而在日本的三周时间，我再次联络了东京和京都的“老关系”，共走访了 20 多个研究团体，并与其进行了交流，而所有的研究机构对于汉学研究都有着各自不同的专长。每次走访结束后，我都会带回更多的书籍、名片以及机构资料。

在汉城的一周更像是在美国国内某个正处于学术发展阶段的边远地区一样。南朝鲜的汉学研究刚刚开始进入中华人民共和国当代研究这一研究领域，但其还缺乏像日本研究中国问题所依靠的马克思主义理论的假设。南朝鲜大学的研究中心渴望得到如何获取福特基金会的资助的建议。比如，应该使用什么样的措辞提出这一要求才恰当？该研究中心决定召开一次有关亚洲现代化问题的国际会议。而在当时，日本的马克思主义者仍然在不断地对帝国主义进行谴责，认为它是造成当代亚洲灾难的罪魁祸首。

作为哈佛大学的一名教授，在日本和韩国还是极受尊敬的，其众多的欢迎者似乎足以表示他们的真诚和热情。但是，我发现两国在表达方面的确存在着一些差异。我注意到，"日本对美国学者在东方历史的研究方面发表的意见可以说非常重视"。与此相反，在南朝鲜，"当地的研究机构将我看作一位极有见识的智者，也许能够帮助当地人看到自己在历史研究方面还很滞后。这一直令我颇感不安。我仅仅是在四处讲学时积极传播一些我的研究领域内的相关信息，这是一个优秀研究生就能够胜任的工作，但是我被宣传为研究中国近代历史的国际权威"。其原因大概是，我一直处于世界权力的中心——美国，且经常发表一些关于政策问题的评论，而这不过是一个研究东亚问题的学者自命不凡的一种表现。

1964 年，我们又沿着差不多相同的路线向东再次旅行。我们由伦敦直接到达新德里，在这里关于近代中国研究的讨论尽管相当热烈，但其实际取得的进展似乎比不上吉隆坡和新加坡。

与 1960 年的旅行不同，当时两个孩子和我们同行，这次劳拉留在学校，但 10 岁的霍莉仍与我们相伴，共同了解世界。我们与康奈尔大学的劳里 · 夏普（Lauri Sharp）一起在泰国西北地区的山地部落走访了一周，此时霍莉对人类学产生了极大的兴趣。例如，我们拍摄山地部落的女性，她们穿着低腰的小短裙，背部露出一个大大的缺口。我们与美国驻柬埔寨首都金边的大使菲利普 · 斯普劳斯在一起的时候，霍莉在正式宴会中毫不费力地扮演了主宾的角色，一点儿也不怯场。她还向客人们讲述了我们在山地部落的见闻。

1964 年再次来到西贡，我们发现如今的民族服饰奥黛（Ao Dai，越南长衫，越南妇女的民族服装，由开高衩的长衫和宽腿裤构成）已经很灵活了。穿着“丝绸裤和高衩长衫”的年轻女性骑着摩托车，戴着宽边草帽，乌黑亮丽的长发随风飘动。她们“更像是阿布沙罗斯（apsaras，婆罗门教女神），悄无声息地穿过了林荫大道”。霍莉也有一些绿色和粉色的奥黛，丝质的宽腿裤罩上色彩艳丽的高衩长衫，别提多迷人了。霍莉身高适中，体型匀称，看起来像16岁的妙龄少女，以至于鸡尾酒会上的年轻记者都被她吸引住了。

而在韩国的旅行更加开阔了霍莉的视野。当我们到达汉城时，这里正在召开一次国际青年商会（Junior Chamber of Commerce）的会议，导致城里的酒店人满为患。最终我们住在了山顶处名为“金秀章”（Keum Soo Chang）的酒店，这是一座一流的通体由大理石修建而成的酒店。接待人员有些担心地问道：“这里可以吗？这是城里唯一有空房的地方了。”这里的建筑有一种我们在拜访朋友时见识过的富丽堂皇，于是我向他们再次表示没有问题，然后就住了下来。

酒店装修颇为奢华，卧室的床也很大，在客厅通往卧室的入口处摆放着许多日式的拖鞋。霍莉很快与几个女仆交上了朋友，她告诉我们在通向绿树成荫的后院入口处停着许多豪华轿车。后院的建筑是典型的韩式风格，尤其是到了晚上，人们会在这里聚餐、唱歌。事实上，我们被安排在汉城最好的旅店，我们在此居住了一个星期，发现这里不仅环境优雅，服务也很周到。

在4年之后，再次故地重游，发现香港、马尼拉、台北以及汉城等城市都已高楼林立，给我们以深刻而全新的印象。在香港，这是我们第三次有幸与林赛爵士（Sir Lindsay）和赖德夫人（Lady Ride）住在一起，从这位香港大学副校长的住处放眼望去，横跨海港的九龙湾与岛上的维多利亚港发展程度不相上下。这些城市的大学也随着城市的发展不断地发展壮大，包括马尼拉雅典耀教会大学（Ateneo de Manila）也在发展。在台北郊外，“中央研究院”建立了新的“教师村”，我们在那里的一座房子里住了一个月。

令人高兴的是，1964 年我们在台北再次见到蒋廷黻。他曾在联合国安全理事会工作过很长一段时间，其超凡出众的才智在一定程度上弥补了他所代表的看似强大的权力机构的软弱无能，之后他担任了驻华盛顿大使一职。回到台湾后，他萌生了用现代的方法编写中国历史的想法，使完整的富有中国色彩的中国历史充分地为世界所理解。他并不属于蒋介石的智囊机构——中国文化学院成员，该学院人员由国民党党羽组成，是“中央研究院”的竞争对手。蒋廷黻表示，他曾翻阅过中国文化学院编写的很多书籍，“看完这些书后简直想要大哭”。如果蒋廷黻还活着的话，他也许已经完成了一部富有中国色彩的中国史。

尽管如此，蒋介石僵化的执政风格在台湾仍然占据统治地位。在这里我还见到了在北京时的老友叶公超。他曾是清华大学的一名英国文学教授，此后凭借其卓越的才能担任中华民国外交部部长达 10 年之久，之后出任驻华盛顿大使。然而，由于不肯听从“老头子”的外交理念，如今叶公超被安置在台北内阁一个有名无实的部长位置上。他是一位致力于中国复兴的人，对新旧两种文化都很珍视。他的祖辈和叔辈都曾有人在北京政府担任过总理。他本人不仅是一位书法家，还是一位画家。此外，他曾在乌尔班那（Urbana）大学、贝茨（Bates）大学、阿默斯特（Amherst）大学以及剑桥大学接受西方教育。他经历过伦敦闪电战，目睹过新加坡的沦陷，并且认识很多国家的政治领导人。此时，他开车带我们参观了台中市的皇家艺术收藏品，当时拉里·西格曼（Larry Sickman）正在给这些藏品拍照。我们还曾住在台湾第一银行（ First Bank of Taiwan）的招待所里，碰到了许多企业家，叶公超从这些商人身上看到了台湾未来的希望。访台期间能够与这样一位难得的朋友相处，真是一件令人愉快的事情。

在我们所有停留过的地方，包括在日本的三个月和在南朝鲜的一周时间，我都是以哈佛大学教授的身份参观了各个学术研究机构，会见其中的研究人员并作了相关讲座。总的来说，一个汉学研究的全球性网络正在迅速形成。在东京，我的老朋友市古宙三（C. Ichiko）教授在东洋文库图书馆为他领导的近代中国研讨班收集了大量极其宝贵的资料。在福特基金会以及来自香港、台北和东京的其他支持下，近代中国问题研究已经初见成效。

中国与日本的马克思主义者将资助作为一种文化帝国主义而对其进行猛烈抨击。他们一直努力宣称并联合抵制使用市古宙三教授的珍贵资料。在他们看来，资助机构必然会影响甚至左右个人的工作，即使福特基金会的赞助没有任何附带条件，其依然会不知不觉地影响研究人员，导致他们的判断发生偏差，对罪恶的宽容不咎。所谓仁者见仁，智者见智。如果受儒家思想影响的日本人需要人际关系中的互惠互利，如果他们的责任感是那么强烈，以至于一个学者仅仅是晚些发表手稿都会觉得生活被扰乱，那么我可以理解这一点。尽管如此，对于我而言，“帝国主义”只是一种虚设的意识形态术语，它被如此广泛地使用，以至于现在它包括了所有的国际交往，因而没有实际意义。福特基金会对于学术研究所提供的资助可以有力地推动研究工作，只靠着道德上的故作姿态是无法达到的，无论这种姿态及其含义如何正确，都是如此。从这个角度来说，我显然乐意做一名帝国主义者。

然而，有着儒家思想色彩的马克思主义辩证法并不允许人们成为邪恶的忠实信徒。在香港代表中国共产党的《大公报》公开抨击我是“披着教授外衣的间谍”，并对一些相信我的人进行严正警告。与此同时，有关我个人的被叫作费正清的传闻却不胫而走，继续扩大。1977年，我在香港获得了一本共产党的内部材料——《美国的中国研究者》，其中有一篇费正清的简介。北京研究美国问题的专家仔细阅读了我们的出版物，凭着中国人的常识，找出有利于自己的证据，这些专家确实下了功夫。他们雪亮的眼睛注意到 1950 年费正清担任远东学会的副主席一职，并未晋升为主席，这是其事业发展中的一大挫折，他们认为这大概是华尔街中央执行委员会的决定吧。（在资本主义社会中，还会有谁有决定权呢？）

人们可能希望我们有关北京方面的研究推论更准确一些，但是结果很难说，也许只是徒劳。事实上，使北京的美国问题专家难以相信导致我没有从副主席升任为主席的实际原因，竟是一件典型的美国式的意外发生的小事。1948 年，我们决定将远东学会（自 1941 年起，远东学会一直出版《远东季刊》）发展成为一个专业的会员制协会。当时赖肖尔领导主持一个组织委员会的工作，该委员会提名由毕乃德担任远东学会主席一职。当毕乃德提出对学会章程作出修订时，我的同事、博学而不切实际的查尔斯·悉尼·加德纳（Charles Sidney Gardner）站出来说道："我不同意'副主席继任主席'，相反，我认为应该在'继任'前面加个'不'字。这样就可以有双倍的人享受荣誉，即一些人做主席，一些人做副主席。"理论上说来，这种建议是对的，但事实上是荒谬之极。由于时间紧迫，毕乃德没有直接否决提议，而是采取了投票决定的方法，那些主张平均主义的胆小鬼都投了赞成票。1950 年，在我担任有名无实的副主席后，我声称作为在职者，我是最具有资格督促改革的，此后我便着手修订规程，以恢复其本来面貌。最终改革意见获得通过。1958 年，我被推选为名副其实的副主席，成为该会唯一连任两届的副主席，此后于 1959 年担任远东学会主席。

此外，还有一些中国记者称费正清具有保罗·班扬（Paul Bunyan，美国民间传说中的伐木巨人）一样的神奇色彩。例如，他们的报道中讲述费正清在麦卡锡时期是如何入狱的，出狱之后最终成为尼克松总统的顾问。

1971 年，在获悉尼克松总统在看《美国与中国》这本书并深受其影响时，这本书的中译本第一版立即被找到，并交给毛泽东和周恩来阅读。在这里，我可以看到流言蜚语是怎样同基于“事实”的“合理”推论搅在一起，促成了小道消息的形成。

在 1960 年和 1964 年的两次周游世界的旅程中，我们一共走访了 24 个国家，同时我对这些国家的汉学研究现状和欠缺均作出了独立的评估。我参观了 15 到 20 个研究中心，这取决于你对“中心”这个词怎么理解；进行了大约 100 次的发言，包括自我介绍、讨论或是演讲。总之，中国问题的研究是说起来容易做起来难。该领域训练有素的专业人才尚且不足，我们的出版物也无法传播到偏远地区，尽管如此，我们正在向前发展，在哈佛大学，我们拥有很多与国外志同道合的研究者交流沟通的机会。

第 29 章

越南和美国－东亚关系

20 世纪 60 年代，有关现代中国历史的研究正在蓬勃发展。美国人心目中的东亚突然扩大到将越南也包括在其中。仿佛是又一次的珍珠港事件。形势在我们毫无思想准备的情况下发生了突如其来的变化。

1960 年，当我们乘飞机旅行越过河渠纵横的湄公河三角洲前往西贡时，我突然意识到应该受到惩罚。越南如此明显地是中国文化区的一部分，为什么我们反而要在缅甸停留数周时间呢？在这片土地上，越南人继承了中国传统的教化和儒家的文化思想体系，而其刚刚灭亡的王朝统治就是效仿中国清王朝而建立的。越南古都顺化（Hué）王宫的布局与北京的紫禁城简直如出一辙。法国殖民主义在此统治不足一个世纪，给这里涂了一层殖民主义文化的色彩。就像在韩国、日本一样，这里也到处渗透着中国文化影响的痕迹。

为什么我之前没有意识到这一点呢？如同美国的商人一样，新教传教士也被热衷于效仿大英帝国的法国殖民者排斥在外。在哈佛燕京学社的大量藏书中找不到一本越南出版的书籍。简言之，殖民主义已经给美国的东亚研究定下了基调。

尽管多年来我在演讲和著作中提到过越南，但如今我对越南的文化和政体的特殊性的具体现实在感情上仍缺乏了解，这确实让人感到震惊。哈佛大学和美国公众一样，在越南问题上总的来说毫无思想准备。我认为，造成这一局面不能归咎于学术研究领导上的重大失策，正像不能归咎于我一样。这不只是因为我“有失必有得，人不可能做一切事”的态度，而是认为应该把这看作一个研究宏观问题的专家对东亚问题作宏观研究造成的失误。由此可知，我们这些研究中国问题的专家和别人一样也有文化局限性，由于没有相关的越南书籍作指引，也没有个人旅行或是在那里居住过的美国人进行介绍，导致我们对近在眼前的情况弄不清楚。30 年来，我们反复灌输必须在思想上重视东亚研究并作好准备，如今出现的危机却让我们都措手不及。随着越南战争局势的进一步发展，我开始提出将越南加入哈佛大学东亚研究项目的必要性。我们必须建立图书馆，开始语言培训，聘请越南历史文化方面的教授。这位教授必须起到该领域的学术带头人的作用。

60 年代初期，我将一位年轻有为的加拿大研究生亚历山大·巴顿·伍德塞德（Alexander Barton Woodside，他的父亲为多伦多大学的校长，我曾以罗德奖学金获得者的身份在牛津大学本部见到过他父亲本人）招募到哈佛大学，从事近代越南历史的研究工作。他是语言和比较风俗制度方面研究的奇才。他的开创性著作《越南与中国模式》（*Vietnam and the Chinese Model*，1971 年出版）讲述了 19 世纪早期的越南统治者是如何通过一些有意思的调整来效仿位于北京的清政府的。他在哈佛大学讲授越南历史的课程。

1964 年，我再次走访了西贡，当时美国正准备军事介入越南战争。3 月 3 日，结束在西贡的讨论时，显而易见的是：

南越军队并不愿意与他们的同胞打仗。军官们更喜欢待在城市里面，而士兵则是来自下层社会的农村青壮年，根本没有作战的积极性可言。再多的先进武器和激励，也始终抹不去当地社会的等级思想，也无法培养出一个共同的奋斗目标。虽然越南的民族主义可能最终被人们自古以来对中国统治的厌恶所激发出来，但仍然无济于事。北京政府在这个问题上仍持有一种相当灵活的态度，利用美国人率直和注重行动的心理特征，将我们推到了排外主义斗争的风口浪尖上。希尔斯曼（Hilsman）是威廉·邦迪（W. Bundy）替代一般被看作美国主张采取实际行动的人试图以武力解决问题的一个标志。这种解决方式是我们能够理解并且理所当然地给予支持的，但是其结果引起了一场在心理上反对我们自己的真正战争。我们拥有物质方面的巨大潜力，并明白如何对其加以利用，但我们将发现我们对于文化心理上的力量因素无法充分了解，无法掌控，正是这些因素将导致我们失败。毫无疑问，我们在此负有历史使命，即在其民族主义发展足够强大时退出这一地区。

我们访问了顺化新建的大学，但用餐是在美军顺化顾问团食堂。我们和那里的美国军官进行了交流。其中一人告诉我："佛教信仰是南越军队的主要问题。他们不赞成杀生。自己活着，别人也要能活。"他们经常跟美国顾问们说的一句话就是："不要去那里，那里有越共，非常危险。"

因此，在他们穿过峡谷时，如果得知越共在山上，他们就不会去爬山，因为"危险"，所以每个人都可以幸存下来。战争继续下去，美国的援助也没有间断。但是，他说这里的战争消耗还不如国内实弹演习用得多，只是更具有实践性，训练也相对自由一些。

毫无疑问，这几个月来，美国的领导人从未穿越过有越共出没的高山峡谷，更不会研究中越之间仇恨的历史渊源。他们认为，他们的职责是阻止“铁板一块的共产主义”从中国向越南进军。这显然是建立在错误假设上的想当然，而我们在认识上却无法指出和防止这一点。但是，我认为这恐怕还有习惯和制度上的问题，即美国教育并没有提供任何正确看待越南问题的态度和方法。永存在我们心中的不是怀俄明州那小小的比格霍恩河，而是卡斯特（Custer）将军英勇无畏且过于自信的精神。

从1936年到1965年的30年间，哈佛大学一直在从事中国和东亚的相关问题研究，但我们并没有将越南纳入我们的视野，这无疑是一种难以在短时间内弥补的学术上的空白。在英语文学中，越南是一个还未充分开发的主题，因此想要指导国家对这一地区的政策，还需要很长时间的研究工作。虽然我能够也必定会加入到反对美国介入越南战争的行列中，但我对这个地区并无太多专业知识，也无法提供历史研究方面的深刻见解。

1966年，我们开始筹措资金以为越南历史的教学研究谋求一个教席。尽管哈佛图书馆还没有收藏越南文的书籍和资料，但我们自己收集了一些越南文的书籍，专门放在研究中心的一个房间里。在威德纳图书馆的书架上，越南仍属于“法属印度支那”的类别。到1975年，在东亚访问委员会（East Asian Visiting Committee）的帮助下，尤其是其监察理事会的两位成员奥斯本·艾略特（Osborn Elliott）和白修德的倾力支持下，在我们国家深陷对越南研究的空白10年之后，我们终于为哈佛大学研究越南历史的教授岗位筹到一笔基金。我们以肯尼斯·扬（Kenneth T. Young）的名字命名了这笔资金，他是我们早期的一位研究生，曾担任过肯尼迪总统驻泰国的大使。经过一番推推搡搡，伍德赛德被任命为越南历史研究的教授，是美国在这方面唯一一位教授。然而，他骨子里仍然是一名不折不扣的加拿大爱国者，美国最终卷入越南战争，使其对美国不再抱有幻想。很快他离开哈佛大学前往不列颠哥伦比亚大学（University of British Columbia）任教。于是哈佛大学越南历史研究教授的职位一直处于空缺状态。

我坚信，哈佛大学对于诸如越南这样重大的外交政策问题应当加以关注，但并非是大众认为的那样，属于危机发生后下意识的反应。越南对其自身以及作为中国文化区域的一部分有着内在的兴趣。这就出现了与中国、韩国甚至日本进行比较研究的机会。哈佛拥有对这些毗连区域研究的能力，因此对越南的研究自然也是其职责所在。历时 8 年的战争最终使得越南有必要成为美国—东亚领域研究的关注焦点。

越南研究的这种成败未知的状态，对力图起学术带头作用的哈佛来讲确实是种失败，这部分原因也是因为其机构发展的失败。然而，目前越南研究的团队还没有组建起来，与从事东亚历史研究并享有终身职位的教授队伍增长速度不相匹配。历史系本身凝聚力的衰退就是机构建设的一个大问题，其成员的团体意识从各个角度开始碎裂。随着概论课程在各个学院深入展开，其在大学中的吸引力正在逐渐消失。追求专业化开始在老师中成为普遍现象，之后在学生中也开始出现。每个人都专注于自己的专业方向。正如我的同事伯纳德 · 贝林（Bernard Bailyn，1981 年担任美国历史协会主席）所言："每个人看来都愿意成为名家，抛开自己的日常工作从事更为专业的研究。"

部门缺少凝聚力的另一个原因在于行政管理的多样化。许多人承担大学以外的项目，甚至是只在系里挂个职而已。那些从二战战场重新回归教职的教员更倾向于依靠秘书和录音电话，自揽项目和独立预算。于是，系里很多人员很快开始自立门户，独立于部门之外。

此外，我认为凝聚力的衰退也是一种典型的"哈佛症状"——由于人们对哈佛的固有印象往往是其无与伦比的辉煌，这里的人不可避免地出现骄傲自大的倾向，换句话说就是集体的过度骄傲。而对于一些新任命的人员，即使是那些个性谦虚的人也会固执地显露出“他们不够资格”这种自以为是的态度。如果有人认为自己勉强够资格、有此殊荣，那他也会捍卫自己的事业，维持这种评判标准，防止出现平庸之才，即使这意味着教学工作要被中止。于是，吸收优秀人才加入这个令人神往的圈子变得越来越困难了。

我意识到，学术团体的起起落落是一个非常复杂的社会现象。我试图解释这一发生在我们这些历史学家身上的现象，但很不走运，得出的结论并不完备。但我相当清楚自己在这一分裂过程中所应作的贡献。我甚至以身体力行的方式一直在唤起人们的注意。

东亚历史研究不仅对语言有着特殊的要求（同时会汉语和日语），同时还需要一些特别的资金支持，两者的结合促成了此研究领域新的领导核心的形成。最终，我们顺应需求，把握机会，建立了由教员组成的常务委员会。这个委员会主要负责管理东亚研究专业的文学学士学位课程、东亚区域研究专业的硕士学位课程以及攻读历史和东亚语言的联合博士学位课程的教学工作。此外，为了加强与哈佛燕京图书馆委员会、东亚语言和区域中心（Asian Language and Area Center，有年度基金）以及东亚研究中心的合作交流，使之组成一个整体，最终我们在历史系组建了一个由所有活跃于东亚问题研究领域的教员组成的东亚研究理事会，作为协调工作和筹措基金的机构。另外，由监察理事会授权，该理事会拥有自己的东亚访问学者委员会，主要参与教员间交流的年度会议，讨论这个领域的现状、存在的问题以及各种需求等。

事实上，所有这一切特定的发展取得的成果都应归功于一小群执着的人，主要是我本人和赖肖尔，正是由于我们的不懈努力，东亚研究领域的历史学家从此以后在哈佛大学得以享受特别待遇，完全不受历史系的管束，可以独立地开展自己的工作。1958 年后，研究经费来源也趋于多样化，有来自受国防教育法案（National Defense Education Act）约束的联邦政府的资助，也有来自福特基金会的资助，或是通过社会科学研究委员会的一些间接渠道获得的资助。而管理完善、资金充足的东亚历史研究团体不仅拥有了自己召开会议的场所，能够自行组织研讨会，还拥有自己的发言人，能够进行各种社交活动，甚至还建立了图书收藏库和阅览室。

同样，苏联、中东地区以及国际事务方面的研究也有了显而易见的类似的发展趋势。历史系已经不再是所有这些新的发展的中心。但是，所有教员的终身任职权依然由历史系而非某个委员会决定。这意味着新领域的历史学家必须由历史系评估和推选，他们的研究方向取决于其是否有写出一部优秀著作的能力，对各种小语种的掌握并不能作为评判的标准。具有出众的书面英语能力是我们对于新人的共同要求。此外，在既定惯例的约束下，历史系已有大量的教学工作要做。就连希腊语和罗马语课程能够保留在课程表中已经是实属不易，为什么又加了一个越南语？

这种学术限制已经成为一个更大的全国性的问题。我们该如何用理性和知识引导人们关注诸如东亚这种神秘但分散的地区呢？在英国炮舰的保护之下，我们与中国的友谊维持了一个世纪之久，最终却被驱赶，随后又经历了更加痛苦的朝鲜战争，这使得美国不得不对中国采取遏制政策。到 1965 年，这种政策意味着防止北越在国内战争中战胜南越。

如果我们把 20 世纪 60 年代后期中国和美国的情况作一个比较，看到这两个国家如何把自己弄得筋疲力尽的，我们也许会感到一种自嘲的满足。越南战争给美国带来了多少社会弊病！“文化大革命”给中国又增添了多少痛苦！由于越南战争，美国发生第一次通货膨胀，随之而来的是外交政策的不安全性和不确定性。而中国“文化大革命”的十年不仅使得中国教育和技术大倒退，同时也导致了中国进一步贫穷落后。此外，值得注意的是，越南战争（1965—1973）和“文化大革命”（1966—1976）几乎同时发生，这两场灾难从其发生的基本原因看，并不是毫无关联的。

美国的冷战使我们难以接受被我们感情用事地称之为把中国“丢失”给共产主义阵营这样一个现实，它使我们轻率地刺激中国介入1950年的朝鲜战争。于是在朝鲜发生的这场战争最终促使美国与中国台湾结盟，并对中华人民共和国采取“我希望你完蛋”的“遏制”政策，整整20年的时间对其采取不予承认和封锁的政策。

而在中国国内，自1960年苏联的技术援助终止以后，已经没有什么能取代美国技术的帮助了。毛泽东的那种依靠人力和纯粹爱国主义，坚持自力更生发展的农民式蛮干热情于是占了上风。他们关闭大学，批斗接受现代教育的中国人，最终导致中华人民共和国的10亿人民更加缺乏一个受过专门训练的称职的领导。

事情本来不必走向如此极端的地步。与大多数历史灾难一样，这些灾难原本可以通过人为的努力在一定程度上得到缓解。首先，美国不需要以如此自诩为公正的、激烈的、全力以赴的方式来反对中国的革命。如果美国能够对中国有更多的了解，同时对美国自身的恐惧认识更客观一点，那么美国应该可以更好地应对局势，并进行相关的调整。对待越南也是同样的道理。

约翰逊政府的国务院试图赶上这个形势，极力修复华盛顿和各大学在东亚问题上的关系。第二次世界大战末期，像我这样的一些早期属于研究与分析分会（隶属于情报协调局和战略情报局）的专业学者，已经重返大学工作；而像伯顿·法斯这些人则继续留在政府部门工作。伯顿一直担任国务院情报研究办公室东亚处的处长，直到20世纪50年代才去职，主管洛克菲勒基金会人文科学部门的工作。这里体现了学术界、政府部门以及基金会三者之间紧密的联系，较之于英国或日本，美国人能够在不同的领域进退自如。华盛顿政府迫切需要有经验的研究人员的指导，以至于1947 年我担任情报研究办公室的一名顾问时，就有人建议我在哈佛大学教学的同时，兼职从事政府工作。

然而，随着麦卡锡时代的到来，所有联系最终被摧毁。1965 年，美国在约翰逊总统领导下介入越南战争时，将学界精英聚集起来、充分发挥其专长的想法再次受到了重视。1966 年，在参议院外交关系委员会（Senate Foreign Relations Committee）组织的一次对华政策听证会上，参议员富布莱特（Fulbright）竭尽全力使广大公众对我们的外交政策有一个正确的了解。很多中国问题专家应邀前来出席听证会，美国大多数人相信中华人民共和国的专家能够自己解决他们面临的重大问题，并不会对美国造成威胁。作为参议院外交关系委员会的主席，富布莱特想要我指出越南与中国非常相似，因此在越南问题上美国的政策同样是有失明智和考虑欠周的。然而，由于我不想成为国会反对行政部门的工具，也不愿意将问题的中心从中国转向越南，我回避了这个问题。后来，在开车送我们去机场的路上，富布莱特以温和的态度责备我没有对越南问题表现出应有的态度。事实上，他是对的，我本应该那么做。

1966 年参议院举行的对华问题听证会历时 9 天，台北的各大媒体对此争相报道。尤其是我和鲍大可（Doak Barnett），因为提出与北京进行接触的背叛主张而受到强烈谴责。在几百位学者和一些台湾各界领导人的联名谴责信上，我们的老朋友李济的名字赫然出现在第一个。后来，我们在富兰克林见面，他说他是在谴责信发表之后才看到自己的名字也在其中，但话又说回来，他也并不是对此持有异议。

1967 年，在国务院设立了一个由负责东亚事务的助理国务卿领导的中国问题顾问小组。从 1967 年 2 月到 1968 年 11 月，顾问小组召开了 5 次为期两天的会议，每次会议都进行了精心的组织和安排，有一定的议程并要给出结论和有关的论证材料。该小组成员共 10 人，其中 2 人为前大使［菲利普·斯普劳斯和朱利叶斯·霍尔姆斯（Julius Holmes）］，其余 8 人都是特别挑选出的教授[1]。我们都获得了查看最高机密文献的特权。（我被告知是最后获得许可的一位，他们都为此等待着。）我们听助理国务卿比尔·邦迪（Bill Bundy）和其他人作简短的介绍，急切地展开广泛的讨论。例如，我们一致认为首先应保证美国军队不能从陆地上入侵北越，以防止中华人民共和国对越南战争进行干预。

我发现，由于实行了一套对应的审核制度，有效地防止了中国顾问小组产生一种唯我独尊的潜在的有害影响。小组的意见最终汇集到东亚和太平洋问题研究小组进行审核和讨论，该讨论小组成员包括诸如周以德（Walter Judd）博士等坚定的保守派分子，周以德博士 1977 年对国民党人的支持像在 1947 年时一样坚决。通过这样的方式人们可以依次听到各种意见的表达。我怀疑是约翰逊总统想出的这种并不公正的方式。由此可见，中国与台湾地区对立这个问题在美国政治中的影响多么强烈。

仅凭一个错误假设就派遣 50 万军队远赴海外，对于这样一个政府你又能说什么呢？关于越南战争，中国问题顾问小组里没有人会来征求我的意见，我们只能以个人名义来提出一个重要的意见，主张美国单方面采取行动，以逐步实现中美关系的正常化，特别是在 1967 年至 1968 年中国国内处于混乱之际。1967 年我曾指出中国的“文化大革命”与我们在越南的军事扩大化是一个良好的契机（5 月 20 日的《纽约时报》专栏版），有助于采取减缓孤立中国的积极外交政策。“在第三方向中国转售我们的产品时，我们的反华贸易禁运政策又有什么用处呢？为什么不废除这毫无益处的贸易

[1] 包括密歇根大学的经济学家艾里克斯·埃克斯坦（Alex Eckstein），哥伦比亚大学的鲍大可、戴德华，还有两位著名的中国问题研究领域的政治学家，加州理工大学的白鲁恂和伯克利大学的罗伯特·斯卡拉皮诺（Robert Scalapino）。——原注

禁运规定呢？为什么要阻止北京加入联合国？”

虽然助理国务卿邦迪以及远东事务参谋人员的思想开放和坦率给我们留下了深刻的印象，但在此期间我们只见过国务卿腊斯克一次。大约 1939 年，我在美国学术团体委员会（ACLS）中国委员会的会议上第一次见到迪安·腊斯克国务卿，当时他是加利福尼亚米尔斯学院（Mills College）的院长，同时还是一位获得罗德奖学金的教育工作者，比我稍微年轻一些。然而，1941 年 8 月，他在五角大楼从事制订作战计划的工作，参与发起了后来成为中缅印战区的具体工作和行动，并升任为此战区的副指挥官。我认为肯·加尔布雷斯（Ken Galbraith）的看法是正确的，他认为，在朝鲜战争期间，腊斯克作为远东地区的助理国务卿承担着“永恒使命的责任，极力采取军事力量来对付所谓共产主义企图统治世界的设想”[1]。他成为一位典型的冷战分子，仿佛是另一个阿拉莫（Alamo）或是与站在小巨角（Little Big Horn）的青山上与乔治·卡斯特（George Custer）背靠背一同作战的勇士。换句话说，我认为，作为国务卿的迪安·腊斯克思想上有些僵化，似乎在道义上拘泥于一贯保持的反共立场而不愿意思考——简言之，他是一个不折不扣的理想主义者。远东事务部门有许多建设性的想法都被他束之高阁。艾里克斯·埃克斯坦像往常一样直言不讳，他写信给迪安·腊斯克，反对其“以核武器武装起来的 10 亿中国人”的概念。这种说法以毫无根据的设想视中国人为威胁，对我们来说，在宣传上只能起适得其反的作用。

1967 和 1968 年之交的冬天，我和其他人都普遍感到在我们的研究生中出现了强烈的幻灭感和反抗意识，这种意识需要通过组织和讨论找到一个发泄口。于是我鼓励菲利普·韦斯特（Philip West）和其他攻读

[1] 引自《我们时代的生活》（*A Life in Our Times*）。——原注

博士学位的学生创建一个大学校际学术团体。他们其实已经在同美国各个机构的志同道合的年轻人进行交流。这一活动的结果是1968年春天在费城召开亚洲问题研究协会年会的时候，又召开了亚洲问题学者委员会（Committee of Concerned Asian Scholars）的成立大会。亚洲问题研究协会一直秉承一条原则，即除了自由的学术专业辩论外，对当前的政治问题概不争论。因此，亚洲问题学者委员会在宾夕法尼亚大学礼堂成立。它是独立于亚洲问题研究协会以外的一个组织。当时，我应邀主持会议，并亲历了整个会议过程。我很高兴接到邀请，同时我也热衷于创建组织，而且我觉得亚洲问题学者委员会的建立尤为必要。

礼堂挤满了参会人员，气氛显得有些紧张。多次出现争抢话筒的情况，导致会议被迫暂停。于是，我安排设备管理人员准备两个话筒，一个置于讲台供讲话者使用，另一个则单独供会议主持人使用。我的话筒裹着一个项圈，声音被调得很大，如果我大喊一声，恐怕礼堂的椽子都会晃动，其他的话筒声音也会被淹没其中。在会议开始之前，一位老朋友从观众席上走了上来。他是一位30年前从纳粹手中逃出来的难民，他一直惧怕法西斯分子会占领美国。他含泪对我说道："约翰，不要这么做，不要让我们这些学者卷入政治中去。"

会议进行得十分顺利。只有一位妄自尊大的越南专家对我们抨击后高视阔步地离开了。整个会议议程由来自20多个研究机构的年轻的东亚研究专家制定，并最终通过审查，自此亚洲问题学者委员会正式成立。

在亚洲问题学者委员会的刊物《亚洲问题学者简报》中，关于哈佛，特别是我本人不久便受到好几篇文章的批评，包括《华而不实的根源：美国的中国观察者的专业意识形态》（*The Roots of Rhetoric: the Professional Ideology of America's China Watchers*）、《哈佛的中国研究：帝国主义的辩护者》（*Harvard on China: the Apologetics of Imperialism*）等文章。我作出了回应，其他人也参与进来讨论。我们相互交换意见，情景非常热烈。

美国在越南战争中的失败导致了我们对华遏制政策的破产。冷战的确已经走到了尽头，尽管我们还在没头没脑地进行核储备。我赞同学生们的抗议。因为顺从一种愚蠢的政策而受到自己学生的公开指责，使人耳目一新。可此后应怎么办呢？我们如何才能挣脱要求我们为其战斗的国家—文化忠诚的枷锁呢？面对人类基本的两难困境，如何才能有效避免战争，我找不到答案。可以肯定的是，中国问题研究已经成为美国教育的一部分。而至于帝国主义的邪恶，如果你曾亲历发生在越南的一切，就不会将其看得那么简单了。确切来说，其罪恶的根源在于，精神层面和战略层面的考虑多过物质和经济层面。在我看来，如今该是我们认真仔细地审查视美国人极其狂妄自大的行为方式的时候了，既然东亚研究中心是其中的一部分，我们尤其应该进行自我反省。

1968 年 12 月，作为美国历史协会主席，我在协会的演讲中对此进行了尝试。60 年代末期，学生的反抗意欲改变该组织机构的本质属性，使得它更加注重于做一些服务性的工作，为教师的教学工作以及年轻博士生的就业发展提供帮助。就个人而言，我能够担任美国历史协会主席一职，是按部就班、符合该协会 1884 年以来依据自命清高的专业学术团体的规定和要求而发展起来的一套组织程序的。1956 年我应邀发表了题为“现代欧洲历史中的东亚观点”（East Asian Views of Modern European History）的论文，该文算是麦卡锡时代之后为我恢复名誉的一类文章。我在哈佛大学早期的支持者吉姆 · 巴克斯特也来到会场，他特意坐在前排听了我的发言。与此同时，1964 年，我被提名并当选为任期三年的委员会理事，这显然为后来的晋升作好了准备。

作为历史协会主席，除去充满活力地加速召开委员会会议之外，我还需要下达指令。1968 年在民主党政党会议期间，电视播出了在芝加哥发生的警察镇压学生反战示威游行的行动，这激起了民众广泛的怨恨。举个例子，芮玛丽从耶鲁大学给我打来电话，电话中她斩钉截铁地表示她已经收集了200名年老的或年轻的历史学家的签名，他们表示，如果圣诞节后美国历史协会还照常没有任何行动的话，将会对其实施联合抵制行动。我想她一定会召集到更多的支持者加入其中。此后，我以执行秘书的身份与保罗·沃德（Paul Ward）进行了商洽，酒店公司同意让我们使用位于纽约的斯塔特勒·希尔顿（Statler Hilton）酒店组织相关会议活动。于是8月份我承担起12月份地点转移的工作。在我看来，对于我们管理人员来说，在没有牵涉大的原则的前提下，如何保证年度会议的顺利召开最为重要。如果芮玛丽真的预备开始行动的话，我已习惯于受她支配。

后来被证明，真实的隐情是，位于纽约市的享有盛名的斯塔特勒·希尔顿酒店不过是以前的宾夕法尼亚酒店，早已失去了昔日的风采，正准备拆除。这里只有三部电梯，却要为多达6000名客人服务。纽约客酒店（The Hotel New Yorker）也被我们租用，但是总的来说，我们不过是享受着上个世纪的服务。虽然如此，我们还是尽力做好了接待工作，使我们的东亚问题专家融入主流当中。会议上没有发生混乱，也没有取消会议议程或是修改章程。

在接下来的一年，我的继任者威恩·伍德沃德（C. Vann Woodward）在华盛顿召开的一直进行到午夜的美国历史协会商务会议上承受着来自学生反抗的主要冲击。我给威恩推荐了一名议会法规专家，事实证明，未经证实的推荐是极不明智的。我要求他对上一届的委员会会议进行调查，但他没有去做这项工作。于是会议在复杂的议会式掌控下开始了，此时威恩发觉我推荐的这位议会法规专家不仅心不在焉，而且头脑迟钝，总是时不时地犯错误。这如同让一名斜视的人担任棒球锦标赛的裁判，对这种情况我确实感到沮丧。

我们中的一些与会者竭力避免在越南问题上采用政策决议，这样的行为使美国历史协会此时简直沦为非专业的协会，陷入吵吵嚷嚷的比赛当中。我发现自己也曾一度与我的朋友霍华德·津恩（Howard Zinn）争论起来，并声称自己拥有优先发言权。总而言之，整个会场乱成了一锅粥。

1968 年我作为美国历史协会的主席所作的报告题为“70 年代的任务”，我认为这一任务就是开展美国和东亚的关系研究。美国东方学会（American Oriental Society）可以追溯到 1842 年，而美国历史协会则成立于 1884 年。汉学研究和历史学同时都在发展壮大。区域研究使得两者更加紧密地结合在一起，但在这方面仍然还有很长的路要走。我建议，以越南作为示范——

> 假如美国的国会和行政部门的领导能够意识到北越是一个比法国还要历史悠久的国家，有着 1000 年来不断向南扩张的历史。它通过游击战驱逐外来入侵者，积极维护其独立性。例如，它分别在 13 世纪、15 世纪以及 18 世纪末三次击退中国的入侵，更不要提 20 世纪 50 年代反抗法国的那一次了。有了这一观察问题的视角，我们还会在 1965 年如此轻率地出兵越南吗？

高举这样一面旗帜只是重大战略目标中的一个小策略而已。没有一个理智的教员会指望学生在掌握东亚文化、精通东亚语言的同时，还能够通过文件材料去全面了解美国历史，然后在此基础上研究东西方关系，并获得博士学位。美国和东亚的关系确实是三者合一的研究领域，只有一些才华出众甚至超越其老师的天才（幸运的是，一直有这样的人才出现）才能够从事此类研究工作。为什么要开展如此难以完成的一个工作呢？答案就是，为了面对事实并解决实际问题。如果放任自流，那么东亚问题的研究专家只会专注于东亚的语言和文化研究，而美国问题的研究专家也只是关注于美国的文献资料研究，两者之间将永远不会出现交集。这样的情况早已见怪不怪了。因此，我们必须从两方面同时着手，打破这种狭隘的学科界限。我们的战略就是使国际关系的组织方式能够站得住脚，它们必须在理论上正视美国和东亚在观念和行为上的差异。

在哈佛大学，在历史系美国远东政策研究委员会（American Far Eastern Policy Studies）的组织下，我们中的一些人一直在对这样的交叉课题进行研究。在获得一定的资助后，历史系主任奥斯卡·汉德林（Oscar Handlin）给 40 个院校的历史系负责人写信，希望他们能够推荐美国历史专业的学生，这些人同时也愿意学习汉语或日语，以便将其培养为精通美国和东亚关系史的综合性人才。在奥斯卡的号召下，经过两年多的时间我们招到大概 8 名这样的学生，并为其提供了奖学金以支持他们接受新的综合性的培养和训练。

在 8 人中，最值得一提的是一名才华出众的日本青年入江昭（Akira Iriye）了。他从东京的一所高中毕业之后就来到海佛福特（Haverford）学习英国历史。我曾见过他的父亲入江启四郎（Iriye Keishiro），他是日本研究国际关系史的先驱人物。如今入江昭已成为芝加哥大学美国和东亚关系史研究的权威人士。他取得的卓越成绩说明他对美国和东亚文化确有非常深的了解。

几年来，我们不定期地召开有关美国和东亚关系研究的会议，会议地点通常位于拉德克里夫学院对面花园街巷（Garden Terrace）范宣德的住所。1952 年，麦卡伦委员会以他们惯用的伎俩将“失去中国”的责任推到了范宣德身上，之后安迪·艾奇逊卸任，由福特斯·杜勒斯继任其国务卿一职，而此人是一位披着长老会外衣的阴险之人，范宣德最终被迫离开外交部。自此他开始在马萨诸塞州的坎布里奇过起了普通市民的新生活。他和贝蒂都是职业外交家，因此很快吸引和结识了更多的朋友。作为东亚研究中心的一个非正式会员，他撰写了有关中国的治外法权内容的书籍。同样住在坎布里奇的还有多萝西·博格（Dorothy Borg）博士，1964 年她出版了关于美国远东政策的书的第二卷，入选哈佛东亚问题丛书系列。鉴于身边有着如此经验丰富的同事，与此同时，由于冷战切断了与中国的联系，因此我们能够集中讨论政策的制定过程，尤其是舆论制造者和新闻记者对这些政策制定的设想。

在担任美国历史协会主席期间，我促成设立了一个美国和东亚关系的全国委员会。像其他委员会一样，它不断地得到发展，在美国历史学会每年的年度会议期间，都要自行组织由美国问题的研究专家和东亚问题的研究专家共同参加的会议，并及时发布时事通讯，讨论美国和东亚关系（AEAR）领域的主要问题，同时寻找对这一研究的支持和帮助。此外，我们开始在哈佛大学出版社出版一系列的研究著作，首先出版的是来自库埃纳瓦卡（Cuernavaca）会议编成的有关论著的总目提要，该会议不仅对已完成的主要工作进行了总结，同时还对哪些地方能作进一步新的研究作了概括性的介绍。

1968 年，我在美国历史协会的讲话中提到这样一个看法，国外的传教士成为美国历史的“隐形人”。除了其他的一些传教士以外，几乎没有人对国外传教士进行过研究。令人惊讶的是，美国历史上的“西进运动”对中国的贸易很少甚至根本就没有关注，然而，这一贸易曾在我们修建西部铁路时提供了经费。美国的宗教历史学家忽视了传教士。然而，卫理公会的传教士在到达加利福尼亚的同时就已经踏上了中国福州的土地，这是事实。很不幸的是，似乎东亚对于美国发展的重要性早已被人们忽略。

到 1976 年，卢斯基金会（Luce Foundation）对这一新领域产生了兴趣，并建立了开展研究讨论会和学术会议的专项基金。亨利·卢斯（Henry Luce）曾把我和犹大（出卖了耶稣）相提并论，在 1961 年我和亨利·卢斯均在华美协进社（China Institute）举行的胡适追悼会上发言，我已经觉察到他对我的这一看法。但我确信，如果他还健在，他也一定会由衷地赞赏将自己的基金会用于研究和发展我们同中国关系的那种富有创建性的设想。

| 第七部分 |

渡过难关

（1972—1981）

第 30 章

中华人民共和国的今与昔

1941 年以前，甚至可以说在 1949 年以前，中国问题研究专家习惯于置身中国，就像置身欧洲一样。《纽约时报》以及其他报刊、电台总会连续不断地将最新的消息带给我们。此外还经常有美国旅客从中国回来。

在 1949 年后，特别是 1950 年晚期朝鲜战争爆发后，中国成为敌对区域，因此我们与中国的联系被迫中断。中国官方的声明像给我们吃一餐经过加工的爆米花。25 年来，身处遥远的美国进行中国问题的研究，我们只留下了两个印象：其一是 20 世纪 30 年代和 40 年代的记忆，其二则是从其他人眼里看到的有关中国现状的一些表面信息。蒂尔曼·德丁（Tillman Durdin）所撰写的《纽约时报》式的生动报道被走马观花的旅行报告和导游者去养猪场路上的解说所代替。能够前往中华人民共和国进行采访的老资格人物少之又少，埃德加·斯诺获准重访中国，是其中一位。1960 年，埃德加·斯诺给了我们一本有关中国调整政策报道的书［《大河彼岸：今日的红色中国》（*The Other Side of the River: Red China Today*）］。但是其大部分内容是对新阶段新人物的介绍，让人觉得晦涩而不容易理解。

对于我和威尔玛来说，1972 年重返北京如同毕业 40 年的同窗聚会。因为我们在了解和欣赏新一代人的面貌的同时，还试图寻找旧日的梦，访问旧日遗址和常去之处。而我们这次之所以能够来到中国，应归功于尼克松总统的惊人而明智之举——实然改变了对华态度。

理查德 · 尼克松是以反对共产主义开始他的政治生涯的，他支持美国对华冷战，支持与台湾结盟。然而 1960 年后，他开始了解中苏关系破裂的真相，于是 1968 年当选总统时，他希望恢复中美邦交来作为影响莫斯科的强权政治行动。

一旦决心恢复与中国的关系后，尼克松和基辛格开始精心安排并发出了一系列信号，其中主要包括改变冷战的术语表达并修改相关旨在遏制中国的条例规程。1967 年或是 1968 年的某一天，我在从纽约到波士顿的东行列车上很偶然地遇到了亨利 · 基辛格（Henry Kissinger），当时我们就如何恢复中美邦交的问题进行了讨论。我提到了历史上的朝贡体制，按照这种体制，外国统治者可以以皇朝天子尊贵宾客的身份悠然自得地出现在北京城。（我还记得在北京曾打算与一位地位较高的教授进行联络，当时福开森教授斩钉截铁地向我表示："你必须亲自去拜访他！"这种规矩是十分严格的。）我绕着弯儿说，毛泽东能够会见任何国家元首，尽管他本人极少出国访问，而美国总统却能毫不费力地前往世界各地。我将自己所写的一篇文章送给了亨利，这篇文章曾于 1966 年 12 月发表于《邂逅》（*Encounter*），题为"中国的世界秩序：中国外交传统"（The Chinese World Order: the Tradition of Chinese Foreign Relations）。1968 年 1 月我们的专题论文集《中国的世界秩序》（*The Chinese World Order*）出版后，我也送给他一本。之后在我们的一次交流中，基辛格又回想起了先前的谈话，他含蓄地表示那次谈话改变了历史。对于他本人能够独当一面的外交能力我由衷地钦佩，当然这种提法是极其明显的。

1971年7月基辛格秘密拜访周恩来，以及尼克松将于1972年5月前访问北京的惊人公告，使整个中国问题重现生机。终于，我们的对华政策出现了大的转变。富布莱特参议员特意召开了一次秘密的参议院外交关系委员会的听证会来庆祝这一自由党观点的胜利，约翰·戴维斯、谢伟思和我列席作证。我很荣幸能够与两位老友一同参加此次听证会，如果要说有什么区别的话，他们的学术生涯由于发表有关中国的报道而横遭打击，而我的学术地位却因此提高了。我们具有相同的职业身份，命运竟有着如此大的差异！在麦卡锡主义时代，作为外交官员的他们成为被攻击的对象，作为教授的我则仅仅是受到谴责而已，而诸如白修德这样的记者，相对而言，始终没有受到任何攻击。

如今，台湾未来的安全保障成为中国问题讨论的核心部分。在《纽约时报》1971年8月12日的文艺教育版，我曾发表题为“台北能够与北京和平共处”的文章，论证“在北京主权下实行台北自治”的历史可能性。

我表示：“如果美国停止支持任何一方的话，中国的内战终将逐渐平息。台湾不是一定要成为北京的势不两立的对手，也不是一定要受到大陆的统治……我们应该保持我们对台湾防御支持的承诺，但是其他方面不要试图揭开其神秘的面纱。”（稍后，这篇题目不变而内容有所扩充、结尾修改过的文章于1972年2月19日发表在《纽约时报》的文艺教育版上，比2月28日周恩来与尼克松联合发布的上海公报早了几天。）

在1971年5月13日的《新共和》（*The New Republic*）杂志发表的政论中，我对于任何“台湾独立运动”的力量表示疑虑，并对以公民民主投票的办法裁定民族自决在中国政治思想上的合法性表示怀疑。让无知的大众举手表决这种公议办法，永远比不上由学者为统治者出谋献策那样有效。

1972年2月21日尼克松总统到达北京时，来自北京的现场直播让我们见证了这一历史时刻，然而并没有历史学家在现场亲自领悟这一事件所具有的历史性转折的重大意义。从电视画面中看到，一排排戴着皮军帽的中国仪仗队矗立在凛冽的寒风中，他们正在飞机跑道上等候着美国宾客的到来，阵势是多么庄严整齐，气势不凡。随后，“空军一号”庞大的机身滑到了画面上端，与炮舰相比更加地有气派。机舱门打开了，“美利坚帝国”的统治者孤单的身影投到了舷梯上，略带迟疑，大概是在想会不会有“第七次危机”（Seventh Crisis）正在下面等着他。不过事实上，前来迎接他的周恩来春风满面，两人紧紧地握手，而 1954 年在日内瓦，杜勒斯先生却曾拒绝与周恩来握手。

随后，镜头又回到了中国一方——接受来访者检阅的仪仗队。这样的检阅既是一件小事，也是一件大事。随着摄像机镜头的转换，尼克松单独一人走过长长的仪仗队。他略微向后看了一眼，周恩来在其右侧后方紧紧相随，示意继续向前。在过去数千年间，数百位外国的统治者就是这样步履艰难地走过数英里全副武装的中国仪仗队，在众目睽睽之下去拜见中国的皇帝。而 2 月 21 日片刻的阅兵式就好比美利坚总统的纳贡之路，以示对中国“宫廷”的尊重。

1972 年 2 月上海公报的发布标志着尼克松访问北京的结束，之后我们收到了周恩来发来的访华邀请。但邀请并非直截了当地表达出来。当总理与《纽约时报》的斯科特 · 赖斯顿（Scotty Reston）谈话时，在提到一些老朋友时也提到了我们，还说，我们应该来中国看看。斯科特 · 赖斯顿曾前往首都医院（先前的北京协和医学院）进行阑尾切除手术，为中美友谊关系作出了一定的修补。同样，中国外交部副部长乔冠华和其他人也表示了类似的想法。经过 4 次邀请后，我也试图作一些间接的回复。我和中华人民共和国驻联合国的新任大使黄华联系，请他探问，如果我和威尔玛先到达香港，是否能够进入中国。大约过了一周，在埃德加 · 斯诺的追思会上，黄华对我说：“你的来访将会受到欢迎，具体可以和九龙的中国旅行社进行联系。”如同旧时广州的中国贸易讲究互相信任一样，只有口头协定，无须书面文件的证明。

在我看来，这种非正式的协议也表明了中国对美国的开放尚处于暂时性的试验阶段。另一方面，周恩来不得不提防“四人帮”，这些人在一定程度上控制了毛泽东。而中华人民共和国政策的巨大转变最终导致“四人帮”势力的毁灭。发展与美国之间的关系将会促进实现现代化的新政策，同时，这一新政策也是周恩来在1975年，作为其政治生涯中最后的贡献宣布的。尽管如此，截至1972年，“文化大革命”的阶级斗争标语仍然盛行。

在这种非正式沟通行动的基础上，我们于5月13日乘飞机前往檀香山。之前前往中国的游客使得我们对那里已经有了一种陈腐的印象，而此次我特意以通函的形式提前寄送了一份我们的旅程概要。那时候，我的秘书是一位富有经验、热衷骑马的年轻女士，经过逻辑推理，她认为我不可能在中国短短几日就完成三个月做的事，于是为了万无一失，她在我的概要之前加入“秘书注：费正清正在尝试撰写虚构故事或小说！”（等到我返回美国时，她已经重新回到马群中，我确信那些马会为此而感到高兴，如同我对它们的兴趣一样。）

第一号，1972年5月14日。任何一个会花三个月时间在中国各地游览的人都不会满足于对这个不寻常的国家进行的陈词滥调般的描述。中华民族是一个伟大的民族，中国是世界上最大的国家，而中国人民有着勤勤恳恳、以坚强的毅力承受一切苦难的品格。他们的历史源远流长，但是当我们展望未来、阔步向前时，你不禁会感受到中国的未来正与另一个伟大的国家——美国紧紧连在一起。

经过边境来到深圳，首先让我们印象深刻的是人们努力工作的景象（事实上，其吃苦耐劳程度令人难以置信），他们正在毛泽东主席的带领下建设新中国，他们几乎与外面的世界隔绝。我们的向导王丽小姐在广州见到我们的第一句话实际上就是："我们很少关心外面的世界。"（汉语原话为："我们不管你们洋鬼子。"）没有人询问我们有关美国的情况，除了一位机场公社革命委员会头发斑白的书记试图向这个主题靠拢，但是在他说完"中国人民是伟大的人民，阿尔巴尼亚人民也是伟大的人民"之后，就被王丽小姐制止住了。

另一件让我们感受尤为深刻的事情是中国人的诚实。我们在广东旅馆的服务员李旺同志气喘吁吁地赶到机场，追上我们，用洋泾浜英语说："先生，你们落下了一张纸条，请您收好。"王丽小姐快速浏览了这张打印的纸条，把我们拉到一边，而一位曾来过我们浴室的低调的保安人员正和她讨论着什么。她说："我们认为你们欠中国人民一个解释，你知道毛主席不会接受美国人的援助，至于共产党，他完全能够自行处理。我们绝不允许外来的干涉！"我看了下那张纸条，上面写着："如今是所有好人来援助中国共产党的时候了。"第二天，我们乘飞机离开了。

毋庸置疑，此次前往中国的最关键部分莫过于与周恩来总理 11 个小时的会谈，会议在人民大会堂的一个小厅里举行。与之前在巴黎留学时相比，如今周恩来看上去苍老了许多……（未完待续，费正清）

从檀香山到达香港之后，我们在那里待了几天。这里被克里斯·兰德（Chris Rand）称为"中间岛"，作为最后一个通商口岸，它是展现在外国商业的支持下，中国如何实现现代化的一个样板。

戴维·奥斯本（David Osborn）曾是哈佛大学的一名优秀的学生，如今他担任美国驻香港的总领事，在他的邀请下我们来到了他的官邸。

> 这是位于山峰顶端一个类似詹姆斯·邦德式的地方。从阳台一侧俯瞰，能看到海港到处都是闪烁的灯光，两边则是林立高耸的建筑物。如果你走过这邦德停机坪般大小的门廊，向岛屿后方望去，便可以看到浅水湾和太平洋方向薄雾环绕的岛屿。通向房屋的私家车道设有专门的交通信号灯，这样客人就不会在半路上会车。整个山峰盘绕着这样的汽车道，它们从以前没有的新修建的急转弯公路处开始延伸出来。这里的玻璃外墙的房子俯视着犹如伫立在云层之中的高层公寓。拿一块岩石将意大利面条散在上面，你就会看到香港公路系统的模式。这座城市的整个前滩如今布满了高速公路。汽车也已经完全占领了这个地方。

九龙港的对岸就是大学服务中心，在这里我们见到了一些研究者，他们大多数是美国人，正使用联合研究所（Union Research Institute）中关于中华人民共和国发展相关情况的一些新闻资料。

> 色调单一的餐厅一下子挤入了四五十人，顿时让我感到仿佛置身于美国。我们主要讨论美国的学院设置问题，包括研究委员会、基金设立以及学术与政治相关的一般性问题。这些在场的人员中，有几位曾访问过中国。

当我们来到中国旅行社时，那里的负责人说道：“我们一直在等您呢。”随后递给我们前往广州的火车票。此时，我们发现我们在坎布里奇的同事、哈佛法学院的杰里·科恩与琼·科恩也随一个相关的专家团前往中国。

他们已在就有关如何将法律和艺术融入科学领域的研究与他们的代表团进行争论。代表团的生活有船只触礁失事般的许多特征，它引发了基本利益冲突。幸运的是，我和威尔玛可争斗的只有我们两人。

我们在香港所做的最后一件事是拜访新组建的香港中文大学的副校长李卓敏。他是我在战时重庆时的桥牌搭档，后来成为伯克利大学的经济学家，在我看来，他是一位极其冷静的时事观察家。但如今他在这里正创建一个宏伟的新的学术机构，利用其广东人特有的活络筹集资金，以赢取整个社会的支持。他——

计划在一个俯瞰崇基书院的山丘上建立两座大学综合楼（联合书院和新亚书院），将大学总部、图书馆以及研究中心置于校园中心。他将三个完全不同的书院组建在一起，在宏伟的楼群中建立起一所真正的大学。从山丘最高处的副校长的住所可以俯瞰大学的全部景色。我在牛津大学的同班同学哈罗德·李担任香港中文大学董事会主席，此外他经营着香港文华酒店以及其他房地产开发项目。显然人的年纪越来越大，世界也越来越小了。从前的学生现在成为总领事，过去的同班同学如今成为商业巨头，旧时的好友如今也成了高等院校的副校长。至于李卓敏的具有行政管理才能的女儿，曾于 1943 年担任我在重庆的图书管理员，如此等等。

尽管如此，恢复与香港的一些老友的联系对于我们即将前往中国内地并没有任何的启示和帮助。

整个冒险过程有些许的特殊，主要建立在私人的基础上。一对年老的夫妇来到了边境，他们有一种“似曾相识”的情感和某种显赫的声望。接下来会有什么事情降临在他们头上呢？你会在下一章找到答案。

穿过边境后，我立刻有两个印象：其一，这里的生活节奏更加的平静。如果革命意味着狂热的活动，那么那只会发生在香港而非广州。其二，以往广东省光秃秃的山丘如今因植树造林活动，而取得令人震惊的成就。整个山坡上都是发芽的小树苗。这里曾开展过大规模的这种植树造林运动。

在广州火车站，我们见到了前来迎接我们的中国人民外交学会的代表，他安排我们在广东省宾馆住下。这里如同一座小花园，长着参天大树，风格迥异的建筑坐落其中。这里曾是统治广州的巡抚的居住地，1858年后成为与清朝官员打交道的英国总领事馆，1938年后日军将领把英国人赶走，将其据为己有，如今却成为美国客人的栖身之地。

随后我们参观了英国人修建的沙面岛，1934年我们也曾来此，在海关税务司李度家暂住。从前的绿草坪早已不见踪影，取而代之的是满地的经济实用的圆白菜，每幢楼里都挤满了人。站在珠江堤岸的一边，我们可以看到横跨广阔江面的新建的人民大桥。"1841年奉林则徐之命铸造的两门大炮于1963年被挖掘出来，如今这两门大炮朝向炮舰曾停泊的水面，林则徐若看到应该会备感欣慰吧。"

第二天，我们飞往北京，在机场受到一群人的欢迎，随后被安排在北京饭店的旧中心区入住。20世纪30年代，被视为帝国主义者的我们就常常在北京饭店的顶楼举办舞会。

与如今的中国旅游业不同，你先付钱，然后再按点去等旅游车，1972年我们无须支付任何费用，却能享受到贵宾的待遇。陪同我们夫妻的一共有4人，包括与我年龄相仿的前大使（柯伯年），一位后来前去联合国工作的年轻政务官员，一名负责预先打电话联系的后勤管理人员和一位刚从英国伦敦接受两年培训后回国的翻译。我们一行6人每到一个地方，都会设法找到当地的联络员和负责人，以使我们能被前呼后拥地前往预先安排好的“挣面子”的景点参观。很快我们意识到，提供给我们的接待方式和之前来自印度尼西亚、坦噶尼喀、阿尔巴尼亚等其他国家的访客是一样的，他们规定了每天参观的人数和车辆往返的时间。共产主义中国的这套公共关系礼仪早在美国人重来之前已经温习了 20 年。

为了避开所有的纺织厂和传统企业，在陪同人员安排的第一次欢迎仪式上，我们就要求参观 30 年代就参观过的华北农村地区。由于没有能力与先后时期或中外的情况作对比，参观这些工厂仅仅会让我们瞪着大眼珠不知所云。我们的提议被接受了，而且显然我们也不属于工业方面的访问人员。

我们此次参观的另一独特性是它使我们有着里普·范·温克尔（Rip van Winkle，美国作家欧文作品中的人物）一般的惊愕。在我们记忆中存留的北京仍然是 40 年前的印象，我们现在以怀旧的心情去找寻那些旧时的地标式建筑物，我们的向导却想要我们参观新修的地铁。北京的城墙除了两座城门外都已经被拆除了，这让威尔玛备感伤心。城市早已失去了它原本的面貌，尽管故宫（明清时代的紫禁城）修整得比以往看上去更加宏伟壮观。而“文化大革命”时期，巍峨坚实的外城结构以及 11 座双塔楼城门中的 9 座都已被拆毁。我不禁想到，这种悲剧之所以会发生，原因要么是形势失去控制，要么就是主管历史文物者过于无知，也可能两者兼有。此外，我们还发现大明朝的墙砖竟被拆下来用在了城外新建的建筑物上。珍贵而美丽的历史建筑遗迹已经被拆得不成样子。

最让人伤心的一个鲜明对照莫过于我们位于东城的旧居。以前我们的前院住着 5 个仆人，我们所在的院子则有一棵枝繁叶茂的紫藤，缠绕在通往前厅的过道上。如今，这两进院子合二为一，显得破旧不堪，成了一个住有 30 多户人家的大杂院，从前的花园早已被种植的一些蔬菜取代，几乎辨识不出是我们昔日的小院了。我从前的书房如今住着我们老房东的儿子和儿媳妇——金先生和金太太。院子里大部分的住户都是机关职员。北京的人口早已增长了几倍，这里的情况是人口增长的结果。

在我们从前居住的院子里，我们还看到了穿过这个区域的防空洞入口处的盖子，每家的防空洞都是由住户自己挖掘出来的。随后，我们来到前门外的商业区，在这里看到了令人惊讶的景象。当你掀开商店的部分地板，会看到通往下面的楼梯，沿着阶梯向里走大约20英尺便是一个防空洞网，装有电灯、厕所，整个构造如同一个急救站。当我们来到里面，里面竟然放着音乐，还在焚香。所有这些让我们恍然大悟，这就是为什么我们会常常看到沿街堆放着砖瓦、沙石和U形水泥拱柱，这些拱柱是为了修筑防空洞砖墙顶部的拱顶。全体北京人民都在挖防空洞，以此作为防备苏联进攻的措施。或许这是一种鼓舞士气的手段，然而肯定无疑的是，这些防空洞并没有实际效用，其本身也相当危险。这些防空洞足以容纳两个人并肩而行，尽管它可以在失火时从烈焰中疏散人员，但也可能造成人员窒息而被活活埋葬于此。也许就是在毛泽东逝世前发生于1976年8月的唐山大地震（无疑是一个毁灭性的征兆），最终结束了挖掘防空洞的风潮。

其他的一些成就也同样是让人喜忧参半。例如，医疗保健早已普及到广大民众。我们见到了很多未经正规培训的“赤脚医生”在乡村地区行医。过去街上随处可见的诸如甲状腺肿大、褥疮以及皮疹等疾病如今都不再出现了。然而，公共卫生发展的同时，人口也急剧增长，革命的成果因此消耗殆尽。

威尔玛和我两人，一个是艺术家，另一个是历史学家，让我们的向导不易招架。我们对于自己感兴趣的事物知道得太多，然而不幸的是，有关毛泽东思想和伟大的思想革命运动的知识却少得可怜。我们与向导谈的都是一些表面的东西，食物、语言以及地形是我们交谈的基础。在旅行途中，我们的总务干事吴经理学会和我一起扔飞镖作为每天的体育锻炼。前大使时不时地跟我们提到前国家主席刘少奇的错误，颂扬毛泽东当前的路线。我们对此表示怀疑，问他道："假如刘少奇如此邪恶，那他如何能身居高位呢？"然而每当这个时候，他就转变话题或是以午间休息为由不再继续讨论。

当我们开始与在北京的朋友联系时，我们发现自己在掌权者和知识分子两个世界中仍持观望态度。据我们现今所了解的情况，1972 年，"文化大革命"对知识和专业人才的迫害远远没有结束。平均主义思想依然是把专业领导分子的重要性降至一定程度的托辞。我们的保护人是乔冠华，作为外交部副部长的他是周恩来栽培的一颗冉冉之星，尽管在党内还没有什么实权。几个月前，即 1971 年 10 月，乔冠华作为中国派驻联合国的第一任大使来到纽约。他从飞机上下来，咧着嘴露齿而笑，像是中国的吉米·卡特，面对蜂拥而来的媒体总是保持从未停止过的微笑，即使他的言辞再过激烈也是如此。当时，我邀请他前来哈佛大学，但他受命驻扎联合国，而非美国，因此不能擅自离开纽约。30 年前我们在重庆时就已是朋友，如今在北京他作为东道主招待了我们，同时在第一天晚上北京大学校长周培源为我们举行的宴会上，他也前来拜访我们以示问候。

那次晚宴我们还见到了一位老朋友，社会学家费孝通。他刚刚从"干校"（"五七干校"）回来，在那里他学会了如何种植棉花。此外，他向我们展示了他结实的肌肉，那是他给站在墙上的泥瓦匠抛砖时练出来的。然而费孝通处于某种受压制的状态，被告知不准与我们用英语交谈。随后，当我们访问他所在的中央民族学院时，他也依然保持沉默，而由学校的负责人—— 一位毫无民族学背景知识的军宣队员自命不凡地给我们作了一番概述。此时，我们感受到我们所有的教授朋友都受到了严格的控制，他们被允许前来欢迎我们，但仅此而已。

以前的燕京大学校园被新的北京大学所接管，校园面积扩大了三倍。

由民院进入北大新校园，映入眼帘的首先是一座大于原型的白色毛泽东雕像在向我们招手示意。周培源邀请我们来到校长室，40 年前司徒雷登曾在这里主持校务。在这里我们还见到了二战期间在昆明西南联大和我们一起生活的一些教员，包括依旧讲授经济学的陈岱孙、中法关系史学家邵循正，以及一直从事英语教学工作的美国教授鲍勃·温德。这充分展现出他们依然在齐心协力发挥着各自作用的学术凝聚力。鲍勃·温德表示，见到那些前不久还在折磨他、现在似乎有些局促不安的学生，他已变得无动于衷。

张奚若是第二次世界大战期间昆明自由主义人士中最坚定的个人主义拥护者，具有盎格鲁–撒克逊人的气质，然而令人奇怪的是，尽管他曾充当集权主义的官僚，有一个时期还掌管着高等教育，他却幸存了下来。如今他也前来看望我们，陪同他一起前来的还有他漂亮的妻子和一位随时为其测量血压的护士。（只要他能让护士陪同出席，估计他可能不会出什么问题。）我们很高兴能再次见面，张奚若滔滔不绝说了很多，但并没有说什么实质性的内容。对于他奇迹般高升而幸存下来的秘密，我们更是不得而知。几个月后，他因高血压病逝。

我们旧时的好友有很多已经告别人世了。我们最亲密的朋友、中国建筑学家梁思成和他的夫人林徽因已去世，林徽因于 1956 年逝世，而梁思成于 1972 年 1 月份刚刚去世，也就是我们来之前的几个月。林徽因曾参与设计了中华人民共和国的国徽，并在全国人民代表大会上受到毛泽东的称赞。而梁思成也像其他许多学者一样，曾得到周恩来总理的支持。

我在重庆时的朋友、文学编辑杨刚女士，曾在 1945 年至 1947 年前往拉德克里夫女子学院深造，后曾担任《人民日报》的副总编辑。我们一直没有联系。1957 年，杨刚在一次交通意外中严重受伤，而这次意外导致的脑部受伤使她无法继续工作，最终她自杀了。

乔冠华的夫人龚澎担任周恩来的情报资料和联络人近 30 年的时间，后来于 1970 年死于脑中风。去世前几周时间，她一直处于昏迷状态，周恩来曾前去看望她，一边握着她的手一边和她说话，但是她再也没有醒来过，最终在做手术时去世了。她的丈夫乔冠华至今仍不忍说起此事。

乔冠华为我们举办了一场晚宴，他的老师、也是我们的好朋友、逻辑学家金岳霖和钱端升也都前来参加宴会。他们穿着崭新的制服，由专车接到现场。这两人都曾处于被隔离的状态，钱端升 1957 年就被打成“右派分子”，从此便与公众生活隔绝了。事实上，他被安排坐在桌角处，尽可能地远离主人，我几乎料想宴会给他的只是几根狗骨头罢了。宴会期间，乔冠华以所有人都能听到的声音建议钱端升和金岳霖能到我们下榻的旅馆看望我们，这显然是在授权公安人员对此事进行安排。随后，他们一同来到我们住的房间，我们都为再次重聚感到兴奋激动，只是他们对于各自的经历只字未提。我简单地提到因与钱端升联系而同麦卡锡主义者争吵的经历，但他并没有说起被指控写信给我时的那段相似的遭遇。他唯独加重语气说了一句话，从现在起中国将会追随马克思主义思想 5000 年。这无疑在巧妙地向我传达这样的消息——才不呢！

邵循正教授是蒋廷黻早期的一名学生，在蒋廷黻的引导下走上中法关系研究之路。在我们晚宴后告别的时候，邵循正突然低声对我说：“继续写下去！”这句平淡无奇的话以其隐含的求助更让人痛心。几年后邵循正也去世了。

外交部副部长乔冠华还特意邀请我出席外交部新成立的人民外交学会（People’s Institute for Foreign Affairs）举行的讨论会，只有我们两人参加，这里曾是中国社会政治学协会的旧址。1933 年，在蒋廷黻的主持下，我在这里作了以“19 世纪 50 年代的鸦片贸易”为题的首次学术演讲。近 40 年过去了，如今我又坐在了套着白色套子的普通软坐垫椅上，陪我一起前来的翻译、速记员和威尔玛我们四人都在作笔记——俨然是一个真正的酋长秘密会议。

在这次会谈中，乔冠华针对我之前提到的“台湾自治”的建议，表示少数民族诸如西藏所实施的“自治区”模式并不适合台湾的未来发展。但我并不认同他有关主要政策的话语，我所说的“台湾自治”是指在中华人民共和国主权的前提下，台湾作为中国一个省份的公认组织结构实行当地自我管理。（这个构思与1979年制定的政策内容颇为相似。）在此次官方会议中，双向翻译使得讨论节奏放缓，在我看来也没谈到太多的内容。不过，我们都认为接受美国教育并且回国的中国学者不适合领导人民进行必要的改革。

在北京饭店的一间大会议厅，我给外交部大概50到90名外交人员作了3场讲座。第一场是关于美国的中国问题研究情况，我早已印制好了图表作为讲授提纲。为了理解这种图表，首先要先分清公有和私有的关系。例如，像专业性质的美国经济学会以及研究委员会性质的社会科学研究委员会都属于私有机构；政府特别基金（联邦或州立）管理机构属于公立机构，但一般基金会都是私有机构。这样一个法律上的区别仅仅能从描述我们具有的如毕业同学会、捐赠基金以及政府合同等复杂的结构构成开始。不过，我仍尽力对这些进行系统化的阐述，并感到听众可以理解。

我的第一场讲座被拿去仔细地研讨分析过，毫无疑问被视为暗含着文化帝国主义的思想（可能我本就有此打算）。不管怎样，我的第二次讲座谈的是中美两国外交政策各自的自我满足和扩张性的传统就不那么受欢迎了，所提的问题都是事先安排好的。第三次讲座也是同样的情况。尽管如此，在讲演中能够越过术语和经验的隔阂而自由讨论也是一件让人兴奋的事情。即使听众只能听懂我报告的一半也是一种成就。仅仅是自由主义的概念就能够将我们带到不同的认识轨道上。“在交谈中，我设法表述出什么是有限公司，而一个公立医院又如何能够成为私有机构。”

我们想在北京见到的人员名单里并没有包括重庆时期地位最高的左翼知识分子郭沫若。如今他担任中国科学院的院长一职，是这个机构中最高级别的学者兼作家。然而他早已成为一个政治风向标，按照意识形态的风向随时转移，不仅能够自我诋毁，甚至还肆意诋毁自己以前的作品。我的哈佛大学同事乔治·沃尔德（George Wald）随和平代表团前往北京，他于 1972 年 2 月 24 日在北京饭店写信给我，内云：“郭沫若说欢迎你带着学者代表团来中国，时间最好是在 5 月份或 8 月份。”但我并没有追求这种可能性。我对接受一个彻底的意识形态的立场，或者假装赞成这种立场的人，有一种天生的厌恶感。我有个人的立场，决不会跟着某一个政党的路线走。

按照毛泽东的新指示，“干校”的建立有着极其重要的意义。5 月 30 日，我们乘坐吉姆牌轿车来到北京北部的郊外，这里曾是一片光秃秃的平原，直接暴露在风沙中，周围被群山环绕着，长城就在它的北边。如今我们开车行驶在两旁栽着新树的公路上，很快看到了一片灌溉区和房屋，还有一排学员正举着“欢迎美国朋友”的标语站在一旁迎接我们。这里就是北京西城区的“五七干校”。在这里，教师需要劳动 6 个月，行政管理人员劳动 3 个月，主要进行全面的农活培训，包括学习积贮猪粪肥的重要性。我们看到学员们正在田里干活，午饭后他们还会召开自我批评的小组学习讨论会。我们被告知，第一个月这里的每个学员都要与农民家庭一起生活。原本是为我们准备的午餐十分丰盛，三位很壮实的学校负责人借此机会美美地饱餐了一顿。傍晚时分，我们来到简陋的礼堂观看了歌舞团的即兴表演。他们穿着鲜艳的演出服，一共表演了 8 场配乐小戏，包括大丰收、如何治愈病猪等。豪爽的笑声，将双眼瞪大到极限（极具挑战性），以及挥舞着拳头表决心，一切遵循新兴样板戏的表演模式。

如果你在20世纪30年代试图找到打破穿着长袍马褂的官僚与衣着寒碜的农民之间阶级壁垒的方法的话，你可能不会想到比现在这种更加有效的方式了。如同美国海军陆战队的新兵训练营进行的军事纪律训练，“干校”的目的在于公开揭露并减少阶级的差距。这也是毛泽东所倡导的平均主义社会革命的一个体现。但对于我们这些外国观察者来说，我们依然享受着过去的特权阶级待遇，包括豪华轿车和欢迎宴会，这不禁让我们产生了怀有巨大心理矛盾的感觉。

我们一行6人从北京乘坐火车和汽车来到华北农村地区。毫无疑问，这里发生了巨大的改变：小型的家庭自有耕地合并为生产队集体耕种的大型农场，每个生产队的面积为半个村庄大小。新修的公路两旁种植着绿树，路上行进着卡车、拖拉机以及由骡子或人拉的橡胶轮胎大车。8条输电或是通讯的线路与铁路平行向前延伸，电动抽水机正在抽水，用以灌溉耕地和开垦沙地。此外还有一些新建成的工厂的烟囱耸立在乡村田野里，这些小规模的工业逐渐走进了农村并抑制了城市的增长。

然而，在这种欣欣向荣的景象背后潜藏着一个令人烦恼的问题：中国人民的生产力和其他国家相比如何呢？沿着干旱贫瘠的太行山脉一直到达位于林县的著名的红旗渠，我们乘坐天津制造的旅游车穿过了一段又一段由人工采石垒成的墙垣。河南平原的耕种方式采用同季双重轮作以及交叉种植，主要作物包括棉花和大白菜、玉米和豆类，这样一来，大量的种植和收割工作都需要依靠人力来完成。位于山西受到侵蚀的峡谷处有一条10英尺高的石砌的水渠，一直通向峡谷的底部，每年都可以排放几次过量的雨水，避免高处的农作物受到雨水的侵蚀。所有的一切都是依靠人力完成的，不得不说是一种英雄式的壮举。然而，尽管人们付出了艰辛的劳动，但中国离进入20世纪还有很长的路要走。

在前往山西省的典范大寨大队参观的路上，我们在四个省份看到上百个高墙上都写着“农业学大寨”的标语。在我们之前已经有很多人来过了，据说每天有成百上千的中国人——他们都是来自全国各地的代表团——乘着大型汽车前来此地参观学习。临时工棚式的房屋和英雄传奇式的生产故事都在试图向我们传递这样的信息——自己动手，为集体而劳动。大寨成为人们竞相模仿的中国模式，这里由一群传奇式的人物组成，但是其中没有多少人你能够得到同他谈话的机会。大寨作为鼓舞斗志的圣地供人们前来参观学习，然而如今这一切都因其伪造的生产数字和自给自足的吹嘘被揭露而变得声名狼藉了。

在飞往延安的途中，让我印象最为深刻的莫过于西安以北那深受侵蚀的黄土高原上难以逾越的地势。即使是吉普车经过也不得不减缓速度，像驴行般驶过纵横交错的峡谷。至于坦克和卡车就更困难了。正是在这种天然屏障的保护之下，延安才成为人们眼中的另一圣地，其中心是毛泽东居住过的窑洞。而这里带给我的依然是一种矛盾而复杂的感受。经过重新修饰的伟大的革命摇篮给我展示的仅仅是毛泽东的博物馆和陈列品，以及其安保负责人（康生）和其他极少数人物的一些陈列。至于后来遭到压制的刘少奇、林彪等人都不在陈列的范围之中。讲解员都是来自北京的 18 岁的聪明的年轻姑娘们，扎着麻花辫，面带微笑向我们作介绍，但是她们似乎仅仅知道她们所背诵的人物和事件内容。当我对 1945 年夏天在中央委员会会议上提到的联合政府路线提出质疑时，她们一个个哑口无言。中国共产党似乎依然用过去的历史来为今天的政治服务，根据政治需要随时作出改变。

周恩来的声望近来有所下降，因为他不管怎样在毛泽东实行专制独裁的最后十年即“文化大革命”期间出任总理。但是我们也不能把被过分夸大的毛泽东从近代中国中除去，而保留中国革命。周恩来也是如此。他为中华人民共和国政治局服务 48 年之久。从 1935 年周恩来接受了毛泽东的领导后，他就将自己的一生贡献给党的事业。他是一名典型的国家总理，总能收拾残局。而毛泽东则是神龙，在暴风雨中忽隐忽现。此外，周恩来还一直负责外交事务，一直关注着中美关系。

与周恩来共进晚餐一事准备过程长达 48 个小时。我们突然改变计划直接从延安飞回北京。杰瑞·科恩和琼·科恩，《纽约时报》的哈里森·索尔兹伯里夫妇（Harrison Salisburys），《圣路易斯快讯报》（*St. Louis Post-Dispatch*）的记者迪克·杜德曼夫妇（Dick Dudmans）以及其他人都突然中止了他们的旅行计划，重新回到北京饭店。我们被告知很快要举行重大的活动，不要让人找不到。下午 4 点 45 分，一个电话通知我们：请回到酒店房间。刚到酒店入口处电话又打来了：请待在你们的房间。大约 6 点时我们被告知：我们即将要见到周恩来总理。

我们来到人民大会堂的南面阶梯上，看到我们的同事早已两人一排排成纵队，我们被安排在队伍的领头位置，按年龄资历排定先后，在静立两旁的服务员的示意下，走上了台阶。我感觉这就像是古老蛮夷纳贡使臣朝觐时的仪式，接下来该是叩头了。

但是一行人刚走过一个大柱子，我们便看到了身穿浅灰色套装的周恩来总理瘦削的身影，他一边伸手问候，一边说："你好，请进。"他的身后站着出生于纽约的翻译唐闻生，唐闻生用英语几乎同时说道："Hello, Please come in."我们先一起照了合影，随后来到会客室坐在会议圆桌前，之后在能容纳 20 人用餐的安徽厅参加晚宴，10 点钟（4 小时后）会见结束，我们又拍了一些照片，便相互道别了。整个会议过程中，哈里森·索尔兹伯里一直在他的膝盖上记着笔记，而这些内容也收录进他的一本著作《北京及更远处》（*To Peking and Beyond*，1973 年出版）。

当我坐在周恩来身边时，他用汉语问道："你认识龚澎？"我回答说："认识。"除此之外我还能说什么呢？通过近距离观察，我发现周恩来有一双威严的光芒四射的眼睛，在其和蔼友善的外表下掩藏的是久经磨炼的犹如钢铁一般的意志。

来自哈佛大学法学院的杰瑞·科恩坐在周恩来的另一边，他是我所知道的在中国问题研究领域唯一一位比我还要持之以恒的倡导者。于是我们两人就开始反复谈论哈佛大学如何按照各种计划接待中国学者，并且交换了各自的鲜明见解。直到周总理看了下他的手表，他将话题引到了他更想传达给记者的更为宏观的越南问题上来。周总理表示，1954 年在有关越南问题的日内瓦会议上，杜勒斯欺骗了他。他至今仍感到遗憾。我们推测，这话是对亨利·基辛格说的，他将在两天后抵达北京。

那个星期的后几天，在与法国大使共进午餐时，我们接到亨利·基辛格的电话，要求我们前往国宾馆（钓鱼台，1979 年我和副总统蒙代尔的随行人员住在那里）与其见面。幸运的是，午餐结束后我们没有受到过分殷勤的挽留就离开了法国大使馆。而在那段时间，基辛格成为世界外交新闻的主要焦点。

位于北京西部的国宾馆实际上是一座公园，这里有六七个可以容纳 30 人的招待所，各招待所之间被湖水隔开，通过小桥将彼此连接起来，确实是一个风景宜人而管理得当的好地方。

来到国宾馆后，亨利·基辛格首先带着我们环湖而游，随后带着我来到了一间会议室，我们在一张长椅上坐下。他问道："你能想象到是周恩来让我来看你们的吗？"我苦思冥想。"可能因为我们参观过我们以前熟悉的农村地区，并对如今的改变印象深刻吧。"我举了几个例子。随后我们离开了，这样基辛格也有时间能够再次与周总理见面。

1972 年 6 月 29 日是我和威尔玛的结婚 40 周年纪念日，于是我们要求延长两周访问的时间以便在北京举行庆祝活动。我们的向导给我们办理了延期手续，并在纪念日当天为我们举办了宴会，邀请了很多老朋友。我们怀着感激之情离开了北京。随后，我们及时返回香港，参加了总领事大卫·奥斯本7月4日为美国侨社举行的招待会。与此同时，我给《外交》（*Foreign Affairs*）杂志写了一篇文章，报道我此次来华的一些感受和印象。该文章于1972年10月发表，题为“新中国与美国的关系”（The New China and the American Connection）。文章不仅指出了中国取得的实际成就，还分析了华盛顿与北京过去的矛盾，并得出结论：总的说来中国人“在争论中占了上风”。

1972年的参观新中国之行远不是旅游观光那么简单，要理解中国40年的巨大变化，在智力上面临巨大挑战。这促使我们在评估不可见的形势时需要用心思考，同时也使我们处于这样一个特殊位置上，即人们希望从我这里获得比我实际知道的还要多的信息。这无论如何不是一种新的经历，但现在更难避免了。参议员富布莱特曾邀请我去他的办公室，当时他的参议院外交事务委员会的大多数同事也都在场，我在这里试图描绘一幅有关中国革命从过去到未来的全景图。

中华人民共和国以公费形式邀请外宾访华的整个流程是一种公共关系的表现形式，具体说来，其流程与美国的公司不相上下。例如，1960年，我们曾在比尔·扬曼所在的美国美亚保险公司香港和新加坡分部的豪华宾馆享受过这样的待遇。但那也只是比尔个人的慷慨大方，依然建筑在私人的基础上。而1972年我们享受的6周款待则是由中华人民共和国的政府机构负责安排的，并无任何明显的附加条件。我认为，与其把它当作一种需要偿还的债务，倒不如把它当作由当局授予的国库资助，应尽可能地加以利用。

第 31 章

与俄国人交往失败

从 1929 年到 1979 年，在我从事中国近代历史领域研究的半个世纪以来，世界政治格局变得十分紧张。在 1929 年到 1945 年的第一个 16 年中，日本逐渐侵入中国并控制了东亚地区和美国在此地的公司。但是从 1945 年核时代的到来开始，苏联与美国对抗持续了 35 年之久，紧紧吸引着世界所有政权的关注。当时，反对中国革命的冷战也是时起时落，在朝鲜战争和越南战争中，美国人与朝鲜人、中国人以及越南人针锋相对。然而战争的背后实则隐含着美国与苏联的军备竞赛，这可能是历史上出现过的最耗费资源的冒险行为了。

这是两大民族的对抗，两者有足够的共同点，对于彼此惧怕的原因都十分清楚。从古至今，包括雅典和斯巴达的对抗直到后来法国和德国的斗争，这些长期的敌对关系似乎与内在的文化差异有着密切的联系，而对双方来说，这些可理解的差异也是显而易见的。我曾于 1960 年、1972 年以及 1977 年，在苏联逗留过三次。在接触中我逐渐意识到，我们的苏联朋友和熟人始终紧盯着美国并且想要赶超美国。（与我初次访问耶鲁大学时的感受有些相像，那里的人也总是提到哈佛大学，不过近年来这种情况逐渐消失了。）

我与苏联接触是在1960年初期开始的，当时哈佛大学招待了列宁格勒大学[1]的一个代表团，其中包括一位与我地位相当的研究中国历史的学者。叶菲莫夫（G. V. Efimov）教授是一位相当胖的绅士，编写过一些教科书。我们双方对于这次会面都感到十分高兴。哈佛大学在位于昆西街17号的宴会厅设宴款待代表团，那里有我们最华丽的枝形吊灯。之后我邀请叶菲莫夫教授来到我们位于温斯罗普街41号的住所，他注意到了我们摇晃松动的窗户，并表示这些窗户抵不住苏联冬季凛冽的寒风。在威德纳我的书斋里，我向他展示了印刷品，包括人员目录、宣传册、各种出版物等，而这一切可能在他看来都是机密的文件资料。1960年末，当我们访问列宁格勒时，我们还在叶菲莫夫的公寓中一同进餐。

我慷慨赠送书目的行为发挥了作用，1968年，叶菲莫夫的团队成员别列兹尼（L. A. Bereznii）出版了一部厚达261页、有着1000个注释的俄文专著——《美国资产阶级的中国历史编纂学评论：19世纪及20世纪初的社会发展问题》（*Critique of American Bourgeois Historiography on China: Problems of Social Development in the Nineteenth and Early Twentieth Centuries*）。该著作参考了大量哈佛出版物，特别是我的著作。作者以一定的假设为依据，认为所谓美国的学术自由就是支持我们这些帝国主义者在东亚的渗透，“以此反驳马克思列宁主义对历史进程的科学理解”。（我引自我自己的一个摘要，如今已经出版为小册子广泛传播。）别列兹尼说：“马克思列宁主义的历史学家能够从关于世界历史的一般性社会规律着手进行研究，经过实证研究而提取结果，以此归纳出特定国家在历史进程中

[1]　现已更名为圣彼得堡国立大学。

的特殊规律。”这又是将意识形态放到了首位！所有你需要做的就是给事物贴上正确的标签，历史就可以全部弄清楚，甚至还可以预知。

别列兹尼的主要观点是，我们美国的历史学家都是帝国主义的辩护者，同时也都在为背离马列主义的毛泽东的灾难性的民族主义进行辩护。他的一些批评也确实值得引人深思。至少，它给我们一种荣誉，将我们的错误看作由错误的思想路线造成的，而并非是一个卑鄙的阴谋。1972 年我在列宁格勒见到了别列兹尼，当时他出版了另一部批评性的著作。尽管莫斯科远东研究所（Far East Institute in Moscow）那些冷血的现实主义者嘲讽他过于理论化，但事实上他看起来与世无争，更像是一位哲学家。

1960 年，我和威尔玛首次来到莫斯科参加东方学国际会议（International Congress of Orientalists）。我们在斯大林风格的多层高楼乌克兰酒店（29 层）入住，在这里开始感受到官僚化是如何腐蚀人们的生活的。这里用餐并不是自由供应，整个用餐耽误了几个小时。第一，你需要引起一位服务员注意；第二，由服务员为你排序等候；第三，由服务员为你垫钱排队订餐；第四，由服务员领取收据、食物并交付给我们。我们都觉得效率如此低下的社会根本不会对美国造成什么威胁。Star Market连锁超市的创建者、我们波士顿的同伴穆加（Mugar）表示，他曾向苏联伙食承办商反映，其食物供应缺少活力。

东方学国际会议在莫斯科大学的大礼堂召开，与会者多达 2000 人，规模十分宏大。大礼堂顶部装有 8 盏六层的枝形吊灯，周围还环绕着 21 盏较小一些的三层枝形吊灯。主办方为我们每个人配备了接收同声英语翻译的耳机设备。在发言者的讲话中，亚洲以及非洲各民族的历史、文学等都与马克思主义的科学思想联系在一起，这与大礼堂富丽堂皇的装饰形成了鲜明的对比。在我看来，所有的主题都牵涉到政治，无疑是反知识的行为，只会弄巧成拙。尽管如此，这里的书店倒是有很多中国方面的著作，价格也十分便宜，于是我们回国时带了几十本回去。

最为整个会议添彩的事件是中苏关系破裂显露出来，这种破裂自1958年就已经在扩大，如今这次会议没有来自中华人民共和国的学者代表，这让中苏分裂显得更加引人注目。就在几个星期之前，苏联政府已经从中国撤回了技术人员，从许多在建工程工地拿走了设计蓝图。世界政治格局出现了一个急转弯，而中美恢复邦交可能也会由此开始。历史性的分裂似乎对美国并没有什么影响，美国人对这些重大的消息并无任何思想准备，除去进行冷战的错误之举，似乎还未找出任何解释。一旦你觉得所有事件的发生都隐藏着巨大的阴谋，那么当事情真正发生时你很难认清。

至于对于美国组织委员会来说，会议上让人激愤的一件大事，便是苏联对我们参展的书籍进行审查。在此次美国展出的155本出版物当中，有25本未被允许展出，其中包括我的著作《美国与中国》，费维恺（Albert Feuerwerker）、理查德·沃克（Richard L. Walker）的著作以及魏特夫的《东方专制主义》（*Oriental Despotism*）。对此，我们当然用礼貌但固执的态度提出了抗议。主办方给出的理由是这些书的内容“太过于政治化”。最终争执引来历史学家兼外交官的共产党人士齐赫文斯基（S. Tikhvinskii）出场。经过一番激烈的谈判，这些未被展出的书籍将在会议的最后一天展出，然而这一切都太迟了，已经不会有太多人看到它们。

在会议上，哥伦比亚大学的一位社会学家在一场中国问题会议上陈述了中国台湾实地调查理论和前景展望的报告，齐赫文斯基立即从拥挤的大厅站起来，用英语对这位社会学家的发言提出了尖刻的批评，称其报告不具有学术性，缺乏事实证明，不值得花时间研究。随后我也站起来猛烈进行反驳：社会学家需要在工作中相互交流；美国的学术界受益于这样的报告；文献记录的并不是全部的情况。事实上，学术会议更应该强调此类报告所起到的良性作用。

我首次与齐赫文斯基相见是在北京，后来在欧洲召开的青年汉学家会议上也碰过面。他是一位机敏的学者，同时也是监管学者的监督人，一副盛气凌人的架势，据说与某些机构有着密切的接触（我指的是国家警察）。在莫斯科，他在一家豪华的中国餐厅热情地招待了我们，不过这里的中国厨师已经被解雇，由俄罗斯厨师代替。在看到主人不加选择地将酱油泼到6道中国菜上时，作为“老北京”的我们对此感到愤怒不已。我向他提到了他在北京上学时的朋友芮玛丽，并告诉他芮玛丽在得知她的书被他评价为“伪造历史”时勃然大怒，因为“伪造”这个词在英语中暗含着说谎的意思，而不仅仅是缺乏根据一说。对我而言，齐赫文斯基似乎一直都是尖酸刻薄并且心狠手辣的人。

1972 年，在访问中国之后，我们再次来到莫斯科。这次我们入住国家饭店，依然是斯大林塔式风格的建筑，随后我们又访问了列宁格勒。在这里我给听众——主要是来自各个研究机构的研究员——作了 6 场报告，内容包括美国的中国问题研究著作发展的趋势，并对听众提出的有关中国情况的问题作了回答。

在交流过程中，我发现我的听众们早已作好接受苏联和美国聚合的思想准备了——技术将我们双方带入了一个全新的世界，而在这个新世界里，双方从生存的渴望出发，可找到更多的共同之处。我相信他们本应该像我们一样，获得更为自由的个人表达权利。一些苏联学者可能会默认我的观点，但其他人当然坚持认为美国也会走向社会主义，这种社会主义被设想存在于苏联。这样，用所谓的聚合概念非常拙劣地掩盖了基本的论争。一切都是辞令，仅仅允许我们在双方看来共同的地方进行对话。

1960 年，齐赫文斯基将他勤奋刻苦的同事尼基弗洛夫（V. N. Nikiforov）介绍给我认识，我们两人边走边谈，泛泛地交换了一些看法。最后，尼基弗洛夫有些尴尬地问我是否相信上帝，而我斩钉截铁的否定回答也让他放下心来。我猜想自己坚决的回答一定增强了他的信念。我们赞同有必要对世界观进行比较，但仅限于此，并没有进一步的书信往来。1972 年，我又匆匆见过尼基弗洛夫一面，此后 1977 年我们在哈佛大学教授俱乐部共进午餐（他最终来访美国）。其间我对他说道，17 年过去了，我们的友谊似乎完全没有建立起来，他闷闷不乐地表示赞同。

到 1976 年，北京与华盛顿的关系正常化在我看来保持着良好的发展势头，已成定局。在进入新的中美关系之前，我们还有最后的机会与苏联的中国问题学者进行联系。我坚信学习是解决恐惧与仇恨的方法，因此我期望全世界研究中国问题的历史学家能够互相交流，共同开展项目研究。从这点看来，我确实是一位天真的理想主义者。（还有别的说法吗？）

因此我答应我成为美国学术团体委员会成员，或者说是美国学术团体委员会与苏联人文和社会科学研究院委员会的联合委员会（Joint ACLS-Soviet Academy of Sciences Commission on the Humanities and Social Sciences）的美方成员。问题在于，美国的中国问题专家与中国进行接触的同时是否应该努力与苏联专家保持同样的联系。我对美国各地 20 多位同行作了一次民意调查。对于是否与苏联专家保持联络的问题，赞成与反对的人数大致相同，赞同的一方认为与苏联专家接触是一种学术研究的权利，而反对的一方则认为这种做法极为不明智，可能会对中国人民有所冒犯。我并没有参加 1975 年 6 月在美国召开的联合委员会第一次会议，但是我决定参加 1977 年 6 月在莫斯科召开的第二次会议。

到达莫斯科后，我发现东方文化研究所破旧不堪的住处比以往更加拥挤。而联合委员会的会议在新建的信息部的一个狭长的房间中举行。意见不同的双方分坐在狭窄的桌子两边，你都想不到，桌上铺着的还是绿色的桌布。

在资深人士齐赫文斯基的帮助下，我与东方研究所中国部的负责人、与我地位相当的学者列夫·杰柳辛（Lev Deliusin）进行了讨论，在有关将东亚问题与法律、经济以及文学进行分离作为一门独立课题进行研究上，我们达成了一致意见。尽管如此，为了实现这一目标，我必须先驳回苏方主席将东亚研究归为历史研究领域的观点。我被邀请作为见证人，坐在房间前台类似证人席的位子上，在此我表示无论从组织上还是从理智上，亚洲问题研究协会都必须从美国历史协会分离出来，这样在美国方面我们才能保持各自领域的独立性。对此与会者表示赞同。随后杰柳辛和我制定了苏联的中国问题专家访问美国的中国问题研究中心的相关计划，以此检验在中国问题研究方面从美国能够得到什么好处及开展何种合作项目。

然而在最后一天，该协议的签署却由于这个占用整个街道的高耸的新成立部门的办公大楼里的油印机发生“故障”而被迫中止。一个小时后，我们得到解释，说审核苏美版本的协议还要花几天的时间。显而易见，安全部门或其他权力部门正在幕后阻止我们的计划。而给人印象深刻的研究员及各部门的领导除了学术方面的权威身份之外，没有任何实权可言。最终我们的正式协议并没有签署成功，于是我们以非正式的形式达成一致，表面上看起来似乎是协议已经通过并按此实施。此后，东亚研究所的中国部安排杰柳辛前往美国进行学术交流，我们通过电报得知他乘坐的航班，但是当飞机抵达时，他并不在飞机上。随后，他的行程就由于不明原因而无限期推迟了。

我开始学习俄语的时间实在是太晚了，并没有取得什么成效。我曾尝试以编辑俄方有关中国问题研究的描述性书目的方式学习俄语，但还是失败了。如今连私下交往以及成立委员会组织的计划也无疾而终。于是我最终放弃并辞去了联合委员会的职务。

我难以避免对苏联模式产生厌烦。学者们似乎是在当局的容许下从事研究工作，外国人根本没有与其接触交流的机会。如果把破坏研究项目的程度当作凶器来进行比较的话，在北京不过是一把漂亮的小短剑，而在莫斯科则是一把锋利的切肉斧了。然而令人费解的是，为什么俄国人在私人领域待人热情和善，但在公共生活范畴却如此地不近人情呢？

在中国问题的研究方面，苏联出现的问题继续让我困惑不已。在美国学术界，人们想要将中苏关系的历史纳入中国领域的研究中，但以失败告终，这可以说是政治氛围破坏学术研究的一个极好的例子。由于原因过于复杂，这成为进行个案研究的绝好事例。

对于一位限于阅读汉语和日语资料的汉学家来说，要增加俄语的学习，这不仅要求具有通晓数种语言的天才能力，除此之外还需要严谨的分析能力以及诸如长跑运动员一般持之以恒的精神。对于学习者来说，先要学会翻译才能进行思考，想要很快出成绩简直太难了。

另一个困难在于苏联的图书馆以及其他各种设施很少热诚为外人服务。即使苏联历史学家自身，他们在阅读和言论方面也受到严格的限制。考虑到中国历史研究中涉及苏联方面的领域并不太重要，与此同时，整个苏联学术界引不起人们多大兴趣这种困难，因此美国在研究中国问题时并不太关注俄国人的活动。当然，中国也不鼓励美国人这么做。

由此产生的结果就是，俄国人在中国的经历，包括对比的机会都被忽略了。例如，20 世纪 20 年代中期统一战线期间的苏联援助与调解与 40 年代末期联合政府期间美国的援助与调解之间的对比，完全被忽略了。这是一个明显的损失。此外，从 17 世纪初期，即清朝初期，俄国人就出现在清王朝面前，而美国人则是在 1784 年才到达广州，俄国人比美国人早到 150 年。而从北京战略的角度来看，在整个 19 世纪乃至当今，俄国的领土扩张一直超过美国。与美国西扩的政策一样，俄国人一直在暗自采取东扩的主张。在我们关于亚洲的历史中，我们双方的共同点比我们意识到的还要多。中国人则继续采取手段使我们彼此对抗。然而，既然我们有着唯一共同的压倒一切的关注点——生存，那么我们就应该竭尽全力相互友好对待。

反思我这些年来参加学术会议与齐赫文斯基进行的零星接触，总的来说，他是一个思维敏捷而富有智慧的人，也是一位在外交圈子里享有很高地位的人，拥有许多权力，与此同时，他还撰写有关满族人对中国的统治以及关于孙中山的著作，还担任权威历史类杂志的主编。我的最刻薄的左派评论家甚至将其称为苏联的费正清。

我记得有一次交谈中，他对中国人在争议边境伏击苏联军队并延迟谈判的行为进行了谴责。他拍了一下桌子说："他们很清楚我们 48 小时就能到达北京！"他的话听起来就像我认识的一位敬佩麦克阿瑟将军的美国人说的话。

自然，我也从未设想与齐赫文斯基共同开展项目研究。如果我们合作的话，那么他必然会试图将其个人的想法强加于对方身上，而我则更希望按照理智行事。所以这就是问题所在。

第 32 章

作为中国友人的波折起伏

一位区域研究专家以教师为职业发挥作用，但他可能轻而易举地越界成为一名权威人士。我所谓的权威是指对于那些引起大众传媒的兴趣但仍处于模糊不清的状况可以作出明确判断的能力，至少对此一时能够有所判断。这种源于萨满教的公共职能常常被行使，甚至是凭借一些麻醉品和欺骗的手段，那么我们为什么不能发挥真正的公共职能呢？有点智慧总比完全没有好。

外国人因此不得不面对这些美国的圣人，他们装作本行，自以为是地向世人发表他们的看法。中国人长期以来对这些外国中国通或汉学家习以为常了，这些人在中国是中国的学生，回国之后向人们传授有关中国的所有知识，这是一个令人尊敬的职位。

对我而言，由于极为关注中美关系以及互相之间的影响，因而促使我对美国对华政策也产生了浓厚的兴趣。这是每个人都可以参与其中的一切游戏。1941 年后，鉴于美国对华政策对中国生活的重要性，我于 1946 年开始直接参与公共政策讨论。经过 30 多年的研究，我被称为中国问题研究专家的“泰斗”，这个词在我的书中会成为一个不好的称呼。泰斗一般都是指曾经的教授。（据说老的泰斗都是永存于世的。他们只不过脱离其院系罢了。）

仔细剖析就会发现，我为人们所提供的大都是中国历史的某一个片断或是相当宽泛的历史综述性的一个中国完整历史的浓缩，亦或这样一种建议：美国的政策应充分考虑双方的不同历史背景。从 1949 年到 1979 年，这两种策略同样适用于解决台湾问题。事实上，1979 年华盛顿与北京关系正常化后，台湾问题依然存在。美国至今依然关注这个问题，它将继续伴随着我们。

台湾问题包含着多方面的含义：它是国民党输掉内战的标志，除非台湾能够在废墟中鼓吹民族统一主义；作为一个与祖国分离的省份，它是日本和美国实施帝国主义侵略的产物；它是一个试图以 1800 万人征服 10 亿人的海岛基地；它还是一个经济奇迹，是美国的六大贸易伙伴之一，是永不沉没的语言学校和研究中心，是一个开放的宝库，里面有大量从北京盗来的艺术品和档案；它显而易见也是最后一个通商口岸，它也是美国没有恶意、值得帮助的并且过去支持援助的盟友；此外还有其他许多含义。从某种意义上说，台湾问题属于我们每个人。我们不能因它的不利影响而低估它的实际价值。

1977 年，我被中华人民共和国冷漠地拒之门外，来到台湾遇到的又是喧嚷的媒体抨击。显然，中国大陆和台湾地区双方都在试图告诉我什么。

1972 年，周恩来临别赠语，用英语对我说：“明年或晚些时间再见。”他的话听起来好像在表达中国的大门随时向我敞开，但我并未打算立即重返中国。一回到坎布里奇，我们立刻制作了大约 400 张幻灯片，并在美国艺术与科学院的宴会厅放映，向人们展示中国社会的现状。此后，我们又在牙买加平原（Jamaica Plain）[1]的布兰迪其宫（Brandegee House）进行了幻灯片放映，还经常在那里举行研究中心的夏季研讨会。幻灯片主要概述了我们的中国之行，结尾是威尔玛在华清池拍摄的一张照片，据说唐代美人杨贵妃曾在此沐浴。

随后由于其他工作项目的原因导致我重返中国的计划推后了好几年。从 1972 年 9 月中旬到 12 月中旬，我们开始环球旅行，途经伦敦、巴黎、慕尼黑、莫斯科、东京和台北。而 1973 年，我发现手头排满了编校工作，要出版单卷本的教科书《东亚：传统与变革》和编辑专题论文集《在华传教事业与美国》（*The Missionary Enterprise in China and America*），后者系汇编 1972 年 1 月在库埃纳瓦卡（Cuernavaca）召开的会议论文而成（1974 年由哈佛大学出版社出版）。此外，我开始召集大家进行《剑桥中国史》第十卷的编撰工作，该书于 1976 年完成。

与此同时，我开始更投入地与哈佛大学的校友加强联络，并最终筹集到了资金。哈佛校友俱乐部是特别好的听众，因为不论是作为社会群体的一员还是作为校友俱乐部的一员，他们都具有良好的团体意识。这些人总是不停地寻找并推荐优秀人才加入哈佛大学，有时候还提供经济支持，这使哈佛受益良多。而对于一名教授来说，最宝贵的莫过于时间，因此如果能够贡献自己的时间肯定会令人感激不尽。而如果从教授那里传出男女同住在一个宿舍区会让教育更加有效率这类信息，那一定会引起轩然大波。20 世纪 60 年代，大学校园生活规章制度的退步引起了人们的关注。洛厄尔之家（Lowell House）的管理人员并不会去询问一位业余摄影师他的暗室为什么总是需要一名拉德克里夫学院的学生协助工作。拉德克里夫学院的规章制度简化为早上 8 点钟进行检查，以此证明学生还在这里居住，其

[1] 位于美国马萨诸塞州的一个地区。

他时间便可自由行动。

当我同意在团体论坛或是系列讲座活动中发表演讲时，我经常也会安排与当地的哈佛俱乐部进行交流。总体来说，我想我已经在大约 40 个不同的俱乐部作过讲座了，有的还不止一次。这对我来说是一件很值得做的事情。

在此背景下，威尔玛和我很乐于帮助暑期校友学院作为一个新机构举办开幕典礼。这里有大约 100 名学生，他们中的大多数人对珍珠港事件还记忆犹新。同时你也不需要向他们解释谁是乔·麦卡锡。在柯克兰之家（Kirkland House）的 10 多天时间里，他们一起集中研究中国的历史和艺术，这是一种校友返校活动。威尔玛讲座的一半资料充分利用了福格博物馆和波士顿美术馆藏品。我们在这里经常会遇到前大使和一些中国通，他们能够加入到有关政策的研讨会中。我们也分别在 1973 年、1974 年以及 1976 年的暑期学校这么做了。

为筹集哈佛大学东亚问题研究的资金，我们于 1976 年夏天前往檀香山、香港、新加坡、台北以及东京，并通过与各地的哈佛俱乐部取得联系，为从新生的中国海事工商业界筹到资金打下了基础。

1976 年 9 月毛泽东逝世，从此结束了我们长期而脆弱的合作关系。从 1927 年毛泽东发动革命以来，他为我自 1929 年开始研究的中国问题奠定了理论基础。毛泽东的逝世成为各大媒体的头版头条新闻，媒体都在四处搜集相关的信息，而我也被列入中国问题时事评论员的候选人名单当中。但是我坚持开车去了魁北克省北海特利（North Hatley，P. Q.），拜访了我们亲爱的加拿大朋友弗兰克·斯科特和玛丽安·斯科特（Frank and Marian Scott）。纽约哥伦比亚广播公司一位足智多谋的制作人帮我们解决了难题，他驾驶水上飞机带我们直接从马萨维比湖（Lake Massawippi）到达蒙特利尔，在那里我可以在与华盛顿和帕萨迪纳联合举行的公开讨论节目中露面。我们一致认为毛泽东的逝世对于他本人以及整个世界来说都是一个转折点。同时，我也借此机会表示台湾问题仍然未得到解决。此次讨论会正发生在 1977 年我准备申请访华签证之前。

对“中国人民之友”访华团的中国式照顾和饮食款待是十分慎重且微妙的。然而，中国人观念中有效的朋友分类对外部世界的人们并不会起到类似的道德约束。追本溯源，儒家思想所谓的气节显然是对某位庇护人和统治者的忠诚。如果旧王朝的官员情愿效忠于作为征服者的新王朝，便会被视为对已故者的背叛，落得名誉扫地的下场。而中国人在看待国际关系和人际关系时是一样的，都会牵涉道德的范畴，不同人民之间的友谊如同家人之间或是个人之间的友谊。友谊被尊为一种责任，体现为双方之间的权力要求和义务承担。被视为中国朋友的外国人必须进入中国的人际关系网，并忠实地贯彻到底，只有这样才能算作中国人可靠的朋友。

众所周知，西方人在建立友谊之前会附带其他的注意事项，从而使友谊看上去不够真诚可信。特别是对于记者，他们有责任对发生的事情如实报道。在位于北京西郊的八宝山革命烈士公墓中，艾格尼丝·史沫特莱的墓碑上刻着如下内容：

中国人民之友、美国革命作家史沫特莱女士之墓

你可以想象一下，如果史沫特莱健在的话，她会对最近被揭露出来的“文化大革命”时期江青的劣行作出何种反应。我猜想，以她反政府的倾向，假设她在 1957 年还没有发现毛泽东是如此专权，她也定会骂不绝口。或许，在合适的时间去世是保持“中国人民之友”称号的唯一方式。

实际上，与多数国家一样，外国记者想要发挥效用也不得不站在政府一边。驱逐出中国的威胁也被用来当作影响生计的决定性刺激。外国教授也会遇到同样的问题，但事情远非如此简单。在他们看来，美国记者和教

授对政府持批评态度，因此在不当权时与他们友好的人一旦当权就成为他们批判的对象。这是一种极其不友好的行为。

在 1972 年中华人民共和国邀请我来华访问并热情款待 6 周之后不久，对方就对我失去了好感。随后，1972 年秋天的欧洲之行中，我们在莫斯科以及列宁格勒停留了 3 周时间，并举办了 6 场学术报告，而这些报告在我看来并非公开性的，也没有任何反华言论。然而，鉴于中苏关系的高度敏感性，我的苏联之行在北京方面看来十分可疑，也有可能是苏联媒体对北京宣传导致的。我的推测也不是没有道理，如果我是齐赫文斯基的话，我会做什么呢？作为一名中国问题专家于 1972 年访问北京之后又前往莫斯科和台北，这在别人看来是愚蠢的机会主义者的做法，尽管我自认为只是一名专注于个人研究领域的教授。

此外，我为鲍若望（Jean Pascalini）所著的《毛泽东的囚徒》（*Prisoner of Mao*）撰写评论似乎也被看作不友好的行为。鲍若望出生于北京，母亲是中国人，父亲是法国人。他本人曾为美国海军陆战队效力，1957 年被捕入狱并在劳改农场待了 7 年之久。1964 年戴高乐承认北京时，鲍若望以法国公民的身份获释。鲍若望是一名真正的老北京，年纪轻轻，且适应性很强。他不仅精通思想改造的术语，而且能够在繁重的工作任务和 1960 年至 1961 年普遍营养不良的情况下生存下来。他的故事由美国的一名记者记录并整理，内容似乎非常真实可信，并让我们了解到中国国内就如同苏联古拉格群岛（Gulag）[1]。后来这两位作者来坎布里奇访问时，他们著作的真实性和客观性获得了广泛的认可。

我在《纽约时报书评》（1973 年 11 月 1 日）发表的评论指出了 60 年代初期中国的监狱与苏联的不同之处：这里的守卫和管理人员清正廉洁，

[1]　古拉格是苏联关押政治犯的地方。

老囚犯也不会组织专横的地下社会，唯一的鸡奸犯被发现后立即处决。同时，监狱长表示在饥荒年代他们的伙食条件也同样地差。这种比较足令中国增光，尽管对于美国读者来说整个体系都令人高度反感，这在以前从没有具体地暴露出来。

我又一次拜访了中华人民共和国驻华盛顿联络处的大使韩叙，他与周恩来一样是一位有着超凡魅力的外交官。他向我表示说，为《毛泽东的囚徒》撰写评论是一种"不友好"的行为，认为我不应该这么做。我反驳道，在美国的观念中作为一名教授，他的职业责任要优先于友谊关系。这本书的意义重大，为此我无法躲避对其评价的责任和义务。这是我的职责所在。如果因为担心冒犯他人而拒绝评论，那我还有什么用处呢？我极力表示这本书对中国评价比苏联好很多，但是韩叙对此并不以为然，最终我们不欢而散。

1977 年，我们的签证申请递交上去，从未遭到拒绝，但并没有得到北京方面的任何回复。在当时任何因素都有可能起作用。我将乔冠华列入我想拜访的人员名单，尽管当时我知道他因在 1976 年 4 月表示反对邓小平而遭到冷遇。黄华接替乔冠华出任外交部长一职。

我以越来越高的频率撰写并宣讲有关台湾何去何从的问题，因为有越来越多的迹象表明，中华人民共和国最终会加入联合国，华盛顿和北京的关系也必将有所改善。1960 年中苏分裂已成定局之时，中美却并未恢复邦交，如果不是固执使得中美双方领导人（毛泽东和周恩来，肯尼迪和腊斯克）仍然各站一边，那么这就是一种无可指责的消极迹象。

1977 年 7 月我前往莫斯科参加美苏联合委员会召开的学术会议，尽管我将相关情况通知了中华人民共和国联络处，但还是可能被视为不友好的行为。由于时间将至，我将我们的护照从联络处取回来以便办理前往日本和朝鲜的签证。一位年轻的中国秘书在门口将签证递给我，当时他脸上露出了尴尬的神情，随后立刻将目光移开了。他似乎比我还要觉得拒签是一件失面子的事情。然而是否失了面子还值得商榷。加拿大驻华大使明明德早前就已经邀请我们前来北京（每个人都必须有个住的地方），他曾在哈佛大学读书。原本邀请宾客是一种外交特权，而我们的签证被拒明显是对加拿大的冒犯，特别是在大使去外交部为我们辩护的时候。

我们在东京稍作停留，看望了朋友，同时我还在国际之家作了一场报告。对于学者来说，国际之家绝对是不可多得的好地方，我们曾 6 次居住在这里。随后我们来到汉城为资助我们此次出访的报业巨头《东亚日报》作了演讲。由于无法前往北京，于是我们决定在台北待 10 天。我先给之前的一位学生比尔·艾尔斯（Bill Ayers）打电话，如今他是驻台湾联络处的公共事务官员，希望可以从他那里探得一些消息。他向我表示“外交部”并未反对，因此我们获得了“中华民国”的签证，比尔为我们在圆山大饭店订了房间。

我之所以对台北能否同意有些担忧是有原因的，当时台湾已经出版了有关费正清（我本人）的一些著作。大约在 1966 年，“立法院”的一群反共分子可能受到参议员富布莱特于 1966 年召开的对华政策听证会的启示，发现了麦卡伦委员会的 14 本有关 1951 年至 1952 年太平洋国际学会的听证会的出版物。当他们读到太平洋国际学会如何将自由中国出卖给赤色分子时候，一定毛骨悚然，极度恐惧，这些出版物就像一个定时炸弹，经过 15 年的沉寂，随时会被引爆。在 1968 年至 1969 年期间，6 本巨著用中文出版，诸如《太平洋国际学会与费正清集团》（*The Institute of Pacific Relations and the John K. Fairbank Clique*）、《费正清集团在台湾的大阴谋》（*The Great Conspiracy of the John K. Fairbank Clique in Taiwan*，长达 792 页！）、《费正清与毛共》（*John K. Fair bank and Communist Mao*）等。1972 年，我们的访问非常简短，1976 年，我们是以团体身份前来寻求台北哈佛俱乐部的支持。但是如今，台湾似乎又隐含着一场灾难，20年前策划“失去中国”的那一小部分中坚力量，如今作为潜伏的幸存者突然再次出现，其目的显然又在“失去台湾”！

圆山大饭店宽敞的大厅，有如同位于太平洋的卡纳卡（Karnak）神庙一样巨大的红色圆柱，这里突然冒出一位勇敢的台湾记者，她就是弗罗拉·傅（Flora Fu），曾有一次在哈佛对我进行电话采访。她告诉我有9位相关人士，包括3位“立法院”的成员，其他则是曾提到过我的一些书籍的作者，在《中央日报》发表了共同声明，警告人们提防费正清的亲共思想以及想要把中国引入歧途的企图。两天后，他们召开了一个公开会议，邀请了大约60名学者和记者参加讨论。消息传开，继任郭廷以出任近代历史研究所所长的是位保守派人士，他发来消息说不能见我。而街对面另一个研究所一位较开明的自由派学者想要和我预约会面，为此他打电话给“外交部”副部长，但会面并未获得批准，最终不得不取消。而这次公开会议的组织者影响力颇大，不仅能干预研究机构的预算拨款，同时还具有“立法委员”的调查权。

此时，我不得不寄希望于通过与“外交部”副部长钱复共进午餐来解决这个问题。钱复的父亲曾担任过“国立台湾大学”校长和“中央研究院”院长。他本人曾在耶鲁大学学习，有一位貌美如花、打扮入时的妻子。此外他还善于用美国方言来表达个人想法。他对我接受北京提出的废除1954年美国与“中华民国”签署的安全条约的行为十分愤慨。为此我表示，如果华盛顿与北京能够达成切实可行的正常化交往，那么台湾的安全将得到更好的保障。经过了28年后，如今所谓的台湾的“中华民国”才是中国合法政府的想法早已失去了任何效用，我强烈要求“制定一些平衡举措，而不是任其自然发展，但他显然对此深表怀疑”。

此时我备感压力，因为钱复还邀请了台北哈佛俱乐部的秘书参加这次午宴。秘书说，为了兑现俱乐部许诺的 20 万美元捐助，他已经向哈佛大学寄送了 18.5 万美元。显然这是一种真正友谊的表达，然而中国的互惠政策要求我放弃反对安全条约的提议。但是，他们也承认美国人在公与私、政治与教育上分得很清楚。次日，报纸刊登的一篇关于我的社论少了一些责难的声音，似乎暗示我已经意识到自己的错误了。

对我进行谴责的公开会议在自由之家（Liberty House）召开，与会者大约有 200 人。哈佛大学语言学专业一位大胆的学生也参与其中，并作了会议记录。我的主要批评者是胡秋原，他向我发起挑战，用 10 万美元的赌注与我进行辩论，辩论中他使用英语，我使用汉语。如果我赢了，这笔钱将用于我的研究中心，而如果他赢了，这笔钱便用于支持一项反对中美关系正常化的计划。除去所谓的太平洋国际学会“阴谋”一说，他们对我的谴责根本就是无中生有，缺乏事实根据。例如，他们指控我散布魏特夫的观点，即中国采取“亚细亚的生产方式”导致其发展处于停滞状态（这既不是魏特夫的观点，也非我的观点）。批评家们有关费正清的指控大多属于虚构。整个会议主要是出于义愤，此外还有媒体发表的大约 50 封对我的谴责信。

弗罗拉·傅又一次出现，给我捎来了陶希圣想要见我的口信。陶希圣是深受蒋介石器重的一位重要思想家，《中国之命运》就主要是由他执笔完成的。1968 年，他曾出人意料地来到哈佛大学看我，我们仅仅是进行了简单交谈而已，因为他的英语水平和我的汉语水平差不多。如今与他见面就像是沃尔特·李普曼（Walter Lippmann）与怪僧拉斯普廷（Rasputin）的一次会面。在我的建议下他带了一名翻译，于是我接受他的邀请参加了他主持的大陆中国研究中心的一次会议。

我们在新建的中山纪念堂会面，到会者有 20 人，其中有四五人曾接受过国民党的政治再教育（牢狱）。有一人特别表示他曾在监狱待了 10 年进行思想改造，但并未向我们举例说明。陶希圣和我性情都很温和，具有学者派头，但是说话语气过于学术化，让人有些腻烦。

王世杰和他能言善辩的儿子也邀请我们共进晚餐，其间我们还进行了热烈的讨论。在所有的国民党领导人物中，王世杰给我的印象是最具有政治家的风度，能够耳听八方，眼观六路。谈话中，我坚持认为如果剔除安全条约的影响，那么台湾和美国未来在非正式基础上的发展前景将是一片光明。在我看来，1977 年由台湾保守派组织的两次会议都是旨在探测我的意图。我是台湾的敌人吗？正如我所声称的，作为华盛顿和北京关系正常化的一部分，台湾自身将会有更好的发展，难道不是这样吗？

而我们在台北最高兴的事情莫过于再次见到前“外交部部长”叶公超。他依然个性好强，仍然被束缚于一个无权的部长职位上不可动弹，个性孤僻，却被安排去做财政预算工作。在他外出时秘密警察会对其进行跟踪，而当他生病入院后，蒋经国又会前往探望他—— 一种对顶级人才奇怪的愚弄。

叶公超对一个现代舞剧艺术团颇感兴趣，于是他带我们来到能容纳 2000 名观众的中山纪念堂观看艺术团的表演。这场表演是一种很好的尝试，观众似乎也从内心彻底感受到西方国际化的影响。台北的文学和艺术方兴未艾，这也是大千世界的一部分。

总的来说，1977 年夏末我在台北受到的冷遇似乎是多年前麦卡锡主义癔症自然的延续。就如中国汉字，自古以来它就有多层的含义，而我作为公众人物的形象也被赋予了不同含义。我意识到，在公共环境当中充满了误解与被贴错标签的人物，在形势迫切需要之下，他们甚至会被虚构出来。

我同时遭到两个“中国”的谴责，至少这代表了人们对一个局外人的愤怒之情。在美国人继续坚持“两个中国”的政策之时，作为局外人的我虽不甚了解情况，但一直不停地发表意见表示这种说法的必要性，即“只有一个中国，一个中国”。

1979 年 1 月 1 日，卡特政府最终实现了中美关系正常化，我在中国的处境因此也有所不同了。1 月份，精明干练的邓小平副总理到访华盛顿，我、威尔玛和白修德应邀前来参加卡特总统为邓小平举行的晚宴。于是我们乘坐同一辆出租车来到白宫东侧入口处，共同见证这一历史性的事件。低调而具有商务风格的入口处站满了目光锐利的年轻人，我们穿过走廊，走上楼梯，经过美国海军陆战队的管弦乐队，这时我们发现走廊两边每隔 10 英尺便站着一个身穿饰有金穗制服的年轻男女接待人员，其中男士英俊帅气，女士美丽大方。尽管如此，与英国皇家骑兵卫队不同，这些接待人员并没有眺望远方，而是礼貌但敏锐地注视着我们每个人。我意识到出于安全的考虑，这些接待人员的数量超过了宾客的数量，如果有什么意外发生，这些人立刻就能把我们全部打倒在地。我把这些想法告诉护送我们前往白宫东厢的那位热忱而帅气的军官，他回答说：“是的，还有一些你不会理解的事情。”

不久，房间里聚集了众多的社会名流，有些人有些面熟，而有些人则彼此认识。如同在任何一次东亚秘密会议上一样，我开始介绍朋友们互相认识，诸如将鲍大可介绍给比尔 · 西华尔（Bill Seawall），后者是泛美航空公司的总裁。但我发现温斯罗普街的行为方式都是喜欢避开法律合伙人和参议员。他们都不是研究生。

随后镁光灯亮了，媒体记者进入房间并聚集在房间的末端，于是我们便被推在众人面前。我较早通过了迎宾队列。经翻译（哈佛大学 1952 届毕业生）提示，邓小平想起了我的名字。进入宴会大厅后，我找到了我的座位号和席位卡。我位于宴会贵宾桌首桌，我座位的右边是“雪莉 · 麦克莱恩”（Shirley MacLaine），左边则是“罗莎琳 · 卡特”（Rosalynn Carter）。

这真是莫大的荣幸！我大概是被视为30年来积极提倡中美关系正常化一派的代表，如今一切如愿以偿。然而我并没有为此制订计划，所作贡献还不足。然而能坐在著名女演员和第一夫人中间，觉得自己如沐春风，如鱼得水。

这是一次没有主人的奇妙晚宴。我们处在一个真正的历史转折点，但我们席上连非正式的敬酒都没有。突然我想到了卡特政府整个体系面临的灾难。卡特总统坐在那里全神贯注地思索着什么，并没有将我们作为一个团体来照顾。罗莎琳·卡特就坐在他的一旁，美丽知性且十分善于交际。如果她能够帮忙处理她丈夫小团体的情况，或许他能够获得连任。

雪莉·麦克莱恩之所以出现在这里，是因为她一直跟进了宴会的准备情况。她曾带领一个美国妇女名流团体前往中国旅行，受到了极大的文化冲击，令其以往所有经历失色。她故意询问"文化大革命"时期一位艺术家种植西红柿的事，以此套邓小平的话，邓小平回答说："可能他喜欢西红柿。"

我与中国领导人邓小平的对话如下：

邓小平："您贵庚？"

费正清："72岁。"

邓小平："我74岁。"

费正清："但您还有头发，我却没有了。"

邓小平："显然您用脑过度了。"

真是错失良机啊！我们本应该斟酒一同追忆周恩来，随后再举行一场中国式的聚会。然而我什么也没有做，真是彻头彻尾的失败。

接下来的娱乐表演在肯尼迪中心举行，整个表演混合了乡村音乐与铜管乐器和鲁道夫·塞尔金（Rudolph Serkin）的节目。表演结束后，邓小平和卡特走上舞台对演员丰富多彩的演出表示感谢。邓小平抬头打量一位哈林环球旅行者篮球队的队员，这位篮球运动员的身高是邓小平的两倍。他还亲吻了一位女学生歌手的额头。随后，他来到得克萨斯州，坐着公共马车，头上还戴了一顶宽边高顶帽。很明显，改变未开化地区会随着时间推移变得越来越难。

1979 年 4 月我们重回北京，这次旅行十分顺利，因为与我们同行的是泛美航空公司董事会的成员，而我也曾在其国际顾问委员会供职两年。威尔玛和我拿到了让我们与加拿大驻华大使在北京多待两周的签证，就像 1977 年的计划安排的那样。此时，英俊潇洒的韩叙任职于外交部，他特意前来与我们共进晚餐，我曾经的罪过，不管它们发誓如何，算是一笔勾销了。

在卡特总统举行的宴会上，我一直为错失机会而烦恼。然而，1979 年 8 月我获得了补偿的机会。当时我应邀陪同副总统蒙代尔前往北京、西安和广州进行为期 10 天的访问，以庆祝华盛顿与北京关系正常化的圆满成功。在人民大会堂的第二次晚宴中，副总统陪同副总理突然出现在我的身后。邓小平对我促进恢复中美关系所作出的贡献给予了高度的评价，我对此并不十分惊讶。

第 33 章

结　语

1979 年是美国与中国之间的 30 年隔离状态彻底结束的一年，也是我 50 年来为成为中国问题专家所作的种种努力的总结之时。显而易见，我尽力向国人展现一些事实的这些年与中美隔绝的这 30 年大体上是吻合的，尽管这些努力在我与中国接触的最初 20 年就已经起到成效了。1979 年是历史的重要转折点，同时也给我个人带来了巨大转变。人生重大的变化也标志着我的事业进入高速发展期。

1967 年 5 月，100 多名中国问题专家学者秘密来到我们街区对面的印章协会（Signet Society）为我举行了 60 大寿的庆宴。当时我们被告知芮沃寿和芮玛丽要邀请我们外出就餐，但是当我们还没走出街区就遇到穿着正式的小詹姆斯 · 汤姆森（James C. Thomson，Jr.）。当我们走到印章协会时，我看到了来自各地的我以前的学生，让我颇感意外。汤姆森是一位出色的宴会主持人，宴会上大家不仅带来了诸如短剧小品、诗歌朗诵等节目，还有很多的生日礼物。费维恺、罗德 · 墨菲（Rhoads Murphye）以及芮玛丽共同整理编辑了一部由 12 篇文章组成的纪念论文集——《中国近代史入门》(*Approaches to Modern Chinese History*),这是一份令人十分惊喜的生日贺礼。这本论文集选取的文章质量很高,题材范围也很广,从引言中不难看出芮玛丽在确定主题(在这里是指我)方面具有敏锐的分析能力。

此次聚集的人才都是第二次世界大战的“衍生品”,他们是应时而生的一代专家。我能够充当他们的老师和领路人,也仅仅是能感到他们的需求以及他们能作出的贡献。作为一名学术带头人,要懂得恰到好处地后退,以便看清队伍前进的方向,并起到带头作用。

写于我的60大寿—— 一封私人通函

……反思这一感人事件,我也有着荣誉接受者常有的问题——如何改进自身的不足才能配得上朋友的真情馈赠呢?赞美似乎与历史没什么关系。我在这个领域的发展中的“成就”更令我确信一件事,即时势造英雄。我感慨地回复:“没什么,只要付出辛苦!只要站在世界最伟大的革命和世界最伟大的大学之间取得有利位置,它就是轻而易举的事!”

这次庆祝会的要点在于,我们应该承认机构体系中人的因素的重要性,即共同从事学术研究的师生之间的友谊。事实上,师生关系有些偏于一面,对于老师来说显得更为有趣,作为传道授业者,学生对其自然怀有感恩之情,但有时候这种感恩难免成为一种负担。而我们真正应该感恩的是社会,对于那些想要感激老师的学生,我想说的是:“你不需要偿还,只要传承下去即可。”

若不是我们共同关注中国历史这一领域的话,我们绝不会一起正视它的问题,而如果没有时间进行接触,我们也就不可能成为朋友了。看着那些离校的学生或是人们想要结识的同事,但愿他们都能成为真正的中国问题专家！

作为一位名牌高校教师，部分职责就在于为学生树立良好的榜样，与其说尽善尽美，倒不如说尽心尽力。如果教师精通中文原文，他便可以展示给学生，相反，如果教师不懂俄语，这样的不足之处便是那些懂俄语的学生的自信源泉。在这样一个高度竞争、全力以赴的领域，学生的信心是保持进步的主要动力。因此，在知识爆炸时代来临之前，学生的自信心尚未受到损害时，出版学生著作、确立其学者的身份，将会是开创新时代的行之有效的方式。

而当这些新秀出现，专家能人赶超上来并超越过去的时候，教授们也需要精神上的支持，正因如此，这就是一封不只具有一重含义的感谢信。（1967 年 5 月）

借此机会，我仿照孔子“五十而知天命”的形式准备了一首打油诗。结尾部分如下：

六十学有成　女子入选坛
取智东方时　华夏正罹难
尽取其精粹　宜于美利坚
历史在人心　学者后追寻
点滴化传说　史海觅踪迹
开启尘封事　心血在其间
愚人掌学门　留名万书丛
此时亦奋笔　此生述万千

Now at sixty this highly trained poobah
Puts the League of Women Voters in a perfect stupah!

Dispensing wisdom-on-the-East, during crises-in-Cathay,
Seems just what is needed in the U. S. A.
Since history only exists in the mind
Historians always follow behind.
They pick up the spoor of History,
The droppings it leaves, as a mystery,
Examining each with consummate care
And then pronouncing what used to be there.
The files, when examined, will demonstrate
That this "Fairbank" so-called was a syndicate
Who were busy writing memos and in other ways
During Benjamin Schwartz's earlier phase.

在哈佛大学的 40 年里，我在自己从事的研究领域取得了不凡的成就，当然我那些出类拔萃的同事也成绩卓越。在我们追求各自的目标时，我们中的每个人都在与学生、年轻的同事以及女性助手打交道。然而，坐在系主任常坐的位子上参加俱乐部的长桌会议，我仍会感到局促不安，但作为较高水平的学者，我们在同辈群体中还是要起带头作用。而对于大部分由独立个人组成的机构里发现的奇怪的矛盾心理，或许应该进行单独研究。对于我而言，1970 年在哈佛大学毕业典礼之际，被授予荣誉法学博士学位是最重要的一件事情。蒲塞（Pusey）校长的学位授予词写道："我们国家在东亚研究领域取得的成绩应归于这位目光敏锐、持之以恒的学生所付出的创造性努力。"

此外，我也很荣幸被授予其他的荣誉学位，其原因部分在于，我喜欢穿上盛装受到万众瞩目。尽管我缺少约翰·肯尼斯·加尔布雷斯（John

Kenneth Galbraith）那样林肯般的气势，但我的牛津大学毕业礼服仍然能够在各个毕业典礼上为我增添光彩。我知道在我得到这些学位时就需要无偿为一些机构服务，这是一种公平的交易。尽管如此，如果将我从我的同事中挑出来，那么意义将会完全不同。这对我简直是至高无上的荣誉。假如任何荣誉体制的建立目标旨在鼓励人们继续向前，那么荣誉获得者必将为此感到十分满足。雷斯顿（Scotty Reston）就是其中一例，他是我 1970 年在哈佛大学的同班同学。

另一件颇有成就感的事情是 1975 年出版了《总税务司在北京：中国海关总税务司赫德书信集（1868—1907）》（*The I. G. in Peking: Letters of Robert Hart, Chinese Maritime Customs, 1868-1907*），赫德的继任者、最后一位外国总税务司李度作序。这两卷书评注了有关赫德和海关的 1437 封报告，这些报告其实是赫德每周或每两周写给他在伦敦的可靠代理人的信件，是一部包含了许多不为人知的秘密的书。我的很有天分的两位合编者，一位是伊丽莎白·麦克劳德·麦瑟逊（Elizabeth MacLeod Matheson），她在去世前确定了该书的整体框架，另一位是凯瑟琳·弗罗斯特·布鲁纳（Katherine Frost Bruner），她对赫德信中涉及的每个人物以及著作都作了详细的调查研究。这不仅仅是一部堪与佩皮斯、博斯韦尔或是亚当斯的著作媲美的不朽的作品，更重要的是，随着针对海关研究的进一步发展，该书也为研究赫德奠定了基础。幸运的是，这个耗费巨大的项目最终由哈佛大学出版社承接下来，此时哈佛大学出版社正处于经营转变期，后来才得知此项目预算超支。若是 1874 年毕业生马士博士仍然健在的话，他一定会欣喜于母校服务学术的出色表现。

与独裁者不受任期限制的情况不同，教授需要遵守各项规章制度。按照几个月前的新规定，年过 68 岁的教授教学工作时间缩减为半天，但我成功地逃脱了新规定，仍然从事全天候的教学工作，直到 70 岁时我于

1977 年退休。退休教授的告别讲演有两种形式：其中一种较为平淡简洁，上了年纪的教授在告别课上神态从容，像平常上课一样结束最后一堂课，仿佛什么也没有发生；而那些前来听课的朋友和同事，他们可能很幸运既听过第一课也听过最后一课。讲课结束，他一如既往地走上讲台，由此走进历史。然而，我认为这样的讲课形式过于简单。因此对于我来说，另一种告别讲台的方式则是盛装出席。我故意穿着牛津大学博士学位的礼服，这是一件由红色法兰绒制成的外加亮蓝色镶边的小斗篷。为了满足美国人以及殖民地对于新学位授予的要求，牛津大学在很晚才设计了这款礼服。事实上这种礼服与哈德孙湾公司为西北部印第安人赶制的色彩亮丽、华而不实的服装没什么差别。然而这件礼服却是我于 1936 年获得从教资格的一种象征，尽管参加了多次毕业典礼，它至今仍然完好如初，在我接受荣誉学位时我也会把它穿上。"女性解放需要男式服装的复兴"以及"如果你不得不趁着夕阳的余晖离开，那你自己就如同那一抹夕阳"，这些发言内容连同这件礼服成为演讲不可或缺的部分。

1977 年在贵客委员会的一次晚宴上，白修德揭开了一块牌匾，上面赫然写着"费正清东亚研究中心"几个大字。我的同事们决定用我的名字命名研究中心，以此作为我的退休礼物。[如今该研究中心由孔飞力（Philip A. Kuhn）全权负责。] 如果我们能够保证中心的经费，那么我的名字与研究中心将永世长存。与此同时，我意识到我的公众形象正逐渐取代我本人的形象，即使我退出历史的舞台，它也依然会存在。这确实是一种吸引人的新课题。将"我和我的影子"与"我和我的公众形象"这两个主题进行比较，前者显然比后者更加简单。不管愿不愿意，既然构造了这样一个公众形象，或许我能够为其填充一些有益的东西。美国历史协会早在 1968 年就设立并每年颁发"费正清奖"。如今又多了一个费正清研究中心。这样的趋势还会持续多久呢？一名作家在其所著的书中占据的分量究竟是多少呢？正如这本书一样，我正在从费正清的中国研究转向兜售研究费正清本人。退休自有很多机会。

事实上，我并未感觉自己是真正地退休了。从幼年时期，我就有着童子军一般的精神头，为此我自创了一套个人养生法，包括饮食、休息以及运动等方面，如同英国人常说的，为了保持健康。在学校我参加越野跑，还能独自一人姿态优雅地划船。在中国我又养成了午饭后小憩的习惯，回到美国后一直保持，有时为了午后小憩不得不提前离开午餐聚会。而我的书房和办公室还专门放置了休息的沙发。此外，我还养成快走的习惯。而与愿意一起玩的人玩飞盘也是我多年以来一直保持的活动项目。

这样做的结果是，我年过 72 岁仍然保持着健康的体魄。一切有利于健康的事情我都会坚持去做。我也无须因吸烟、喝酒、熬夜、精神紧张、体重超标、高血压以及焦虑等情况担忧，因为我与这些压根儿不沾边。总之我没有任何不良嗜好，身体也没有任何衰退迹象。我将其看作对于那些放纵自己的人的一种警告。

除此以外，我的遗传基因也带给我幸运。我的父亲 63 岁死于白血病。但我的母亲一直健康地活到 105 岁，事实上她 100 岁时还一直自己料理家务。最终我的母亲于 1979 年 10 月 15 日在她家中自己的床上安然离世，无疾而终。

5 周后的感恩节我突发冠心病，或许某些心理学家会对此比较关注。

发现我依然活着，我为此发了一封公开信，目的仍然是为了积累记录。

费正清告朋友书

我相信非致命性的心脏病比其他病痛更能引起人们的关注。除去密切牵涉到生理状态以及治疗过程之外，生病也唤起了人们暖人心房的友爱之情，这确实令人感动不已。由于我要到康复阶段才能独立撰写私人信件，因此我暂时先写了这封感谢信（或者也可以称其为通告）。

最初的计划。在感恩节那天进行感恩仪式前，我希望能够抽出一些时间用来工作，于是我早上8点半步行来到位于坎布里奇大街1737号的办公楼。整个办公楼空无一人，外面的门也上了锁，我径直走进大楼来到三层我的办公室，而我的隔壁曾是怀特海（Alfred North Whitehead）的公寓。突然我感觉到我的肩胛骨之间一阵疼痛，我马上打电话给威尔玛，她当时正在位于温斯罗普街41号家中的地下室洗衣服。于是我又打电话给劳拉·费尔班克，她在马萨诸塞州阿林顿当护士，距离坎布里奇大街1737号5英里远，她说："爸爸，赶快躺下，全身放松，别着急，我们马上到。"

由于当时意识开始模糊，以下内容大多是从他们口中听到的内容拼凑起来的。当时劳拉立即穿好了衣服，她的丈夫比尔·海恩斯（Bill Haynes）给威尔玛打了电话，威尔玛又给哈佛警察局打了电话，他们不仅是处理学生问题的能手，同时还是挽救教师生命的行家里手。他们距离坎布里奇大街1737号200码远，在赶来的途中，他们又召集了距离此处100码远的坎布里奇消防队的救护队。因此当12分钟后我的家人赶到坎布里奇大街1737号时，警卫和救护队正用担架将我送到救护车上。

去哪里？劳拉说，去奥本山医院（Mt. Auburn Hospital），她曾在这里工作了5年时间，后两年还担任了八楼（外科）的护士长。奥本山医院位于哈佛运动场对面的查尔斯河的拐弯处，这里有东西部最好的心脏科。于是我们及时赶到了门诊部。

果然，当我们来到医院，全体员工正在楼梯处微笑着鼓掌欢迎我们，头顶处的条幅写着"欢迎美国朋友费正清"——很可能我把1972年访问“北京西城五七干校”的情景和这次的场面混淆在一起了。

从救护车被抬出来后，我一直握着劳拉的手，我告诉她我将要离开人世。救护队一路给我输氧，但是我的心脏一直处于纤维性颤抖的状态。碰巧那天早上心脏科的高级专家坐诊，经过及时抢救，几秒钟内4次100伏特每毫秒的电击治疗，我的纤维性颤抖得到了控制。与此同时，他们将氧气管插入气管，以支持肺部呼吸，还用了监护器，并进行了静脉注射，帮助扩张毛细血管，防止血液凝结，恢复身体机能等，总的来说，控制住了病情。正如我的主治医师瓦基迪斯（Voukydis）所言，这次的情况有惊无险。

几个小时后我接受重症特别护理，在我进行脑部损伤检查时他们问我：“你觉得你在哪里？”当时劳拉也在场，在我回答说“我在纽黑文（New Haven）的一个二等护理病房”时（我对劳拉说：“你怎么会在这里？”），劳拉明显有些挫败感。尽管如此，对于一名退休的教授来说，一些混淆和判断失误也是被许可的，并不是什么大脑受损。

我有印象的另一个场景是在一个四张床的监护病房，注意力集中在一个大大的黑色电视屏幕上，从屏幕可以看到四条绿色的波动线，这代表我们每个人一天10万次的心跳。每一个记录的小震荡无疑是几十亿年前大爆炸的回响。真是一个巨大的变化！毫无疑问，这些绿色的波动线并不像是心电图，而是诸如一排排斧锤长矛、绵延数里的铁丝网和自行车链条，或是莫扎特乐谱中演奏的变奏曲。

我的恢复训练首先包括一些测试，例如看我是否能够打开封闭的装有饼干、果冻、饮料以及其他用于烹饪美食的调味品的塑料储存盒。我很快发现如果我能有一把叉子，其他一切问题就都能迎刃而解了。

其他一些训练也同样具有实际意义，检测我是否能够掌握美国电视播放的内容。然而纤维性颤抖这只怪物依然困扰着我。在没有看电视画面的情况下，我听到的是德黑兰遭受洗劫的混乱嘈杂——宣礼员（在清真寺尖塔上按时呼唤信徒做礼拜以及祷告的人）的叫喊声，阿亚图拉（对伊朗等国伊斯兰教什叶派领袖的尊称）的呼喊声，伊玛目（清真寺内率领穆斯林做礼拜的人）的咒骂声，锣鼓敲打的回响声，毛拉（伊斯兰教神学家）的抱怨声，歇斯底里的库尔德人的尖叫声——总之，一切如同古老文明自我摧毁时发出的刺耳声音。这些声音逐渐清晰起来，事实上我听到的并不是一场社会革命的暴力之声，而是在自由之地举行的一场组织良好、有利可图的次重量级冠军拳击比赛。

冠心病因何而起呢？它是心血管长期受到疼痛、饥饿、恐惧以及愤怒的刺激逐渐引起的疾病。[我记得在我观看罗杰·班尼斯特（Roger Bannister）打破四分钟一英里的纪录时，我的心跳加速。] 因此，我走到不那么令人激动的房间中。

在我得力的秘书琼·希尔（Joan Hill）的帮助下，威尔玛此时成为流动指挥所和信息中心，减少了以后的工作规模。经过护士和治疗专家三周时间精心周到的看护，我准备出院了，重新回到我位于温斯罗普街41号的住所，而那些医护人员给我留下了深刻的印象，他们不仅有着清秀俊美的容貌，更重要的是医术高明，实力不凡，令人钦佩。若不是他们，我恐怕早已进入附近修得漂亮却死气沉沉的奥本山公墓了。（坎布里奇真是应有尽有。）此外，他们的忠告也简化了我未来的生活，一切变得更加富有魅力。如今我不撰写文章和评论，不作演讲，不写信，不担任顾问，也不参加会议，只专注于6本书的编辑工作。还有比这更令人愉快的事情吗？

我和威尔玛祝大家圣诞节快乐，新年快乐！

费正清

1979 年 12 月 11 日

上面的这些说明，无论是从时间还是地点角度考虑，我都十分幸运。我适时地进入了一个开拓领域，并取得了显著的成绩。我有能力从事哈佛的教学工作，而哈佛也成为我实现目标最具有战略意义的根据地。

尽管如此，所谓的功成名就在历史背景下被赋予了不同的意义。1929 年至 1979 年的半个世纪以来，全球战事不断，此外还伴随着人口爆炸，消费剧增，军备竞赛等，导致冲突加剧。科技的进步更是引来全球问题的激增，而一切都是我们再熟悉不过的问题了，不必在此一一列举。我们的智力资源如此有限，以至于当我们试图解决这些变得更加棘手的难题时，显得力不从心。中国问题的研究仅仅是我们进行总体危机管理中努力进行的一小部分。没有人可以宣称在此领域取得了巨大的成功。朝鲜战争（1950—1953）和越南战争（1965—1973），无论是在官方还是在公众方面都没有给我们在精神上带来丝毫的荣誉。

在整个风雨如晦的国际舞台上，理性的安排与思想意识的激情之间的竞争未必就是理性的力量获胜。目睹了对节育和武器过分不切实际的控制和抵制的情形，这些抵制虽然乞求于信仰，却带来了社会灾难。因此美国不加思量地在国内发展与国外扩张的传统依然使我们在东亚生活中扮演重要的角色，而东亚显然是西方在海外扩张大有潜力之地。

至少此刻我们已经不再处于 20 世纪 40 年代能够对中国内战进行干预的时期，我们应该为此感到高兴。“一个中国”对于中国人民有着重要的政治意义，因此承认“一个中国”也成为我们的第一需求。正如我们

1979 年所作的安排，与中华人民共和国以官方形式进行交往，与台湾当局则以非官方形式进行交往，这是一种政治才能，尤其是我们还效仿了日本在处理外交关系时的做法。日本在我们之前就已经承认中华人民共和国，与此同时日本还将“台湾大使馆”降为非官方的机构，由前外交官负责管理。如果我们不能作出这样的姿态，一定会感到后悔。

30 年来，美国第一次调整了美国的外交政策以适应对华关系。1979 年 4 月 10 日，美国根据国会通过的单边“台湾关系法”继续保持与台湾的商业和文化关系。与此同时，美国于 1979 年 1 月 1 日承认由北京政府领导的“一个中国”（这在中国政治思想中必不可少），以此作为发展与中国关系的基础。1954 年至 1979 年间“中华民国”作为美国盟友的身份美国也不再承认，尽管美国继续向其出售防御性武器。这是一种微妙的官方与非官方的平衡关系，对于以法律为评判标准的美国人来说，确实是难以理解。改变这种得来不易的平衡，会给美国带来不愿见到的灾难。

未来美国应该将面对在中国地区的巨大风险，因为美国已经参与了中国现代化的建设。我们不能认为美国作为早已现代化的国家，能够成为中国发展现代化的模范。在一些方面，美国的典范是什么不能做，而在另一些方面，我们两国所处的环境也极为不同，因此不具备现实参考性。事实如此，尤其是中国农村农民群体的现代化问题。中国的农村拥有至少 8 亿的农民，中国农村的物质生活容易改善，但是思维方式和社会行为方式却难以迅速转变。这一特殊而庞大的群体难以同化，很难受到外界的影响，或许还会对美国表现出不悦和诧异。中国农民骨子里的传统超乎我们能够理解的范畴，他们似乎并不关注法律指导下的公民权利，相反，他们讲义气，创立秘密组织，盲目相信破坏性活动。如果因为共同的问题导致我们与中国的精英以及城市阶层更加紧密地联合在一起，那么美国很可能会不明就里地再次卷入中国内政当中。或许我们将再次有机会与政府联系到一起，成为人民反抗的对象。

面对这些不祥之兆，我依然对历史展望的有效性持有某种信仰。我所进行的历史编写工作便对此有帮助。事实上，这是一部16卷的超级巨著。1966年，我接受邀请编写《剑桥中国史》，是两名主编之一。正如图书管理员所知，《剑桥中国史》由剑桥大学出版社出版，是一部多卷本专家论文的合集，旨在为非专业人士提供宏观主题的易读史书。我和杜希德（当时在坎布里奇，如今在普林斯顿大学）原本计划编写6卷，但很快意识到6卷远远不足以呈现所有内容，于是增加到12卷。然而，中国的历史是一个千变万化的主题，对于中国的革命作出的反应有所延迟。这部有关中国历史的系列著作如今计划出版16卷，事实上，也有可能是18卷。

迄今为止，编写《剑桥中国史》的经验让我想到，这样一部极具学术价值的不朽作品可能有着完全不同于公众形象的内部真实性。例如，该书的内容已经超出控制地不断扩展。一篇原定75页的手稿可能最终达到200页，其中包含了新的证据和见解，想要删减内容而不破坏主题简直是不可能的事情。这是因为一位有能力的研究者在总结概括了书中的新知识后，能够从这些新的证据和新研究中找到更多有价值的内容。令人欣喜的是，剑桥大学出版社能够对此书的扩充作出及时的调整和适应。当然这样的结果便是书价上涨。因此，我们的著作越厚重，我们的读者可能越少。一个人必须坚信利益扩散理论（经济学用语，一种认为给予大企业的财政补贴会使小企业和消费者受惠的经济理论）。我本人就对此坚信不疑。较大的历史主题需要多种形式的处理方式。此外，《剑桥中国史》所列出的参考书目有益于未来的研究工作，而专家们的文章仅仅是他们讲给我们的故事。

来自12个国家的超过100名学者对《剑桥中国史》的编写工作作出了贡献。关于19世纪历史的卷十和卷十一分别于1978年和1980年出版。与我合编卷十一（刘广京）、卷十三（费维恺）以及卷十四和卷十五［罗德里克·麦克法夸尔（Rodrick MacFarquhar）］在其专业领域学术水平已高于我。其中卷十三特别概述了一代有着现代头脑的中国爱国者的毕生事业，他们接受西方的教育，同时努力将自己的学识用于太平洋西岸的现代化建设中。与此同时，我为今天所处的教师位置而感到高兴，我开辟了一个全新的研究领域，虽然无法完成，但是好在后继有人。

在对中国问题经过50年孜孜不倦的研究有所收获后，我能为那些富有智慧的公民提供些什么信息呢？

令人失望的是，那里的人们的社会行为固执于既定模式，其所具有的惰性远远比我们美国人想象的要大。这块尚未开发的大陆给我们带来了一些期望，包括长期的经济增长以及面临限制的司法改革。然而，美国人和中国人都不会改变我们根深蒂固的行事方式、价值观念以及民族形式，尤其是不可能适应对方的需求。尽管如此，由于严酷的现实需要，我们之间也会产生相似性。我们共同分担着全球性的问题。不幸的是，由于科技发展与公民权利不可避免地产生冲突，美国与中国也可能会面临误解的危机。

民族主义发展较晚的中国如今已经是拥有10亿人口的大国。如果中国的现代化大体上按照日本模式发展，那么我们可能会发现必须依靠以美国食品交换中国工业产品为生。如果中国的民族主义带领其进入一种竞争性的沙文主义当中，那么情况会变得更加糟糕。自宋朝起，许多现代国家都普遍出现了这种沙文主义的倾向。而当宋朝处于文明的鼎盛时期时，欧洲正从黑暗时代摆脱出来。当今世界经济与政治组织是由武装的主权国家构成，这也意味着会出现显而易见的灾难。冷静的逻辑分析表明，人类其实应该比当前的文明时期生活得更好。

而令人振奋的是，有着10亿人口的中国拥有世界上最大的人才库。他们当中的卓有成就者早已遍及我们的大学校园，正在逐渐成为全新世界体系内的有用之才。如果世界的经济和政治被缺少理性的核武器同时毁掉的话，那么物质生活水平尚且不高的中国人民将会成为领导世界重建的主要候选人。

如果我们能够压下冷静的逻辑分析所带给我们的对未来的悲观失望的话，中国的社会管理也可以提供很多的实例。例如，维护社会秩序一直是中国的一个特长。中国的公民虽然没有法律保护，但受到实例的熏陶和教化。在光天化日之下发生杀人事件，凶手的头颅会被置于长枪上，在熙熙攘攘的街道上公开示众，而这种地方美国人通常只会用来张贴广告。对于更加可厌的犯罪活动，作恶者会被关进牢笼，当街活活饿死。这样看来，古老的中华帝国也拥有自己的法令和执行方式。

然而，我认为最终得出的结论是积极的。中国革命与其说是我们的敌人，不如说是我们的朋友。他们关注自身发展，并没有对外扩张的野心。随着我们关系的进一步发展，我们一定能够互惠互利。

对于美国来说，需要做的主要是要纠正我们在谋求生存时武力和智力使用不平衡的状态。中国伟大的统帅通常都是文职出身，他们坚持不战而屈人之兵的理念。很奇怪，原子时代也将这种观念强加于我们身上。但是美国还在准备训练美国的士兵使用他们手中的武器，而不是让他们尽量避免使用武器。与美国的武装力量相比，我们的思考只是沧海一粟。作为一个民族，美国只有更加全心全意地研究美国自身的问题，将宗教信仰当作一种原动力而非一种拯救的主要手段，否则我们的生存仍然无法预料。从现在起几年后，当我们发觉中国使用英语的人比美国还要多的时候，当前尚未完全开展的中国问题研究可能会占据美国教育的中心地位。这一目标不会太快实现，但并非全无逻辑可言。因此，在经过半个世纪的中国问题研究后，我想要传达的信息是，继续更加努力地研究中国问题。（除此之外，你还有其他什么指望？）

让我这样来说吧：如今的中国和美国是未来世界竞争的主要地区。这种竞争更多的是发生在两国内部的竞争，而非两国之间的竞争，是机械主义与人文主义的对抗。机械论者不仅相信科技工艺，同时也相信意识形态，这是物质力量与知识力量的强强联合。机械论者唯一的问题在于：这种力量和权力的结合也是其国家的敌人所信仰的，只不过是采用不同的方式。因此这也是解决冲突和自相残杀的良方。

从另一方面来讲，人文主义者大多善良，富有智慧且灵活变通。他们更信任人类个体的品格而非各种原理法则。例如，人文主义者关注女性，因为她们已经属于人类的一员，这远超过对于胎儿的关注，因为胎儿还不属于人类的一员。与教条或形式主义相比，他们更相信人类的理性。在人文主义的前线，中国知识分子（必须是作为精英的中国知识分子）与这本书的读者是一致的，这些读者自然也是人文主义者，尽管他们有时候如同计算机一般做事。20世纪60年代末期和70年代初期，即越南战争和“文化大革命”期间，美国与中国的人文主义者都遭到了打击。如今我们有更多机会合作，让我们抓住机遇吧！

缩略词表

AAS　Association for Asian Studies　亚洲问题研究协会

ACLS　American Council of Learned Societies　美国学术团体委员会

ADA　Americans for Democratic Action　美国人争取民主行动组织

AEAR　American-East Asian Relations　美国与东亚关系

AHA　American Historical Association　美国历史协会

ATC　Air Transport Command　航空运输司令部

AVG　American Volunteer Group　美国志愿队

BAAG　British Army Aid Group　英军服务团

CBI　China-Burma-India Theater　中缅印战区

CC　Ch'en brothers clique，Organization clique of the KMT
CC系，国民党的组织派系

CCH　Ch'eng-chih hui，Association for the Realization of Life' Ideals
成志会，实现个人抱负的组织

CCAS　Committee of Concerned Asian Scholars　亚洲问题学者委员会

CCP　Chinese Communist Party　中国共产党

CP　Communist Party　共产党

CI　Communist International　共产国际

CIA　Central Intelligence Agency　美国中央情报局

CKS　Chiang Kai-shek　蒋介石

CNC　Chinese national currency　法币

CNAC　Chinese National Aviation Corporation (Pan Am affiliate）
中国航空公司（隶属于泛美航空公司）

COI Coordinator of Information 情报协调局
CPUSA American Communist Party 美国共产党
CU Cultural Relations Division, Department of State
美国国务院文化关系司
FDR Franklin Delano Roosevelt 富兰克林·德拉诺·罗斯福
FE Far Eastern division, Department of State 美国国务院远东司
FO Foreign Office 外交部
Gimo Generalissimo Chiang Kai-shek 蒋介石总司令
GOP Republican Party 美国共和党
HUP Harvard University Press 哈佛大学出版社
IDC Interdepartmental Committee for the Acquisition of Foreign Publications
外国出版物部间采购委员会
IMH Institute of Modern History 近代史研究所
IPR Institute of Pacific Relations 太平洋国际学会
JCCC Joint Committee on Contemporary China 当代中国联合委员会
JCRR Joint Commission on Rural Reconstruction 乡村改建联合委员会
KGB Soviet state police 克格勃（苏联国家安全委员会）
KMT Kuomintang（National People's Party）国民党
LBJ Lyndon Baines Johnson 林登·贝恩斯·约翰逊
LC Library of Congress 美国国会图书馆
Lienta National Southwest Associated University 西南联大
LSE London School of Economics 伦敦经济学院
MIT Massachusetts Institute of Technology 麻省理工学院
OIR Office of Intelligence Research, Department of State
美国国务院情报研究办公室
ONAF Overseas News and Features, OWI
战时新闻局海外新闻专题报道处